语文名家自选集

语文教学的价值观与方法论

王俊鸣 著

商务印书馆
The Commercial Press

图书在版编目（CIP）数据

语文教学的价值观与方法论/王俊鸣著.—北京：商务印书馆，2021
（语文名家自选集）
ISBN 978-7-100-20075-2

Ⅰ. ①语… Ⅱ. ①王… Ⅲ. ①中学语文课—教学研究 Ⅳ. ① G633.302

中国版本图书馆 CIP 数据核字（2021）第 127046 号

权利保留，侵权必究。

语文名家自选集

语文教学的价值观与方法论

王俊鸣 著

商 务 印 书 馆 出 版
（北京王府井大街36号 邮政编码100710）
商 务 印 书 馆 发 行
北京艺辉伊航图文有限公司印刷
ISBN 978-7-100-20075-2

| 2021年9月第1版 | 开本 880×1230 1/32 |
| 2021年9月北京第1次印刷 | 印张 17⅛ 插页 4 |

定价：88.00 元

王俊鸣老师（摄于20世纪80年代）

1991年，在北京十二中与学生俞凯（左）、李芳芳合影

1994年10月，返回母校北京大学参加百年校庆，接受报刊记者采访

2000年8月，人教社在大连举办高中实验教材研讨会，应邀讲示范课

2019年，给清华大学附小学生讲汉字的智慧

2007年3月，应河南省教研室之约在郑州作高考讲座

出版前言

本馆自1897年创立以来，始终肩负中国新教育出版重任，以"昌明教育，开启民智"为宗旨，先后编辑出版中小学各科教科书、教学参考书、工具书、教师用书等，分类编纂，精益求精，深受教育界同人欢迎。

新中国成立后，国家重视发展教育事业。中小学教改实验百花齐放，高等院校教学法、课程论研究百家争鸣，全国各地涌现出许多教学、科研带头人。他们居敬好学，躬身实践，著书立说，逐渐在教学界产生影响，得到认可，成名成家。为了反映和记录当代语文教学研究成果，也为了给青年教师提供可资学习借鉴的参考资料，我们策划了"语文名家自选集"和"语文名师自选集"两套丛书。"名师"因其"著名"，"名家"因其"自成一家"；名师是中青年居多，名家是中老年居多。无论名师名家，年轻年长，这两套丛书关注的主要是在以下方面有所建树的作者：一、对语文教学的民族性、科学性有自觉认识；二、教学方法或研究方法植根于中国优秀语文教学传统，符合中国语文的特点，既有传承又有创新，能够科学有效地提高学生的语文素养；

三、其教研成果具有较为广泛的影响力和积极的指导作用。

宋代学者程颢有言："古者自天子达于庶人，必须师友以成就其德业，故舜禹文武之圣，亦皆有所从学。"希望这两套丛书的编辑出版，能够激励广大语文教师读者求其师友，持志问学。欢迎中小学语文教学界的专家、学者、老师支持指导我们，共同把这两套丛书出好。

商务印书馆编辑部

2019年1月

目 录

自序：语文教学的价值观与方法论 ················· ix

第一辑　课程　教材　教师

定性·悟道·讲法
　　——语文教学与改革的关键所在 ················· 3
传道启智，大爱无疆
　　——写在《让学生获得语文智慧》出版之后 ········· 12
阅读教学应重视基础能力的训练 ·················· 17
阅读教学的价值观与方法论（一）：价值的认知 ········ 22
阅读教学的价值观与方法论（二）：价值的所在 ········ 32
阅读教学的价值观与方法论（三）：价值的实现 ········ 43
关于中学作文教学的几点思考 ···················· 54
关于作文的五点建议 ··························· 62

目录

作文与生活断想……………………………………… 80
读写思维训练三题（一）：推因论果…………………… 85
读写思维训练三题（二）：质疑问难…………………… 96
读写思维训练三题（三）：开拓创新…………………… 113
教师的角色…………………………………………… 123
难能可贵的工匠精神………………………………… 132
读书之"多"与"倒逼"之道…………………………… 138
学生自主学习与教师主导教学……………………… 142

第二辑　认读　解读　赏读

冰心散文《一日的春光》评点……………………… 151
鲁迅小说《故乡》简说……………………………… 157
朱自清《背影》简说………………………………… 162
朱自清《荷塘月色》评点…………………………… 166
怎样读懂和教学《拿来主义》……………………… 174
郭沫若《立在地球边上放号》简说………………… 180
我读余光中《乡愁》………………………………… 184
也说"木叶"
　　——林庚《说"木叶"》质疑…………………… 191
诸葛亮《诫子书》通解……………………………… 202

陶渊明《归园田居》(其一)注、析、译 …………… 210

《师说》的解读与教学 ………………………………… 216

大鹏鸟在庄子笔下是正面形象吗？

——《逍遥游》释疑 ……………………………… 226

曹操的一曲求贤歌

——《短歌行》解译 ……………………………… 235

李白《梦游天姥吟留别》新解新译 …………………… 240

《论语》选读二十章 …………………………………… 248

不是君子求淑女，而是淑女追情郎

——《诗经·周南·关雎》新解新译 …………… 285

一篇妇女求子的咒歌

——《诗经·周南·芣苢》新解新译 …………… 290

明辨虚实，整体把握

——李白《行路难》通解 ………………………… 295

读书要讲理

——王翰《凉州词》通解及其他 ………………… 305

从杜甫《咏怀古迹》(其三)说到古诗的句法分析 …… 314

意蕴剖析与语言通解

——以杜甫《登高》诗为例 ……………………… 323

用"语码说"解读杜甫的一首绝句(两个黄鹂)……… 331

目 录

杜甫《阁夜》中的几处"宾语""补语"之辨
　　——兼说"夷歌"……………………………………… 341
诗，总是有逻辑的
　　——李商隐《锦瑟》通解………………………………… 347
从宋祁《玉楼春》说诗词解读方略…………………………… 354
苏轼《定风波》词解读的若干问题…………………………… 364
抓住情态语，把握文本的情感基调
　　——辛弃疾《菩萨蛮·书江西造口壁》解读…………… 374

第三辑　备课　上课　评课

备课说略……………………………………………………… 381
说说我的"五子"方针………………………………………… 405
"四实"为标　"五子"为路
　　——一次评课实录………………………………………… 413
苏轼《石钟山记》课堂实录…………………………………… 420
"从审题到立意"课堂实录…………………………………… 433
疏导与激励：李清照《声声慢》课例及点评………………… 446
化语法知识为读书能力：李清照《醉花阴》课例及点评…… 458

第四辑　汉字　语法　修辞

语文课，应该来点"说文解字"……………………………… 475
语文教学要养成句法分析的意识与能力 ……………………… 482
关于汉字的读音：规范与自由 ………………………………… 489
"俊鹘抟水禽"之"抟"字考 …………………………………… 494
复句中的解证关系 ……………………………………………… 498
关于比喻的三个问题 …………………………………………… 505
论象征的本质特征
　——兼谈象征与比喻的区别 ………………………………… 522
由巴金的《灯》说到象征的本质 ……………………………… 531

自序：语文教学的价值观与方法论

年近八旬，平生主要做了一件事：在中学教语文。

中学为什么要开设语文课？学生为什么要来上语文课？为什么要有语文教师？语文教师的责任是什么，价值何在？这些是我在工作中经常思考的问题。我觉得，每一位语文教师乃至所有从事语文教育的人都应该思考这些问题。

这样的问题涉及对课程性质的认识，涉及教材的编写，以及教师该如何进修、如何备课、如何施教，等等。

语文教学是教育的一部分，当然要以育人为宗旨。但它又只是教育的一部分，所以它只能承担应该承担的那一部分任务。尽管这些年来新名词、新概念不断发明，新流派、新旗帜不断涌现，但归根结底还是叶圣陶先生概括的那八个字，语文课的宗旨就是教会学生"自能读书，自能作文"。这绝不是什么纯形式主义的"工具论"。读书作文，其过程中有词语，有语法，有修辞，有逻辑，也必然有现实生活，有历史文化，有思想认识，有情感态度，等等。但作为独立的学科，语文课的核心价值就是教会学生知道怎样把书读明白，知道怎样把文章写得像个样子。这正是其他学科、其他教育活动所不关注的任务。

　　既如此,教材的编写就应该为教学生"自能读书,自能作文"的核心价值服务。读书也好,作文也好,都是能力;凡属能力者,都需由训练而获得。而这训练要取得好的效果,必须是科学有序的。这个"序"要科学有效,只能建立在对读书作文能力的认知与分解的基础上。早在20世纪80年代,我就提出教材编写的设想,就是要:有"度",要达到的程度;有"量",达到"度"之要求的训练量;有"序",根据对能力分解而安排的次序;有"法",读书作文的思维规律及操作方法。为什么要学这一篇,为什么学完这一篇、这个单元（模块、任务群）要接着学那一篇、那一个单元,都要有个合理的说法。这就是教材的科学化。否则,不管教材打什么旗号,都只能算是"文选",离教学实践真正需要的教材距离甚远。而无理无序的教材,永远不可能引导语文教学走上"多快好省"的道路。

　　我主张高中教材分三步编写:"文本解读",供高一一年使用,重在培养超越文体的普适解读能力;高二用"文学选读",在高一的基础上涵养文学鉴赏水平;高三则以扩大眼界、增加积累为重点,编写"文献通读"。写作教材应该独立。阅读教材的选文必须有难度,而写作教材的范文则主要提供可以模仿的范例。

　　读书作文能力的形成需要训练。在训练的过程中,学生当然是主体,但绝不可忽视教师的作用。近年来有一种错误的倾向,就是片面强调学生的"自主学习""合作学习"。如果这样的方法真的有奇效,又何必要语文教师呢?是的,上课需要组织管理,还需要督促检查,而如果仅限于此,那语文教师就是可以随意替代的角色,甚至叫一个城管或者警察来就可以胜任。

读书作文,与其说是一种能力,不如说是一种智慧更为恰切。能力重在外在操作,属于"技"的层面,"熟"或能"生巧",解牛之"良庖"者是也。智慧重在心理的灵动,属于"道"的层面,能"依乎天理""游刃有余"者是也。在历史上,像孔乙己那样的读书人并不少见;看看现在市面上流行的诗文选本以至"鉴赏辞典",具有"专家、学者"称号的诸君,囫囵吞枣甚至胡说乱讲的地方也随处可见。每遇到这种情况,我就想:这都是基础教育阶段留下的病根。现在掌握语文话语权的诸君,恐怕在基础教育阶段大多是"语文爱好者"。他们凭着对语文的爱好,多读多写,终于有所"悟",而且终于有所"成"。但他们的所谓"悟"只是感性经验,并没有升华为理性认识——悟道。单凭感性经验,在一般阅读过程中或许没有障碍,但也未必能很清晰透彻;而一旦遇到难点,就束手无策或者歪批乱讲了。基础教育,就是要给学生打好基础——进一步学习的基础,进一步发展以至成才成功的基础,这就必须引之入"道"——文本之道,思维之道。这绝不是一个"多"字所能解决的问题。近年来我多次批评只会念"多读多写"四字经的论者,以为这不过是以己之昏昏而欲使人之昭昭的无能之论。

传"道"启"智",让学生得到他们靠"自主、合作"很难得到甚至终生都感悟不到的东西,即让学生获得读书作文的智慧,这才是语文教师的主要职责,是其存在的主要价值。也正为有此一条,语文教师才是不可替代的社会角色。"城管"固然不行、作家、诗人、大学教授，不经过认真准备，也未必能胜任语文教师这一角色。

"道"就是规律，包括文本自身的规律，学习者的心理规律，施教中师生互动的规律，等等。文本（不分古今，不分体裁）的基本规律有两条：一是"整体存在"——任何合格的文本都是一个有机的整体，二是"诸因互解"——文内诸因素互解，文外诸因素互解，情理与言辞互解，这就是"文章诸因互解律"。以此规律，解读文章就需有整体观，就需用互解法。

课堂教学，教师一言堂固不足取，一味让学生自主、合作，也是误人子弟。我的课堂教学实施"五子方针"：首先是"选例子"——选取本节课能力训练所需要的文本，至少是挖掘既定教材文本中适合本节课需要的训练点。这是备课的功夫。教师备课，首先是确定价值取向，既不需面面俱到，也不能读读背背而交差。"选例子"是为了"指路子"——揭示文本规律，引导学生根据客观规律进行思维。第三是"做样子"——就像体育教师做示范动作一样，教师要把"思维路线"具体地展示给学生看，使学生能真切地感悟到什么是科学的思维。第四是"给场子"——要给学生搭建实践的平台，给予充分的实践时间。最后要"挂牌子"——挂金牌，挂银牌，就是及时而适当地对学生的进步给予肯定，加以鼓励。

待一个文本或一个单元学习完毕，我会要求学生写"三新笔记"——不是简单的课堂记录，而是根据自身的情况作三个方面的总结：学到的新知识，语言的、文学的、泛文化的等等；掌握的新方法，主要是思维方法；得到的新感悟，思想认识、情感态度等。

　　做了一辈子语文教师，深感责任重大，工作艰难。语文水平，是一个人文化水平的基础，也是一个人的文化脸面。不要说思维混乱、语无伦次，就是在公众场合念错了字，也是一件很丢面子的事。但要使你所教的学生（不敢说百分之百，至少是大多数）真的能打好语文基础，除了上面所说到的种种，教师自己的修为也是不可或缺的条件。教师的修为，首先当然是对教育事业的忠诚，对学生诚挚的热爱。但仅此"好心"还不够，还必须以此为基础，为动力，发挥工匠的精神，把功夫花在对种种规律的探索上，花在对实践效果的追求中。要教别人读书，我们自己先要努力会读书；要教别人写作，我们自己就得是个"舞文弄墨"的人。以此，在本书中我多选了几篇文本的解读之作，可供参考。

　　本集选文依内容编为四辑，以小标题显示其话题范围；因时间跨度较大，行文难免时代色彩，所举例文，所涉人事，一仍其旧，以示对历史的尊重。例文偶或重现，删之有伤文气，存之亦无大碍，姑存之。

　　阐明如上，是为序。

王俊鸣
2019.4.1

第一辑

课程 教材 教师

定性·悟道·讲法[*]

——语文教学与改革的关键所在

语文改革要走上正道，语文教学要取得理想的效果，关键是要定性、悟道、讲法。

以"无性"来给语文定性

先说定性。这是明确方向、确定任务的根据。语文，作为基础教育的一个学科，在"性"的认定上长期摇来摆去。当年叶圣陶先生强调"语文是工具"（跟说"有工具性"是一个意思吗），愚以为意在使语文摆脱作为政治附庸的尴尬地位。不料有人（并非所有语文教师）走向极端，陷入字、词、句的形式主义的泥潭。于是有了所谓回归"人文性"的呼吁。而同样打"人文性"旗号的人，赋予"人文性"的内涵其实是很不相同的。现在课标的说法叫"工具性与人文性的统一"。但这个说法，在理论上是模糊的，在实践中也没有（也不可能）真正解决教师的困惑：所

---

[*] 本文原载《中学语文教学》2007年第12期，略有修订。

谓"工具性""人文性",其内涵到底如何界定?看看《普通高中语文课程标准(实验)》课程的基本理念第(一)款所说的"语文课程的育人功能"(大概属于"人文性"吧),就能把人"吓个半死"。因为这已经不是在要求学语文,甚至也不是在要求培养一般的公民,而是在要求培养"圣人"了。这样的重负,一般语文教师岂能胜任?再说两"性"之间到底是什么关系?人们常说文艺作品要追求"内容与形式的统一",毫无疑义,在这个"统一"中,"内容"是矛盾的主要方面,"形式"为内容服务。那么,所谓"语文课程"的"工具性与人文性的统一",有没有这样的"主从"之分呢?许多论者常常把"工具性与人文性的统一"说成"人文性与工具性的统一",对还是不对?两种说法相同还是不同?没有答案。以这样的"定性"来指导语文教学的改革,实际上是以己之昏昏而令人之昭昭,其最终结果(眼前的热闹不足为凭)可以想见。除此之外,还有许多"性"附着于"语文"之上,好像不言"性"就显示不出"高度""深度"。笔者曾撰文呼吁,语文教学应摆脱"性"的困扰,教语文就是教读书作文。

语文,说的就是听话、说话、读书、作文这样一件事,语文课就是教学生听话、说话、读书、作文的课程。作为母语,到了中学阶段,听与说的学习已无一般性需要,所以重点就落在读书作文上。应该说,绝大多数语文教师都知道并且实践着这样的"理论"——每天不都是在教学生读书作文吗?只不过有自觉不自觉之分,有水平高低之分。

对于语文"性"的种种说法,原本是不必去管的。因为所有的"性"都是从"语文"这两个字抽绎出来的。笔者主张摆脱"性"的困扰，回到最简单最朴实的真理上来：中小学教学上说的"语文"，就是"读书作文"；语文教学的任务，借用叶圣陶先生的话说，就是教会学生"自能读书，自能作文"。所以，我们不必去管这个"性"那个"性"，只需紧紧抓住"读书作文"这四个字，研究怎样使学生多快好省地学会读书、学会作文。语文课面对的从来不是抽象的语言，而是"言语作品"。读的是作品，写的也是作品。言语作品，有字，有词，有句子，有篇章，有内容，有思想，甚至有情感。要读懂一篇作品，就得认识那些字，懂得那些词句，明晰那些篇章，了解其中的内容，理解其中的思想，体味其中的情感。要写出一篇作品，得会写字，会用词，会造句，会安排篇章；当然，作文的目的就是要表现内容，表达思想，抒发情感。紧紧抓住"读书作文"四个字，知识也有了，方法也有了，技能也有了，思维训练也有了，情感、价值观也有了，举凡要读懂书要作好文所需要的一切都有了，一切所谓的"性"也都在其中了，何必为一个"性"字纠缠不休，自寻烦恼。

语文就是读书作文。以"无性"来给语文"定性"是目前最好的选择。

"臣之所好者，道也"

要完成教会学生"自能读书，自能作文"这个任务，就要"悟道"。"道"，就是规律。凡是客观存在的事物，都是有规律的。要会读书，得悟得一点书的规律；要会作文，得悟得一点为文的规律；而读书作文都是人——语文教学的对象是青少年——

的活动，人的活动也是有规律的，所以作为教学大纲的制定者、教材的编写者，作为执教者，还必须悟得一点人在读书作文过程中心理活动的规律。

道，分层次，有大小。

就作文来讲，文章是反映生活、表达观点、抒发情感的，所以，要写文章，先要有想反映的生活，有要表达的观点，有要抒发的感情。此为文之道一也。作文是要向别人敞开自己的世界，让别人理解，让别人接受甚至喜欢，所以还必须讲究形式，讲究技巧，做到内容与形式的统一。此为文之道二也。中学生作文不同于作家的写作，学生不是以此为业，或者说，学生写文章主要不是（并非完全不是）为了别人，而是为了自己的生活和成长；换句话说，学生活着不是为"写文章"，"写文章"则是为了"活着"——活得更真、更善、更美。此为文之道三也。学习的起步是模仿，模仿"跳一跳"能够得着的样板，此其道四也……

就读书来讲，一篇文章、一本书，自是一个有机的整体，因而其构成要素之间就有一种"互解"的关系——我们称之为"文内诸因互解律"。此"书"之道一也。文章、书籍既是作者的"产品"，又受时代的孕育，所以作品与作者、时代有一种必然的内在的联系，我们称之为"文外诸因互解律"。此"书"之道二也。文章是作者心灵的产物，所以其中必有作者之情，必有作者之理，我们称之为"情理言辞互解律"，此"书"之道三也。文章有体式的不同，有表达方式的差异，因而解读的心理过程也不相同。此"书"之道四也……

读书作文的人也有各种各样。光从认知类型看就有种种。有的是视觉型，看过的东西会留下深刻的印象，甚至过目不忘；有的是听觉型，听过的事物不易淡忘；有的是触觉型，动口动笔效果最佳。如果从学习行为的速度与正确性加以区别，又有四种不同的类型。敏捷型，学习速度快，正确率也高；沉思型，学习速度慢，但正确率高；迟钝型，学习速度慢，正确率也低；冲动型，学习速度快，正确率低。另外，高中生的读书不同于初中生，高三学生也不同于高一的学生。这都是客观存在的规律，都是"道"。

显然，我们这里所说的"道"，是庖丁所说"臣之所好者，道也"之"道"，而非韩愈所说"师者，所以传道受业解惑也"之"道"。前者指规律，后者指一种既定的理论、学说、道德教条等。在教学中着重揭示规律，引导学生认识规律，并遵循规律去思考去实践，他们就能获得读书作文的智慧，从而能更好更多地去读书去作文，从而为他们的进一步发展乃至成才成功打下坚实的基础。这是从根本上"育人"，是对学生最大的"人文关怀"。如果在教学中把后者当作重点，意在让学生接受某种既定的理论、学说、道德教条，等等，虽可能有助于他们"打好精神的底子"，但常常不免只会"吃鱼"而不会"打鱼"，甚至吃了有毒的鱼而不自知，不但无助于智慧的发展，还有可能使人变得痴顽愚昧；而让人变得愚昧，实在是人间最恶的行为。

笔者在20世纪80年代就为自己的教学确定了一个基本的价值取向，就是为了使学生更聪明，换句话说，就是要让学生在语文的课堂上获得一点读书作文的智慧。语文教育，并非教育的全部，也不是学校教育的全部，甚至也不是学科教学的全部。语文教学只能担负其应该担负、能够担负的责任。其实,从教育的总目标说,都只是"育人"二字。不只是语文教师,任何一科教师都得"站在育人的制高点上,才能成为一个自觉的教育工作者"。这只要翻翻各学科的教学大纲就可以明白。问题在于如何从各自学科的特点出发,从各自不同的角度、不同的方面去完成"育人"的任务。作为语文教学大纲的制定者、教材编写者以及语文教师,看不到自己的职责不行;把自己的职责看得过重,恨不得"语文救天下""语文育圣人",也未必行得通。如果一方面似乎很有责任感,可实际上根本没看清自己真正应负的责任,那就更危险。

要多快好省,就得讲"法"

教师"悟道"是为了"传道"。"传道"就不能不讲究方法——作文的方法,读书的方法;学生学的方法与教师教的方法;而且应该做到教法与学法的统一,使教师的教法适应学生的学习心理规律。从这个意义上说,"法"也是一种"道",是具体操作层面的"道"。

讲"法"是为了提高效率。随着人们生活的日益丰富,学生的学习任务也空前繁复,语文学习的时间则大大减少。多快好省,是语文教学改革的唯一出路。而要"多快好省",就不能不讲"法"。有人反对讲"法",以为一讲"法"就会僵化,就会千篇一律。他们的主张就是让学生自己"感悟",所谓"书读百遍其义自见",而且无一例外地主张"多"——"多读多写"是一些人的唯一法宝。我想请这样的先生们本着良心想一想:学生要都能自己"悟"（或者有效率地"悟"），还要教师做什么？况且，现在的学生有几个真能"多"起来？

我们所说的"法"，是人们在长期的实践中总结出来的、反映客观事物规律的法则，而不是为了名利而逐世风的臆造（这样的臆造从20世纪80年代到如今，屡见不鲜）。世间万物都有规律，读书、作文以及语文教学怎能例外？

"法"，也分层次，有大小。

就作文而言，"法"与"八股"之间并无必然的联系。《诗经》中多重章叠句，"唐宋八大家"的文章也来起承转合。如果分析一下，盛唐的律诗、绝句，起承转合者更不可胜数，现在报章中起承转合的议论文也俯拾即是。不管自觉不自觉，"法"都在实际中被人们所遵循！比如笔者在一次高三学生的作文评改中发现，所有学生在文章开头部分都直扣题目，味如嚼蜡。为此我从议论文文章开头的规律入手，给学生讲了诸如直入法、反入法、设疑法、引入法等几种开头的方法。学生学习这些方法之后再写出的文章，效果与原来相比明显要好。这是一个肤浅的"小"例子，不过通过这个例子也可以说明，符合文章规律、符合作文教学规律的"方法"是有用的！

从大的方面说，作文，首先要引导学生把作文看作是自己生活的一部分，看作是自己成长的需要，看作是自己生命的"史记"。要引导学生关注社会，关注自然，关注历史，关注自己的心灵（这种关注不同于作家的"深入生活"，他们"自在"地生活着，也就"自然"地关注着）；同时强调文化的积淀，强调各种文化知识的积累。

此外还要引导他们养成"思考"的习惯——在生活中思考，在阅读中思考。同时指导一些具体的"思考"方式：诸如在生活中"观形而思神""观物而思理""观此而思彼""观果而思因（观因而思果）""观难而思解"，在阅读中"提要钩玄""判断是非""评价优劣""比较异同""展开想象""引发感想"，等等。

思考中最有价值的部分是质疑与创新。如何质疑？除了引导学生解放思想、破除迷信之外，也要教给一些思维方法。比如要质疑一种说法、主张，可以"质以环境"——把它放到特定的环境中去考察；可以"质以事实"——事实胜于雄辩；可以"质以事理"——"事理"就是规律，就是普遍性，违反事理者，自然可疑；还可以"质以别议"——对同一对象，还有不同的说法、主张，自然可疑，等等。

"疑"了之后，能不能产生新的更有价值的说法、主张？这时又可以授之以"创新思维法"。比如："倒过去想"——逆转思维，从反面设想、推想；"进一步想"——在他人思考的基础上前进一步，或向横向扩展，或向纵深开掘；"换角度想"——事物是"多面体"，别人从此一角度观察思考，你就可以从另外的角度去观察思考；"合起来想"——对同一问题有种种不同说法，可能各有真理的成分，你可以取各家之长而综合之，等等。

如果只是号召学会思考、质疑创新，就让学生自己去"研究"，去"自主学习"或"合作学习"，那会有多大的效果，会有怎样的效率？

就读书来说。"整体把握"已经成为阅读的第一法规，成为人们的口头禅。但如果课程标准制定者、教材编写者、执教者只把这四个字甩给学生，还是不能解决问题的。还应该说清楚所谓"整体把握"的内涵，诸如"文章体式""话题范围""相关背景""层次脉络""情感基调""主题宗旨"等；还应该指导学生把握"整体"的具体方法，比如从抓住"关键语句"入手，结合相关背景，等等；再进一步，还应该指导学生认清哪些语句是关键，比如"指示语""概括语""情态语""过渡句""主旨句"，等等。

光有这"第一法规"还远远不够，还应该有更具体的文章解读法。根据"文内诸因互解律"，我们有"以文解文"法，可以细化为"同义互解""对义互解""连义互解""虚实互解""宾主互解"等；根据"文外诸因互解律"，我们有"以事解文"法；根据"情理言辞互解律"，我们又有"以理解文"法、"以情解文"法，等等。

讲"法"，就应该有"序"。凡说不清楚为什么讲完此一单元就要讲彼一单元、讲完此一篇章就要讲彼一篇章者，都只能算是文章选读，是缺乏科学性的，是不配称为教材的。用这样的教材施教，是教师的苦难，也是学生的灾难。

笔者相信，如果我们的语文课程标准与教材，定性准确，悟道深刻，序列、方法适宜，而不是光在"单元""模块"的编排、必修选修的划分上下功夫，我们的执教者方向正确，有道有法，语文教学的改革一定会取得多快好省的效果。

传道启智,大爱无疆[*]

——写在《让学生获得语文智慧》出版之后

这个题目,就是我的《让学生获得语文智慧》一书序文的标题,这八个字,大体概括了我几十年中从事语文教学和研究所遵循的信念和实践的经验。

从内心深处热爱学生,是从事教学的心理前提。教与学的关系,不是商场中买与卖的关系,也不是朋友间授与受的关系,其过程要在情感的联系与滋润中才可能是最有效的。当然,这种爱,不同于以保护、关爱为特征的母爱,也不同于一般单纯的亲情友情之爱;这种爱,是一种信任,一种尊重,一种引导,一种监督,一种激励,是从根本上关心、促进他们的发展、成长。我曾用一个口号表达我的追求:"为了使学生更聪明!"所谓"更聪明",其前提意义就是承认学生本来就是聪明的,教师的责任是使他们"更聪明"。我深信,世上最可怕的罪恶之一,就是使

---

[*] 本文写于《让学生获得语文智慧——王俊鸣语文教学思想及实践》(教育科学出版社 2015 年版)出版后,未刊稿。

人变得愚蠢——我也实实在在经历过、眼见过这样的教育。因此，在教学过程中，我遵循一个方针：尊重差别，提倡个性，鼓励创造。

什么是"聪明"？真正的聪明是：心智活泼，思维敏捷，善于学习，善于思考，善于创造。显然，这里的"聪明"，不是"小聪明"，不是要小心眼儿弄小手段，不是钩心斗角，不是欺伪做作，而是"大智大勇"之智，"大智若愚"之智，是能自知而不自欺，能知人而不欺人，能独立而不盲从，能判断而不迷信，能进取而不失路。

作为语文教师，要使学生更聪明，必须立足于本学科教学。从教育教学的整体看，大家有着"育人"的共同目标；而作为一个特定的学科，又必须从本学科的特点出发，把完成本学科特定的任务与从根本上促进人的成长统一起来。所以，我主张语文教学要让学生获得语文智慧。读书的智慧，写作的智慧，是语文特有的智慧，是人的智慧的一部分，又必然能潜移默化地影响到其他方面。

怎样使学生获得语文智慧？必须研究三个规律：文章的规律，人的思维规律，教学活动的规律。语文教学的过程就是引导学生从认识规律入手而逐渐形成科学思路的过程。语言文字、听说读写，各有规律。而在种种个别的、局部的规律背后，是事物的总规律。反映这种总规律的就是辩证唯物论与历史唯物论。所以，说到底，要使学生更聪明，要让学生获得语文智慧，就是要把马克思主义哲学具体地、灵活地渗透到语文教学的各个方面、各个环节中去，使学生在学习语文知识、形成语文能力的同时，树立唯物主义的世界观，掌握辩证的方法论。

　　就阅读教学来说，其根本任务是教会学生"自能读书"，而读书能力的形成是一个过程。要使这个过程顺畅有效，就必须对阅读能力做出分解，在此分解的基础上选择适当的材料，有计划有步骤地展开训练。现实的情况却是，还没有一套真正的以对阅读能力的分解为基础而编写的教材。

　　试看人教版高中语文教材。其主体就是"阅读鉴赏"，（请问"阅读"与"鉴赏"是一回事还是有所区别？）每册四个单元，而其第一册第一单元就是鉴赏诗歌。其"致同学书"说：单元学习重点各有不同，"有的侧重于对形象性较强的文学作品进行品味和鉴赏，有的侧重于对思辨性较强的说理文章进行思考和领悟，有的侧重于应用性较强的文章的阅读理解"。很明显，这是一个文体体系，而其单元指导也都是着眼于文体特点。问题在于："品味鉴赏""思考感悟""阅读理解"，这些概念的内涵是什么？它们之间的关系如何？是处于同一层次的能力吗？比如学习鲁迅的小说《祝福》，难道不是首先得阅读理解，进而才能品味鉴赏吗？离开了阅读理解，还谈什么品味鉴赏？（不妨查查辞书，看看什么叫"品味"，什么叫"鉴赏"）开篇就是"诗歌鉴赏"，这样的"序"合乎"能力"培养与训练的逻辑吗？待到第三册第二单元学习唐代诗歌，编者的指导语干脆就说"在理解诗意的基础上"云云，这个"基础"在哪里？怎么解决的？到其第四单元学习科普文章时，编者就只说什么"重视科学精神的培养，关注科学探索的过程，感受科学家在探索真理中所表现的人格魅力"了，对于阅读能力本身更是无话可说。很尴尬。这种东西，既失去唯物的立场，也不符合辩证的方法。

我们主张，基础教育阶段的阅读教学，首先是训练、培养学生的"基础阅读能力"，或叫"普适阅读能力"，这是超越文体，在所有阅读过程中都需要的能力。这种能力的训练，必须建立在对文章规律、解读规律认知的基础上。就文章解读来说，一篇合格的文章是一个有机的整体，构成它的诸因素之间有一种既互相制约又互相阐释的关系，这就是"文内诸因互解律"。这是文章本身最重要的规律，依此而读书，就要有"以文解文"的思路和方法。此外还有"文外诸因互解律""情理言辞互解律"，以及由此而来的"以事解文""以理解文""以情解文"，等等。

就文章写作来说，首先要区别学生作文与作家创作，这涉及作文教学的性质与目的。作家创作，是一种职业，是一种"社会工作"，往往是"为时""为事"甚至"为历史"而写；作为中学生，虽然也要树立社会功利意识，但首先要把作文看作自己生活、生命的一部分，为自己的心灵而写，为自己的成长而写。作文是他们精神的园地，是他们人生的"史记"。还不仅此。他们要在作文中说真话，抒真情，讲真理，这也是学做人的一种历练。其次，也是为了自己的社会生活。练习作文，也就是练习交际，也就是学习与人沟通的本领。再次，是为了他人，为了他所生存的这个社会。作文，就是参与社会的改造，就是尽自己作为社会一员的责任。这样，学生通过作文就能够走向成熟，走向高尚。

作文教学急需要解决效率的问题。我们主张作文教学要有法有序。文无定法但文章有法，这是一个意思；作为教学活动自有教学的方法，这又是一个意思。作文之法，不是什么人主观臆断的结果，而是对客观规律的认识和遵循。凡事都有规律，连"模糊"都是有规律的，"不规则"也是有规律的。模糊数学之所以成为数学，模糊逻辑之所以成为逻辑，就是因为它们有不模糊的一面。不规则运动之所以成为研究的对象，是因为它从另外的角度、从更广的领域里体现着规律、规则。有规律就有方法。当然，方法有高低之分，好坏之分。有人从根本上否定方法，从而走向两个极端。一是虚无主义、无为主义，反正也没什么多快好省的方法，于是就大撒手，还要给这大撒手找出种种理由，安上种种名目；二是与虚无主义完全相反的极端有为主义，以多取胜，拿出比规定的语文课时多几倍的时间要学生学语文，搞得学生似乎不是为了生活而学语文，倒像是为了语文而生活一样。多多益善，似乎也有效，但是，这里有个效率问题，有个投入产出比的问题。时代在前进，人们的生活日益丰富，学生的课业也越来越多。原来私塾只读语文，尚且有人十年寒窗而不免糊涂。而现在，高一每周五课时，高二每周四课时，每课时只有45分钟。在这样短的时间内要教师教会语文、学生学会语文，不讲究规律行吗？撒手让学生自己去感悟、去摸索，那还要教师干什么，还办学校干什么？那些至今只会念"多读多写"四字真经的人，实在应该下岗归家。

　　书既面世，主张俱在；情不自禁，赘言如上，读者恕我。

阅读教学应重视基础能力的训练[*]

语文教学改革，可以说是"年年讲、月月讲、天天讲"了。进步当然有，但总的看，还没有从根本上改变低效甚至无效的状况，其根源主要在于掩没了语文教学的核心价值，忽视或跳过了基础能力的训练。

中学语文教学的"效"指什么？这要看学科的定性、定位。我们看看《普通高中语文课程标准（实验）》的说法："语文是最重要的交际工具，是人类文化的重要组成部分。工具性与人文性的统一，是语文课程的基本特点。""高中语文课程应进一步提高学生的语文素养，使学生具有较强的语文应用能力和一定的语文审美能力、探究能力，形成良好的思想道德素质和科学文化素质，为终身学习和有个性的发展奠定基础。"在说完"高中语文课程应帮助学生获得内涵丰富的语文素养"之后，接着是下面一大段文字："高中语文课程必须充分发挥自身的优势，使学生通过优秀文化的浸染，塑造热爱祖国和中华文明、献身人类进步事

---

[*] 本文原载《中学语文教学》2015年第2期，有修改。

业的精神品格，形成健康美好的情感和奋发向上的人生态度；应增进课程内容与社会发展、科技进步和学生成长的联系，引导学生积极参与实践活动，学习认识社会、认识自我、规划人生，在促进学生走向自立的教育中产生重要的作用。"此外还强调"注重语文应用、审美与探究能力的培养，促进学生均衡而有个性地发展"。

在这里，"工具性"与"人文性"并驾齐驱，各项"能力"与"思想道德素质和科学文化素质"等相提并论，而且各项能力还要"均衡发展"，结果是多元而宏大的价值取向掩没了核心价值的追求。语文学科的核心价值是什么？（即"我们为什么要开设语文学科？""中学生为什么要上语文课？"）广义地说是提高语文素养；所谓语文素养的核心又是什么？就是语文应用能力，就是自能读书、自能作文的能力，所谓"终身学习和有个性发展"的基础就是这种能力——所以可称之为"语文基础能力"。衡量语文课效果如何，提高语文基础能力是第一位的。笔者曾强调，让学习者爱读书、会读书，爱动笔、会作文，是语文学科对他们最大的人文关怀。

如果说课标是用多元而宏大的价值取向淹没了对核心价值的追求，教材体系则是以各种方式淹没了基础能力的训练，或者说是"跳过了"基础能力的训练。随便翻翻各种版本的教材，或遵文体，或重思想，或以生活，等等，没有一家是以基础能力为纲的。不抓根本，不分层次，不讲顺序，东一榔头西一棒子，这样的教材，让一线教师怎么处理？别的学科教师是，该教什么，教材里就有什么；唯独语文教师，只能是"碰到什么说什么"，苦不堪言,且低效甚至无效。

"语文素养"是可以分解的,课标已然做了。而"语文应用能力"(即基础能力)则始终停留在一个笼统的概念上,有的人干脆说阅读能力是不能分解的(写作能力似乎还可以)。余谓不然,窃制"阅读能力分解表"以示同人。(详见本书《阅读教学的价值观与方法论(之一)》一文)

在我的理解中,阅读能力首先可以分为两个层次:基础层次的能力与发展层次的能力;基础层次的能力又可分为认读与解读两个层次;解读能力则包含三个方面:宏观把握(语感),诸因互解(思维),材料梳理(表述)。

所谓"基础层次的能力",就阅读而言,就是超越文体特点、阅读所有文本都需要的能力——所以它是一种普适能力。只有具备了基础的阅读能力,再说"品味鉴赏"才是有意义的;企图跳过这种普适能力的训练而进行"品味鉴赏",必然流于形式,陷于空洞,伤了教师也害了学生。

能力的形成需要实践的过程,需要训练——教师之指导为"训",学生之实践为"练"。有了教师的"训",学生的实践才不会是盲目的,其过程才会是科学(符合文本规律与读者心理规律)有效的。鉴于此,笔者反对"感悟"之说,反对"书读百遍其义自见"之类的口号。没有教师的科学指导,一味地强调多读感悟,很可能造成鲁迅所谓"人生识字糊涂始"的结果;再者,如果真走百遍自见之路,还要教师干什么,还上语文课干什么?

训,就要有"说法",就是要有理论,有概念。学习者在实践过程中理解了、接受了某种理论、概念,再以此指导实践,由"自觉"到"自如",就形成了能力。没有科学的理论与概念,或者理论过于玄妙、概念过于笼统,学习者就真的只能靠"多读感悟"了。

比如"关键语句"这个概念本身是科学的,教材里也都在使用;但如果没有具体内涵的说明,不知道哪些语句是"关键",学习者还是如堕五里雾中。有的先生竟然说"有的文章没有关键语句",可见概念之模糊。在我的理解中,"关键语句"包括指示语、概括语、情态语、过渡语、标题语等;而"指示语"又包括对象指示、时空指示、语篇指示、模态指示等。对具体概念的阐释,请参看笔者的《阅读教学的价值观与方法论》诸文。这些概念,必须通过具体的文本让学习者了解、接受;然后再选择适用的文本让他们感知、识别,并理解这些语句在整体把握文本中的作用。每一种能力的训练都要反复多次。文本可以根据内容编组,像唐诗、宋词、宋诗、文言散文、现代散文、议论文、说明文,可以分别编为一组或数组。每组的容量,要根据课堂的时段和学生的接受能力而定。如此,就形成了基础能力立意的单元教学系列,教师再也不必忍受"碰到什么教什么"的痛苦了,学生阅读能力的形成也就指日可待了。

根据上面的认识,笔者以为对现行教材体系要进行彻底的改造。整套教材应分为三部:第一部,文本解读,系统地、集中地训练基础(普适)阅读能力;第二部,文学鉴读,这是建立在基础能力训练的基础上的,增加了文体特点的认知,系统地、集中地进行能"鉴"能"赏"的训练;第三部,文献通读,有了前两个层次的训练,经史子集,重要的文化经典,尽量"多读",以增加文化积淀。

这里补充说说质疑能力的问题。新课标中提出了"探究能力""个性发展"的概念，这体现了时代的精神，而这都与"质疑"二字相关。没有质疑，探究什么？不敢质疑、不会质疑，还谈什么"个性发展"？可惜，在现在的教材体系中，并没有真正给"质疑"以一定的地位：选文都是"文质兼美"的，解说（包括注解）都是权威的（且注解之详，完全剥夺了学习者自己检索、探究的机会）。质疑什么？探索什么？学生只有全盘接受的份儿，甚至连错误的解释都必须遵守——据说那就是考试的标准答案！

在我的"分解表"中，基础能力与发展能力两个层面都标出了"质疑"二字。基础层面的叫"质疑辨正"，发展层面的叫"质疑创新"，这显示着"质疑"能力的不同层次。在基础能力训练的阶段，追求的是"读懂作者"，"质疑"主要是解决"正误"的问题，功夫在"辨正"；在发展能力训练的阶段，追求的是"鉴"和"赏"，"质疑"主要是解决"优劣"的问题，结果在"创新"。明于此，教材的编写与课堂的实践就都有了"谱"。

紧紧抓住阅读教学的核心价值，重视基础（普适）阅读能力的训练，建设基础能力立意的单元教学体系，这就是我的期望、我的呼吁。

阅读教学的价值观与方法论（一）：价值的认知[*]

目前，阅读教学普遍存在着无序与低效状况，这一系列文章特来讨论阅读教学的价值观与方法论，以期有所助益。本篇先来讨论价值的认知，接下来还要讨论价值的所在与价值的实现。

要正确认知阅读教学的价值，必须明确以下几点。

一、阅读 ≠ 阅读教学

什么是阅读教学？这个看来不成问题的问题，实际上很成问题。不少论者有意无意地混淆了阅读教学与阅读的界限，甚至把阅读等同于阅读教学。阅读教学当然离不开阅读，但阅读却不等于阅读教学。阅读，是读者自由地与文本打交道的过程，在这个过程中，只有读者和文本两个因素；阅读的目的因读者而异，阅读的方式方法也因读者而异，有时甚至是无目的的。阅读教学则不同。在阅读教学的过程中有三个因素，即除了读者和文本之外，还有教师这个因素——没有这个因素就不

---

[*] 本文原载《中学语文教学》2011年第8期，略有修改。

能称之为"教学";阅读教学的方式方法在很大程度上取决于教师而不是"读者"——学生;阅读教学的目的,虽然也有传承文化、积累知识、涵养性情的一面,但主要的还在于培养阅读能力——使学生自能读书。这一点认识虽然很一般,但很重要,这是研究阅读教学、实现阅读教学价值的起点。阅读教学中的许多问题纠缠不清,都跟对这一点认识不清有关。现在一提倡学生自主学习,就有人把课堂变成"自由的广场",这也与对阅读教学的价值认识不清有关。

二、阅读能力是一种独立的能力

阅读能力,与听、说、写的能力比肩而立,作为一种相对独立的语文能力,似乎已经成为共识。其实不然。无论在理论上还是在实践中,有意无意地抹杀阅读能力的独立地位的现象还是相当普遍的。语文教学现状的不能令人满意,与这一点有密切关系。不承认阅读能力是一种独立的能力,具有独立的价值,又怎么能去深入地研究阅读教学的规律、认真地去进行阅读教学呢?

我们所说的阅读能力,是一个能力的系统,是分层次、分部类的。识字很多的人也不见得就会读,历史上不是有"书漏""书橱"的记载吗?而且,能读"之乎者也"的人,也未必真能看懂报纸上的科技新闻。

曾有北师大的一位美学教授"自豪地"宣布他读不懂高考试卷上关于转基因作物的科技新闻。这也许是出于矫情。不过,现实生活中教授、专家"误读"文本的现象确也比比皆是。笔者曾写有《读懂现代文,有点难》一文(见《中学语文教学》

2007年第2期），列举语文教材和高考阅读选文各三篇，批评教材编者和高考命题者的误读。最近翻看人教社编的教师教学用书，其《中国现代诗歌散文欣赏》一册中，对梁实秋《动人的北平》有如下"整体感知"："开篇一段很重要，总体上写北平的特点，作者以'品格'名之：'老成''豪爽''宽大''包容'。与这些'品格'相配的是它的'魁梧'的形象。如果说本文在结构上采用总—分的形式，那么这一段就是全文的一个总起。"这一段分析，恰恰表明编者未能"整体感知"。该文以"散点"分述的结构讲述北平的动人之处，第一段说"北平好像是一个魁梧的老人"，第四段说"北平又像是一株古木老树"，第六段说"北平是一个'珠玉之城'"，等等，是并列的关系，而不是什么"总—分"。再者，第一段作者把北平喻为"魁梧的老人"，其喻点是"具有一种老成的品格"。"老成"，是这一段的总括性词语，而后面的"豪爽""宽大""包容"，是对"老成"一词的阐发——这不是翻翻字典能解决的问题。把"老成"与"豪爽""宽大""包容"看成并列关系，是又一层的误读。

  同册书中，对茅盾的《森林中的绅士》有这样的讲解："本文采用诙谐、幽默、讽刺的笔调"，对绅士们"进行了辛辣的讽刺，表现了作者对绅士们的憎恶和轻蔑"。第九段，"形象地刻画了'可敬的绅士们'无病呻吟的丑恶嘴脸，深刻揭示了他们装腔作势虚伪透顶的丑陋本质"。既是丑恶，丑陋，憎恶，轻蔑，岂不是恨其不速速灭亡？可是，作者明白说道：他为绅士的生活方式以及他们的濒临灭绝感到"寒心"——因失望而痛心！在补记中作者又特别强调："写这一则时的心情，惘然若有所失。"这样鲜明的"情态语",编写者竟然视而不见,其阅读能力实在无法恭维。可他们还要给一线教师写参考,作指导,谬种流传也就在所难免了。

现代文尚且如此,古诗文的解读就更是灾难重重了。

的的确确,阅读能力是一种"独立的能力",所谓"学问"代替不了,辉煌的头衔也代替不了。

三、影响对阅读教学价值认识的因素

比如"传道情结"。在有些人看来,语文教学(或教育)就是"传道",阅读教学自然也就要以使学生"受道"为基本目标。由此出发,有的人甚至认为"语文教学"对目前社会道德水准的下降"负有重大责任"。这种道德救世的热忱和义勇诚然可嘉,但这也只能是一种热忱和义勇而已。阅读教学并非语文教育的全部,也不是学校教育的全部,甚至也不是学科教学的全部。语文教学只能担负它应该担负、能够担负的责任。其实,从教育的总目标说,都只是"育人"二字。不只是语文教师,任何一科教师都得"站在育人的制高点上,才能成为一个自觉的教育工作者"。这个道理,只要翻翻各学科的教学大纲就可以明白。

问题的关键在于如何从各自学科的特点出发,从各自不同的角度、不同的方面去完成育人的任务。作为语文教师,看不到自己的职责不行;把自己的职责看得过重,恨不得"语文救天下",也未必行得通;如果一方面似乎很有责任感,可实际上根本没看清自己真正应负的责任,那就更危险。语文是"最重

要的交际工具",这就是语文的本质特征。既然如此,语文教师就应该从"使学生掌握语文工具"这个角度去完成育人的任务,这是语文教师对学生的最基本的人文关怀。而阅读教学的基本目的就是使学生形成独立的阅读能力,从而能更多更好地去读书。这是一件了不起的工作,是实实在在地在促进学生的全面发展。

当然,阅读的对象都是文章,文章自然都是有内容、有思想、甚至有情感的。如果仅仅是阅读,甚至是不妨"得意忘言"的。但现在说的是阅读教学,是要使学生学会"据言会意""因言悟道""依言入情",并且能反过来,"顺意识言""据道析言""因情品言"。这里的"言"不但不能"忘",也不能"轻",而且是教师要特别关注的焦点。学生一旦能如此这般地"据言""因言""依言""识言""析言""品言",也就从阅读教学中获得了"全面而自由的发展"的某种能力了。这里不需要什么"二元"属性。因为,要让学生能"据言会意",就得在"会意"的过程中学会"据言";要让学生学会"因情品言",也得在"入情"的前提下才能真的品出味道来。离开了"会意"也就无法学会"据言",离开了"入情"也就谈不到学会"品言"。所以,这个学习的过程绝不是一个简单的、枯燥无味的甚至是见物不见人的训练过程,它本身就有人文价值、美育价值;而且养成阅读能力,不也正是为了让学生自由地、自主地去获得更多的人文价值、美育价值吗?

还有"写作情结"。一说语文能力就想到写作,一说语文的运用也就想到写作,所以至今仍有人主张语文课要"以写作为中心组织教学",考试也只需考一篇作文。在这里,阅读教学没有了独立地位,阅读能力也没有了独立价值:读,仅仅是为了写。在教学实践中,更有一种见怪不怪的现象:执教者拿到一篇教材——阅读教材,但却很少去想怎么利用这教材去养成学生的阅读能力(习惯也是能力),而是直奔"写作特点",课后作业也往往是要学生模仿课文作法完成一篇文章。市场上广为流行的某些教案大多也是写作情结纠缠下的产物。例如教读《林黛玉进贾府》一文,某高中语文教案上确定的教学目的是:"一、了解本文通过一个人物的行踪、见闻,按时间顺序描写环境和介绍人物的方法;二、认识封建剥削阶级的豪华奢侈生活和封建家庭的等级、礼规的某些侧面;三、理解一些词语古今意义的不同。"某中学语文教案给《变色龙》一文规定的教学目的是:"一、学习本文通过生动鲜明的对话表现人物性格的写作方法,了解契诃夫小说善于以日常生活的平凡事件揭露社会本质的特点;二、认识沙皇俄国社会的黑暗和'变色龙'这个典型人物的社会意义;三、培养学生的口头表达能力。"很多教师,特别是青年教师,就是跟着这种教案走的,可上述哪一项目的真正是从阅读的过程着手而以养成阅读能力为旨归的呢?

阅读和写作有联系,可以互相影响,但它们毕竟是两回事。写作是表述自己胸中所有的东西,阅读是汲取自己心中所没有的东西;写作是向别人敞开自己的世界,阅读是走进别人的世界。就一般人来说,读的东西与写的东西并不一定直接相关,需要读的东西总是更多更广甚至更艰深。读的能力与写的能力也不总是平衡的。所以，正如鉴赏家不一定是表演家，教练员不一定是运动员一样，文学评论家也不一定是小说家或诗人。反之也一样。据一项调查，某大学本科生的写作水平优于研究生；如果是测试阅读能力，结果就未必如此。如果要说到较为特殊的情况，比如写一篇《我的妈妈》，大学教授也未必比一位初中生写得更动人——如果又恰在考试中，那么教授的得分低于中学生也就不足为怪。

具有"写作情结"的人常常借用"读写结合"这个口号。这一口号本身并不错，但正确的口号常常掩盖错误的观念和行为。其主要的危害就是抹杀了阅读教学的独立地位，因而也就部分地或者完全地忽视了学生阅读能力的养成。而忽视阅读能力的养成，实际上也就忽视了学生未来独立自由的发展，反过来，对写作能力的提高也会产生负面影响。实际上有两种不同的"读写结合"，一种是为读而写，一种是为写而读，出发点不同，具体的操作也不同，其结果也就会不同。

如果说"传道情结"和"写作情结"都带有传统的基因，那么"影像情结"就完全是新时代的产物了。阅读本来是从书面语言中获得信息、汲取营养的活动，阅读教学也就应该引导学生跟语言文字打交道，可有些人越来越热衷于把影像引入课堂，从幻灯片到影视资料再到电脑多媒体，又时髦又热闹，还很容易获得"好评"，所以乐此不疲，且有蔓延之势。科学技术的发展确实给语文教学提供了新的手段，适当运用有利于效率的提高。但阅读就是阅读，影像不能代替文字。在日常生活中，通过电视认识诸葛亮、孙悟空或者林黛玉，通过"小人书"了解《论语》《孟子》

以至《老》《庄》，本来也还有普及之效。在语文课堂上，偶尔用影像作为感官刺激的佐料也不必去反对。但我们必须清醒，文字，特别是汉字，是一种很精致的表意符号，它表情达意、塑造形象都是间接的，要接受它，有赖于读者大脑的转换。这个转换过程正是人们智慧和精神发育、发展的过程，其价值是无可估量的。特别是文字所承载的许多深邃思想，影像无法再现。至于文字所特有的韵律和节奏，空白和神韵，更是影像无能为力的。所以，看电视剧《红楼梦》永远不能和看小说《红楼梦》相提并论，看电视剧《围城》也绝享受不到看小说《围城》所能得到的乐趣。有人曾忧心忡忡地指出："从文字到图像，这是一种传播技术的进步，可是谁又能保证这不是一种阅读的退化，不意味着一种能力退化的危险呢？"这并非杞人忧天。在我们的日常生活中，影像够多了，在难得的几十分钟的语文课堂上，为什么还不让学生认认真真地跟语言文字打打交道呢？

四、阅读能力的分解和训练

正如其他能力一样，阅读能力是由诸多因素构成的一个知能系统，是可以分解的，因而也是可以有计划有步骤地进行训练的。有人认为阅读能力混沌一团，不可分解，因而无法按照阅读能力的内在规律编写教材，也无法按照阅读能力的内在规律进行教学。这是给一线教师造成困顿，使得语文教学始终处于无"序"甚至无"的"状态的根本原因。笔者不揣浅陋，试对阅读能力作如下分解（详见下表）。

阅读能力分解表

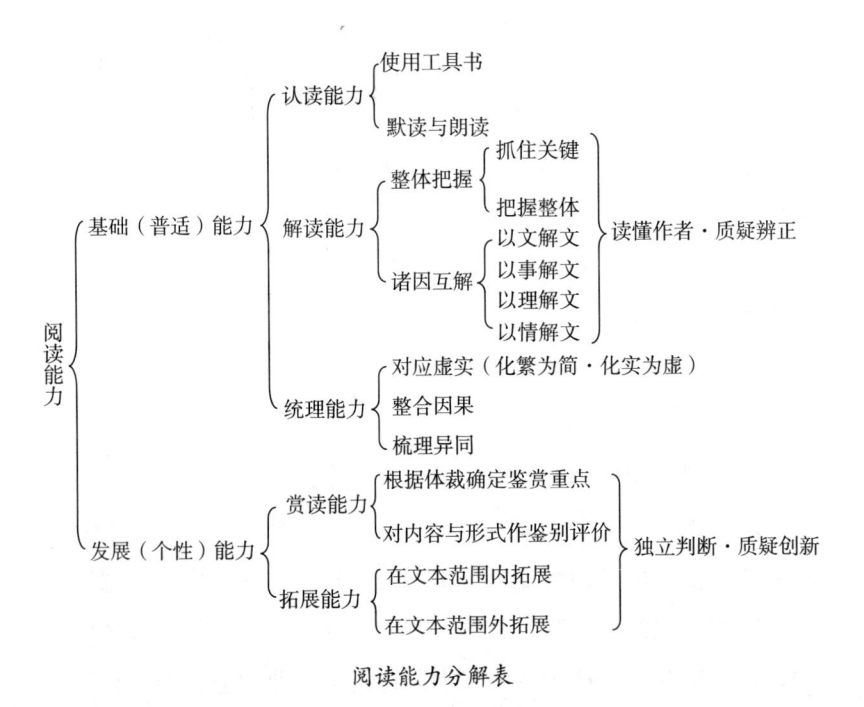

```
                    ┌─认读能力 ┌─ 使用工具书
                    │         └─ 默读与朗读
                    │
         ┌基础（普适）│         ┌─整体把握 ┌─抓住关键
         │  能力    │─解读能力 │         └─把握整体    ┐
         │         │         │         ┌─以文解文    │
         │         │         └─诸因互解 │─以事解文    │ 读懂作者·质疑辨正
阅读     │         │                   │─以理解文    │
能力    ─┤         │                   └─以情解文    ┘
         │         │         ┌─对应虚实（化繁为简·化实为虚）
         │         └─统理能力 │─整合因果
         │                   └─梳理异同
         │
         │         ┌─赏读能力 ┌─根据体裁确定鉴赏重点    ┐
         └发展（个性）│         └─对内容与形式作鉴别评价  │ 独立判断·质疑创新
           能力    │         ┌─在文本范围内拓展        │
                  └─拓展能力 └─在文本范围外拓展        ┘
```

阅读能力分解表

"阅读能力分解表"说明：

阅读能力分为两个层次：基础（普适）能力与发展（个性）能力。

基础（普适）能力分为三个层次：认读能力，解读能力，统理能力。

认读能力包括：使用工具书，默读与朗读。

解读能力包括整体把握与诸因互解两个维度。

整体把握包括抓住关键、把握整体。

诸因互解包括：以文解文、以事解文、以理解文、以情解文。

解读能力追求的是"读懂作者"，其中贯穿"质疑辨正"的思维训练。

发展（个性）能力分为赏读能力和拓展能力两个维度。

赏读能力包括"根据体裁确定赏读重点""对内容与形式作鉴别评价"。

拓展能力包括"在文本范围内拓展""在文本范围外拓展"。

发展（个性）能力追求的是"独立判断·质疑创新"。

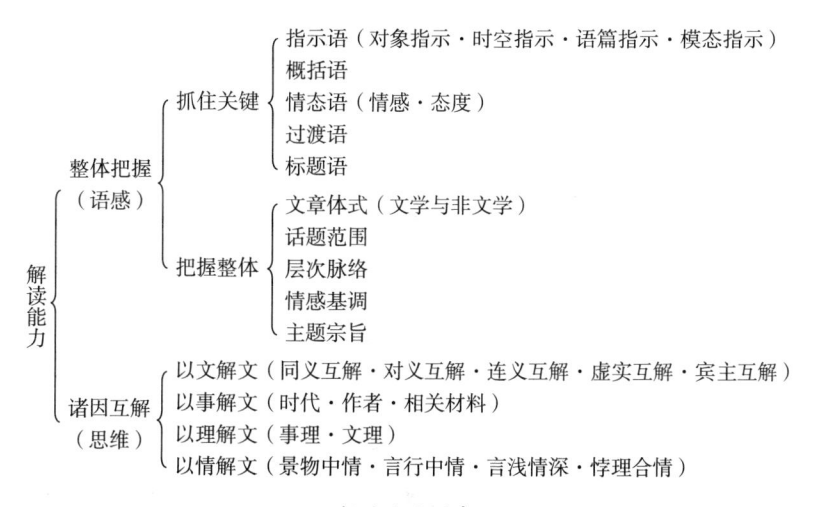

```
                     ┌ 指示语（对象指示·时空指示·语篇指示·模态指示）
                     │ 概括语
          ┌ 抓住关键 ┤ 情态语（情感·态度）
          │          │ 过渡语
          │          └ 标题语
  整体把握│
  （语感）│          ┌ 文章体式（文学与非文学）
          │          │ 话题范围
          └ 把握整体 ┤ 层次脉络
解                   │ 情感基调
读                   └ 主题宗旨
能
力          ┌ 以文解文（同义互解·对义互解·连义互解·虚实互解·宾主互解）
  诸因互解  │ 以事解文（时代·作者·相关材料）
  （思维）  ┤ 以理解文（事理·文理）
            └ 以情解文（景物中情·言行中情·言浅情深·悖理合情）
```

解读能力详表

"解读能力详表"说明：

解读能力分为两个层次：整体把握（语感）、诸因互解（思维）。

整体把握分为"抓住关键"和"把握整体"两个层次。

抓住关键包括：指示语（对象指示·时空指示·语篇指示·模态指示），概括语，情态语（情感·态度），过渡语，标题语。

把握整体的内容包括：文章体式（文学与非文学），话题范围，层次脉络，情感基调，主题宗旨。

诸因互解包括：以文解文（同义互解·对义互解·连义互解·虚实互解·宾主互解），以事解文（时代·作者·相关材料），以理解文（事理·文理），以情解文（景物中情·言行中情·言浅情深·悖理合情）。

阅读教学的价值观与方法论（二）：价值的所在[*]

我们到哪里、向谁去寻求阅读教学的价值？用不着"上穷碧落下黄泉"，它就存在于语文教师的自身，存在于教材的文本，存在于教师利用文本施教的全过程。

一、教师角色的价值

从阅读教学的过程看，语文教师是一个重要的角色，起着决定性的作用。因而要寻求阅读教学的价值，首先就要着眼于教师。教师之影响于阅读教学的价值，又有两个因素：一是角色意识，二是角色素养。

我们曾经对语文课堂教学提出这样的希望：忠实，充实，扎实，朴实。这里就既有"角色意识"的希望，也有"角色素养"的希望。首先是"忠实"，教师自己应该是语文的爱好者，是舞文弄墨的豪客，同时又深知语文教学对于青少年的深远影响，是一心一意搞语文教学的痴人。

---

[*] 本文原载《中学语文教学》2011年第9期。

教师，不是工头，不是警察，不是演员，也不是导演；不是母亲，不是蜡烛，不是园丁，更不是什么传教士、"灵魂的工程师"。教师就是教师，是一种有特殊使命特殊本领的、不可替代的社会角色———一定要成为不可替代的，才是最有价值的。

而要做到课堂教学内容充实，效果扎实，作风朴实，教师必须有相当的素养。单从阅读教学的角度说，教师就是帮助学生学会读书的人。要帮助学生学会读书，就不仅需要有"一桶水"，而且要有"点金术"，这"点金术"比那"一桶水"更重要。这就需要教师自己懂得阅读教学的规律。要教学生阅读，一方面得研究文本的构成规律，比如文章的整体有机性，比如语义构成的规律，层次结构的规律，诸因互解的规律，等等；一方面得研究学生的心理规律，比如瞬间记忆的规律，筛选关键信息的规律，利用已知信息以文解文、以事解文、以理解文、以情解文等能力形成的规律，等等；这两方面的规律融会在一起，就是阅读教学的规律。懂得这种规律，并能用之于实践，使学生获得读书的智慧，能够客观、独立、准确而又敏锐地理解他人的话语和文章，这样的人就是一个称职的教师，就是一个在教学中不可替代的角色。

可惜得很，这方面的研究还很不够，真正热心做这样一种角色的人也还不是很多。相当一部分人，包括教师和某些与教学有关的行政人员，还有某些掌握话语权力的人，他们另有所好，另有所图。有人充当演员，把学生当观众；有人充当导演，把学生当玩偶；有人充当牧师，把学生当信徒；有人充当茶馆老板，把学生当茶客；有人充当奴隶总管，把学生当苦力……而每一种角色都会得到一些人的首肯，得到一些人的宣扬。还有一些教师，不学习，不研究，或捧教参照本宣科，或靠练习册逼学生"下海"。如此，教师在阅读教学活动中常常找不到"感觉"，既不能确定自己的角色，又缺乏角色应有的能力，因而使阅读教学应有的价值大大贬损，实在是一件可悲的事。

二、教材文本的价值

教材文本是阅读教学的"例子"，它在阅读教学中的价值是不言而喻的。曾有是"教教材"还是"用教材教"的讨论，笔者以为，既要"教教材"，又要"用教材教"，而以"用教材教"为主要取向。

教材文本的价值存在于下列三个方面。

1. 知识积累的价值

包括语文基础知识、文章文学知识、泛文化知识等。

这是不可忽视的价值之一。语文素养要靠日积月累，每一篇教材文本都会有值得积累的东西。而这一种价值就来源于"教教材"。比如我的学生学习郭沫若历史剧《屈原》第五幕第二场，就积累了如下一些知识：

语文基础知识：主要是词语的积累，如"惺惺""鞳鞳""占筮""垂拱""哀哉尚飨"等；还有关于文字的，关于语法、修辞的。

文章文学常识：关于"郭沫若"，关于"历史剧"。

泛文化知识：春秋战国以前人的"姓""氏"之区别；楚国时对一些神的称呼（东君，河伯，大司命，少司命，湘君，湘夫人等）；一些古代礼节（拜手，稽首）；其他如"湘妃竹""伯夷与叔齐"等。

这是我们提倡的"三新笔记"中的一个项目。每读完一篇文章之后，学生都从这几个方面加以总结，日久天长，知识就会丰富起来。

2.能力训练的价值

包括基本功常规训练和突破难点的训练两个层面。

一篇文章摆在面前，要读懂它，有一些常规的思路与方法，诸如抓住关键语句，整体把握文章，利用各种解读方法对文章内容进行统理等。要掌握这样的思路与方法，必须经过反复多次的操练，由"有意识"到"成习惯"，最终形成能力。这是教材中每一篇文章都可能有的价值。比如茅盾的《森林中的绅士》一文，描述豪猪的"绅士风度"，虽然涉及其外貌特征（一身钢针似的刺毛，矮矮胖胖的，一张方正而持重的面孔），但主要是从其生活方式着墨。抓住"生活方式"这一概括语，就抓住了豪猪"绅士风度"的描写之纲——其逍遥玩耍，其懒吃懒睡，其防御战术，乃至其无病呻吟，都总括在这四个字之中了；而看准了"懒散而悠闲"五字定语，也就勘定了豪猪所谓"绅士风度"的基本内涵，其种种外在的活动，都是这"懒散悠闲"的具体表现而已。这样一个阅读解析的过程，就是一个阅读基本功训练的过程，也是体现教材文本价值的过程。

常规训练固不可少，而更有价值的地方是对文本中解读难点的突破。能力的提高，不是在同一水平的反复中实现的；只有遇到超出既有水平的难点而突破之，能力才能长进。可惜的是，很多时候，教师在重复着同一水平甚至是低水平的劳动，致使课堂乏味，学生厌学，教学成了无效劳动。

说到难点，就涉及课堂提问。现在常见的有两个弊端。第一个是提问是单向的，即只是教师向学生提问。理想的状态应该是双向问，甚至应该以学生问教师为主。第二个是所提问题是假问题而非真问题。真问题的含义有三层：学生确实存在的问题（真的不明白或不会操作，不假），学生确实需要解决的问题（有意义，不滥），在基础教育阶段确实能够解决的问题（能解决，不玄）。无效教学常常在"假、滥、玄"这三类问题上纠缠。比如教师问："这是什么修辞手法呀？"学生齐答："比喻——"再问："用比喻手法有什么好处？"再齐答："形象生动！"这就是假。学习《背影》而提出"交通规则"问题，学习《藤野先生》而研究"中国女人的裹脚"，学习《拿来主义》而关注"烟枪"的形制，这就是"滥"。讲一篇或一个单元散文，就让学生总结散文写作的技巧，甚至流派风格；学习一篇或几篇杂文，就让学生认识杂文选材规律、语言特点，这就是"玄"。

真问题从何而来？当然，对于学习者来说，首先是文本本身确实存在着真问题，其次是学习者或者执教者能发现这问题——包括"于无疑处生疑"。这发现，一是来源于自己阅读中的感受，一是来源于对各种相关解读的了解。

比如读鲁迅小说《故乡》，很多教案在外貌描写上下功夫，还要设计许多板书，对比人物外貌的变化。这样花去许多时间，对阅读能力的提高有多大意义？从"读懂"的角度看，这篇小说的真问题在于："我"为什么会觉得故乡是"美丽"的？"我"的故乡到底是原来"不过如此"，还是后来变得如此萧条？小说描写了闰土的外貌变化，写了杨二嫂的外貌变化吗？对"我"而言,哪一种"变化"是最痛心的?"我"对未来到底是抱有希望,还是不抱有希望?等等。如果抓住这样一些"问题"引导学生认真读书,自求其解或在互动中求解,对阅读能力的提高肯定大有裨益。

再比如阅读余光中的诗《乡愁》,很多执教者不是从这首诗本身去发掘真问题,而是顾左右而言他:搜集许多写乡愁的诗,让学生体会"游子思乡的感情和乡愁诗的特点";或者在多媒体上下功夫,有一个教案,就准备了《乡愁》朗诵带、《归乡》《思乡曲》音乐带、席慕蓉《乡愁》的录像带等在课堂上播放。花了许多工夫之后,倘若问:写乡愁的诗文很多,有的为思亲,有的为山水,有的不过是为美食,余先生这里"乡愁"的具体内涵是什么?其诗曰:"我在这头,母亲在那头。""我在这头,新娘在那头。"所谓"这头""那头"都是指哪里呀?还有,有人说:此诗前三节是为最后一节作铺垫的,情感是层层推进而升华的,最后将乡愁上升到民族和国家的角度。全诗的结构与主旨可以这样理解吗?按照有些教案施教,这样的问题恐怕一个也答不上来。如此教学,则这首诗的阅读能力训练的价值基本丧失。

3.人文审美的价值

按现行的观念,教材选文要以"文质兼美"为标准,所以它天然地就具有人文审美的价值。比如余光中的诗《乡愁》,写亲子之思,写夫妻之恋,写丧母之痛,写故国之忧,都是人类情感中最美好的东西,是人性之至善。读者吟诵之,解读之,赏玩之,会激发起内心的波澜,会引发种种人生中美好情感的联想,获得审美体验,涵养人文情怀。

不过要清醒的是，审美体验的过程与审美价值的评判，人文价值的认同或背反，是非常个性化的，是最难大一统的。例如同是读余秋雨的《都江堰》，有人觉得有气势，有深度，以小见大，也有文采；但有的人就觉得太做作，太矫饰，不喜欢，读着不舒服。还有被选入教材的张抗抗的散文《埃菲尔铁塔沉思》，充满了这样的语句："我听到耳边的风呼呼响，紧张地抽搐着的风，拍打你，推动你，如巨鸟扑翼，直贯长空。你是一记雷声，一道阳光，一束电波，一条飞船，轻轻扬扬却又闪电般地穿过大气层，突破大气层，抛开大气层。"风是"抽搐"的，怎么又"直贯长空"？"雷声""阳光""电波""飞船"之类，怎么"轻轻扬扬却又闪电般地穿过大气层"？作者所要传达的见闻、感受，是不是有点匪夷所思？这样的文章，我是勉强卒读的，哪里还有什么美感享受？但这不妨碍有人喜欢它，教材的编者就是喜欢它的一族。

在探讨阅读教学价值的时候，不能不讨论教材的建设。

语文教学曾受到"少慢差费"的诟病。时光荏苒，花样翻新，而至于今日，情况并无根本的改观。在各学科的教学中，语文教师最忙，最累，而效果最不显著。当然可以说原因是复杂的，但根本的一条在于教材的不适用性。无论是单元组合还是模块切割，教材的主体都是阅读，语文教学的课时也绝大部分用于阅读。但现行的教材，或按文章体裁，或按文本内容，或按写作技巧，总而言之，还没有一部教材真正是按照阅读能力培养的需要编写的，只是越编越厚，越卖越贵而已。教师拿到教材，首先要考虑（或者说是发愁）"教什么"（具有讽刺意味的是，语文教学杂志都在讨论"教什么"的问题），最后只能"碰到什么教什么"，或"想教什么就教什么"。于是，阅读教学常常就不再是阅读教学，甚至不再是语文教学，阅读能力的培养自然就落空了。

现在不是在讨论"教什么"的问题吗？笔者以为，作为阅读教材，不管是白话是文言，是记叙是议论，其首要的价值就在于训练学生的阅读能力。舍此，则阅读教学就会变质，"语文"可能也就不再姓"语"。

20世纪80年代，笔者曾著文提出理想的教材应该具有"度、量、序、法"的特质。度，就是明确此套教材要使学习者达到怎样的程度，不能含糊其词，不能笼而统之。量，就是教材的厚度，太少了，不能达到"度"的要求，而一味贪多也不是办法。这要有认真的调查研究，不能拍脑壳决策，更不能掺入商人的算计。序，就是先学什么再学什么的次序，课与课之间、单元与单元之间要有实质性的联系。一篇课文，今天放在甲单元，明日移入乙单元，今年放在第一册，明年放入第五册，这种随心所欲的做法，只能说明编者的懵懂。法，就是青少年在基础教育阶段必须掌握的读的方法、写的方法。教材有了"度、量、序、法"，教师就有了明确的目标，不至于为"教什么"发愁了。

笔者认为，理想的阅读教材应该采取分编的办法。要有一本"文献通读"，主要着眼于文化的传承，选编中学生应读必读的古代文献，像经、史一类，附上必要的注解和译文，只要求学生通读，做到能懂并背诵其中的一部分。要有一本"文学赏读"，从文学教育的目标出发，选择文学经典，也加以必要的注解和提示，仍以学生自读为主，要求背诵其中的若干篇目，至于欣赏到什么程度，不做统一要求。最要紧的是编好以培养阅读能力为目标的"文章解读"。这要以对阅读能力的分解为前提，有了一个科学的分解，教材才可能有可行的层次和步骤，每一步要训练什么，这一步训练和上一步、下一步的训练怎样联系才可能明确，无论学生还是教师，心里才可能有底，教材也才可能有可操作性。这一本书的例文，完全从训练的需要出发，完全不必管他是不是名家名篇，为了训练的需要，有时甚至不妨选一点有问题有错误的文章。我想，叶圣陶先生说"教材无非是一个例子"，大概指的是这一类文章，要完成的是这一类目标。这一本"文章解读"，应作为阅读教学的核心，以它为基础，来促进"文献通读"和"文学赏读"。

三、教学过程的价值

教育界有一句警言：过程重于结论！不仅是阅读教学的过程，所有的课堂教学的过程，都不单纯是让学生接受知识、训练技能的过程，也不单纯是使学生形成一定观点和道德品质的认识过程，而是一个综合的过程、完整的过程，是学生的兴趣、注意、性格、知识、能力、情感、意志等全面参与、全面发展的过程。另一方面，教育教学的终极目的是为了给社会培养人，而社会对人的要求也是综合的。有理想、有道德、守纪律，这很重要；有文化，这也很重要。但社会现实对人的要求还不限于此，还得有聪明的头脑，有解决各种实际问题的能力，有对某种事业的浓厚兴趣，有克服困难、不怕挫折的毅力，等等。这就要求我们，课堂教学既要有主攻方向，又要有综合价值的追求。社会的

阅读教学的价值观与方法论（二）：价值的所在

需求提出了这种必要性，课堂教学过程的性质提供了可能性。

课堂应成为学生全面发展的基地。每一个学习者都得到观照，都找到自己的位置，动手、动脑、动情。优化知识结构，提高思想认识，磨砺思维品质，激发学习兴趣，养成良好习惯，等等。这对教育者提出了更高的要求：不仅仅要懂得本学科，还要懂得并实践教育学、心理学的基本原理。

单就阅读教学的核心价值而言，这是一个学生为了提高阅读能力而在教师的帮助下有计划、有步骤的训练过程。"训练"二字，现在有人见而蹙眉，必扼杀之而后快。殊不知，既然承认语文的工具性，既然承认阅读（自然还有写作）需要能力，"训练"二字就是必不可少的了。任何一种工具，要掌握它，不训练行吗？任何一种能力，要养成它，不训练行吗？有人一定要代之以"感悟"之类的字眼，不知道是出于什么心理。"训练"二字，包含着"训"和"练"两重因素，"训"指的是教师方面的活动，"练"指的是学生方面的活动；而"感悟"二字，仅仅能指学生一方面的活动，它把教师在教学过程中的活动和作用完全取消了，这还算是教学吗？看似玄妙，其实是弄巧成拙，并且会给教学带来混乱，使很多教师无所措手足（精英之类可以天马行空，不在此列）。"感悟"一说，其实也算不得什么新发明，它和许多人不断提倡、宣传的所谓"书读百遍，其义自见"（以"多"字为经）大同小异。问题是，如果真的把这"百遍自见"的原则贯彻起来，还要教师干什么呢？学生在自己的家里"自见"不是很好吗，他们为什么要花钱进学校呢？再说，这里有个效率问题。古时候，读书人全部精力都用在读那么几本书上，百遍或许有了，但终于糊涂的仍不在少数。现在的学子，任务多多，哪有那么多的时间和精力去读"百遍"？正因为如此，才需要教学，才需要教师。阅读教学不是排除感悟，而是只把它作为阅读训练过程中的一种效果，即通过训练达到感悟，而不是用感悟去反对训练。

阅读教学的价值观与方法论（三）：价值的实现[*]

一、研读教材

阅读教学的价值要靠教学实践来实现。而教学实践的第一步是研读教材。研读教材的工作实质上就是把教材的"原生态"转化为"教学态"。这对有的学科可能不太适用，而对语文学科来讲还是合适的。

语文教材就是一篇篇文章，我称之为"原生态"，而要让它能够发挥我们所希望的作用，就必须加工转化，把它变成适合我们教学需要的状态，这就是所谓"教学态"。具体地说，由"原生态"转化为"教学态"，至少要做以下的工作：①功利化，即根据总体价值观，挖掘其可用之价值；②解析化，即把"自然态"的文章分析成可以自由操作的部件，在教学过程或分开或组合，都能恰如人意；③扩展化，诸如增加背景知识，补充相关资料，与其他文章进行联系、比较等，以增加信息量，加大思维强

---

[*] 本文原载《中学语文教学》2011 年第 10 期。

度；④具象化，即把抽象的东西变为具体的、形象可感的东西，实验，使用挂图，配以影视，设计板书，比喻，举例，等等，这可以增加教材的直观性，提高教学效果；⑤抽象化，与"具象化"的方向相反，这是对教材进行概括、归纳的过程，列提纲，找规律，"一言以蔽之"，甚至变成某种图表、某种符号；⑥情感化，无论讲什么教材，教师都要倾注自己的感情，教师的爱憎会引起学生的共鸣，教师对所讲授内容表现了浓厚的兴趣，也一定有助于调动学生学习的积极性。

这里举一个实例。

恩格斯《在马克思墓前的讲话》属于议论文体。按课本规定的单元要求，教学重点在于"剖析结构，理清思路"，"根据论点，选择论据"；因为这一课文在过渡上很有特色，课本的习题又要求"找出这样的段落和语句，并分别加以说明"。这些要求大体属于知识和技能的范围。我从自己的教学价值体系出发，觉得这样处理是太可惜了。我认为这篇文章有很大的情思价值，马克思的伟大，不仅在于他的巨大贡献，而且在于他的人格；不仅在于他的聪明才智，而且在于他的崇高情感。针对目前社会重才能而轻道德、重实利而轻信念的问题，我重读了一遍《马克思传》，把马克思备受贫困和疾病折磨的材料摘录出来，写成了一段话，讲给学生听。这段话的开头是这样说的：

> 作为马克思主义的创始人，全世界都知道他的伟大，他的智慧，他的辉煌成果。但是，当他为全世界无产者的解放

而对整个"官方世界"进行残酷斗争的时候,他过的是怎样一种艰难的生活,他又怎样忍受着疾病的折磨,知道的人却不很多。

接着,我具体地介绍了他备受贫困和疾病折磨的情况,包括他写《资本论》所得的稿费还不够他写这部书时吸雪茄烟所花的钱的材料。最后我引了《马克思传》的作者梅林的一段话:

  这位崇高的人物所遭遇的这种命运本身就已经很悲惨的了,但是使它真正达到悲剧的顶点的是这一事实,马克思是自愿地担负起他长达数十年的殉道者的事业的,他拒绝了一切妥协的诱惑,虽然他完全有可能不失尊严地获得资产阶级的一官半职以安度此生。
  关于这一点,马克思只是毫不夸张地简单地谈到需要说的一切:"不管遇到什么障碍,我都要朝着我的目标前进,而不让资产阶级社会把我变成一架赚钱的机器。"

最后,我这样结束:"这就是马克思,这就是马克思的遭遇和信念,当我们今天了解这位伟人的巨大贡献的时候,想到这些,能不引起我们更大的崇敬吗?"这一段话确实使许多学生动了感情。在此基础上,再让学生"带情入文",进行朗读。我觉得,这样讲课比那种纯粹理性的分析效果要好得多。同样,根据我的价值观念,对课后习题所要求的"过渡"问题也做了新的处理，不是照课本要求的那样"找出"过渡的句、段和"分别"加以说明，而是要求学生在分别研究了各个过渡句之后"概括"出过渡句的共同特点（这也属于"材料异同"的训练）。这就增加了思维训练的难度。而在布置这一作业的时候，我又提供了一个思考问题的方法：如果一时抓不住它的特点，可以拿过去学过的《五人墓碑记》一文的过渡句相比较，在比较中是容易发现事物的特点的。结果学生一般都能找出一两条，有的还能找出三条。

在这个过程中，就有功利化、扩展化、情感化、抽象化等的操作。

二、设计教学

在研读教材的基础上，根据学情，就可以做教学设计了。学情分析非常重要，这是决定教学设计的基础。教学设计，要解决三个层面的问题：价值选择、方法设置、程序安排。

1. 价值选择

上文已经说过，在阅读教学中，教材文本总体上有三方面的价值。而具体到某一篇文章，它的价值在哪里，在施教中做何取舍，教师是要自己根据客观需要与主观认知做出选择的。比如上述《在马克思墓前的讲话》，我讲课就不在论点、论据、论证这样的常规分析上多花功夫，因为那时候这样的问题已经不是我的学生的问题。根据学情与文本特点，我突出了人文情怀感染的价值，并通过"材料异同"的比较，发挥其发现共性、认识规律的思维训练的价值。

再比如苏轼的《石钟山记》，一般的价值选择（学习目标或重点）是：①理解课文所阐发的人生哲理，学习作者反对臆断、重视考察的精神；②积累文言常用词语，了解文中的词类活用现象；③背诵全文。这大体是着眼于"知识积累"和"人文教育"的方面，没有明显体现真正意义上的阅读能力训练。看看现在公开发表的教案、教学设计，大多也仍是着眼于知识积累、人文教育和学习写作技巧，真正自觉地提出阅读能力训练的很少见。

《石钟山记》并非一般的游记，它不是以写景为主，而是以议论为主。写景的部分十分精彩，显示了东坡的大家风采；但它的议论却颇可质疑。根据文章的这一特点，我把这堂课定位为"创造型阅读训练课"。在阅读教学中，所谓"创造性"，有两个方向：一是顺向发展，即沿着文本的思路方向进一步思考，想得比文本作者更广阔、更深入（"深化"的路线）；二是逆向思考，即以怀疑的眼光看文本，对其中的事实、观点进行"审察"式思考，提出质疑，创立新说（这跟从《背影》里"发现""父亲不遵守交通规则"，从《孔乙己》中看到短衣帮的"维权意识"的儿戏完全不同）。我执教此文走的是质疑的路线。

常说"读书贵有疑"，但真要能"疑"且疑得有价值并不容易。我引导学生"生疑"的方法有：质以事实，事实胜于雄辩，所言与事实不符，即可疑；质以事理，大道理管着小道理，于"理"不合，即可疑；质以他说，张三这样说，李四那样说，分歧既在，即可疑；质以环境，对事物的观察，对思想见解的品评,都不能离开它所产生的特定条件,离开特定条件的说法即可疑。《石钟山记》既有与事实不符之处,又有与事理不合之处,且有种种"异说"存在,正是训练学生"读书有疑"的好文章。李渤的"得双石于潭上,扣而聆之",并非"于乱石间择其一二扣之",乃是指敲击两座峰头——南钟石和北钟石,东坡先生显然误解了李渤。况且,李渤"访其遗踪"并非走马观花,他在那里时间既长,又虚心地"访诸水滨",所得结论自有他的道理,东坡"笑李渤之陋",笑得没有道理——即使李渤真的错了,也未必应该嘲笑。东坡仅以夜间之一见,就那么自信,也不值得效法。如果仅仅就石钟山命名立论,也许问题不大,而东坡偏又"从个别上升到一般",得出普遍性的结论:"事不目见耳闻,而臆断其有无,可乎?"这就很"可疑"了——人类认识世界的途径多种多样,不必要也不可能事事"目见耳闻"。

当然,教师研读课文之后,不能把自己的"结论"倒给学生,那样就变成了"知识的传授"。我要的是"阅读的训练",使学生在阅读的真实实践中学会读书,发展思维。所以,我执教此文,第一课时做了两件事:通读,弄懂字句,整体把握文章;交流各自找到的关于石钟山的资料。而在课前是有预习要求的:参照注解自读文章,把自己弄不明白的地方记下来准备在课上解决;到互联网上查找关于石钟山的资料,最好找到李渤的文章,准备到课上交流。第一节课后,教师整理关于石钟山命名之由的不同说法和李渤的《辨石钟山记》,第二节课前发给学生。材料包括:①《石钟山志》;②唐代李渤《辨石钟山记》;③明代罗洪先《石钟山记》;④清代俞樾《春在堂笔记》(卷七)关于石钟山部分；⑤鞠继武、潘凤英《湖口石钟山》(《地理知识》1979年第5期)；⑥苏轼夜访石钟山路线图。板书的设计也完全是为这样的教学目的服务的。我引导学生一步步理清文章脉络，在清理的过程中既肯定文章的精彩之处，又逐步发现文章的可疑之点，最后落到几个"问号"上。进而让学生参考有关资料，合作探究，得出自己的结论。

不仅引导学生学习"读书质疑"的方法，也培养学生的自信心，培养学生的独立思考的精神。这就是我此课的主要价值选择。

2.方法设置

价值的实现离不开施教的方法。方法是为目的服务的，目的不同，方法各异，而殊途同归也属正常。问题在于，我们应该选择具有"方法论意义"的方法，而不是图一时热闹、仅有制造气氛价值的奇方怪法。所谓方法论，从哲学的意义上说，就是人们认识世界、改造世界的一般方法。概括地说，世界观主要解决世界"是什么"的问题，方法论主要解决"怎么办"的问题。有哲学意义上的方法论，也有不同学科的方法论，比如数学有"数学方法论"，法学有"法学方法论"，经济学有"经济学方法论"，等等。我们这里讨论阅读教学的问题，自然只说"阅读教学方法论"。"方法"与"方法论"的区别在于，"方法"是指个别的、具体的措施、做法，而"方法论"是指一般的、具有普遍意义的措施、做法。普遍性寓于个别之中，但并不是每一个"个别"都具有我们所需要的"普遍性"。所以我们提倡选择具有"方法论意义"的方法，就是提倡具有普适作用的方法。

这就要说到新科技手段的运用。君子善假于物也，作为一种手段，新科技适当地运用于阅读教学中，本无可厚非。但问题就出在这"适当"二字。有人形成了一种"影像情结"，不顾阅读教学的实际需要，从幻灯片到电影再到电脑多媒体，又时髦又热闹，还很容易获得"好评"，所以乐此不疲，且有蔓延之势。对于阅读训练来讲，"影像"手段，在很多时候并不具有"方法论意义"。可以设想，如果离开了音乐就不能读诗，离开了影像就不能理解文本意义，那会是怎样的一种境界？

当然不是一概反对使用影视等手段，这要看需要。比如讲《周庄水韵》，文中说那里的风景像版画，像水墨画。如果你的学生对此很陌生，就不妨通过影视展示几幅黑白分明的版画和几幅氤氲朦胧的水墨画，使学生增加一些感性知识，从而想象周庄的水韵。如果学习《景泰蓝的制作》，即使拿几件景泰蓝制品让学生玩赏一下，也不为过。

在"创新"口号的诱导下，有的教师"剑走偏锋"，出奇作怪，初看之下，新鲜，热闹，甚至"震撼"，但这样的"方法"不但别人难以模仿，连他本人也难以"复制"；而对于学生来讲，更是"热闹之后，一片寂寞"。比如过去有人教《七根火柴》，就把课堂设计为"展览会"形式，"七根火柴"当"展品"，学生当"解说员"。有人教《套中人》，就设计一个"追悼会"，让学生作"追悼别里科夫"的发言。这确实很有"创意"，但这种"创意"跟提高学生的阅读能力有多大关系，值得怀疑；特别是，这样的"方法"不具有普适性，不具有方法论意义。如果教师备课总在这些方面"下功夫"，既不利于学生，也会把自己毁掉了。还有一些小花招，像学习《林黛玉进贾府》，就让学生到台前唱几句"天上掉下个林妹妹"，学习《与妻书》，就当堂放歌星的同名歌曲，等等。这些东西常常被人津津乐道，而笔者以为，这不过是丑角的插科打诨，并没有多大价值。

人们常说"问答法""讨论法"之类，这些不过是着眼于外在的活动方式，并没有触及思维活动的本质。作为"方法"，这些活动对学生阅读能力的提高到底有多大意义呢？

我们所提倡的方法与此不同。我们经常说的是：抓住关键语句（首先得明白什么语句是关键）以整体把握文章的方法，以文解文、以事解文、以理解文、以情解文的解读方法，质以事实、质以事理、质以他说的质疑方法，等等。方法是大家创造的，是无穷无尽的，但总要有客观的根据，总要有普适的意义。

即使词语教学也有方法论问题。有些词语，教材编者加了注解（注的不一定正确）；有的无注，但在辞书上容易查到；还有的词语，辞书上也查不到。陌生而无法在辞书上查到的和辞书上虽能查到但义项不能照搬的词语，最有训练价值。比如朱自清的《威尼斯》说："这正是威尼斯人的漂亮劲儿。""漂亮劲儿"指什么？辞书上查不到。"这方场中的建筑，节奏其实是和谐不过的。""节奏"一词虽在辞书，但没有适当的义项可以照搬。这些，需要根据已知信息进行推断，推断的过程也就是"以文解文""以理解文"的过程。

教材上有些注解很可疑，也可以借此发展学生"质疑""解疑"的能力。比如，把鲁迅《故乡》中的"恣睢"注为"放纵，凶暴"，就很可疑：这"恣睢"一词所指何人？指杨二嫂吗？应该是的。但她如何"凶暴"了？如果不是指杨二嫂，那又指何人？文中"辛苦辗转""辛苦麻木""辛苦恣睢"是并列的，且都特别加"辛苦"二字，表明此三类人在"辛苦"上是共同的；而"辗转""麻木""恣睢"则分别概括了此三类人不同的生存状况和生活状态。"恣睢"之解，只能根据杨二嫂的"状况""表现"来确定，这也是"以文解文"，"虚实对应"。同时，也只能如此，才能把握"我"对杨二嫂的情感态度。

　　有一种常用也有效的方法，叫作"读写结合"。正如许多正确的口号掩盖了错误的思想一样，在这一个口号之下也有不少模糊的甚至错误的思想。其中最典型的就是以写为中心而否认读是一种独立的能力的思想。他们所谓的"读写结合"，就是"读"为"写"服务。这一种思想一方面影响到教材的编写，一方面也影响到教师的教学。结果是教材变得既不适合阅读教学的需要，又不适合写作教学的需要；教师拿着教材，既不好确定阅读教学的目标，又不好确定写作教学的目标。常见有教学设计把"学习写作技巧"列入教学目标，但又不付诸实践（其实大多都不必要、不可能），而只停留在"知识"层面。

　　其实，有两种读写结合，一种是为读而写，一种是为写而读。为读而写，写是为读服务的，为了把文章读得更好，理解得更清晰更透彻，可以写阅读提要、提纲，可以写摘要，可以写心得体会，写评点，写评价文章，等等。为写而读，读是为写服务的，比如为了写一篇文章，要搜集许多资料，这就要去"读"；出于写作的目的，学习语言，学习技巧，有时甚至是为了寻找灵感，也得去"读"。在阅读教学中讲"读写结合"，当然是指"为读而写"。明确了这一点，阅读教学才不会偏离正确的轨道。

3.程序安排

一篇文章，从何入手，一节课，从何说起；先做什么，再做什么；怎么使教学过程行云流水，不是堆垒而成，而是有机生成的：这就是课堂教学程序安排要解决的问题。

可以从"解题"入手，但也不一定；即使从"头"开始，也不一定从头贯到尾。比如学习《汉家寨》一文，不妨扣住题目，展示地图，找出其地理位置；然后研读其来历，再看其环境，最后再研究作者为什么写那么多"走近"和"离开"，最后提出"坚守"二字加以研究——落实形与神、实与虚之类的概念。学习《拿来主义》，也不一定从第一段入手，而可以直奔"拿来主义"的含义、做法，回头再研究为什么从"闭关主义"等写起。甚至可以先读读最后一段，先把握住文章的话题范围、基本主张，再来看看它是怎么展开、怎么论证的。

程序安排，既要有既定方针，又必须能机动灵活，这是对教师课堂机智的考验。

接下来，价值的实现就靠上课和课后的操作。上课，我实行"五子方针"；课后，我要求"三新笔记"。这两项内容已多有传布，兹不赘述。

关于中学作文教学的几点思考[*]

一、什么是作文教学？

同"什么是阅读教学"一样，"什么是作文教学"也是一个看来不是问题的问题。但是，一切关于作文教学的误解和争论都多少与此有关。正本清源，不得不从这里说起。作文教学虽然离不开作文，但作文不等于作文教学。作文，是写作者主动的、自由的活动，有所见有所闻有所感有所思，总之是有话要说，不吐不快，于是提笔作文。就写作的目的而言，可以是为了自己，也可以是为了社会、为了他人，更可以兼顾个人和社会；而专门为了社会生产精神产品的写作者，就被称为"作家"了。作文教学则不同，这是教师与学生双边的活动。作为写作者的学生，他的写作活动往往不是主动的、自由的，而是按照既定的计划、步骤进行的，教师在其中起着重要的、主导的作用。不仅有教师，正经的科学的作文教学还应该有教材。这就是说，作文教学是由三

---

[*] 本文写于1991年，未刊稿。

个因素构成的,即学习者、教材、教师,而一般的写作活动只有一个因素。就写作的目的而言,主要是为了提高写作者的写作能力,至于能否产出社会所需的精神产品,是不必考虑的——当然,如果遇到了韩寒这类写作高手,也不是坏事。这一点认识并不高深,但很重要,这是我们讨论问题的基本出发点。

二、中学作文教学面对何人?

中学作文教学应该面对全体学生,这似乎也是一个不成问题的问题,而实际上很成问题。总有人有意无意地模糊或转移这个目标。他们或者以某作家某学者的成长道路来证明中学作文教学的幼稚,或者以某些"小作家"的出现来证明中学语文教师的无能,或者搞什么"大赛"来向中学作文教学示威挑战。其实,作家的成长也好,天才的出现也好,都跟中学教学没有太大关系。这些人虽然可能读过中学,但很难说他们成为作家、天才就是在中学读出来的。某人成了作家之后来感谢就读过的中学,有的确实曾受其惠,有的不过是出于礼貌;从学校这一方面来说,光荣一下未尝不可,如果真的把这作为自己的功劳,以为自己真有什么神奇的功夫,那也未免可笑——不然的话,你订一个"作家生产计划"试试看。反过来也就可以说,一所中学没有"培养"出作家、天才并不就是他们的失败。中学教学属于基础教育,是为受教育者将来成才打基础的教育,而不是出人才"成品"的教育。衡量中学教学成败的标准,不是看出了几个作家、几个"天才",而要看学生(而且是全体至少是大多数学生)有没有发展的后劲。这个"后劲"也并不是只指能成为作家、天才,而是指能成为各种各样的人才。离开了这个标准,必然背离中学教学的宗旨,从而背离大多数人的利益。这可不是一个小问题。"精英"或"天才"的道路并不适合一般人去走。比尔·盖茨没读过大学,并不能就此解散所有的大学。"文化大革命""造就"了一批"知青作家",也不能因此就再来一次"文化大革命"。一个本来并不复杂的问题被搞得复杂甚至模糊不清,这里面有教学人员的认识因素,更多的则是由于社会各方面的干扰,特别是某些文人加商人的炒作。他们掌握着话语权力,可以随心所欲,而处于弱势地位的中学教师群体则简直没有发言的余地。谬论重复多遍,仿佛也成了真理。这个问题不解决,中学作文教学就不可能走上正轨。

三、中学作文教学的目标是什么?

中学作文教学的目标就是使全体受教育者学会作文,这也是不言而喻的事。但这需要解释。这里的"学会作文",是"学会做人"的一部分,离开了做人谈作文,实际上就是离开育人的总目标、离开中学教育的宗旨来谈作文,这就不是中学的作文教学了。我们以为,中学作文教学不是或主要不是文章学的事,而是或主要是教育学的事。作文,是一个人综合素质的反映;而作文教学就是为全面提高写作者的素质服务的。所以,搞好作文教学的关键在于引导学生关注社会,关注人生,关注历史,关注大自然,开阔眼界,锤炼思想,积淀感情,逐步养成积极的人生态度和科学的价值观、世界观,掌握辩证的方法论,在此种修养的同时,逐步提高运用语言和布局谋篇的能力。纯技术性的训练不符合我们的目标,也无法达到我们的目标。因此,中学的作文教学，不仅要解决"写什么"和"怎么写"的问题，还要解决"为什么写"的问题，而且首先要解决这个问题。作为作家，往往是"为时""为事"而写；作为中学生，则首先要把作文看作自己生活的一部分、生命的一部分，为自己的心灵而写，为自己的成长而写，当然，也要树立社会功利意识。一般地说，文章来源于生活，文章又为了更好地生活。对这里的"生活"，应有全面的理解。人的精神生活也是生活。文章来源于生活，在一定意义上说是来源于人的精神生活。基于这种认识，我们不赞成一味强调观察，而是强调观察中的思考，强调实践中的体验，同时还强调读书学习，强调文化的积淀。大家都知道厚积薄发的道理，但对于"积累"二字常有偏颇的意见，其一是重生活轻文化，其二是重观察轻体验。对于中学生来讲，作文为了生活，有三层含义。首先是为了自己的精神生活，为了自己精神的健康和成长。在写作中辨别真善美和假恶丑，创造并表述真善美，鞭挞假恶丑；在写作中不断审视自己，校正自己的精神航向，磨炼自己的思维。从这个意义上说，作文是自己的精神园地，是自己的人生"史记"。还不仅如此。在自己的作文中讲真话、抒真情，这也是学做人的一种历练。其次，也是为了自己的社会生活。练习作文，也就是练习交际，也就是学习与人沟通的本领。最后，作文，也是参与社会的改造，是在尽自己作为社会一员的责任。这样，中学生就可以通过写作走向成熟，走向高尚。

四、中学作文教学要不要讲方法、模式？

我们主张作文教学要有法有序。文无定法但文章有法，这是一个意思；作为教学活动自有教学的方法，又是一个意思。本文只讨论第一层意思。作文之法，不是什么人主观臆断的结果，而是对客观规律的认识和遵循。凡事都有规律，连"模糊"都是有规律的，"不规则"也是有规律的。模糊数学之所以成为数学，模糊逻辑之所以成为逻辑，就是因为它们有不模糊的一面。不规则运动之所以成为研究的对象，是因为它从另外的角度、从更广的领域里体现着规律、规则。有规律就有方法。当然，方法有高低好坏之分。有人从根本上否定方法，从而走向两个极端。一是虚无主义、无为主义，反正也没什么多快好省的方法，于是就大撒手，还要给这大撒手找出种种理由，安上种种名目；二是与虚无主义完全相反的极端有为主义，以多取胜，拿出比规定的语文课时多几倍的时间要学生学语文。搞得学生似乎不是为了生活而学语文，倒像是为了语文而生活一样。根本不管和多多益善，似乎也有效，但是，这里有个效率问题，有个投入产出比的问题。时代在前进，人们的生活日益丰富，学生的课业也越来越多。原来私塾只读"语文"，尚且有人十年寒窗而不免"糊涂"。而现在，高一每周五课时，高二每周四课时，每课时只有45分钟。在这样短的时间内要教师教会语文、学生学会语文，不讲究规律行吗？撒手让学生自己去"感悟"、去"摸索"，那还要教师干什么，还办学校干什么？

有人担心一讲"方法"就会导致"八股"。这不能说一点缘由没有，但"法"与八股之间并没有必然的联系。我讲议论文的结构，就有"起承转合"一法。"起承转合"几个字受了"八股"的牵累，名声不大好。但实际上它反映了一种结构文章的规律。且不说相当数量的绝句、律诗,就是"唐宋八大家"的散文,就是现在报章上的论说文,运用"起承转合"的并不少见。比如韩愈的《师说》,开头提出"古之学者必有师(今人岂能例外)"的论点,这就是"起"。接着从"为什么"的角度讲从师的必要性:"师者,所以传道受业解惑也";而"人非生而知之者,孰能无惑",所以"必从师";而且"道之所存,师之所存",这"从师"应是以"道"为转移的。这就是"承",是从正面承接而下,论述自己的观点。接着一句感叹,"嗟乎!师道之不传也久矣!"揭示种种耻于从师的行为和言论,以及由于耻于从师而造成的严重后果:所谓"君子",其智乃反不及"巫医乐师百工之人"。这就是"转",由前边的正面论述"转"到对错误言行的批评,是从反面来论述自己的观点。最后举孔子的言行为证,既扣住了开头的"古之学者必有师",又把正反两面的论述绾结起来:"是故弟子不必不如师,师不必贤于弟子。闻道有先后,术业有专攻,如是而已。"这就是"合",是总结,是综合,是论证的结束。再如苏洵的《六国论》。开头便提出论点:"六国破灭,非兵不利,战不善,弊在赂秦。"并进一步加以申述:"赂秦而力亏,破灭之道也。""不赂者以赂者丧。盖失强援,不能独完。"这就是"起"。接着就是"承",分别从"赂者"力亏而亡和"不赂者"失援而亡两个方面论述自己的观点,这两段构成了文章的主体。正面论述之后,就此打住未尝不可,但作者却又"转"出一层:"向使三国各爱其地,齐人勿附于秦,刺客不行,良将犹在,则胜负之数,存亡之理,当与秦相较,或未易量。呜呼!以赂秦之地封天下之谋臣,以事秦之心礼天下之奇才,并力西向,则吾恐秦人食之不得下咽也。"这是假设句，是从反面设想"不赂"之策，抗击之行。这一"转"不仅使前面的论述有了衬托，更加有力，而且也为讽喻宋王朝统治者做了伏笔。"悲夫"之后为"合"，把"亡"之教训和"不亡"之出路总而论之，结束论说的过程。

"起承转合"作为一种基本模式，有它的共同特点。但它又不是僵死的，而是可以灵活变通的。首先，"起"就有不同的起法。直申观点是"起"，提出问题也是"起"；像《师说》那样"一言以蔽之"是"起"，像《六国论》那样既有"总说"又有"分说"也是"起"。"承"，也有不同的承法。从正面展开论述是"承"，从反面展开论述也是"承"；从几个方面、几个层次去说是"承"，用不同的论证方法去展开也是"承"。"转"也有不同的转法。上面是"正承"就可以"反转"，上面是"反承"就可以"正转"；批评谬论是"转"，从反面设想也是"转"。"合"也有不同的"合"法。侧重点可以不同，或在正，或在反；落脚点可以不同，可以止于认识，也可以落到实践，等等。如此变通起来，岂不是千差万别了吗？而且，"起承转合"四步，也不见得篇篇俱全，可以无"起"，也可以不"转"，有时又不必去"合"。这正如使用比喻，典型的比喻结构是"本体像喻体一样如何如何"，但在言语实践中，本体可以不出现，比喻词可以不出现，那表示相似点的"如何如何"也可以不出现。又好像使用三段论推理，完整的三段论是由大前提、小前提、结论三部分组成的，但在实践中，人们常常可以省去其中的某一部分甚至两部分。"模式"的使用，在于适应内容的需要，适应生活的需要；有了这种从实际出发的意识,"模式"就可大派用场了。

在什么情况下,"法"会导致"八股"呢?一是"法"本身是"伪法",是不科学的,或者"法"本身是"死法",是脱离实际、不可操作的;二是执教者、学习者未能把握"法"的本质,未能从自己的实际情况出发,生吞活剥,胶柱鼓瑟。危险是存在的,但不能因噎废食。作文教学应该对学生授之以渔,让他们从掌握基本的方法入手,尽快"上路",进而融会贯通,走向创造。

关于作文的五点建议[*]

作文，是语文能力的重要组成部分，也是各种考试必要检测的重点项目之一。要在关键时刻能写出好作文，平时应该怎样努力呢？

一、厚积才能薄发

古人讲为文之道，强调"厚积而薄发"。这话揭示了生活、读书与文学创作的关系，也揭示了生活、读书与学生作文的关系。所以要提高作文水平，要能在关键时刻写出好文章，必须从"积"字入手。就平时而言，"积"的内容大体有四个方面：一是对现实生活的观察和体验；二是对文化知识（包括语言和写作经验）的采集和融会；三是思想认识水平的提高和情感的涵养；四是思维能力的锻炼。当然这些都是日常的功夫，不是一朝一夕就能奏效的。

那么作为考生，在临考前的一段时间内还能做些什么呢？

首先，是重温、整理旧的资料。不少考生平时有卡片摘抄、

---

[*] 本文选自《让学生获得语文智慧——王俊鸣语文教学思想及实践》，教育科学出版社 2015 年版。

剪报贴报的习惯，积累了不少材料，但放得久了，自己的"仓库"里有些什么都搞不大清楚了，所以要"重温"，要"整理"，使自己的积累活起来，系统起来，这是一项很有用的工作。

其次，要进行新的积累，而这新的积累最便捷的手段就是读报，在考前的半年或几月内坚持每天读一两份报纸，如果发挥班级优势，集体办剪报栏，集中更多的信息，效果自然更好。读报、剪报，要特别注意以下几个方面的内容：社论、言论，各方面的重大成就，先进人物的事迹，热点话题。不是说高考命题会直接与此相联系，但不管什么样的命题，考生都得把它和现实联系起来，因此由读报而获得的最新材料、最新认识，对写出好作文总是有益的。

再次，要重视对学过的语文课本的利用。语文课本上的文章，大多数是文质兼美的，其中包含着许多重要的思想、观点，也提供了大量的典型事实、材料，还有不少写作的方法、技巧可供借鉴。比如写"近墨者黑""近墨者未必黑"这样的题目，教材中可参用的观点、材料就有很多，如屈原《涉江》中的诗句，《史记·屈原贾生列传》中对屈原事迹的记述，苏武的高风亮节，海瑞的刚直不阿；文天祥的威武不屈，左光斗的铁石肺肝，周敦颐对莲花的赞美，茅盾对白杨的歌颂，话剧《陈毅市长》中的台词，小说《红楼梦》《项链》中的人物形象，鲁迅走过的光辉道路，高尔基成长的苦难历程，等等。这些材料可以丰富文章的内容，也可以深化对问题的认识，从而提高作品的"档次"。整理旧资料，积累新资料，复习语文教材，都需要有一个纲，以便分门别类利于记忆。我向学生提出以下十条作文材料分类纲目，以供参考。

①关于国家、集体、社会主义；
②关于理想、志愿、人生价值；
③关于道德、纪律、两个文明；
④关于实践、真理、实事求是；
⑤关于知识、能力、谦虚谨慎；
⑥关于毅力、勤奋、成才之路；
⑦关于创业、守成、改革创新；
⑧关于友情、团结、人际关系；
⑨关于语言、文学、为文之道；
⑩关于哲理、思辨、思维方法。

最后，还有一点要说明的，把材料分门别类是有用的，但也不要让"门类"限制住，以致一个材料只能发挥一种作用。相反，我们还要培养一种意识、一种能力，就是"一材多用"。比如《火刑》一课的材料，既可以用来证明"科学需要献身精神"，也可以用来论证"科学终将战胜愚昧"，还可以用来宣示一种"人生价值"，等等。这样，我们仓库中的材料就会"增殖"，就会极大地丰富起来。当拿到文题的时候，这些材料就会像整装待发的士兵一样供你驱遣。

二、会想才能会写

一般地说，文章总是思想的外现，特殊地说，考试作文又格外注重文题的"思辨性"，所以"会想"是写好作文的重要条件。我们从如下五个方面来说明"会想"的具体内容。

1.抓住要点和实质

一个命题，一段材料，总有它的要点和实质。抓住要点和实质常常是写好作文的第一步，而且是相当关键的一步。比如题目"先天下之忧而忧，后天下之乐而乐"，要点就在"先忧""后乐"四个字，它的实质是个苦乐观、人生观问题，作文的时候，只谈"忧"或只谈"乐"，都是片面的；而如果不能从苦乐观、人生观的高度看问题，只是罗列一些事例，就会失之肤浅。"树木·森林·气候"一题，有三个层次，也就是三个要点："一棵树不能改变气候，只有森林才能改变气候"，这是第一点；"形成一片森林又需要一定的条件，如果温度湿度适宜，树木会迅速生长起来"，这是第二点；"大片森林的出现，会使气候变得更好"，这是第三点。这个题目实质上要求考生分析三者（可比的三种事物）之间的辩证关系，若只从其中的某一个层次或两个层次上立论，就会失之片面；而如果在三者之中强调某一个而否定另一个（比如肯定"森林"否定"树木"），就算是重大的失误了。

再比如有这样一个考试题目：给了一个"小姑娘与玫瑰园"的故事，要求考生"根据所提供的材料，就第一个小姑娘的说法，联系生活实际，自选角度，自拟题目，展开议论"。所提供的材料中有两个要点：一是小姑娘甲说玫瑰园"是个坏地方"，"因为这里的每朵花下面都有刺"；一是小姑娘乙的说法，认为玫瑰园"是个好地方"，"因为这里的每丛刺上面都有花"。把握这两个要点，才能从整体上认识事物的本质，认识到第一个小姑娘的说法最本质的特征是"看问题的片面性"。由此出发，联系生活，才能说到点子上。不少考生把花喻为成功，把刺比成困难，说要想得到花就不能怕刺，要想取得成功就不能害怕困难，这实际上已经偏离了题意。更有的考生大谈"遵守公德，勿折花木"之类，这就是连题目中"就……说法"展开议论的要求都忽视了，还怎么能写出好文章呢？

2.比较相同与相异

这是"会想"的重要内容。面对几个概念、几个判断、几个人物、几件事情，或者几个画面、几种言论，能准确而敏锐地把握它们之间的共同点和不同点，是作文经常用到的基本能力之一。还说"近墨者黑""近墨者未必黑"这一组辩论型题目。这两个题的判断看来是完全对立的。到底哪个说法对呢？其实，两种说法都可以成立，就看你怎么分析。这就要看出同中之异来。有一位老先生分析得好："这是两个完全不同的命题。分属于两个完全不同的认识范畴，回答的也是两个完全不同的社会问题。"近墨者黑，是从整体的社会现象来观察问题，人们的社会存在决定人们的意识，从这个意义上说，近墨者必黑。近墨者未必黑，则是从个体的思想表现来看，人们又有自己的主观能动性，外因必须通过内因起作用，从这个意义上说，近墨者未必黑。从两个不同的认识领域来思考，揭示两种不同的因果联系，就有了理论的高度。如果放在同一个认识领域，比如个体的思想表现领域来思考呢？我们仍可以从两个命题中看出同中之异，这就是对"近"字的理解。如果把"近"理解为"亲近""亲密"，那"近墨者就必黑"，因为既是"亲之近之"，说明内因已经起了变化；如果把"近"理解为一般的"接近""接触"，那"近墨者"就未必黑，因为这时候内因的作用可能是相反的。这样从"同"中看出"异"来，在论辩中就可以牢牢地站稳脚跟了。如果作"范进和孔乙己""从祥林嫂到水生嫂""空想·幻想·理想"一类文题，求同比异的任务就更明显了。

3.推断原因和结果

因果联系，可以说是事物之间最普遍的联系。阐述一种主张，要讲清"为什么"才能使人信服；评价一种事物，也要讲清"为什么"，才能让人首肯。这回答"为什么"，从根本上说，就是要推因论果，揭示事物间的因果联系。比如要论述"先天下之忧而忧，后天下之乐而乐"，就得回答"为什么"应该这样做，这样做有什么用。如果仅仅举出一两个人的事迹，比如周总理是怎样做的，雷锋是怎样做的，就下结论说"应该如此"，那就没有什么逻辑力量。

要对中学生作文发表看法，分析学生作文时"无话可说，只好东拼西凑，说一些空话套话，甚至编造一些材料"的现象，就得回答造成这种情况的"原因"是什么。会想的，他得先分析主观因素：单纯追求分数，而不认真探求作文的规律；再分析客观因素：沉重的学业负担和考试压力使学生忙于书本、练习，对社会现象既缺乏了解，又缺乏认识，不说空话套话还能说些什么呢？另外，教师命题脱离学生实际，也是使学生"无话可说"的原因之一。如果让学生"自己写自己"，怎么会无话可说呢？因为中学生也有自己的天地，自己的家庭，自己的生活，自己的感触。这样一说，就把问题的症结说透了。

要论述"不要求全责备"，也不妨走"推因论果"这条路。先推因：大千世界，十全十美的事物是不存在的，所以只能一分为二看问题，不能求全责备。再"论果"：首先，用求全责备的眼光看人，就会压抑人才，埋没人才；只有采取"陈力就列，不能者止"的方针，才能使"智者尽其谋，仁者播其惠，勇者竭其力"，大有利于祖国走向繁荣富强之路。其次，用"求全责备"的眼光看改革开放政策，就会"不理解"，甚至会攻其一点，不及其余；只有用辩证的方法才能正确对待"泥沙俱下，鱼龙混杂"的现象，确信改革开放是强国富民的唯一道路。最后，用"求全责备"的眼光看我国的社会现状，往往会因我们的暂时落后而怨声载道，甚至会产生"崇洋"的思想；只有辩证地看我们的国家，才会看到她的优势，她的进步，她的光明前途，从而更加热爱祖国，决心为她贡献自己的青春和才智。这样的论证并不复杂，但很有力，这就显示出"推因论果"思维的效应。

4.引申事理和主张

从具体的材料引申、概括出一种事理、一种主张，是一个认识的过程，是由个别到一般、由具体到抽象的一种认识的飞跃。作文题中的"读后感"，需要的首先就是这种能力。这给定的材料，可以是文字的，也可以是图像的，或者其他形式的；而所引申的事理与主张，又会因为观察的角度不同而有所不同。比如下面这个题目：

根据寓言诗《鸟的评说》，自选角度，自拟题目，联系生活实际，展开议论，写一篇议论文。

麻雀说，燕子是怕冷的懦夫

燕子说，黄鹂徒有一身美丽的装束

黄鹂说，百灵声音悦耳动机不纯

百灵说，最无原则的要算那鹦鹉

鹦鹉说，喜鹊生就一副奴颜媚骨

喜鹊说，苍鹰好高骛远

苍鹰说，麻雀寸光鼠目

写好这样的作文，第一步就是从材料中引申出恰当的事理和主张。所谓恰当，就是不能违背原材料的意义范围，这是一个圈，出了圈，就是跑题。观察这个材料，至少有以下三个角度，每个角度又可以细化为若干小的话题：

人际关系
生存环境
- 要创造和谐的生存空间
- 要创造激励人上进的大环境
- 谨防内耗，走出怪圈
- 只有赏识别人才能和睦相处
- 多一分宽容，多一分团结
- 人际关系要有模糊区

伦理道德
- 劝君莫存嫉妒心
- 宽容是一种美德
- 微笑地对待闲言碎语
- 学会赞美别人
- 接受委屈
- 以错对错，是为大错
- 己所不欲，勿施于人
- 要敢于正视自己的不足
- 走自己的路，让别人去说吧
- 心灵的世界能容纳雨雪风霜

思想方法 {
请摘掉有色眼镜
非人岂能是己
别用苛刻的眼光看世界
要用两只眼睛看世界
要善于发现别人的闪光点
取人之长才能补己之短
发现美+包容美=快乐
外表美也是美
世界不能只有一种声音
美，是多样的
生活需要五彩缤纷
活出自己的特点
}

5. 展开联想和想象

联想和想象，都有一个"想"字，这确是一种重要的"想"的能力。联想，是从这一事物想到另一事物的思维过程。如果是往有相似点的事物上想，就是"相似联想"；如果是往在时空上接近的事物上想，就是"接近联想"；如果是往相反相对的事物上想，就是"对比联想"，等等。而想象是一个创造性的心理过程，是通过对记忆中的材料加以改造、组合而创造出新的形象的过程，这和联想有所不同。联想和想象也是有方法有规则的，因而也就有一个"会不会"的问题。就拿"相似联想"来说，首先得符合"相似"的要求。从"毁树容易种树难"联想到"毁国容易建国难""毁才容易育才难""破坏社会风气容易养成社会风气难"等，都是可以的。有的联想到"破坏一个旧世界容易建设一个新世界难",这就不妥。因为这里的"破坏一个旧世界"是一场革命,并不"容易",更不是贬词,与"毁树"并不"相似"。还有的人联想到"学习上的'难'与'易'",讲了一通"难"与"易"是"相对的",可以"转化"的,最后的结论是"任何困难在勇士面前将会烟消云散","作为中国的有志青年,在'四化'的道路上应该勇往直前,为祖国、为人民贡献自己的一切"。这也完全不妥。因为学习上"难"与"易"的辩证法与"毁树容易种树难"从根本上说是不相似的。根据给定的材料,"种树"的是一方,而"毁树"的是另一方,是双方的矛盾与斗争;而所谓学习上的"难"与"易",根本不存在这种双向性的因素。

  联想,还要求广泛性和独特性。还以相似联想为例。从"树木·森林·气候"可以联想到哪些相似的事物呢?"个人·群体·社会风气""人才·人才群体·四化大业""先富起来的·很多富起来的·民富国强""个人·集体·成就""人才·民族素质·教育事业"等,这就显示了广泛性。有的考生的联想更具有独特性。比如有的联想到社会现象中的"热":琼瑶热,彩票热,外语热,改革热;一个人"热"没什么影响,很多人"热"就会影响社会气候,党的领导和社会舆论要创造条件,使消极的"热"降温,而使积极、健康的"热"蔚然成风,我们的社会就会更加蓬勃向上。有的联想到"尖子生"和"芸芸众生"的问题,指出不能只重视"尖子生",教师的责任是"普度众生",只有众生普度,才能形成人才之林,才能提高全民族的文化素质,我们的"四化"大业才有希望。有的联想到青春期男女生的交往:"我们希望同学之间有一种和睦、融洽的气候,而这气候的形成，仅靠一棵树是不行的，要有一片森林。而森林的形成又需要适宜的环境、温度、条件，这就是各方面的理解、关怀和支持。""我们相信，这个森林的形成，会在中学生里产生一个良好的环境气候，男女生之间的交往日趋正常化和纯洁化，也可以避免在大学里和社会上饥渴的感情突然爆发，造成严重的后遗症。""我们以惊喜和渴望的目光注视着正在迅速生长的树木，我们相信，它会带来绿色的希望。"这些联想既贴切，又独特，给人一种强烈的新鲜感。当然，依靠这种联想写出的作文就具备了成为上品的可能。想象也是有规则的。特别是在考试中，命题者会明确地规定想象的依据、范围、方向，提出种种的要求。所以，符合命题的"规定"和"要求"，就是第一规则。

想象，尽管有许多限制，但它毕竟是一种创造，所以"创造性"就是对想象活动的一项重要要求。比如，关于"圆"的想象，就可以有许多新颖独创之作：想象成水乡的石桥，想象成门前的老井，想象成父亲头上的草帽，想象成母亲坟上的花环，想象成丢在地上的一枚硬币，想象成烛光映照下的生日蛋糕，还有如镜的湖面，愤怒的炮口，妹妹的圆脸儿，儿童的游戏，等等，都能给人一种新的意境，新的感受，相比之下，想象成"太阳"（朝阳、夕阳）的，想象成"球"（足球、篮球、气球……）之类，创造性就嫌不足。

三、有情才能有文

文章不是无情物，它不像其他形式的考试，只要冷静、理智、会想就行了，它还要激情，要有一种强烈的以理服人、以情动人的愿望。有感情的灌注才会有好作文的产生。文章本来就是表情达意的。在一般的情况下，写文章是由于"骨鲠在喉，不吐不快"，所以才能产生感人至深的篇章。但反过来，也可以写不出的时候不硬写。到考试时则不然，拿到考题，是无论如何也要"命笔"的。这似乎有违文章规律。在这种情况下还要求"有情"，也似乎难以做到。事情并不如此绝对。首先，现在的考题特别注意内容的社会性，就是使文题内容与社会现实有密切的关系，是人人皆知的事项，是每个考生都"有话可说"的话题，这就为考生表达真情实感打下了基础。其次，命题者总是或明或暗地拿"真情实感"作为衡文的标准。

问题是，作为写作者，如何才能用他人的命题写出自己的真情实感。这里，根据过去考生的经验，向大家提供几条借鉴。

第一，要完成一种心理转换，即从"要我写"变成"我要写"。这就得把文题纳入到自己的生活、见闻的范围中来，在这个范围里寻找适合题目要求的自己最有体会、最动感情的话题和材料。前面在讲联想和想象时所举的那些有独特性、创造性的例子，也都是富有真情实感的。由"要我写"的被动状态转换成"我要写"的主动状态，从自己的生活、思想实际出发，这是写真情实感的前提，也是有独特性、创造性的前提。比如以"习惯"为题作文，若是停留在抽烟、吐痰这一类大众化的材料上，说一些众所周知的意见，自然是平平而已，那些从"自己的"生活出发，有感而发的作文就大不一样了。它们各有各的面貌，各有各的风采，各有各的独特感受。有人写自己"考试入魔"的独特的思维习惯。距离高考仅仅三天了，作者念书累得疲惫不堪，昏昏沉沉，但只要一听别人说话，就不由自主地跟考试联系起来，简直是"习惯"成了自然。人家谈论台湾歌星，她就想到台湾的地理特点；人家说起游泳，她就想起我国游泳运动员有几项破世界纪录；看到丰盛的饭菜，记不起七月四日是自己的生日却想起了这一天是美国独立战争胜利日；由爸爸出差要"带水"，又想到我国水资源分布情况……这种"习惯"完全是作者自己生活中所独有的，是深有感受的，一接触"习惯"这个题目，立即触发了自己的这种感受，或者说，一见到"习惯"这个题目，立即就把它纳入了自己的生活领域。这样的文章自然充满了真情实感，这样的文章自然也就具有独创性。

第二，要树立"读者意识"，特别是写议论文，更是如此。这就是说，写文章的时候心里要装着读者，明确地意识到你要写给什么人看，为什么要写给这些人看，要让这些人通过读你的文章解决什么问题，收到什么益处。这就是文章的"针对性"问题。而你又很清楚，要说服人只能靠事实与真理，要感动人，只能靠诚意与真情。一切矫情做作、空话套话都是无济于事的。有的学生不大有这种意识，他们认为考试作文就是应考，除了阅卷老师，还有什么人去读呢？所以也就不考虑"针对性"的问题，不考虑如何去说服人、感动人的问题。这怎么能写出有真情实感的好文章来呢！

第三，要用自己的语言，用纯粹的口语，不要抄报章杂志、哲学讲义上现成的语言，尤其不要用那些自己还不十分理解、不能驾驭的文言语句。叶圣陶先生有一句著名的话："语体文的最高境界就是作文跟说话一样。"（《怎样写作》）因为这样的语言，不仅能传达出作者的思想意念,而且可以使读者感受到他的真实情感。从另一方面看,一篇充满社论语言、讲义摘抄的文章,那作者大抵是缺乏真情也没有实感的。

四、识体才能得体

这里所说的"体",包括文体与语体两个方面。命题作文的具体方式多种多样,有定标题的,有给材料的,有给材料同时又定标题的;有感想、评论、书信、简讯,画面说明,有故事续写,有据题论辩,有片段描写,等等。但就文体而言,无非是记叙、说明、议论、应用四大类。每一种文体都有特定的"体"的规范。记叙,有记叙的要素、记叙的顺序、记叙的线索、各种描写的手段等;说明,有说明的方法、说明的顺序等;议论有论点、论据、论证等;应用文,有各种行款格式、特定用语等。不懂得这些"体"的要求,或者不能在实践中遵循"体"的规范,就会造成失误,有时甚至是很大的失误。

还有语体的要求。语体,一般分为口头语体和书面语体两大类。日常生活用语、文学作品中的人物对话、演说等,都是口头语体的表现形式;而书面语体则存在于不同性质的书面语中:有用于专门公文事务的,有用于科学技术著作的,有用于政论的,有用于文艺的,它们又各有自己的风格特点。写文章,不仅要顾及文体的特点,还必须顾及语体的特点。比如,同是发议论,一般性的议论与辩论稿的议论有所不同,一般性的议论不妨用书面语体,而辩论稿必须用口头语体。有一年高考让考生"写一篇发言稿参加辩论",实际上能体现"口头语体"风格特点的作文很少见到。这说明一般考生语体意识的淡薄。像这样的"疏忽"，当年阅卷都"从宽处理"了，但这不等于从根本上放松对语体特点的要求。比如给考生一些材料，要求拟写请示报告，该用的公文用语、行业用语你不用，或不会用，就不仅会造成行文的啰唆，而且会给人"外行"的印象，这恐怕就不能"从宽处理"了，比如下面一段文字：

关于材料物资盘亏处理办法的请示

××厂长：

××年12月20日至31日，我们对全厂的材料物资进行了全面清点。由于记账错误而发生的盘盈盘亏，已根据原始凭证予以直接更正；由于计量不准而发生的盘盈已冲减生产费用。另有两种材料盘亏，已查明责任，现将处理办法汇报如下：

1.汽油盘亏200公升，计原价100元，主要原因系自然蒸发超过定额损耗，拟作企业管理费开支。

……

当否，请批示。

从标题到正文，用语都有鲜明的公文特点，甚至行业特点，这是正规的、内行的写法。如果不这样写，把"盘盈""盘亏""予以""冲减""计""拟"等语词改换成日常生活用语，那也就不成其为公文了。文章得体，并不是着眼于形式，主要的还是为了有用、好用。比如让你写简讯，目的自然是向读者报道某种事实，而如果写得不得体，像不懂得写导语或导语写得不恰当啦，新闻要素交代不清或交代不全啦，都会影响报道的效果。又比如写信，也总是有些实际事务要交代、要解释。如果不得其

"体",该说的事情说不清楚,该解决的问题解决不了,岂不是白写了?

总之,文章要素、文章规格、文章语言、文章功用,都是"体"的属性。所谓"好文章",重要标准之一就是"得体",不得体不能叫"好"。

五、有法才能变通

文无定法,但文章有法。不承认这一点,就无法大面积地提高学生作文水平。法,就是方法,技巧。这不是哪个人凭空杜撰的产物,而是千百年来无数人写作实践的结晶。毛泽东《在延安文艺座谈会上的讲话》中讲到文艺创作的时候曾经指出:"我们必须继承一切优秀的文学艺术遗产,批判地吸收其中一切有益的东西,作为我们从此时此地的人民生活中的文学艺术原料创造作品时候的借鉴。有这个借鉴和没有这个借鉴是不同的,这里有文野之分,粗细之分,高低之分,快慢之分。"这个道理显然也适用于学生作文:有"法"和无"法"是不同的,这里有"文野之分,粗细之分,高低之分,快慢之分"。有人担心,学生掌握一点方法、技巧,甚至模式,会束缚他们的思路,会造成千人一面的八股。这种担心不能说一点道理没有,但只要引导得当,"有法"而不死于法,"有法"而能变通,就不会有什么消积的影响。如果从根本上否定"法",还谈什么"变通"呢?无数事实也已证明,"有法"进而"变通",是全面提高学生作文水平的有效途径。

拿文章的开头来讲。有一年高考要求以"先天下之忧而忧,后天下之乐而乐"为题作文,写作者开头一段几乎都是解题,说明题目的出处，串讲句意，有论者感慨道："这样写当然可以，合乎一般的思维逻辑，属于意料中的事。但大家都这样写，尽管事先都没有也不可能商量过，仍难免雷同，千篇一律，司空见惯，令人眼疲神滞，昏昏欲睡。"产生这种现象的原因，绝不是因为"有法"，而恰恰是"无法"，因而也就无"变通"，无创造。我们曾做了一个试验，先让学生学习几种"开头法"，然后为"先天下之忧之忧，后天下之乐而乐"一题设计开头。这时，种种别出心裁的创造出现了：

"先天下之忧而忧，后天下之乐而乐"，这是何等高尚的幸福观，又是何等深刻的价值观！在改革开放、创业建国的今天，它，应该成为我们每一个有志青年的座右铭。（直入法）

现在，老百姓经常议论的话题之一就是某些干部的腐败：公费吃喝，免费旅游，贪赃受贿，抢官争权，自己享受了还要为儿女捞，自己有了住房还要给子孙搭安乐窝，难怪老百姓说"一等公民是公仆，子孙跟享离清福"。这使人想起了范仲淹的一句脍炙人口的话："先天下之忧而忧，后天下之乐而乐"。（反入法）

人生总不免忧乐。朋友，当有人突然问你："你为何而忧？为何而乐？"你怎样回答呢？（设疑法）

二次大战结束以后，一名记者到德国去采访。那真是一片废墟。然而他在一家的窗台上发现了花，一盆开得并不算灿烂的花。这位记者就想：这是一个有希望的民族。为什么？因为他看到一种精神；一个人，总要有一点精神的；一个国家、一个民族，也总是要有一点精神的。如今，一股"一切向钱看"之风越刮越猛，我们更要提倡一种"精神"，那就是"先天下之忧而忧，后天下之乐而乐"。（引入法）

当然，同是"直入"，又有不同的"直"法；同是"反入"，又有不同的"反"法；同是"设疑"，又有不同的"设"法；同是"引入"，又有不同的"引"法。此外，再加上交代法、渐入法，以及不同方法的合用，同一题目的作文，开头就有"百花齐放"之势了。这就是"有法"的效用。具体讲有哪些"法"，从不同角度可以提出不同的内容系统。从"修辞"的角度讲，有对比、拟人、铺陈、比兴等；从"笔法"的角度讲，有虚实、抑扬、正反、开阖等；从"章法"的角度讲，有开门见山、卒章显志、横云断岭、前后呼应等。所有这些，都应该在写作的实践中逐渐体悟，逐渐掌握。

作文与生活断想[*]

一

作文与生活，还可以而且应该倒过来说一遍：生活与作文。前者的着眼点在"作文"，后者的着眼点在"生活"。两个说法合起来，是这样一个公式：生活—作文—生活。作文，源于生活，又为了生活。

二

这关系到对中学作文教学的性质和任务的认识。中学作文教学主要不是文章学领域的事，而是或主要是教育学领域的事。其主要价值在于引导学生关注社会，关注人生，关注历史，关注大自然，表述社会，表述人生，表述历史，表述大自然，使他们在这个过程中养成积极的人生态度和科学的价值观、世界观，养成健康的个性心理，学习辩证的方法，并形成表达的能力。这是促

---

[*] 本文原载《中学语文教学》2001年第6期。

使学生全面发展的过程，是全面提高学生素质的过程。

三

在原则上，没有人反对把作文与生活联系起来，而在具体操作中，为作文而作文的倾向却是屡见不鲜的，人教版必修高中语文课本第六册上有一个议论文写作提纲示例：

谈友谊

结构	内容
引论（提出问题）	从一般青年人都希望得到友谊谈起，提出什么样的"友谊"才是真正同志的友谊。
本论（分析问题）	先剖析对"友谊"的种种错误认识、错误表现及其危害，然后正面论述为什么要真正的革命友谊。
结论（解决问题）	怎样建立和发展同志之间的革命友谊，为"四化"做出积极贡献。

谈友谊是一个永恒的话题，过去有人谈，将来还会有人谈。作为一名中学生，在此时此刻为什么要写这个题目呢？应引导学生把题目放到生活中去，要他们明确地回答现实的问题，解决现实的问题。而中学生的一篇千字文，又不可能面面俱到地解决现实生活中所有人哪怕"一般青年人"的所有关于友谊的问题，所以他们得去选择，明确针对性。然而，以上示例所指引的方向显然不是如此。

四

对于"生活"二字的理解也应全面一些。一般论者所说的

"作文源于生活",其"生活"的含义是指主观世界之外的世界,因此一味强调观察。其实,人的精神生活也是生活;"作文源于生活",在一定意义上说是源于人的精神生活。基于这种认识,我们强调观察中的思考和感受,同时还强调读书学习,强调文化的积淀。大家都知道"厚积薄发"的道理。但对于"积累"常有一些偏颇的意见。

其一是重"生活"轻文化。"读书破万卷,下笔如有神"毕竟是一代诗圣的经验。读书的意义,不仅在于学习"技巧",更重要的是提高认识,陶冶情操,在于人文素养的全面提高。

另一种偏颇是重观察轻体验。体验作为一种心理过程,更具情感色彩,更具个性特征,是理性思考不能代替的。

五

对于中学生来讲,"作文为了生活"有三层含义。首先是为了自己的精神生活(这一点有别于作家的创作),为了自己的精神健康,为了自己精神的成长。他们在作文中辨别真善美与假恶丑,创造并表述真善美,鞭挞假恶丑;他们也在作文中不断审视自己,校正自己精神的航向。从这个意义上说,"作文"是他们精神的园地,是他们人生的"史记"。还不仅此。他们要在作文中说真话,抒真情,讲真理,这也是学做人的一种历练。其次,也是为了自己的社会生活。练习作文,也就是练习交际,也就是学习与人沟通的本领。再次,是为了他人,为了他所生存的这个社会。作文,就是参与社会的改造,就是尽自己作为社会一员的责任。这样,学生通过作文而走向成熟,走向高尚。

六

　　一般论者以为，中学作文教学需要解决的问题是两个，即"写什么"和"怎么写"。我以为还应该加一个问题，即"为什么写"，这个问题还应当放在第一位。这个问题解决不好，学生对作文就没有兴趣，他们就会把作文当作"额外"的负担。这个问题不解决，作文会走上脱离生活、脱离实际的道路，会形成恶文风，会把学生引向唯心的方向。

七

　　即使是"怎么写"的问题，也不仅仅涉及技巧，它首先还要回到"为什么写"的问题上来，当然也与"写什么"有关。为了普及，就要通俗，就如白居易，就如托尔斯泰；为了把读者引向高雅，就不能"我是流氓，我怕谁"；而现在文艺界普遍存在的"媚俗"现象，则显然是市场作用力引发出来的。中学生作文离市场尚远，但对其文风是不能不多加关注的。作文，是发现美，是表现美，也是创造美，创造美的文字，也创造美的心灵。即使仅仅为了自己的精神生活，作文也要追求高雅。

八

　　作文教学，和语文教学的其他方面一样，应该顶天立地。"顶天"，就是要站得高，看得远，一切从教书育人的总目标出发，特别要关注人的心灵，增加人的发展后劲；"立地"，就是要踏踏实实，一步一个脚印地去做，不能搞形式主义，不能哗众取宠。这里还有一个效益问题，要研究学生学作文的规律，尽量以较少的投入获得较多的产出。一味强调"多写"，就像在阅读教学中高唱"书读百遍，其义自见"一样，是有悖时代要求的，是不负责任的。因为学生毕竟是为了生活才学语文，而不是为了语文而生活。

读写思维训练三题（一）：推因论果[*]

一种现象，总是由另外一种或几种现象引起的，它又必然会引起另外一种或几种现象。寒冬腊月，一股寒潮袭来，高空中的水蒸气遇冷冻结，形成满天飞雪。大地积雪，冻死一些害虫；一些耐寒的虫类，到春季雪化，也难逃避被雪水泡死的命运。农作物免受虫害，水分充足，自然茁壮成长，于是五谷丰登，丰衣足食。寒潮大雪—虫死、保墒—丰收，一种现象引起另一种现象，继而又再引出一种现象。整个世界，就是这样互相联系着，互相影响着。这引出某种现象的现象就是原因，而被某种现象所引起的现象就是结果。这种由先行现象引起后续现象的联系，就是因果联系。

正确地把握因果联系，是正确地认识世界、有效地改造世界的重要条件。在学习时，只有正确地把握知识体系内在的因果联系，才能理解透彻，记忆牢固，也才能学以致用。在工作中，只

---

[*] 本文及后两文均节选自作者执笔的人教版语文实验教材《写作与说话》（第五册），有修改。

有正确认识事物的因果联系，善于创造有利的条件，善于估计工作的结果，才能正确、有效地指导工作。在总结工作时，不仅要肯定成绩，发现不足，还要找出取得成绩和存在不足的原因，找到克服不足的方法，这样才能继续前进。科学的任务，就在于探求因果联系。每一个科学的发现，实际上都是对事物间因果联系的发现。所以古希腊哲学家德谟克利特说："宁可找到一个因果的解释，不愿获得一个波斯王位。"

认识事物间的因果联系，首先要承认因果联系是客观的，而不是人们主观臆造的或者是神灵赋予的。否则就会犯主观主义的错误，甚至会杜撰出荒谬的、有害的所谓因果联系。比如宗教的因果报应之说，把一切事情的原因归之于神的力量，它只能麻醉人们的精神，诱使人们忍受屈辱和贫困，安于被压迫被奴役的地位。

分析事物间的因果联系，要注意这种联系的复杂性。首先，一种原因可能引出多种结果，一种结果也常常来自多种原因。比如生病吃药，吃药可以收到治病的结果，但有的药吃下去不仅不能治病，还会产生不良的副作用；当时吃下去可以解决问题，从长远来看可能又是有害的。所以医生开处方一般都很慎重，比如注意控制药量，尽可能不用某种药物，等等。再说一果多因。比如感冒，就有种种不同的原因，只有把原因弄清楚了，才好对症下药。

所谓要注意因果联系的复杂性，在分析一果多因时，要注意区别内因和外因、主观原因和客观原因、直接原因和间接原因、主要原因和次要原因等。以我们个人的情况来说，犯错误常常有客观原因，也有主观原因，有的人往往只强调客观原因，回避主观原因，这就不利于真正接受犯错误的教训。在分析一因多果时也应如此。多果，有主要结果，也有次要结果，有积极的结果，也可能有消极的结果，有直接的结果，也可能有间接的结果，全面地看待这些，才能对事物做出正确的评价。通过分析总结，肯定积极的结果，防止和克服消极的结果，促使事物向好的方面发展。

分析事物间的因果联系，要坚持辩证的方法。原因和结果也是对立的统一。在具有因果联系的两个事物中，一个为因，一个为果，不能颠倒；但是原因和结果的区别又是相对的、可变的。首先，某种现象在一定条件下是原因，在另一种条件下又会是结果。因为事物的发展是一个无限的链条，甲现象引起乙现象，乙现象引起丙现象，丙现象又引起丁现象。乙对甲来说是结果，而对丙来说又是原因。比如生物学家达尔文曾经发现：在英国的许多地方，根据猫的多少，就可以了解三叶草（一种饲草）长得怎样。因为三叶草要依靠土蜂传授花粉才能结出种子，而土蜂的敌人是田鼠，田鼠的敌人是猫。在这个因果链中，田鼠的多少，对猫的多少来说是结果，对土蜂的多少来说它又是原因；土蜂的多少，对三叶草长得如何来说是原因，而对田鼠的多少来说，它又是结果。其次，在许多场合下，原因和结果又是相互作用的，是互为因果。生产的发展，是科学技术发展的动力；而科学技术的发展，又必然极大地促进生产的发展。人类作用于自然，改造自然界；自然界也报复了人类，像生态失衡，环境恶化，灾害增多，就是这种报复的表现。一棵树不能改变气候，只有森林才能改变气候；而形成一片森林又需要一定的条件。如果温度、湿度适宜，树木就会迅速生长，形成茂密的森林。大片森林的出现，会使气候变得更好，有利于树木的生长。在这里，森林和气候又构成了互为因果的关系。只有这样辩证地看问题，才能准确全面地揭示事物的因果联系，从而有所发现，有所发明，有所创造。

当我们深入地观察和研究因果联系时，就可以发现两种不同的联系：必然联系和偶然联系。种瓜得瓜，摩擦生热，就是必然的因果联系，是事物发展中的必然性。必然性产生于事物的内在根据、本质的原因，或者说，必然联系是由本质原因引起不可避免的结果的联系。而诸如某一株农作物在生长过程中是否会遇到冰雹灾害，就是偶然的因果联系，是事物发展中的偶然性。偶然性产生于外在的、非本质的原因，或者说，偶然联系是由非本质原因引起、可以出现也可以不出现、可以这样出现也可以那样出现的结果的联系。偶然性与必然性也是相互联系的，并且在一定条件下是可以相互转化的。从根本上说，这种联系也是一种因果的联系，这种转化也是一种因果的转化。所以，我们在研究因果联系时，实际上也可以把必然与偶然的关系包括进去。

下面，我们根据阅读写作的具体需要，分别对"推因"与"论果"的情况做些说明。

一、分析已然的原因

一种现象出现了，成了已然的存在了，人们就要认识它。而认识的重要任务之一就是分析它为什么出现，也就是分析它形成的原因。成因分析清楚了，事物的性质也就好判断了。如果要采取什么相应的措施，也就有根据了。分析事物的成因，当然要注意全面，特别要注意发现别人没有发现的方面，注意追寻事物最本质的原因。比如，有人写文章说刘禅颇有可爱之处，他能任人唯贤，倚重能臣，而且绝对信赖。这种评价（也即对事物性质的判断）是正确的吗？或者说，刘禅对诸葛亮等人的恭敬、任用，是出于他的本心、出于他的德行，这样的认识正确吗？其实不然。原因主要还在于诸葛亮在蜀汉这个小朝廷里德高望重，影响极大，而他所任用的人，像费祎、蒋琬、赵云、邓芝等，也都正派而有才干。可见，当时根本不存在"庸君把能臣杀掉"的条件，只存在能臣废黜庸君的条件，而这又是诸葛亮绝对不肯做的。正是在这种特定条件下，这一对君臣才能相安无事。所以，这种局面的出现，并不是由于刘禅方面的主观原因，而是由于历史的客观的原因。这一点还可以从后来姜维作大将军时的情况看出来。这样一分析，对事物的评价就不同了，对事物的认识就更深入了。

教材里有一篇《鸿门宴》。我们知道，司马迁写《史记》是有他的追求的："究天人之际，通古今之变，成一家之言。"那么，就从"鸿门宴"这一片段的斗争，我们可以看到"古今之变"的什么端倪？作者用文学的手法把某些"已然的原因"写出来了，作为读者，我们能分析出来吗？这是研读《鸿门宴》时的一个重要话题。大家知道，楚霸王终于败在刘邦手下。当他走投无路、自刎乌江时，还说"此天之亡我，非战之罪也"。司马迁在《史记·项羽本纪》中批评他说："自矜功伐，奋其私智而不师古，谓霸王之业，欲以力征，经营天下五年卒亡其国，身死东城，尚不觉悟，而不自责，过矣。乃引'天亡我，非用兵之罪也'，岂不谬哉！"我要求学生根据学过的知识，以"从《鸿门宴》看项羽为什么失败"为题写一篇短文。同学们在文章中分析了种种原因，如：

①项羽一方内部人心不合；

②项羽刚愎自用，不能采纳他人意见；

③项羽胸无大略，感情用事；

④项羽沽名钓誉，优柔寡断；

⑤项羽不能正确地分析当时的形势；

⑥项羽轻信而无谋；

⑦项羽不知己又不知彼；

⑧项羽缺乏学习，不懂方略；

⑨项羽治军无方，军纪松弛；

⑩项羽不善捕捉战机，置敌于死地；

⑪项羽不懂得处理诸方面的关系，从哲学上讲，就是形而上学的思想方法；

⑫刘邦诡计多端（有的说刘邦深谋远虑）。

从鸿门宴这一个片段来研究问题，不能避免片面性，提出这许多条原因已属难得。我把同学们提出的意见做了统计，再介绍给大家。让大家进一步思考：这许多原因中的哪一条（或几条）是最主要的？各条原因之间又有些什么联系？能否归纳得更集中一些？经过研究，大家看到上列条目有的有交叉关系，有的有包容关系，有的有因果关系，根据这些关系，又根据"战争是双方的事"这一认识，认识到项羽失败有两方面的原因：他自己一方可算是失败的内因,而刘邦一方对他来讲只能算是外因。如果把项羽一方看成一个矛盾的统一体,那么项羽作为统帅,自然处于矛盾的主要方面。这样,要找主要原因就必须从项羽本身去找,而诸如内部人心不合、军纪松弛,乃是他本身方面的原因造成的结果。而属于他本身方面的许多原因也不是平列的关系,如他一方面刚愎自用,一方面又优柔寡断,为什么?恐怕还是由于他沽名钓誉、胸无大略。他为什么不明大势,不知己不知彼呢?一方面是虚荣心遮住了他的眼,另一方面也是由于不肯学习。所以归纳起来,不外两点:品质问题,水平问题。当然,品质方面的问题又是影响他水平的重要因素。如此这般,一个问题研究完了,学习者的思维方法、思维品质(深刻性、逻辑性等)也就受到了应有的训练。

二、设想必要的条件

探求已然现象的成因,主要回答"为什么"的问题:某一现象为什么出现,为什么会是这个样子,等等。有时候,我们希望出现某种现象,而又不能消极地等待,于是要想方设法,创造条件,以达到我们预期的目的。我们所预期的"现象"就是一种"果",我们所创造的"条件"就是"因"。我们正是在利用对事物间的必然因果联系的认识来从事创造性的工作。创造条件首先是设想条件。在文章中设想某种现象出现的条件,实际就是回答"怎么办"的问题。

比如在《改造我们的学习》一文中,毛泽东分析了当时共产党内存在着不注重研究现状、不注重研究历史、不注重马克思列宁主义的应用这三方面的学风，为了树立马克思列宁主义的学风，毛泽东提出了三条建议：①向全党提出系统地周密地研究周围环境的任务；②对于近百年的中国史，聚集人材，分工合作，先作分析的研究，再作综合的研究；③对于在职干部的教育和干部学校的教育，应确立以研究中国革命实际问题为中心，以马克思列宁主义基本原则为指导的方针，废除静止地孤立地研究马克思列宁主义的方法。这三条建议就是为改造我们的学习设想的条件，也就是说，改造我们的学习，克服主观主义的学风，树立马列主义学风，是预期的现象，而这三条建议是出现这种现象的必不可少的原因。认识到这种因果联系，也就找到了解决问题的办法。根据对事物间因果联系的认识，为达到预期的目的而设想必要的条件，就是对现实问题的思考，自然也就成为常见的文章立意。谁设想得对，谁就能为解决现实问题指明道路，写成文章，立意自然也就深刻。

再比如，各尽所能、按劳分配是社会主义经济的一项基本制度。但这只是一个预期的"目的"，要真正使每一个社会成员都愿意并且能够尽量多劳动，从而得以人尽其才，最大限度地贡献力量，还需社会创造必要的条件：首先，要从物质利益上使人们愿意尽量多劳动；其次，要从思想教育上使人们认识到应该尽量多劳动；最后，还要创造条件，使人们能够发展他们的才能，施展他们的才能，从而能够更多更好地劳动。这就是对"各尽所能"这个"果"所必需的"因"的认识。把这个认识写出来，使人们更自觉地去为实现真正的"各尽所能"的目标而努力，自然就是好文章。

三、确认现实的结果

某一现象已经引出了另外的现象，即某一原因已经造成相应的结果，这种结果也就成为人们要研究要确认的对象。因为确认了这种结果，才好对那相对的原因做出合乎实际的评价，也才能更好地把握事物发展的规律，为以后的行动找到正确的方向。结果虽已经是客观存在，但也不是那么容易看清楚的；即使确认了某现象是另一现象的结果，对这结果的评价也不见得一致，有人认为是积极的，也可能有人认为是消极的。

比如改革之初，为了打破"大锅饭"，就颇费了一番"口舌"。"大锅饭"的实质是平均主义，而平均主义和马克思主义的社会主义是毫无共同之处的。社会主义必须实行按劳分配的原则，是一个不可违背的规律，因为只有这样，才能充分调动企业和职工的积极性，发展商品生产和商品交换。"大锅饭"的办法，使职工躺在企业身上，企业躺在国家身上，因而养成了依赖思想和习惯，失去了向上的动力。如此吃下去，国家和企业越来越被动，职工收入也不可能逐步增加，实际上也不可能长久吃下去。可是有人说，吃"大锅饭"保险，"旱涝保收"。"大锅饭"的办法，造成人浮于事，工作效率低下，甚至出现"三个和尚没水吃"的局面。可是有人说这办法可以容纳较多的劳动力，可以"三个人的饭五个人吃"，所以好得很。"大锅饭"的办法鼓励了懒人，挫伤了勤奋者的积极性，实际上很不公平。可有人硬说这办法"公平"，可以减少职工之间的纠纷，等等。已有的"结果"未必能够"确认"；确认了，也未必正确，关于"大锅饭"的争论是一个典型的例子。

再比如，对明星高价、名人重奖的做法，报章常有报道，人们虽有争议，但也多半趋于肯定、颂扬。这种肯定、颂扬自然是以对其"结果"的肯定为前提的。但其结果究竟如何呢？由于我们国家尚未形成"高价""重奖"的机制和规则，钱由谁出，怎么出，高价、重奖的依据是什么，钱给谁，给多少，等等，都是缺少规则的，结果就常常是企业慷国家之慨，各种"中间人""关系户"从中先捞一把。另外，从社会效应看（这是非常值得重视的"结果"），老百姓有气的多，骂人的也不少。因为一次出场费几十万元，一次冠军就成百万富翁，而且是免税收入，这很难说是正当、公平。有重奖，那一般的激励在哪里？个别人暴富，多数人处境不佳，将使广大"寒士"寒心。如果确认这样的结果，正视这样的结果，在高价、重奖时就会慎重得多，而且也应该在制定规则、完善机制方面做一些事情。

由上面的例子也可以看出，要能确认、正视现实的结果，首先，得有一个正确的立场，要从国家利益、人民利益的角度去看问题，而不能只为个人或小集团的利益考虑；其次，要坚持实事求是的态度，不能主观臆断；最后，要有辩证的方法，既要全面，又要分清轻重主次，不能看到一点不及其余，也不能颠倒主次。

四、推想将然的结果

对现实的结果进行确认和评价，是对事物现实性的研究；与现实性相对的，还有可能性和必然性的问题。就读书写作的需要来说，研究现实性，可以回答事物已经如何了的问题，而研究可能性和必然性，则可以回答事物将会如何的问题。要对一种现象、一种行为、一个计划等做出评价，除了从"原因"的角度去研究之外，还常常要看它已然的和将然的结果。如果对将然的结果估计错误，就会产生错误的行动。

可见，要看清事物可能的结果，一方面很重要，一方面又很不容易。大事如此，小事也一样。写作如此，阅读也如此。比如读鲁迅的《孔乙己》。小说的结尾说："大约孔乙己的确死了。"——孔乙己的确死了吗？我请学生根据小说的具体情节、具体内容加以分析。我先介绍了一点马斯洛的人生需求理论：最低层次的需求是生理的，不至于冻饿而死；依次提高为：安全的，情感的（归属），尊重的，自我实现的。以此理论观照孔乙己的生存境遇，他必死无疑，因为五个层次的需求，没有一个能够满足他。这是多么可怕的人间！而造成这种人间地狱的，并非独有"统治者"，更多的是身边的芸芸众生。鲁迅此篇小说的主旨与深刻性也许就在这里吧。

读写思维训练三题（二）：质疑问难

质疑，就是发现问题，发现矛盾，从而产生疑问，引起思考和探索。古人讲读书贵有疑。其实不仅读书，在其他的时候，其他的领域，质疑也是难能可贵的。质疑，往往是创造的先导。怎样才能发现问题、提出疑点呢？首先有个心理问题。一个人，如果是精神奴隶，凡是别人说的做的都是对的，如果是名人所说所做，特别是上了书、登了报的，那更是绝对正确，他就永远也不会发现什么问题。"尽信书则不如无书"，真理永远是相对的，智者千虑必有一失，愚者千虑必有一得，如果有了这样的信念，他就"会疑"，"敢疑"。

具体说，质疑的思路与方法有四条：质以环境、质以事实、质以事理、质以别议。

一、质以环境

任何事物都存在于一定的环境之中，而不是孤立存在的。所以，我们要判断某种说法、做法正确与否，就得把它放到特定的环境中去。比如，对于一个历史人物或文学形象的分析、评价，不能离开人物所处的历史环境。潘金莲本是《水浒传》《金瓶梅》中刻画的一个轻佻的女子。但近年来有人把她作为追求个人婚姻幸福的失败者加以歌颂。有一出荒诞川剧《潘金莲》就把她与安娜·卡列尼娜以及今天的中国妇女的命运相比较，试图抨击封建道德的残酷和腐朽，而把潘金莲作为封建社会的失足青年寄予深深的同情。这就很可"疑"。因为一个人的行为是否符合道德标准，要放在具体的时代、社会、民族以至阶级的背景中去考察。就文学形象说，是否塑造得成功，也只能放到作品的环境中去考察。离开了《水浒传》《金瓶梅》，就无法谈潘金莲；离开了《安娜·卡列尼娜》，也不好谈安娜。潘金莲与武大的结合确实违背她本人的意愿，她不满意也是可以理解的。但是，往后的发展，并不能引起人们像对卓文君、安娜那样的同情。

下面说两个教材解读的例子。

借书满架，偃仰啸歌，冥然兀坐，万籁有声……（归有光《项脊轩志》）

人教社高中语文教材对"借"字不注，而教参则句译为"借来的图书堆满了书架"。"偃仰"注曰："安居，休息。指生活悠然自得。""啸歌"注曰："长啸或吟唱。这是显示豪放自若。啸，口里发出长而清越的声音。""冥然兀坐"注曰"静静地独自端坐着"。这几处注解值得商榷。

归有光当时何人也？学童也。项脊轩何地也？书房也。所读何书也？绝非珍本秘本也。归家何家也？书香门第也。一个书香门第的学童，读的不过是启蒙应试的书籍，何需去"借"？即使要"借"，何能"满架"？这样从"环境"上稍加思索，即可知其不通。而还有不少人曲为之辩，如有人著文说："所谓借书满架，也是散人闲趣，未必都是借来的。陆游的'乞借春阴护海棠'，若写作'我教春阴护海棠'，就几乎不成诗句了。"陆游写的是"诗"，用的是比拟手法，固然可以那么写，而《项脊轩志》的这个"借"是写实，况且，说归有光（一个小小的学童）"散人闲趣"，不也太浪漫了吗？更不可思议的是，（家长）辛辛苦苦给他"借"来了满架的书，他却毫无学习的心思，一会儿"悠然自得"，一会儿"豪放自若"。果真如此，那么归有光仕途不利（35岁中举人，60岁中进士）也是咎由自取了。

其实，"借"是个通假字。《康熙字典》上就有注："音积义同。""借"，就是"积"，就是码放、积聚，句译出来就是：书架上堆满了书。而"偃仰"，是说头之低昂，身之俯仰；"啸歌"是说吟诵诗文；连起来讲，这四个字是描写他非常投入地吟诵诗文的情景。"偃仰"同"俯仰"，不必再说。"啸歌"也作"啸咏""歌啸"，意义与"歌咏""吟咏"大体一致，一般是指对诗的吟诵——也可以说是"吟唱"，因为古人诵诗就是歌唱。如明代唐顺之《书〈秦风·蒹葭〉三章后》："临流歌啸，渺然有千里江湖之思。"《史记·宋微子世家》："箕子伤之，欲哭则不可，欲泣为其近妇人，乃作《麦秀》之诗以歌咏之。"这都是明显的用例。"吟诵"既久，再静下来思索一番，这就是所谓"冥然兀坐"——他决不会无端地在那里"独自端坐"。

读写思维训练三题（二）：质疑问难

（信陵君）至邺，矫魏王令代晋鄙。晋鄙合符，疑之，举手视公子，曰……（《史记·魏公子列传》）

对"举手"二字，一般不注，而译为"举起手来"。晋鄙为什么要"举起手来"呢？注者、译者都未加思考。是一种礼仪吗？还找不到古人有这种行礼的方式。是晋鄙要以手遮光以利望远吗？两个人又近在咫尺。在这样的情境下，这"手"举得实在没有道理。发现"无理"就会思考，就会去翻书。原来，"手"通"首"！《左传·襄公二十五年》："陈知其罪，授手于我。"洪亮吉诂："惠栋曰：'手，古首字。'……今案《家语》作'授首于我。'"原来，"举手"就是"抬头"！晋鄙"合符"，自然要低头看符；待到"合符"之后，心有所疑，于是"抬起头来"打量信陵君。豁然贯通。

由此还可以进而说到《孔雀东南飞》里的两个"举手"。一处是："举手长劳劳，二情同依依。"教材编者注"举手"句为"举手告别，惆怅不止"。另一处是："举手拍马鞍，嗟叹使心伤。"编者未注。告别，人们用"挥手"表示。如刘琨《扶风歌》："挥手长相谢，哽咽不能言。"张耒《离黄州》："扁舟发孤城，挥手谢送者。"李白《送友人》："挥手自兹去，萧萧班马鸣。"有以"举手"表示"告别"的例子吗？再看"举手长劳劳"一句是在什么情况下出现的。上文写"府吏马在前，新妇车在后"，"下马入车中，低头共耳语"，在写完"耳语"之后，就是这"举手长劳劳"两句。这"举手"原是"耳语"之后的动作，亦即"抬头"之意，应该是"执手相看泪眼，竟无语凝噎"的情境，与告别不相干。

后一句的"举手",亦应释为"抬头"。这几句写的是"故人"骑马而至,"新妇"蹑履相迎,未及"故人"下马,"新妇"是"仰首"视之,一边手拍马鞍,一面就开始诉说别后之情。"拍马鞍"原本就要用"手",再说"举手"岂不是叠床架屋?

二、质以事实

俗话说,事实胜于雄辩。对于一种说法、一个判断,只要我们发现了与之不符的事实,就可以"疑"。比如对汉字的看法,历来说它难:难读、难写,不如拼音文字。这种观点自清末提出以来,似乎已成定论。而在信息时代到来的时候,又有人说它是信息化的障碍。其实,这只是一种主观的结论,只要用事实检验一下,就可以发现它是可疑的。首先,认读汉字心理负担小,所需时间短。拼音文字的字母是符号性质的,抽象性强,给儿童学习认读带来很大的心理负担;特别是它有"镜影字母"(形体互为反正),更是学习的难关,所以在欧美至少有10%的儿童有阅读障碍症。而汉字是平面方块,每个字包含的信息量大,又没有互为反正的"镜影偏旁",所以它没有拼音文字那样的消极后果。汉字不仅信息量大,而且比拼音文字占地方少,在同样的视觉宽界里,能容纳的汉字比拼音文字多,所以它又有阅读方便、理解准确的优点。再就数量来说,汉字是一字一音,变成词,还是一字一音,除掉同音字,共约1930个音,而英语语音随词变化,共有40多万个音。汉语的最高用字量约6300多个,其中常用字约2400个左右,一般报刊有2000到3000个就够用了。而英语,一般成年人要用到两万个单词。汉字能适应信息时代的需要吗?事实也早已做出了回答，汉字编码已有多种方案，电脑输入速度已超过英文。汉字的诸多优点是客观的存在，为什么在那么长的时间里被看成了劣等文字呢？一是对事实本身缺乏深入的研究，二是盲从，人云亦云。这是一个很好的教训，它启发我们要敢于"疑"，善于"疑"。

北京版初中语文教材选有乐府民歌《木兰辞》。诗的开头的几句是：

唧唧复唧唧，木兰当户织。不闻机杼声，惟闻女叹息。问女何所思，问女何所忆。女亦无所思，女亦无所忆。

对"所思""所忆"，教材编者不予理会，在编者诸公的心目中，大概是没什么问题的。再看看相关的译文："问问姑娘你这样叹息是在思念什么呢？（木兰回答道）姑娘我并没有思念什么。"这里有着明显的矛盾：上文的"唧唧"而叹，岂不是心事重重的反映？下文的"昨夜见军帖，可汗大点兵"云云，岂不就是长吁短叹的原因？事实俱在，怎么能说"并没有思念什么"呢？发现、揭示矛盾就会引发思考，思而不得就会去查阅。吴小如《古典诗词札丛》的序言中就有很好的说明："国风中十分之六七的'思'字都是指男女相思相慕而言，就是现代汉语中所谓'害相思病'的'思'字。而汉乐府和《古诗十九首》之言'所思'……都是指男女或夫妇之思……'所忆'亦指男女夫妇之间的思念。""木兰回答'无所思''无所忆'者，意在说明自己并非少女怀春，而是想到父亲年老，出征作战大有困难。"如此这般，不仅是咬文嚼字的问题，还直接关系到人物形象：见得木兰不是一般只顾自己、柔弱缠绵的女孩子，而是识大体、有担当的女英雄。

人教版选修《中国古代诗歌散文欣赏》选有李贺的《李凭箜篌引》一诗。此诗鉴赏者众，但对开头几句的文字解读就始终存在着矛盾。

吴丝蜀桐张高秋，空山凝云颓不流。江娥啼竹素女愁，李凭中国弹箜篌。

第一句，编者注："张，演奏。高秋，指弹奏的时间。"又注"中国"为"即国中，国都长安之中"。张，本指乐器上弦，可以引申为弹奏乐器。但这里用"张"字，第四句又用"弹"字，显然是有区别的。况且，这个李凭到底在什么地方弹箜篌？第四句说得明白，是在"中国"，那么，第二句"空山凝云"跟他的弹奏有什么关系？这岂不是自相矛盾吗？有的人还说："前四句，诗人故意突破按顺序交代人物、时间、地点的一般写法，另作精心安排，先写琴，写声，然后写人，时间和地点一前一后，穿插其中。这样，突出了乐声，有着先声夺人的艺术力量。"（见上海辞书出版社《唐诗鉴赏辞典》）根据文本"客观存在"的语句，鄙意以为不然。

实际上，第一句只是在交代箜篌的制作，二三两句是写这一箜篌的制作完成所引起的震动。据《淮南子·本经训》记载："昔者仓颉作书而天雨粟，鬼夜哭。"为什么文字的诞生会引起如此强烈的反应呢？因为一旦有了文字，可用来传达心意、记载事情,自然值得庆贺,所以下粟如雨;而有了文字,民智日开,民德日离,欺伪狡诈、争夺杀戮会由此而生,天下从此永无太平日子,所以连鬼都要哭了。李凭所弹箜篌的诞生虽不能和文字的诞生相提并论,但其影响所及,也是惊天地泣鬼神的,这在后面的描写中有充分的表现。从文本本身看,作者着"空山"二字,与"中国"相距甚远,而与箜篌制作之地相关。"江娥啼竹",编者讲成"湘夫人对竹挥泪",这就从根本上改变了"江娥斑竹"故事的因果,这是难以说通的。吴小如先生揭示"竹"代表箫管一类的乐器,进而以"素女"的典故代指琴瑟一类的乐器,巨眼独照。(见《古典诗词札丛》)这一句是以器比器,从而突出这一箜篌本身的非同凡响。在极力描写了这一乐器的神奇之后,再来说弹奏它的乐师,再来说他弹奏的神奇效果,实在是顺理成章,算不上是什么突破"一般写法"的"精心安排"。

欲神其技,先奇其器。李白《听蜀僧濬弹琴》:"蜀僧抱绿绮,西下峨眉峰。"说蜀僧所抱之琴,竟是汉代司马相如之"绿绮",是同一机杼。

三、质以事理

事物是有规律的,这规律就是事理。小事物有小道理,这小道理本身要讲得通才行,不通,就可疑。而且小道理还要服从大道理,即对具体问题的理解要符合一般规律。如果不合,那也就可疑了。比如,有人著文说岳飞是"愚忠",因为受阶级的和时代的局限,他所谓的精忠报国只不过是保卫赵宋王朝。这种说法能否成立?我们不妨"推而广之"验证一下。诸葛亮是不是"受阶级的和时代的局限"只不过在维护刘汉王朝呢？魏征呢？文天祥呢？还有许许多多封建时代的政治家、军事家呢？他们要不要统统划入"愚忠"之列？如果可以，那就必然要得出"无忠不愚"的结论，而这样的结论显然不符合唯物史观，令人难以接受。因此"岳飞愚忠说"可疑。

现实生活中，需要用"大道理"去衡量的事物是很多的。在文本阅读中需要"以理解之"的情况也不少。

《儒林外史》里有个著名的故事：严监生躺在床上，睁着眼睛，竖起两根指头。他已经不能说话，只能用手指发出最后的信息，表示最后的心愿。围绕在床前的家人中只有一个懂得他的心意，伸手把桌上油灯里的两根灯草拨熄了一根，只留下一根。严监生的手指倒下去，眼睛闭上，离开了人间。为此，三百年来严监生受到无数的嘲笑，成为吝啬的典型人物。他临死还舍不得一根灯草，又细又轻又不值钱的灯草，还只是一根。看来真是可笑。但金克木先生的《两根灯草》一文却对此提出了疑问，而这疑问来自一个基本的道理：一个要死的人，还舍不得一根灯草的浪费，绝不是为了他自己。这样一提，我们对严监生的固有看法确实受到了挑战。

再如《邹忌讽齐王纳谏》：

  吾妻之美我者，私我也；妾之美我者，畏我也；客之美我者，欲有求于我也。

一般把"美我"解释成"以我为美"，说"美"是"意动"

用法。下面与此相关的一句是：

　　臣之妻私臣，臣之妾畏臣，臣之客欲有求于臣，皆以美于徐公。

这里的"以"，一般解为"以为，认为"，句译为"认为（我）比徐公美"。这样的解释是有悖于事理的。如果说邹忌之妻偏爱他，从内心里"认为"他美（情人眼里出西施之谓），是可以的；而其妾"畏"之，其客欲"求"之，"美"之，实在是不得已或别有用心，怎么可以说"认为"他美呢？邹忌心如明镜，也不会（实际上也没有）自我陶醉至此。其实，这个"美"字只是一般动词用法。"美"作为一般动词，并不罕见。如《庄子·齐物论》："毛嫱、丽姬，人之所美也。"《穀梁传·僖公元年》："齐师、宋师、曹师城邢。是向之师也，使之如改事然，美齐侯之功也。"问题是，这里的"美"还不好直释为"赞美"，因为这里的话题很具体，就是说长得漂亮不漂亮。所以，合理的解释应是"说漂亮"或"说长得美"，"美我"，即"说我长得美"。与此相关的那个"以"字，自然也不能解释为"以为""认为"，而只能解为"说"。王引之《经传释词》曾引此句，释"以"为"谓"，是很有道理的。

又如贾谊《论积贮疏》：

　　管子曰："仓廪实而知礼节。"民不足而可治者，自古及今未之尝闻。

对于管子的话，一般这样解释：粮仓充实（百姓生活富裕了），就懂得礼节。我们承认物质可以转化为精神，但这样的"转化"也未免过于简单、过于机械了，无论从道理上说还是从实践中看，这种说法都是站不住脚的。这里的关键是对"知"字的理解。"知"，可释作"为"，而"为"作动词，在古汉语中意义相当广泛。如《易·系辞上》："乾知大始，坤作成物。"王念孙说："知犹为也，为亦作也，""乾知大始，谓天之所为是创始万物。"《吕氏春秋·长见》："三年而知郑国之政也。"高诱注："知，犹为也。"译成现在的话就是"主持""执掌"。"仓廪实而知礼节"的"知"，也应讲成"为"，讲成"作"：老百姓吃饱穿暖了，才有可能遵守礼仪，讲究节操。这样理解，有三个层次不同于一般的解释。一是"礼节"不同于今日之"礼节"，这是两个词，"礼"即礼仪，"节"是节操、气节；二是"知"，不是"懂得"，而是"为""作"，即遵守、讲究；三是"仓廪实"只是"知礼节"的必要条件，而不是充足条件。想一想当时的社会（从管子时代到贾谊的时代），老百姓"不知礼节"，是因为他们"不懂得礼节"吗？他们饥寒交迫，不得已去做一些苟且之事，甚或揭竿而起，实在是无法去"遵"那个"礼"、"守"那个"节"呀。

除了一般的事理，还要顾及文理。

王安石《游褒禅山记》：

距洞百余步，有碑仆道，其文漫灭，独其为文犹可识，曰花山。

人教版注:"碑文模糊、磨灭。文,指碑文。下文'独其为文'的'文'指碑上残存的文字。""只有从它残存的文字还可以辨认出'花山'的名称。"这样的注解就有点"不讲理":明明是"碑文模糊、磨灭",哪里还会有"残存的文字"?怎么还能"从它残存的文字""辨认出'花山'的名称"?这里的问题,只要看一看石碑的形制就可以解决了:一般的石碑,由碑首、碑身、碑座三部分组成,碑首刻碑名,碑身刻碑文,因为碑名的文字较大,所以不易磨灭。"花山"就是该碑的碑名,所以"独""可识"。"为文"者,谓文也,"谓"就是称谓,就是名称。我们之所以重视这一类的问题,是因为这种"不讲理"之处"有价值",正是训练学生"读书讲理"的好材料。

王羲之《兰亭集序》:

每览昔人兴感之由,若合一契,未尝不临文嗟悼,不能喻之于怀。固知一死生为虚诞,齐彭殇为妄作。

人教版注"不能喻之于怀"为:"不能明白于心。这是说,看到古人对生死发生感慨的文章,就为此悲伤感叹,也说不出是什么原因。喻,明白。""固,本来,当然。"教师教学用书的译文是:"每当我看到前人发生感慨兴叹的原因,发现都像符契那样相同相合,我曾对前人的文章嗟叹伤情,但往往不能明白为什么会如此。现在才明白,把生与死等同起来是多么荒谬,把长命与夭亡看作一回事纯是无稽之谈。"前文已经说得很清楚了:"生死亦大矣,岂不痛哉!"还有什么"不能明白"的?顺理成章的好文章竟被弄得如此自相矛盾。按照原文的逻辑，自己"临文嗟悼"是很自然的事，"不能喻之于怀"的意思是"无法释怀"，无法把那种哀伤之情从心中排解掉。喻，本有"开导"义，这里应释为"排解"。还有"固"字，注为"本来"固然说不通，译为"现在才"更是毫无根据。"固知"一句，承上而来，是因果关系，应该译为"由此可知"。《汉语大字典》就有专门义项："连词。表示因果关系，相当于'因此''所以'。"当"读书不讲理"的时候，再好的工具书也想不起来去查一查。

四、质以别议

别议，就是其他的相近、相关、相反、相对的说法。我们看到某种主张、说法时，如果就此而止，往往容易全盘接受，而不易生疑。如果能参照一下其他有关的主张、说法，疑问就来了。拿关于养生的议论来说，我国民间古谚说"饭后百步走，活到九十九"；可有人用新科学原理检验，说是饭后多走易造成胃下垂，最好的饭后养生法是静卧半小时，使肠胃完全不受干扰地集中消化食物。我们知道了这后一说法，自然不能不对古谚的说法有所怀疑；同时，参照了古谚的说法，我们也不能对"新"说法无条件接受。上边说的是散步，再说活动时间，传统的说法是清晨和晚间空气最新鲜，是最佳锻炼时间；而今也有新的议论：城市早晨空气最污浊，最佳活动时间为下午。其他如进食的程序，过去的成规是吃水果在饱餐之后；现在又有新说，主张水果在饭前稍早时候或餐后二三小时吃，因为这样才最能吸收营养。这些互相矛盾的说法，使人不能不生疑。

再拿写作理论来说。有人主张散文容许虚构。因为文学作品的一个基本特征就是容许虚构。虽然写实是我国散文的传统,但也并非每一篇都是写实的。况且,散文也要发展变化,只要有感而发,能反映生活的本质,是否完全符合真人真事并不重要。如果只听这一种意见,也许觉得并无可疑之处。这就不妨参照另一种意见:写真实,是中国散文传统的"根",背离、舍弃了写真实这个"根",散文也就失去了生命。根之不存,枝叶何繁?况且,小说与散文的根本区别就在于有无虚构。既然要虚构,为什么不写小说,而要写散文?这一参照,不疑也得疑,这就得进一步去想想了。

再说阅读。李白《静夜思》诗中所说的"床"到底是什么东西?如果是睡床,他怎么能"举头望明月"呢?于是有人设法把诗人的立足点移到室外,其办法就是说"床"不是卧床,而是"井床"——水井四周的栏杆。金用《唐宋诗词三百首》对此"床"字的注释就是"卧床。古义又作'井栏'",并肯定此处"床前"指"井栏前"。其后从此说者不乏其人。彭漪涟著《古诗词中的逻辑》说:"诗人正是站在院子里,看到井旁的月光,才怀疑是地上下了霜。"马未都先生在央视《百家讲坛》讲座时,说"床"应为"胡床",即口语的"马扎"。其用意当然还是要把诗人移到室外,而不能让他在室内。这样似乎解决了问题。但马上就会引出另一个问题:诗人既在室外,那就意味着不管坐在马扎上也好,站在井栏之前也好,他始终是在"月光"之下的。既如此,无论月光的初现,还是月光的变化,都应该在他的视觉之内,那又怎么会有"疑是地上霜"的错觉呢?这种"疑是"的心理，只有恍惚之间才会发生。诗人居于客馆，深秋夜际，寒气侵人，梦醒后恍惚间见到床前月光，遂有"地上霜"之"疑"。诗人说"疑是"，只是一种心理活动，并非是说室内真的下了霜。所以，诗人的立足点还应是在室内。那么，既在室内，何以一举头就可"望明月"呢？又有人在"室"字上设想，拿莫高窟壁画描绘的"宫廷深院"说事，说那里的"厅堂房舍，或前楹开敞，或三面高悬半卷或低垂的帘幕"云云，意思是在这样的"室内"，也许"举头望明月"就没什么困难了。但，诗人所居乃是客舍，绝不会"前楹开敞"，更不会有什么"帘幕"低垂。其实，问题并不难解决。诗人旅居客馆，夜寒而醒，恍惚间"疑"月为霜。但这"疑"只是瞬间之事，随即清醒，披衣出户，举头望月，徘徊思乡。这只是个时空变换的问题。

　　说一篇现代小说的例子。鲁迅有一篇小说，题名为《药》。它写清朝末年，革命志士夏瑜被杀，茶馆小老板华老栓花钱买了蘸了夏瑜鲜血的馒头，去给他生了肺结核的儿子治病。结果于病无补，华小栓不久也埋在与夏瑜之坟仅隔一条小路的坟场里。这篇小说的主题（即鲁迅要告诉读者的）是什么呢？长期以来说法不一，较有影响的就有以下几种：①正题旨是亲子之爱，副题旨是革命者的寂寞的悲哀；②只有彻底地进行反封建的革命，推翻吃人的封建社会，中国人民的深重苦难才有解除的希望；③悼念革命先烈，赞颂革命先驱，告诫人们不要让革命烈士的鲜血白流；④歌颂辛亥革命时代的革命者，揭露那时代的深厚的封建势力，指出了人民的落后状态；⑤揭示旧民主主义革命脱离群众的致命弱点，显示出唤醒民众、使其摆脱封建的精神毒害的重要，启示人们去探求疗救中国病态社会的良药。到底哪种说法更符合实际？疑从中来，于是开始查阅资料，开始思考。一看鲁迅总的创作态度、创作主张，看他写这作品时的意识观念（这属于"论世知人"一层）；二看作品本身的人物、故事，以及渗透在故事、人物中的作者的情感倾向。小说中写了几类人物：一是屠杀者，鲁迅自然是取鞭挞的态度；二是愚昧的群众，包括华老栓一家、众多茶客，还有夏瑜的母亲，对这样的人鲁迅是哀其不幸，怒其不争；三是革命者夏瑜，鲁迅并无一言半语的贬词，相反，写了他的革命志向、胸怀，关到狱中"还要劝牢头造反"。那么这群众的愚昧该由何人负责呢？在作品中绝无"揭示"革命者"脱离群众"的意思。相反，他的着眼点在于群众本身，是群众的愚昧造成了革命者更深一层的悲哀（比被反动统治者杀害更深一层），有生前的悲哀，也有死后的悲哀。这样分析，不仅与小说的文本相符，也与鲁迅当时的思想状况、与他的创作主张完全一致。鲁迅说过："我的取材，多采自病态社会的不幸的人们，意思是揭出病苦，引起疗救的注意。"他的着眼点是在"不幸的人们"。而且，在《药》发表的同一年，他在一篇杂文里说："新主义宣传者是放火人么，也须别人有精神的燃料，才会着火；是弹琴人么，别人心上也须有弦索，才会出声；是发声器么，别人也必须是发声器，才会共鸣。中国人都有些很不像，所以不会相干。"用这段话来解释《药》，可以说是洞若观火：夏瑜就是"新主义"的宣传者，可惜他周围的群众心上没有燃料，没有弦索，也不是发声器，不是革命者"脱离群众"，是群众不理解、不接受革命者。在鲁迅当时的意识里，二者的关系原是这样的。因此，孙伏园先生的一段回忆是完全可信的,他说鲁迅曾这样讲述《药》的写作意图:"《药》描写群众的愚昧和革命者的悲哀;或者说,因群众的愚昧而带来的革命者的悲哀;更直接说,革命者为愚昧的群众奋斗而牺牲了,愚昧的群众并不知道这牺牲为的是谁,却还要因了愚昧的见解,以为这牺牲可以享受……"

体会任何作品的意旨,要尽可能地避免主观随意性。以上说的是这一层意思。但是,作为读者,除了理会作者本来的意图之外,又完全可以自由思考,得出各种各样的结论。正如古人所说:"作者未必然,读者何必不然。""断章取义则可,刻舟求剑则非。"有人读了《药》这篇小说,体会到了亲子之爱的深沉,或意识到烈士牺牲的价值,或悟到了启发民智的重要,甚至想到辛亥革命失败的历史教训,都是可以的,有益的,也算是这篇小说发挥了它的作用,但不能说这就是小说本来的意旨。这是又一层意思:欣赏文学作品,可以而且应该在理会意旨的前提下(甚至不管那意旨也无妨),深思义理,以促进自己智慧的增加。善于鉴赏的人,其实总是在这样做着的。

当然,就像质以环境需要了解环境,质以事实、事理得知道有关的事实、明白相关的事理一样,要做到"质以别议",得知道有"别议"。这里需要的一个基本前提是:多阅读,多思考,多积累。

上面介绍了几种质疑的思路和方法。一般地说,质疑本身并不是目的,不是思辨的终点。有人歪曲了事物的本来面目,通过质疑,可进而还事物的本来面目;质疑的另一发展就是走向创新,就是产生新思想、新主张,创立新的学说。这需要另文再说。

读写思维训练三题（三）：开拓创新

在质疑的基础上，可以走向创新。下面就与读书和写作有关的方面介绍几种常用的思路：倒过去想，进一步想，换角度想，合起来想。

一、倒过去想

倒过去想，是一种逆转思考法。人们的思路沿着一个方向向前发展，即使是正确的方向，有时也会走到尽头。比如商品生产，一般总是沿着求精、求细的思路去下功夫。像手表，除了三根表针，加上日期，加上星期，加上全自动，以后又加防水、防震，以至闹钟、指南针、打火机，仿佛功能加得越多越高级。但要再发展，还加什么？很难。这时候，钟表设计者们倒过去想，由加而减，由繁细而简约，推出雷达表：黑色的表盘上除了两根表针（没有秒针），别的零部件一应俱无，甚至连计时的刻度也没有。

有一句流行很久也很广的至理名言："失败是成功之母。"人们用无数事实验证这句话，用这句话安慰失败者，也用这句话教育一代又一代的年轻人。但是，成功是不是一定要由失败来铺垫甚至来孕育呢？难道不可以由成功走向成功吗？有了这样的思考，于是诞生了一个新的命题："成功是成功之母。"一种"成功教育"的理论也随之兴起："成功之路是教育的必由之路，成功不必非要由失败来铺垫，它可以不断地由成功走向新的成功。"这种新的见解、新的理论很可能会帮助我们摸索出一条把基础教育由所谓"应试教育"转化为"素质教育"的新道路，也很可能探究出一条因材施教，让学生学得生动活泼、学得主动、能全面发展的新路子。

有一年高考的作文题是"答案是丰富多彩的"，意在提倡多角度观察事物，提倡创造性思维。但我们如果倒过去一想，立即就会发现问题：任何问题的答案都是丰富多彩的吗？眼下的张三某人是男性还是女性？他现在的身高几何？体重多少？这里的答案是唯一的！这样思考之后，再下笔为文，心中就多了几分求实，多了几分辩证。

再比如，语文教材所选的文章大都文质兼美，这是事实，我们沿着"承认它的好处—研究它的好处—模仿它的好处"的路子学下来固然可以有所得。但如果倒过去想一想它的不足，想一想能否把它"改"得更好，是否也会有所得呢？以《口技》一文为例。它开头交代："口技人坐屏障中，一桌、一椅、一扇、一抚尺而已。"待写完表演，文章又说："撤屏视之，一人、一桌、一椅、一扇、一抚尺而已。"对于这种写法，历来也是说好的，说是"有意照应开头"，说明在演出过程中并未增加任何道具，刚才的出色表演的确是用"口"演出来的。这当然有一定道理。但如果我们反过去设想一下，在文章的开头只说"口技人坐屏障中，众宾团坐"，接着就写表演，待演出结束再说"撤屏视之，一人、一桌、一椅、一扇、一抚尺而已"，是否会有另一种艺术效果呢？至少它可以给人一种出乎意外的惊喜。

再比如对一些小说的情节发展，我们也不妨倒过去设想一番：假如玛蒂尔德没有丢失那一挂项链呢？假如别里科夫竟然和华连卡结了婚呢？等等。这样设想，或通或不通，都可能使我们有些新的发现，这也就体现了阅读中的某种创造性。

二、进一步想

所谓进一步想，就是在原来的事实、思想、意见的基础上前进一步。这前进一步有两种方式：一是更深入地想，是纵向的发展；二是扩展地想，是横向的发展。如果说"倒过去想"做的是"翻案"文章，那么"进一步想"做的就是"续补"文章。比如有人作《颂慎独》，说"慎独"不仅是儒家的主张，就是道家、墨家等也都赞成"慎独"，即"其出户如见宾，其入虚如有人，其行无愧于影，其寝无愧于衾"。这就是要求言行不悖，表里一致，不自欺欺人，要求严于律己，遵守法规，不暗地里胡作非为，就像行星绕着太阳旋转一样，不得任意越出轨道。慎独，是高尚的道德规范，又是保障安全和社会稳定的重要屏障。有人读了这篇文章后，一方面颇受教益，另一方面又仔细一想，于是想到：能不能慎独，与能不能慎微有很大关系。在许多情况下，一些人对大问题、大事情比较重视，也能够谨慎从事，而对自以为微不足道的"小事"却容易放纵马虎，不大慎重，比如对读一本淫秽小说，就以为没什么大不了，结果坏头一开，不可收拾，直至走上犯罪的道路。所以，慎独要从慎微做起。"独"时"微"处都要谨慎从事。这样，思想就深入了，一篇文章的新意也就有了。

再比如人们赞美蜡烛精神，说它有一分热发一分光，燃烧了自己照亮了别人，对此，没有人提出异议。但如果我们进一步想，就会发现，蜡烛的发光也并非不需要条件，它离不开火种和氧气。火种且不说，那氧气可是宝贵的助燃剂，它自身并不发光，甚至在帮助蜡烛燃烧时也不显露形迹，但在蜡烛发出的光和热中有它的一份功劳。由此，我们在赞美"蜡烛精神"时是不是也可以赞美一下"氧气风格"呢？事情还不止于此。我们知道，空气中并不全是氧气。有一本书曾这样谈论空气中的氮气："它既不像氢，本身可以着火，也跟氧不同，能帮助蜡烛燃烧。随你怎么去试，它老先生总是那副老样子，自己不肯着火，也不愿帮助人家燃烧，而且还要把烧着的东西弄熄了。在普通情况下，你就找不出一种能在它的势力范围内进行燃烧的物质。"由此，我们在赞美"氧气风格"时是不是可同时揭穿"氮气先生"的嘴脸呢？思想这样一步步地深入，也就一步步有了"新"意，文章也就有内容可写了。

再说说"横向扩展"的例子。有人著文赞扬"郭沫若的胸怀"，文中引用郭老的话说："鲁迅生前骂了我一辈子，鲁迅死后我却要恭维他一辈子。"而文中却始终没有谈及鲁迅对郭沫若到底如何，给人的印象是鲁迅的气量太小了。其实，我们若由此想开去，查阅一点材料，就可以发现郭老对鲁迅固然充满敬意，而鲁迅先生对郭老也是很敬重的，中国近现代这两位文化巨人，同样都具有广阔的胸怀和实事求是的作风。把这一点写出来，不也是很有价值的吗？再比如随着市场经济的发展，假货越来越多，于是群起"打假"。如果我们从商品领域扩展开来，看看其他领域有没有"假货"，就会有新的发现。校园里有假：假课——排练多遍，然后"公开"；假档案——只要"需要"，劣迹可以自销，分数可以上提；假姓名——张名李代，复读生可以顶替辍学生；假先进——轮流坐庄，排队分配，此外还有什么假达标、假创收，不一而足。科技领域也有假：假发明、假创造、假论文等等。如果我们就此写一篇《校园里也要打假》或《科技领域莫忘打假》，应该是有新意也有价值的。

在教材的解读中，也有很多可以进一步想的机会。玛蒂尔德知道项链是假的之后又会如何？这已经是传统的问题了，其实这就是进一步想的路数。在知道"丑石"是宝物之后，那里的人们会有怎样的思考和作为？《雷雨》中，四凤、周冲触电而亡，周萍自杀，小一辈的都死了，剩下的老一辈的将怎样度日？这样的思考，不仅可以发展想象力，还有益于对前面"故事"的理解。

三、换角度想

同一个事物，如果从不同角度去观察，结果会有所不同；同一个问题，如果从不同侧面去思考，思考的结果也会有所不同。大家都习惯于从某一角度去观察、去思考，这时如果有人换一个角度，就有可能出新。比如研制糖果新品种的人，不管他搞的是软糖、硬糖、奶糖、水果糖还是高甜度糖、低甜度糖，大都脱不开"好吃"这个思路。然而，市场上突然出现了一种跳跳糖：一小撮碎渣状的糖，一进入口中，便会噼里啪啦地跳起来，没有新奇诱人的味道，也没有特殊的营养价值，可大人孩子都喜欢，一时间"跳"热起来。这种糖果的成功就在于它的研究者改换了思维的角度：他们不再管它好吃不好吃，而是要送给食糖者一份娱乐。食用性转换成了娱乐性，尽管跳跳糖的消费方式没变，也还在食品店内出售，可它的功能与一般食品已大相径庭，于是便在糖果大家族中独领风骚。

　　一个事物、一个问题，不仅有这一面和另一面，它往往是多面体，可以有许多的观察角度。比如有一个真假卓别林的故事：某公司组织了一次比赛，看谁最像卓别林，卓别林本人悄悄地参加了比赛。但评判结果，他却屈居第二。从卓别林这方面去看，他谦虚谨慎，尊重他人。从模仿者的角度看，我们可以思考一下，模仿者即使超过了真的卓别林，又有多大价值呢？所以，模仿不如创造。从评判者的角度看，真的卓别林反而不像卓别林，这评判的眼光是不是有些问题呢？由此看来，专家意见也并不一定等于真理，对于专家也不必迷信。或者把眼光转向组织这次活动的某公司，问一问当事者动机如何，是出于"广告"宣传的驱动，还是为了推动艺术的发展？他们最后算是"功德圆满"呢，还是弄巧成拙了呢？这恐怕会有不同的结论。我们又可以把真假卓别林联系起来想一想：这类以假乱真的事少吗？真假孙悟空，真假李逵，现实生活中这种事也比比皆是。"假作真时真亦假"，假对真造成了极大的危害；但说到底，假的真不了，真的假不了。这里面给人的启发就不止一端了，要写文章，也就出新了。

狐狸与乌鸦的寓言,从乌鸦的角度看,是好虚荣而得实祸;从狐狸的角度看,说是狡猾也可以,说是"聪明"也未必不可以,总之它是懂得一点心理学的。"邯郸学步者",历来是反面教员,受到人们的嘲笑。嘲笑自有嘲笑的道理。但如果不从方法和结局的角度看,而是转换一下眼光,看一看这种精神,我们的态度就不一样了。确实,知"短",又愿意补"短",并且具备了补"短"的勇气,这是难能可贵的。对这样的人,如果加以引导,给予鼓励,他们会是很有前途的。和抱残守缺者相比,学步者无论如何更值得尊敬。这都是换角度想的结果。

读贾平凹的《丑石》,可以从"丑石"自身的遭遇与价值去想,思考"美"与"丑"的辩证法,思考人生的价值与处世的态度;也可以从世俗者的角度去想,一方面反思自己,一方面认识世俗的危害与力量;还可以从专家的角度去想,真正的专家(而非"砖家")确实是宝贵的财富,他们慧眼识金,培养人才,尊重人才,为国家的发展进步贡献多多,的确应成为社会的共识,等等。这样读书,收益自然丰厚。

四、合起来想

我们曾说过,对某种事物、某个问题,如果只听某一种意见,就很容易觉得言之有理,如果再听听不同的甚至相反的意见,往往就会生疑。现在要说的是,如何在质疑的基础上创新。所谓合起来想,就是把不同的甚至相反的意见综合起来考虑,汲取各方面的合理之处,进而形成一种更合理、更完善的见解。比如杜甫有一句著名的诗:"读书破万卷,下笔如有神。"说的是广泛涉猎，见多识广，作起诗文来才能得心应手。也就是说，能力产生于知识，他强调刻苦攻读和掌握知识的重要。而郑板桥却说："读书数万卷，胸中无适主。"这是说，盲目读书而不注意能力的培养，即使"读书数万卷"，也只是一个书呆子。他这里强调的是能力的重要。获取知识是一种能力，运用知识也是一种能力。一味强调多读书，越来越显得不够了。但郑板桥的意见并不是完全否定杜甫的意见，他只是从另一个角度提出了自己的见解。综合二人的意见，我们可以更好地认识知识与能力的辩证统一：丰富的知识是产生和提高能力的必要条件，而能力的提高会更有利于掌握和运用知识。任何时候，刻苦攻读的精神都是必要的，而勤于思考，勇于实践，注重能力的培养，更是不容忽视的。这样一想，我们对培根所说的"正确运用知识意味着力量"这一名言，理解也就更深刻了。杜甫诗中的那个"破"字，后人有不同的解释。清代仇兆鳌《杜诗详注》举有三说：一曰"胸罗万卷，故左右逢源而下笔有神"；二曰"书破，犹韦编三绝之意，盖熟读则卷易磨也"；三曰"识破万卷之理"。概括起来就是：突破，磨破，识破。这本是对"破"字的三种不同解释，但有人"合"而思之，觉得这"三破""恰恰可以成为我们读书所应达到的目标"，于是著文阐释。所谓"突破"，就是要博览群书；所谓"磨破"，就是要熟读而致"书破"；所谓"识破"，就是要精读而透彻理解书中之理。达到这"三破"，就是真读书。应该说这是一篇不错的文章，而这正是"合起来想"的结果。

再比如"人多力量大"这句话，大家说了很多年。但同时还有一句相反的话："人多盖塌了房。"后来，更有人从科技发展的角度提出"人多未必力量大",因为物质文明的建设主要依靠的不是劳动力的增加,而是科学技术的进步。我们得承认这后面的说法是有道理的。但"人多力量大"这句话就完全错了吗?特别是我国有世界上最多的人口,能不能把"人口"变成"力量"?这就需要"合起来想"了。人,是生产力中最积极最活跃的因素。所谓劳动力,是指掌握了生产技术和管理艺术的人。从这个意义上说,人才是最宝贵的资源,发展科学技术就是培养和开发人才。由此我们可以说,在树立了正确的奋斗目标和掌握了先进的科学技术的前提下,"人多"还是"力量大"的。科学技术是重要的,但没有相当数量的、具有较高文化素质的人,任何新的技术成果也是实现不了的。人和科学技术在物质文明建设中的作用是统一的。进一步说,高度发达的科学技术能够创造高度的物质文明,人们可以得到充分的休息和优越的学习条件,而人的素质提高了,又成为强大的生产力,成为促进经济发展的巨大力量。这样,克服了片面性,我们就可以更自觉更主动地寻求发挥"人多"这个条件的积极作用的途径,而不仅仅把人口众多看成包袱。合起来想,是使思想深化的一个重要方法。

有人发表《学术不受权威限定》一文,说在学术上"不能强调权威",而必须坚持"人人平等,都有自由发表意见的权利","只有这样,才能形成百家争鸣的局面,推动学术的前进和发展"。如果"把某个专家定为权威,以他的话或著作衡量一切","只会压制讨论,压制创造,压制新的发现"。接着就有人发表了《发展学术靠权威》一文,针对上述观点强调了事物的另一个方面,即"发展学术要依靠权威的作用"。文章认为:科学研究是一种庞大复杂的社会活动，其中包含着纵横复杂的联系，而且在每一个步骤中都可能发生没有预见到的新问题。如果只有争鸣而没有归纳和集中，没有一个能孚众望的学术权威领头做主，研究工作就难以进行。学术理论的权威性固然有时会阻碍新理论的成长，但它更经常的作用是保证了正确理论的继承性。既要发挥权威的积极作用，又要避免其压抑新思想，关键在于权威本身要有新陈代谢，而不是否定权威本身。于是有了第三个人的文章——《发展学术靠什么》，它虽然仍强调提倡百家争鸣，各抒己见，但又吸收了《发展学术靠权威》一文中合理的意见，承认权威的作用不可低估。这是一个否定之否定的思辨过程。合起来想，往往是在这样的过程中求得新意的。

教师的角色[*]

在整个社会人群中，教师到底是怎样的角色？回答这个似乎不是问题的问题，其实很重要。要当一名好的教师，对于"角色"的认同是非常重要的。过去有不少关于教师的比喻说法，大都是歌颂性的。但是，正如列宁所说：任何一个比喻都是蹩脚的。

比如说，把教师比喻成蜡烛，意在歌颂教师的自我牺牲精神，燃烧了自己而照亮别人。可这种说法实际上是片面的。这样认识问题，有些悲壮，并不利于教师的成长。实际上，我们作教师不是一种单纯的自我牺牲，不仅仅是牺牲自己成全别人。我们中国有一位非常伟大的教育家陶行知先生，大家可以学学陶行知的教育理论。他在《创造宣言》一文中指出，教师应该和学生合作，创造出值得彼此崇拜的活人。学校是双向培养人才的地方，一方面是要培养好学生，同时也要培养好教师。古代学习理论讲"教学相长"，教师不是牺牲自己单纯去培养学生，而是在教学实

---

[*] 本文根据作者2014年7月在一次青年语文教师培训会议上的讲话整理而成，未刊稿。

践中自己也在成长。

再比如"园丁说"。园丁管理园林有一个特点,他要把园林修整得非常整齐。比如说一个松墙或者一个花坛,哪一棵树长高了一点,他必须把它剪掉,要的是什么?就是整齐划一。所有的花坛都修剪得非常整齐,作为园林管理,不能说不好,它是一种美,它是人类创造的一种"整饬美"。而我们的教育教学要求的不是这种美,我们要求的不是整齐划一的学生。作为一个集体,作为一个学校、一个班级,应该有整齐划一的地方。但是从教育的角度来讲,本质的东西不是整齐划一的,本质的东西是个性,个性化的才是人性化的,那种不允许任何学生有任何个性的教育不是真正的教育。

还有一个很好听的比喻,说教师是"人类灵魂的工程师"。大家知道,"工程师"是从建筑业借来的用语。作为建筑业的设计师、工程师,对于一座建筑,他说怎么好就怎么好,他设计什么样就什么样。可是我们教师不是这样,也不能这样。每一个学生都是一个独立的生命,当他站在你面前时,已经赋有了天经地义的人的权利。作为教师,不能像工程师对待建筑那样去对待学生,首先要尊重学生的个性,而且不能完全按照自己的意愿去改造学生。

所以我说,所有的这些比喻虽然都是歌颂,但实际都不能够完整、准确地揭示教师角色的本质。

为了说明教师角色的特点,还要换个角度,从反面说,说说教师不是什么,也就是用排除法。比如说,教师不是督察,不是工头,不是奴隶总管,也不是警察。为什么?督察、奴隶总管等,他们和被监管的人、被监督的人、被管理的人关系不一样,他们只负责监督,只负责管理,从来不去体会、体验对方的感觉,他们的任务就是监督你坚决执行什么,坚决去完成什么,双方的关系是不平等的。警察与犯人的关系那更不是平等的,警察对于罪犯,一切都是命令,对方必须服从,无条件地服从。

　　为什么要讲"不是什么"呢?因为在现实生活当中,我们有些教师有意无意地在某种程度上实际上就是充当了某种不该充当的角色。他是监工,甚至是奴隶总管。我发现还有的教师对待学生采取的就是"警察"的手段。比如说把一个班级分成几组,分别布置,"你们"是我最信任的,"你们"应该负责监督"他们","你们"要定期向"我"汇报;然后换了另一拨也是这一套,换了第三拨还是这一套。每个学生都觉得教师最信任自己,都有向教师"报告"(其实与"告密"区别不大)的义务。这教师坐在办公室,甚至在家里就可以遥控班级。这个班平安无事,学生特老实,为什么呢?因为互相监督。这个教师就是总监,而且是特务,还不是一般的特务。

　　这样的管理,看似平安无事,其实对于学生灵魂的戕害是极其深刻的,而且在这样的班级,学生和教师的关系绝对不会融洽。我了解有这么一个教师,他带了很多班,每次带的班都"很好",评比班级纪律的时候,他的班老是好的,老受表扬,可是学生一旦毕业之后,却没有几个愿意再理他。

　　还有把教师比喻成母亲的,某某老师"赛妈妈"如何如何。好不好?不好。人家已经有一个妈妈了,不需要再有一个妈妈,他需要的是一个教师。妈妈的角色有妈妈的特点,教师的角色有教师的特点。你充当了妈妈这个角色，就说明你忽略了作为教师的角色责任。一个孩子从小到大要成长起来，他需要受到各种不同的关爱，教师这个角度的关爱和妈妈的关爱是不一样的。不论内容还是形式都是不一样的。

再比如说，教师不是演员。教师充当演员角色的不少，有相当的普遍性，特别是一到了什么大奖赛、公开课，一到这时候教师完全成了演员，上课完全是表演性的。教师当演员，能给学生的东西太有限了。最优秀的京剧演员梅兰芳，他那么一唱，你那么一听，当然能培养戏迷，可是有几个人那么一听就会唱呢？侯宝林的相声说得好，你喜欢听，听完了你说一段试试？你只是享受而已，你并不会说。演员与观众的关系就是让你听了就得，看了就得，不要求你会什么。教师的角色不是这样。我们很多教师特别喜欢当演员，而且可以取得一时的轰动性的效果。有一次我到一所中学去听课，课堂真热闹，教师非常善于表演。最后评课的时候，我们几个评委事先没商量，一致的意见就是，尽管很热闹，尽管当时觉得气氛很好，但教师只是在表演，而没有扎扎实实的教学功底。上课没有用，学生学不会东西。有的教师不是当演员，而是做导演。做导演的表现是：在公开课上，哪个学生该说什么，哪个学生该干什么，哪个学生先说，哪个学生后说，事先都布置好了，已经导演了不止一次，然后请人来听。非常热烈。这个不但骗了听课的人，更严重的是这么搞形式主义，这么弄虚作假，学生跟教师学的是什么？经过这么一番导演之后，学生就学会了怎么弄虚作假，怎么糊弄人，所以这个"导演"比"演员"还坏。

我觉得，认识教师的角色要寻根溯源。简单地说，教师就是教师，是一种负有独特使命、具有独特本领、不可替代的社会角色。第一，我说他有独特使命。你看跟工头使命不一样，跟奴隶总管的使命不一样，跟警察的使命不一样，跟母亲、演员、导演等的角色都不一样，我们有我们特殊的使命，而且得有特殊的本领。作为一名教师，只有具有那种特殊的本领，你才能成为不可替代的社会角色——这活我能干，你不能干，我能干好，你干不好。比如说拉一个大学教授来上高中的课，我们应该能说"他不如我上得好"。作为文学家，比如说王蒙，小说写得好，上语文课未必比我好。这就表明我不可替代。你小说写得好，我课讲得好，这样，我们的教师才有了真正的价值，也才会有真正的地位。我们负有特殊的使命，我们应该有特殊的本领，我们应该成为一种不可替代的社会角色。这对我们的要求就高了。你怎么才能肩负起这使命？你怎么才能有这个本领？你怎么才成为不可替代的角色？

我觉得教师的基本使命就是四个字："教书育人"。很普通的四个字把教师的使命说得最清楚。又要教书，又要育人，而且主要是通过教书来育人，这就是教师这个角色的责任。有不教书的人也叫作老师，那只能是广义的老师。就狭义来讲，教师就是教书的，根本不能教书，上不了课堂，就不是真正意义的教师。广义地讲，谁都可以成为教师；但是狭义地讲，真正意义上的教师，必须能教书育人。

现在先说教书。既然真正意义上的教师必须是教书的人，那就得说"教书"不是一件简单的事。有的时候，我们把"教书"

看得太简单了。上了大学，又念了研究生，一本中学教材算什么呀！拿来我就能给学生上课！有这样想法的人把教书看得非常简单。这样的人十个有十个要失败。因为这"教书"，首先要传授知识，而又不仅仅是传授知识。中学教育属于基础教育，基础教育有些知识是不可缺少的，但是比学基础知识更重要的还有一点，是教会学生学习。不能是说我教了这课，你把它记住就完，这样的教师是不合格的。要通过教这一节、这一章、这一篇文章，让学生学会学习，他自己能够读更多的书，自己能够去进修、去努力、去提高。如果教师教了好几年，学生还没学会读书，这是失败的。教会学生学习，实际也是教会学生思考。我们常常讲"思维"，讲"思想"，不同学科有不同的学科思维特点。我是教语文的，我讲语文思想，我讲语文思维，语文的思维永远和语言文字连在一起。教数学的有数学的思想，教物理的有物理的思想。不是单纯的教知识，要有一种思想，只有有了这个东西，才能真正教会学生。教一辈子书自己还不明白，这是在混。当然，自己不是明白人，要想让学生成为明白人，也不是不可能。我见过这样的教师，他用自己的言行告诉学生，他是极不可靠的。于是学生就觉悟了，特别是重点学校的学生，根本不指着教师，就自己去读书，自己去练习，甚至自己去找家教，最后高考分不错。现在有的领导也是闭着眼睛做评价：都说人不行，不是挺好吗！其实学生完全是靠自己。这是反面教员，不是我们应该学习的。此外，教学过程还有一个非常重要的任务，就是培养学生良好的学习习惯。比如说我教语文，我要教学生养成查字典的习惯，把字写规范的习惯，行款格式讲究标准的习惯，等等，把话说得干净、利落、清晰，不拖泥带水，这都是习惯。因为是基础教育，是成长教育，在这个阶段养成好习惯，能使学生终身受益。这是我们的任务、使命，而且这个任务、使命主要要在教学过程当中去完成。

当然还有更深层次的东西——要养成个性。我自己给自己提出了一个教学基本方针：尊重差别，提倡个性，鼓励创造。首先，承认差别。你要承认坐在你面前的几十个学生各有各的不同。原来我想的是有"差距"，很快我就认识到这个词不对，不是"差距"，是"差别"。"差距"和"差别"，一字之差，本质不同。要承认有差别，学生各有各的优势，各有各的个性。首先得要承认这一条，予以尊重。然后提倡个性，当然我们说的是一种健康的东西。还要鼓励创造。比如说对一篇课文的理解，学生有自己的独到见解，只要言之成理，就要加以真诚的鼓励；即使不能言之成理，也不要批评。他毕竟动了脑筋，有自己的想法，比那些只听教师说，教师说一句记一句的学生绝对有出息。至于写文章，那就更需要提倡个性，从立意到选材到结构都提倡个性，就是写得跟别人的不一样。整个教学过程中又要讲知识，又要训练思维，让他学会学习，养成好的习惯，养成健康的个性等，这样的任务只有中小学教师才能完成。我们对自己的使命要有一个清晰的认识。特别是个性教育。个性，包括一个人的责任心、责任感，甚至同情心，当然也包括他的创造力等。没有个性的人就没有创造力。总是人云亦云的人不可能有任何的创造力。

明确了教师角色的特点，再说说青年教师怎样能够成长得快一些，怎么真正"进入角色"。我认为青年教师必须做到三点：

第一，读书；第二，交流；第三，自己实践研究总结。

　　有相当多的青年教师不读书，比如说我们语文教师，你认认真真、实事求是地说，在去年一年你读了几本书？恐怕这个答案很难令人满意。教书的人而不读书，这是目前相当普遍的问题，绝不是个别的问题。有些人说忙，但只要你意识到读书的重要性，你一定有时间读书。要成长，要成材，要成为一个优秀的教师，第一必须读书。

　　第二要交流。人不能闭关自守，平时要和备课组的教师多交流。当然更要走出去，人要开阔眼界。现在世界发展很快，要了解世事，了解外边的情况。我们让学生成为一个现代化的人，成为一个有益于社会的人，成为一个胸怀开阔的人，我们教师都没有做到，什么都没有见过，什么都不知道，手边就是课本加教参，这怎么行？有人讽刺我们的教师就是课本加教参，别的什么都不会。这并非空穴来风。

　　第三，主要还是实践与研究。我觉得，我们在一线的教师，最大的优势就是我们天天都在实践。大家要认识到这是优势，这是我们的财富。和教科所的人比，我们的先天优势，就是我们天天在实践。那些教科所的先生们，他可以读书，但他缺少实践，所以他们写出的文章，真正能够给我们解决问题的不是太多。因此，教师一定要重视我们的优势。我就敢说，我写的每一篇文章，我提的每一个观点，都是从实践中来的，因而其他教师看了我写的东西，拿去后能解决问题，马上就可以操作。但是，实践和研究不能分开，实践的过程也就是研究的过程，不是盲目实践，是一边实践，一边研究。备课就是一个研究的过程，讲课也是研究的过程，讲完后回去还要研究研究，我这课到底哪行哪不行，还有什么问题，这个教材我原来这么理解对不对，好不好，还可以怎么办。这就是实践和研究的统一。到了一定程度，你就会形成自己的见解，形成自己的认识。比如说，我八十年代提出了一个口号叫"为了使学生更聪明"，这个口号就成为我后来几十年遵循的一个方针。你怎么能使学生更聪明，天天都要琢磨这个问题。比如说写汉字，"今"和"令"作偏旁，什么时候有点，什么时候没点，学生经常写错。该写"令"的时候没点，该写"今"的时候加一点。后来我发现了规律，凡是以"令"作偏旁的，这个字的声母一定是"l"，"今"字旁的都不是。这问题很小，但是我们在平时的教学当中，这么一点点研究，一点点积累，就可以积少成多，由点而线，由线而面，就会形成自己独特的教学思想，夯实教学的功底。

教师当然要以实践为主，但我希望我们的教师不做教书匠，而要成为教育家。

难能可贵的工匠精神[*]

华军的文集即将付梓,嘱我为序,我欣然应命。这倒不仅仅是义不容辞,更重要的是觉得这本书确很有现实的意义。

首先,是知识性的意义。

中学语文教学不能局限于知识的传授,但也绝不能忽视知识的传授。学生在中学阶段接受的知识会影响他一辈子:正确的知识是正能量,错误的知识是负能量。我常常感叹一些"名家"所犯常识性错误。据查,一位"大师"一次讲演中就有八处知识性错误。这且不说,就我们常见的古诗文选本,特别是给孩子们用的语文教材,其注释、解说、鉴赏中的错误,足以令人不安。比如不知道"上"有"旁""畔"之义,就把"忆昔午桥桥上饮"解释为"想当年在午桥的桥上喝酒"——桥面上是饮酒作乐的地方吗?不知道"冰"还有"冻结"之义,就把"瀚海阑干百丈冰"翻译成"浩瀚沙漠上覆盖着百尺厚冰"——有百尺厚冰覆盖,

---

[*] 本文为作者为张华军著《以匠心教语文》(首都师范大学出版社2017年版)所作序言。

那还是沙漠吗？每当看到这样的谬误，我就想到中学语文教师的责任：如果当初的语文教师工作到位，这些都已成为专家、教授的人怎还会犯这样低级的错误呢？

　　大概是出于这样的认识与责任感，华军特别关注语文教材中的知识性错误，一字一词，甚至一个标点，都详加辨正。比如，教材选了《论语》中"侍坐"一章，其中有"如或知尔，则何以哉"一句。历来的译文是"如果有人知道你们，那么你们打算怎么办呢"，连博学如杨伯峻者，他在《论语译注》中的翻译也大体如此。但华军发现了这里的问题，并提出更为合理可信的解释："或"，虽在一般意义上义为"有的人"，但这里却不能是随便什么人，而只能是君王之类，即有权有势的统治者；知，也不是一般意义上的"知道、了解"，而是"知遇、赏识"。这样才能引出下面诸弟子的话题。教材还选了《孟子》中"寡人之于国也"一章，其中有"黎民不饥不寒"一句，教参的译文是"百姓没有挨饿受冻的"。这不是教参一家的解读，杨先生的《孟子译注》的译文也是"一般百姓饿不着，冻不着"。一般人可能一辈子就这样理解了。华军在这里又发现了问题，分析之后，他告诉我们，这里的"寒"讲作"受冻"是不妥的，而应该理解为"人对人的冷淡、薄情"。好，我们又长了一点知识，以后为学也好，闲谈也好，又少了一次出乖露丑的可能。例子还有很多。所以，仅仅从获得知识的角度，华军的书也值得一读。

　　其次，是方法论的意义。

　　我们所谓"方法"，是指发现问题、解决问题的思路与手段；所谓"方法论"，是指具有普适意义的方法——你可以用，他也可以用；今天有用，明天依然有用。任何科学有效的方法，都不可能来自什么人的灵光一现或主观臆断，而是来自于对客观事物内在规律的体认与遵循。

上面我们说到华军重视知识的传授。进一步看，他的传授知识，也并非简单地"我讲你记"：老师给定标准答案，学生死记硬背。他研究教材有方法，传授知识讲究方法，进而整个课堂教学也讲究方法。单从阅读教学的方面看，华军使用了一系列具有方法论意义的概念：文章诸因互解律，以文解文，以事解文，以理解文，以情解文，等等。

任何文本都是客观的存在，而任何客观存在的事物都是有规律的。文本各因素之间具有一种既互相制约又相互阐释的关系，我们谓之"文章诸因互解律"；基于对此规律的认知与遵循，我们提出"以文解文"的解读方法。

所谓"以事解文"，就是根据相关的事实、背景来解读文章。文章话语，总是产生于特定的时代、特定的环境，言说者总是有所为而言、有所指而说。所以，要准确把握文章本意，常常要把文章与特定的事实、特定的背景联系起来；而文章本身常常又没有提供这样的事实，所以，要在文章之外寻找参考的材料，或者参看既有注释，或者从自己的知识积累中去提取，或者去查书、去问人，这是一种方法，也是一种态度。

读书不讲理，失之十万八千里。"以理解文"的"理"包括文理和事理两个方面。文理，就是诗文的脉络，文章内在的逻辑；事理，是指文章所涉事物的道理、规律。文理与事理，在一篇诗文中又常常互相牵连，一方不明，会影响到对另一方的理解。

解读文本，不仅要读出其中的"理"，还常常要体悟其中的"情"。除了要从整体上把握文本的情感基调，还要能从局部、从细节的叙写中体悟到作者的情之所在。这当然离不开整体的把握，有时还要靠背景的支持，但有的文本并不使用情态语，也不让情感"溢于言表"，这时更需要睁开情感的眼睛，这就是"以情解文"。

我们看华军的文章，有一些直接就以某种方法为题；其他文章，从字词之解、标点之辨，到文章脉络之清理、单元教学之设计，也无不渗透着"方法"的意识，这对还处于懵懂状态的教书者，是很好的启示与借鉴。

再次，是精神上的意义。

近期有一个概念又"火"起来：工匠精神。一种"精神"之火，一方面说明它的重要，另一方面也正告白着它的稀缺。其实，在世风浮躁、人心如蓬的大背景下，兢兢业业、埋头苦干的"工匠"还是有的，只不过常常被忽视，甚至被藐视。在中学语文教学领域，华军就具有一股工匠精神。

工匠精神的底色是良心。具体到语文教学，就是要坚守学科的本色，确实保障学生的权益——他们来上你的语文课，是来学语文的，是来学习如何把书读明白、把文章写得像样子的。如果你置此于不顾，而是观上色以取恩宠，或玩花招以逐名利，就是没有良心。不但要坚守本色，还要讲究效率。如今的教育，早已不允许十年寒窗只读经了。学生要学的东西太多，要做的事情太杂，高中的课表上划给语文学科的每周不过四五个课时。所以必须讲究效率：争取在最短的时间内取得最大的收益。时至今日，一些名人还到处高唱"多读多写"的调子：他们告诉世人，学习语文的唯一途径就是多读多写。如果仅凭"多"就能解决问题，学生为什么还要上语文课？为什么还有语文教师？据我观察，华军不仅坚守着语文的本色，还在不断追求着教学的效率——讲究"方法"就是讲究效率。这就是良心。

工匠精神的作风是严谨。一个真正的工匠，总是以极致的态度对待自己的产品，他们精雕细琢，精益求精，追求完美。这种精神，是各行各业都不可或缺的。十年磨一剑是工匠精神，千载莫高窟是工匠精神，"语不惊人死不休"是工匠精神，"批阅十载，增删五次"是工匠精神，就连孔夫子从"十有五而志于学"到"七十而从心所欲，不逾矩"，一生不断修为不断进取，也是一种工匠精神。可以说，没有工匠精神，就没有精雕的国宝，没有丝绣的奇葩；没有工匠精神，就没有天安门城楼，没有嵩岳寺宝塔；没有工匠精神，就没有梅兰芳的京剧，没有齐白石的国画；到了今天，没有工匠精神，卫星上不了天，航母下不了海。华军不是名家，没有光环，但他是那么严肃认真，连一个标点都不肯轻易放过，不正是工匠精神的体现吗？

工匠精神的气质是坚定。坚守职业的良心，坚守自己的信念，是工匠精神的重要内涵。且不说社会的大环境，单就语文教学看，就足以令人迷惘而动摇。几十年来，语文教学可算是"改革"最热闹的领域。"文革"刚结束的时候，就有第一波的"改革"。那时候的时髦口号是"×步法"，从北京的"三步法"到东北的"八步法"，步步为营，旗帜林立。但语文教学哪可能总是按那几步进行？初一时是那几步，到高一你还是那几步？教一篇小说你是那几步，教一首绝句你还是那几步？诸家之间已经显示着矛盾，实践中更不可能照此办理。但不管怎样，大凡举旗自立者，都得到了不错的收获：至少是赢得了知名度，更得意的是成了"教育家"。"×步法"销声匿迹之后，又陆续冒出了不少口号：生活语文、生态语文、生命语文、绿色语文、深度语文、大语文、真语文……教法上也是不断花样翻新，今日"穿越"，明日"翻转"，接着又来了"整合"，等等。于是，又诞生了一批"教育家"。面对这波谲云诡的局面，不少教师陷于迷茫，也有不少人奋力跟风：生命语文？深刻啊，于是也来"生命"。绿色语文？时髦啊，于是也来"绿色"。穿越？神奇啊，于是他就来"穿越"。翻转，洋玩意儿啊，于是他就来"翻转"……但都不过是一阵风。风过之后，"教育家"们收拾收拾走人，跟风的或许分得一杯羹，但终究是愧对学子，也难以自立。华军从教近20年，从一开始就确立了自己的方向，不为名利所动，不为时风所迷，至今终有所成，难能可贵，同行者自可借鉴。

文如其人。华军山东人，诚朴热情，勤奋好学，颇有山东好汉的本色。他的教学与治学，能有今日的成绩，也是老天不负苦心人。能与之为友，又有机会为其文作序，幸哉幸哉！

读书之"多"与"倒逼"之道[*]

按：读书多，一般说来不是坏事，但"死读书""读书死"的现象也不少见。再说，多读书是一生的功夫，在基础教育阶段一味强调"多"，强调"自主活动"，实际是歪曲和掩盖了此一阶段教学最应完成的任务：教会学生"会"读书，能把书读明白。而教会学生读书恰恰是教师的责任所在，是教师的价值所在。而怎样教学生"会"，恰恰是那些掌握话语权的诸公所"不屑"的。当然，以己之昏昏而欲使人之昭昭，不过是一梦罢了。

统编本语文教材总主编温儒敏教授认为，语文教学的"病根"就是"少读书、不读书"，"新教材'专治'不读书"，要用考试"倒逼"读书。对于这一观点，赞同者有之，反对者亦有之。陕西师大文学院副院长程世和先生，就给温教授写了一封"公开信"发在网上。其中说道："面对教改愈改学生负担愈重的

---

[*] 本文写于2019年，曾发于作者的微信公众号"王俊鸣老师"，未刊稿。

现实,你是否应该在脑海中回荡起当年鲁迅先生'救救孩子'的呐喊?是否觉得千方百计为孩子减负才是教改的第一要务?"接着,上海的语文特级教师黄玉峰先生发表长文《部编版新教材引发"万言书",语文应该考什么?》。这篇文章先批评程先生火气太盛,接着为温教授做了一番辩解,并明确说出自己对"考什么"的主张:"我坚持必须多考记忆背诵阅读面,以改变当今少读书不读书的局面,真正做到减负,并使得那些机构无所逞其技。"

总而言之,温教授与黄先生念的是同一本"多"字经。近年来,特别是2017年版高中语文课标诞生以来,"多"字经越念越响,成了语文教学改革的主调。一般说来,人多读一点书总是有好处。但也只是"一般说来",有的人——也许并非个别,仅靠"多"读并不能得到什么好处。

鲁迅先生有一篇《人生识字胡涂始》,就生动地揭示了这一现象:"从周朝人的文章,一直读到明朝人的文章,非常驳杂,脑子给古今各种马队践踏了一通之后,弄得乱七八糟,但蹄迹当然是有些存留的,这就是所谓'有所得'。这一种'有所得'当然不会清清楚楚,大概是似懂非懂的居多,所以自以为通文了,其实却没有通,自以为识字了,其实也没有识。自己本是胡涂的,写起文章来自然也胡涂,读者看起文章来,自然也不会倒明白。"黄先生说:"背诵是中国传统的教学方法,这是真正的精读。"这话说得有点怪:"背诵"怎么能和"精读"画等号呢?精读者可达背诵,背诵者未必精读。要不怎么会有"死记硬背"之说呢?这是常识。

回到语文教学。温教授说语文教学的病根"就是少读书、不读书",这个诊断就错了,因此药方也不可能开对。中学语文教学的核心任务是什么?是"多"读书吗?如果仅仅在此,学生在自己家里,躺在床上,不就可以"多"起来吗?他为什么要来上语文课?何况现在的教材,不管名之为"单元"也好,"模块"也好,"群"也好,都不过是编者随意的编排。不信你就问问:为什么学完这个单元要接着学那一个单元,学完这一篇必须得接着学那一篇?这样的编排对学生阅读水平的提高有什么内在联系?从主编到诸位编者,从来没有回答过这样的问题。以这样的教材,再怎么多,再怎么"成群结队",语文教师的困惑也无法解决,教学的"慢、差、费"的问题也无法解决。

温先生主张把试卷拉长到一万字,黄先生主张"必须多考记忆背诵阅读面",这样做的目的是"倒逼"学生多读书。这个"逼"下得够狠,程先生急得直呼"救救孩子",其情可原。这个"逼"指向谁?家长?教师?他们可以接受,但你以为这样他们就不"刷题"了吗?而"多"最后却要落实到孩子身上。在其他学业负担没有任何减轻的情况下,让孩子多读多背,无疑是加重了负担。黄先生谈到"兴趣",说只要兴趣所在,就不会觉得累,就不会成为负担。诚哉斯言!但你用考试的办法"逼"他多读,其兴趣何来?

我以为,现在语文教学的症结不在读书少,而在"不会读"。提醒读者注意的是,我现在谈的是语文教学,不是漫漫人生。中学教学是基础教育,中学语文教学的核心任务不是"逼"学生多读书,而是教他们会读书,教他们怎样把书读明白,为他们今后的多读书、读好书打下良好基础。这基础就包括:求真务实的态度,科学的阅读思维,持续的阅读兴趣,日积月累的习惯,等等。在这样的基础上,"多"是自然的结果。现在一味强调多,其结果可能是:浮光掠影的态度,胡思乱想的思维,完全被毁灭的兴趣,不逼就不再读书的习惯。

要教会学生读书——学生来上语文课的目的就在学读书——必须做三件事:

第一,是研究阅读的规律。要把书读明白,既要研究文本的规律,首先是超越文体的普遍存在的规律;又要研究阅读心理的规律。阅读者的心理运行符合文本规律,就是会读书,否则就读不明白。

第二,是研究教学的规律。认识了阅读的规律,在教学实践中就要依规而行。概括起来就是:抓关键,看整体;抓联系,用互解。

第三,就是编出真正符合教学需要的教材,所谓符合教学需要,就是得既符合阅读规律又符合教学规律。

凡是不讲怎样教学生把书读明白的,凡是置一线语文教师的迫切需要而不顾的,不管多么"高大上",都是"假大空",不但无用,而且有害,甚至会给语文教学带来意想不到的灾难。

学生自主学习与教师主导教学[*]

自主学习，是一种教育与学习的哲学，也是一个教育学派。

所谓"自主"，是一种行为，也是一种能力。作为行为，就是为自己作选择，并为这些选择负责。或者说，学习者内容自定，问题自解，方法自悟，成果自享，后果自负。作为能力，则包括了解自己，了解环境，寻求自己与环境最佳的互动可能，靠勇气、恒心和毅力，使自己能实践出心中所想，知行合一，并能通过"计划—实行—检视—增进"的循环，让自己从每次的经验中有所反省和收获。自主学习，从教学的角度说，其基本精神是以人为本，强调人的主体性，追求人的全面发展。叶圣陶先生反复申述的"教是为了达到不需要教"的主张，其实追求的也正是"自主学习"的境界。

自主学习的理论基础，包括现代认知主义学习原理、多元智能理论、建构主义理论，等等。其中，尤以建构主义理论为重。

依照建构主义的理论，知识不过是人们对客观世界的一种解

---

[*] 本文原载《中学语文教学》2008年第6期。

释、假设或假说，它不是问题的最终答案，它必将随着人们认识程度的深入而不断地变革、升华和改写，出现新的解释和假设。尽管通过语言赋予了知识一定的外在形式，并且获得了较为普遍的认同，但这并不意味着学习者对这种知识有同样的理解。真正的理解只能是由学习者自身基于自己的经验背景而建构起来的，取决于特定情况下的学习活动过程。否则，就不叫理解，而是叫死记硬背或生吞活剥，是被动的、复制式的学习。

依照建构主义的理论，学习不是由教师把知识简单地传递给学生，而是由学生自己建构知识的过程。学生不是简单被动地接收信息，而是主动地建构知识的意义，这种建构是无法由他人来代替的。学习意义的获得，是每个学习者以自己原有的知识经验为基础，对新信息重新认识和编码，建构自己的理解。在这一过程中，学习者原有的知识经验因为新知识经验的进入而发生调整和改变。同化和顺应是学习者认知结构发生变化的两种途径或方式。同化是认知结构的量变，而顺应则是认知结构的质变。

依照建构主义的理论，教学不能无视学习者的已有知识经验，简单强硬地从外部对学习者实施知识的"填灌"，而是应当把学习者原有的知识经验作为新知识的生长点，引导学习者从原有的知识经验中生长新的知识经验。教学不是知识的传递，而是知识的处理和转换。教师不单是知识的呈现者，不是知识权威的象征，而应该重视学生自己对各种现象的理解，倾听他们时下的看法，思考他们这些想法的由来，并以此为据，引导学生丰富或调整自己的解释。

对于任何一种理论，我们都只能在实践中去应用它、检验它。一般说来，一个人一生都处于学习的状态中，只不过有性质、程度的差别。笔者对此大致作如下的阶段性划分：学龄前，属于"无意识自主学习"阶段——或学或不学，学什么不学什么，是他自己选择的，但又不是有目的的自觉学习（进"学前班"等于提前让儿童进入下一学习阶段）；在校期，属于"主导—自主学习"阶段——在教师主导下的自主学习；毕业后，属于"完全自主学习"阶段——这才是一般意义上的自主学习，没有也不需要他人为自己的学习拿主意、负责任，一切皆由自己，自愿，自主，自动，自选，自思，自悟，自检，自结，自续。显然，完全自主学习，作为人生境界的目标，需要一个养成的过程。在校期间的"主导—自主学习"就是为达成这一目标服务的，这一阶段的学习对于人生至关重要。

实际上，我们的中学生离完全自主学习还有很大的距离。由于社会的、家庭的、传统教育的种种影响，许多学生缺乏学习的责任感，表现为"懒"——倦学甚至厌学（有人为此而泛泛鼓吹"快乐教育"，是不能解决问题的）；更多的学生则缺乏学习的主动性，表现为"赖"——严重依赖家长，依赖教师，习惯于听命而不是自主。而我们的教师，大多是在"传统"教育中"成长"的，他们自己的自主学习尚有许多问题，在如何养成学生的自主学习习惯与能力方面，更是缺乏经验甚至动力。现在，急功近利、浮躁之风甚盛，刚一提自主学习，马上就"要"成果"要"经验；而有人则跟风而上，马上展示所谓成果、经验。结果，常常不过是一种拙劣的表演，或呈"放羊"状，或呈"茶馆"状，盲目，无序，更无效率可言，反而败坏了"自主学习"的声誉。

因此，在基础教育阶段，必须也只能实施"主导—自主学习"，而要求中学课堂展示"完全自主学习"，则等于否定基础教育存在的必要。如果中学生（甚至小学生）都能"完全自主学习"了，学校岂不应该解散，教师岂不应该下岗？

目前，关键问题是如何创造适宜自主学习的环境，并处理好"主导"与"自主"的关系。环境是一种巨大的力量。社会是大环境。社会重文凭，人们就去追文凭；社会重升学率，学校就无法不追升学率；社会用人重"裙带"，孩子们就自然依赖"裙带"，等等。家庭是一小环境。家长的过度关爱，使孩子失去自主的机会甚至愿望；家长的"家长作风"，更使孩子不敢有自主的奢望——既无须自主做事，也就无须自主负责；如果家长言行偏斜，那么孩子不可避免会耳濡目染。学校也是一小环境。作为集体，学校不可能没有集体的"统一"和"规矩"，教材要统一，考试要统一，甚至要统一服装，统一发型。如何处理"统一"与"自主"的关系，尚没有成熟的经验。更小的则是课堂环境。有人为上某一堂课（特别是公开课），特对教室空间做种种布置，还要灯光、音响，等等；而真正上课时，问题与答案都是事先设计好的，甚至发言人都是事先选定了的。看上去学生很"积极"很"主动"，但没有触及真实的感情，没有师生之间、生生之间的精神互动，更没有深层的思维，根本不是为发展而学，他们其实不过是教师手中的玩偶。这不仅无助于自主学习，而且戕害学生的心灵。所以，我所谓"环境"，有物质方面的因素，但更主要是指精神方面。如果大环境小环境都缺乏适宜的气候与土壤，自主学习是很难成长的——要仅仅靠课堂教学达成自主学习的目标，只是一种空想。

好的课堂教学，则要处理好"主导—自主"的关系。主导是手段，自主是目的，这应是基本原则。通过主导养成自主，这应是基本的任务。为此，要解决教师形象与教师角色两个层次的问题。

教师形象，应是民主的，而不是专制的；应是热情的，而不是冷漠的；应是专业的，而不是外行的；应是创造的，而不是保守的。专制的教师，会压抑学生的自主性；冷漠的教师，会熄灭学生上进的激情；外行的教师，会把学生的心智引向歧途；保守的教师，会把学生的任何"新意"都看作离经叛道。

教师的角色是独特的：不是警察，不是包工头，不是牧羊人，不是茶馆老板，也不是导演，不是保姆，甚至也不是"蜡烛"，不是"园丁"，不是"灵魂工程师"……

教师在课堂教学中处于主导地位。这种地位，与其说是来自于有司的赋予，不如说是来自于学习者的"让与"——其实质是学习者为了自身的利益而把一部分自主权让与教师。处于主导地位的教师负有"定向"的责任：选用教材，确定核心话题与研学方法，引导发展方向，并让学生理解如此选择如此确定的道理所在，等等，从这个角度看，教师是领导者。爱因斯坦说："提出一个问题比解决一个问题更重要。"教师要激发学生的学习兴趣与激情，跟学生一起于无疑处生疑，并共同努力由生疑到解惑，一次次完成知识的建构。从这个角度看，教师是合作者。每一个学生都是独立的，都有自己的认知基础，使每个人都有机会展示自己的个性，表达自己的主意，还要使课堂有竞争、有合作，要使教学有序、有效，教师必须穿针引线，过渡衔接，从这个角度看，教师是组织者。在必要的时候，教师要现身说法，以身示范，展示自己的专业魅力和个人智慧，这就有点像运动场上的教练员，是个示范者了——有魅力的教师往往成为学生的榜样，会影响他们的一生。当学生有所发现，有所成功，甚至有所创造的时候，教师要及时加以肯定，给予表扬，这时教师就是一个评判者——成功感、荣誉感，会使青少年更为积极主动。而有权威的肯定，更会使人感奋不已。任何人都需要监督，青少年尤其需要督促。引导并督促学生认真完成学业，让他们去向课外扩展，去向深处探求，从这个角度看，教师又是监督者——习惯，往往是在环境影响、外界监督的条件下形成的。

有一个好的环境，再通过在校期间的训练，在教师的主导下，学生逐步养成自主的兴趣、自主的能力、自主的习惯，当离开学校走向社会的时候，他们就是真正的自主学习者了。

第二辑

认读 解读 赏读

冰心散文《一日的春光》评点[*]

去年冬末,我给一位远方的朋友写信,曾说:"我要尽量的吞咽今年北平的春天。"

抓住情态语"吞咽",狼吞虎咽,大快朵颐,用以比拟对春天的观赏,表达了尽情享受的强烈愿望。"今年北平的春天"指明对象,而标题是"一日的春光":显然矛盾。发现矛盾,就产生究其所以的欲望。

今年北平的春天来的特别的晚,而且在还不知春在哪里的时候,抬头忽见黄尘中绿叶成荫,柳絮乱飞,才晓得在厚厚的尘沙黄幕之后,春还未曾露面,已悄悄的远引了。

文脉一转,跟"吞咽"的愿望相矛盾。这年的春天有点邪,让人由希望而失望,甚至绝望,抓住两个情态语:"晚""远引"。"而且",语篇指示语,不可忽视。——下面两次感叹"不信了春天",实际就是对这两层意思的具体描写。虚实互解,脉

---

[*] 冰心此文曾选为高考阅读篇目,很有代表性,对解答高考文学类文本阅读题有指导作用。本文及后三篇文章均为未刊稿,曾发于作者微信公众号"王俊鸣老师"。

络清晰。

　　天下事都是如此……

　　这句话很有意思。怎么一下子把话题扩大到"天下事"上去了？"如此"是指什么？为什么用一破折号？我理解——以情解文，作者在失望之际或许寻求一点理由自安自慰：这春天太让人失望了——不过，天下事不让人满意者十之八九，不要太伤心啊。所谓"如此"，具体所指就在下面的描写中，这需虚实互解，而破折号也正是用来表示"解释"关系的。

　　去年冬天是特别的冷，也显得特别的长。每天夜里，灯下孤坐，听着扑窗怒号的朔风，小楼震动，觉得身上心里，都没有一丝暖气，一冬来，一切的快乐，活泼，力量，生命，似乎都冻得蜷伏在每一个细胞的深处。我无聊地安慰自己说："等着罢，冬天来了，春天还能很远么？"

　　然而这狂风，大雪，冬天的行列，排得意外的长，似乎没有完尽的时候。

　　有一天看见湖上冰软了，我的心顿然欢喜，说："春天来了！"当天夜里，北风又卷起漫天匝地的黄沙，愤怒的扑着我的窗户，把我心中的春意，又吹得四散。有一天看见柳梢嫩黄了，那天的下午，又不住的下着不成雪的冷雨，黄昏时节，严冬的衣服，又披上了身。有一天看见院里的桃花开了，这天刚刚过午，从东南的天边，顷刻布满了惨暗的黄云，跟着千枝风动，这刚放蕊的春英，又都埋罩在漠漠的黄尘里……

　　九十天看看过尽——我不信了春天！

　　以上说"晚"。"去年冬天是特别的冷，也显得特别的长"，这是概括地说；下面具体地把这个"冬天"描写得其寒入骨，其长碎心。所以"九十天看看过尽——我不信了春天！""吞咽"春天的愿望变成了失望。

几位朋友说："到大觉寺看杏花去罢。"虽然我的心中，始终未曾得到春的消息，却也跟着大家去了。到了管家岭，扑面的风尘里，几百棵杏树枝头，一望已尽是残花败蕊；转到大工，向阳的山谷之中，还有几株盛开的红杏，然而盛开中气力已尽，不是那满树浓红，花蕊相间的情态了。我想，"春去了就去了罢！"归途中心里倒也坦然，这坦然中是三分悼惜，七分憎嫌，总之，我不信了春天。

上面说了一个"晚"字，这里再说"未露面即远引"——只看到了"春天"的一个尾巴。"晚"，还有"等"的可能；而既已"远引"，"吞咽"的愿望是彻底落空了，绝望了——重言情态语"我不信了春天"，用"总之"二字收住了上文。

四月三十日的下午，有位朋友约我到挂甲屯吴家花园看海棠，"且喜天气晴明"——现在回想起来，那天是九十春光中惟一的春天——海棠花又是我所深爱的，就欣然的答应了。

文脉再转，由绝望转到希望——回到"一日的春光"。这一天太难忘了：不但月、日记得精准，连"下午"这样的时刻也不能忘记。这一天之所以难忘，一是因为这是难得的"天气晴明"的一天，而"看海棠"又正中下怀——"海棠花又是我所深爱的"。"欣然的答应"，自然引出下文。

东坡恨海棠无香，我却以为若是香得不妙，宁可无香（倒过去，就是"无香而妙"）。我的院里栽了几棵丁香和珍珠梅，夏天还有玉簪，秋天还有菊花，栽后都很后悔。因为这些花香，都使我头痛，不能折来养在屋里。所以有香的花中，我只爱兰花、桂花、香豆花和玫瑰，无香的花中，海棠要算我最喜欢的了。

承接上文"海棠花又是我所深爱的"，这一段用比较法说海棠花无香而妙。

海棠是浅浅的红，红得"乐而不淫"，淡淡的白，白得"哀而不伤"，又有满树的绿叶掩映着，秾纤适中，像一个天真、健美、欢悦的少女，同是造物者最得意的作品。

这一段先写色彩："浅淡""不淫""不伤"，都是不过分，适合人的欣赏——适度宜人！再写其"秾纤适中"，以"少女"为喻：天真、健美、欢悦、充满生命活力。这两段从气味、颜色、枝叶、精神几方面写足"喜欢"海棠花的缘由。

斜阳里，我正对着那几树繁花坐下。

春在眼前了！

千回百转，终于可以欣赏自己"最喜欢的"海棠花了。不说"花在眼前"，而说"春在眼前"，在作者眼中，这海棠花就是春的象征、春的全部。由此，我们更可以意会到作者为什么花那么多笔墨表达对海棠花之爱。

这四棵海棠在怀馨堂前，北边的那两棵较大，高出堂檐约五六尺。花后是响晴蔚蓝的天，淡淡的半圆的月，遥俯树梢。这四棵树上，有千千万万玲珑娇艳的花朵，乱哄哄的在繁枝上挤着开……

正面描写眼前的花："千千万万"写其多，"玲珑娇艳"写其美，"挤着开"写其精神。要注意两个时空指示语："斜阳里""半圆的月",见得其赏花之久,爱花之深。

看见过幼稚园放学没有?从小小的门里,挤着的跳出涌出使人眼花缭乱的一大群的快乐、活泼、力量、生命;这一大群跳着涌着的分散在极大的周围,在生的季候里做成了永远的春天!那在海棠枝上卖力的春,使我当时有同样的感觉。

仅仅正面描写显然不足以表达这时赏花的感受,于是再用比喻:从幼稚园里涌出的一大群孩子:快乐、活泼、力量、生命,这几个概括语,说的是她心目中的孩子,也是在说她心目中的花,更是她心目中的春。这里渗透着母性的温情、母性的爱。

一春来对于春的憎嫌,这时都消失了。喜悦的仰首,眼前是烂漫的春,骄奢的春,光艳的春——似乎春在九十日来无数的徘徊瞻顾,百就千拦,只为的是今日在此树枝头,快意恣情的一放!

一段议论抒情,烂漫、骄奢、光艳,概括了眼前春的特色。而"春在九十日来无数的徘徊瞻顾,百就千拦",实际铺垫着最后说"遗憾"的原因。

看得恰到好处,便辞谢了主人回来。这春天吞咽得口有余香!过了三四天,又有友人来约同去,我却回绝了。今年到处寻春,总是太晚,我知道那时若去,已是"落红万点愁如海",春来萧索如斯,大不必去惹那如海的愁绪。

虽然九十天中,只有一日的春光,而对于春天,似乎已得了酬报,不再怨恨憎嫌了。(对"为什么不再怨恨憎嫌",答案清楚。)只是满意之余,还觉得有些遗憾,如同小孩子打架后相寻,大家忍不住回嗔作喜,却又不肯即时言归于好,只背着脸,低着头，撅着嘴说："早知道你又来哄我找我，当初又何必把我冰在那里呢？"

终于如愿以偿，"这春天吞咽得口有余香"，再也没有了"怨恨憎嫌"，照常理，文章就可以收住了。而作者偏又写一笔"遗憾"，没有蛇足之累，而得余音袅袅之妙。从内容上说，它避免了"矫情"之嫌。好了伤疤不忘疼，"九十日来无数的徘徊瞻顾，百就千拦"，实在把人折磨得够呛，"心想事成"不是人之常情吗？从手法上看，它用小孩子打架做喻，新颖而又充满情趣，其喻点也很鲜明——早知如此，何必当初——早知有这样的一日春光，何必来得如此之晚，让我等得如此之苦。解读比喻，需要的是宾主互解：本体是"主"，喻体是"宾"。

鲁迅小说《故乡》简说

一

鲁迅的小说《故乡》是传统的语文教学篇目，上过中学的人都读过。

小说的故事情节很简单，既不先锋，也不魔幻，只是按照"我"回故乡—在故乡—离故乡的行程平平地写下来，其中虽插了一段少年的回忆，来龙去脉也是清清楚楚的。不过，作者原不在乎以故事取胜，情节只是一个平台，人物才是要描写的核心。

我们且不说《故乡》写了怎样的人物，不妨先了解一下鲁迅为什么写小说，为什么写人物。这是"以事解文"的路子。解读文学作品，这不一定普遍适用，但解读鲁迅无疑是需要的。鲁迅原先是想学医以救人的，但后来觉得医术只能拯救人的身体，文学则可以医治人的灵魂。那时的鲁迅认为，中国落后的根源在于人心，在于落后的国民性。于是他弃医从文，想利用文学的力量改变这国民性。这一点鲁迅先生在他的《我为什么做起小说来》一文中有直白的说明："说到'为什么'做小说罢，我仍抱着十多年前的'启蒙主义',以为必须是'为人生',而且要改良这人生……所以我的取材,多采自病态社会的不幸的人们中,意思是在揭出病苦,引起疗救的注意。"

改变国民性,改良人生,这是鲁迅文学创作的宗旨;而"改变""改良"的入手处就是"揭出病苦,引起疗救的注意"。由此出发解读《故乡》,应该不会有太大的偏差。

二

故乡,又叫故土、家乡、老家,一般定义指一个人出生或长期居住的地方。但这个"地方"所指有广有狭,可大可小。一个中国人到了外国,他会说"我是中国人";一个山东人到了河北,他会说"我是山东人";一个沧州人到了保定,他会说"我是沧州人",等等。

那么《故乡》里的"故乡"指的是哪里呢?虚实互解,根据时空指示语我们可以从文本里找到答案。"苍黄的天底下,远近横着几个萧索的荒村";"我们日里到海边捡贝壳去",见得这个"故乡"是乡村,离海不远。但"老屋"又不在乡村,因为闰土说"上城之后,见了许多没有见过的东西"。可见,这个故乡所指的范围应是既有"村"又有"城"的一个行政区划。

写"故乡",为什么不局限于"老屋"所在的"城"?因为,既写"城"又写"村"才便于既写"农民"又写"小市民",小说的容量扩大了,再加上文中的"我",差不多就可以把几个主要类型的中国人都写进去了。正是从这个意义上,这个"故乡"与"故国"有了同构的意义。

三

小说重点写了几个人物？他们过着怎样的生活？各有着怎样的精神面貌？作者写这样的人物要表达怎样的意旨？这不必猜想，因为作者用概括语明明白白告诉我们了：

> 我希望他们不再像我，又大家隔膜起来……然而我又不愿意他们因为要一气，都如我的辛苦辗转而生活，也不愿意他们都如闰土的辛苦麻木而生活，也不愿意都如别人的辛苦恣睢而生活。他们应该有新的生活，为我们所未经生活过的。

三个人物，我（知识分子）、闰土（农民）、别人——应该是指杨二嫂（小市民），但作者不忍直点其名。三个人的生活有共同的特点，那就是"辛苦"。在那样的时代，那样的空间，农民也好，市民也好，知识分子也好，有几个是不辛苦的呢？

但他们有着不同的境遇，不同的精神面貌。"我"是"辗转"而生活，闰土是"麻木"而生活，杨二嫂是"恣睢"而生活。而他们之间的关系，作者也用一个词来概括："隔膜"——闰土与我隔膜，杨二嫂与闰土隔膜，我与杨二嫂隔膜。

这就是作者要表达的意旨：揭示国民生活的"辛苦"，特别是精神的"麻木""恣睢"，以及由此而造成的人与人之间的"隔膜"。

揭示国民性的病苦，自然是要"引起疗救的注意"。作者并不隐晦自己的用心，他在作品中呼吁一种"新的生活"，并相信

"走的人多了",就会闯出一条路,闯出一种新的生活。

四

当"我"看到"苍黄的天底下,远近横着几个萧索的荒村"时,不免怀疑"这不是我二十年来时时记得的故乡",因为"我所记得的故乡全不如此。我的故乡好得多了";但是"要我记起他的美丽,说出他的佳处来,却又没有影像,没有言辞了。仿佛也就如此"。

为什么会有这样的心理矛盾呢?读完相关的故事——连义互解,就可以找到答案。

说"我的故乡好得多了",这个"故乡",是"二十余年"前的印象,而且是从闰土的述说中得来的印象。小孩子,一般会受到长辈的关爱,尽量让他们避开生活的艰辛;而他们的心灵又是单纯的,不会去观察、去体会"幸福"之外的生活。所以,在闰土的心目中,他生活的天地是美好的,他只在意捉鸟雀,捡贝壳,在西瓜地里赶猪獾,等等。至于"深蓝的天空""金黄的圆月",更是"我"当时的想象。这种虚幻的、从来没有真正见过的"美丽",要"说出他的佳处来",当然"没有言辞"。

不过,作者用那么多的篇幅写少年闰土,意不在表现故乡的虚幻之美,而是写少年闰土的单纯质朴——人性中的可贵之处,写彼此之间可以"哥弟"相称的亲密关系——人与人之间难得的相处。

五

表现国民性病苦的另一个人物是杨二嫂。作者同情她生活的辛苦，但毫不留情地批判她的恣睢——自私，放纵，莫名的自得。就像同情闰土一样，实际上作者对杨二嫂也是抱着同情的态度的——揭露，批判，实在是为了疗救。

闰土的那一声"老爷"，足以表现奴性对闰土的侵蚀深入骨髓；杨二嫂的一番表演，足以表现小市民劣根性的跋扈。美好的人性就这样在无声无息中被摧毁了，而劣根性就这样一代接一代地传递下来。美德被摧毁的，认为这种摧毁天经地义；深染劣根性的，感到无往而不胜的自豪。国民的精神到了这种地步，国家的希望在哪里？

> 希望是本无所谓有，无所谓无的。这正如地上的路；其实地上本没有路，走的人多了，也便成了路。

我们上路了吗？

朱自清《背影》简说

这是一篇文字朴实而情意深挚的散文,作为中学语文教材的传统篇目,不知有多少人研究过它,演绎过它。但我仍有话可说。不必弄什么哲理的玄虚,也不必卖什么生命的高价,我主张老老实实先把它读明白。

读明白的要义之一是对文本的整体把握,而达到整体把握的基本途径是从关键语句入手。什么是关键语句?概括语、指示语、情态语、过渡语、标题用语等,在不同的文本中分别充当着关键的角色。

就本文而言,开头的一段(只一句)就是典型的概括语(句),其中包括着重要的指示语、情态语。

"我与父亲不相见已二年余了":"我与父亲",指示了文本要述说的对象;"不相见"三字则揭示了父子的矛盾状况——不是一般的分别,而是主观的情态;"二年余"指示了时间,一个"已"字又透露出作者的感触——时间实在是太久了,太折磨人了。

"我最不能忘记的是他的背影":上一分句以揭示父子矛盾为

朱自清《背影》简说

核心,这一分句则以表达父子情深为核心:"不相见"是外,而内心岂能真的"忘记"自己的父亲?"背影"指示父亲的形象;"不能忘记"是血浓于水的必然,而加一个情态语"最"字,就是说,除了"背影",对于父亲的记忆还有多多,这里只说一印象最深的"背影"而已。

一句话,把全文要述说的内容,要表达的情感,都交代在这里了;作为读者,我们可以确认这是一篇叙事抒情的散文,它的主旨是通过对"背影"的追忆而表达父子之情。

从艺术的角度看,这个开头平实而简洁,但却有某种悬念的效果:既是父子,为什么会两年余不相见呢?为什么最不能忘记的是偏偏父亲的背影呢?这引起读者的心理期待:要看看到底如何。

我们读下去。

"那年冬天"——重要的时间指示语,推开去,这是要说不能忘记的事了。

直到"近几年来",拉回来,回到"不相见"的事情上来。

注意到这两处的时间指示语,全文的层次脉络也就明晰了。

至此,可以说是完成了对文本的整体把握。

以上还只是粗线条的解读。文章还需细细读。

到底发生了什么事,致使父子两年余不相见呢?答案就在"近几年来"的一段。这是以文解文之虚实互解——概括说是"虚",详细讲是"实"。

"父亲和我都是东奔西走,家中光景是一日不如一日";老境颓唐,遂使父亲伤怀,易怒,于是"他待我渐渐不同往日",这是父子矛盾产生的家庭背景。当然，作者在这里说得较为概括而含蓄。如果要"究其实"，还得以事解文——查考当时父子矛盾的具体情节，什么扣留薪水呀，不许入门呀，等等，这资料随手可以查到，我就不啰唆了。

这一段的最后，说到父亲的来信。这封信，是结束父子矛盾的枢纽，也是引起作者回忆父爱、提笔作文的动因。"背影"二字，照应了题目，也收拢了全文，自然而严谨。

"最不能忘记的是他的背影"，到底是怎么回事呢？这是全文的核心内容，需要细细品味。还是虚实互解。

但作者并不急于直接描写"背影"，而是从家庭变故说起：祖母病故，父亲失业，典当举债，祸不单行。这是为"背影"的出现作铺垫，也为后来的父子矛盾埋下了引线。

接下来，还不出现"背影"——作为读者，不免有点着急了——作者用两个段落细细地写父亲到车站送我北归：嘱托茶房，跟脚夫讲价钱，帮着拣座位，再细细嘱咐，"做了许多大事"的父亲，在此等琐屑的事情上，不仅坚持亲力亲为，还如此周到，如此耐心，充分显现了"慈父"之"慈"的一面。然而，那时的"我"并不理解，也不领情："总觉他说话不大漂亮"，"心里暗笑他的迂"。

但当买橘子的镜头出现的时候，那个背影，终于令"我的泪很快地流下来了"，"等他的背影混入来来往往的人里，再找不着了"的时候，"我的眼泪又来了"。在解读这一段文字的时候，论者多着眼于父亲在月台爬上爬下动作之艰难，弄课件，设板书，配图像，这当然有道理。但那动作只是可见的外在，如果理解不到内里,那动作就没有那么大的感人力量。

在送行的整个行程中,"我"始终没有特别注意到父亲的衣着,只有当父亲走去买橘子的时候,"我"的目光才集中到他的身上,才注意到他"戴着黑布小帽,穿着黑布大马褂,深青布棉袍"。这有什么特别值得注意的地方吗?有。这需要以事解文。这种袍褂,是当时国民政府明文规定的礼服。试想一下,父亲要出门"谋事",自然要讲究身份,礼服,正是身份的象征;而如此讲究身份的人,却为了给儿子买几个橘子,在月台爬上爬下,完全不顾了身份!此其感人至深之一。再者,为什么一定要买橘子呢?或谓那里没有别的水果,这聊备一说。实际上,买橘子并非仅仅为了满足儿子生理的需要。在扬州,把"走运"叫"走局",而"橘""局"谐音,所以父亲不顾身份去买橘子的深层心理是祝愿儿子"走局"。如此,我们才能理解为什么父亲"将橘子一股脑儿放在我的皮大衣上"之后,"扑扑衣上的泥土,心里很轻松似的"。"轻松"是一个重要的情态语,在为儿子做了种种琐事之后,终于又完成了心灵的祝福,能做的都做了,满足了,轻松了。对此,"我"应该是心领神会了,所以,不仅当时下了泪,此后这个"背影"也成为他"最不能忘记"的父亲的影像。

父子情深,天下皆然;父子龃龉,也非鲜见。能够在短短的篇幅中把这"龃龉"与"情深"以及它们的转化表现得如此真挚,如此动人,此文所以不朽。

朱自清《荷塘月色》评点[*]

这几天心里颇不宁静。一句非常重要的情态语。到底发生了什么事？论者多与"四·一二"政变直接相联系。而孙绍振认为这篇文章跟"四·一二"政变关系不大，他主张从家庭生活伦理的角度分析文本中关于"自由"与"不自由"的内涵，认为"文章强调的是离开了妻子和孩子获得的一种心灵的解脱"（见王丽编《中学语文名篇多元解读》广东教育出版社2006年版），未必可信。方贤绪则在否定社会学解读的基础上，提出应该重视文章的审美功能以期使失意者获得心灵的慰藉（同上）；姚敏勇在阐释荷塘景色的意蕴（宁静、雅洁、情趣、自由）之后，联系陶渊明的《桃花源记》，提出"荷塘是一代知识分子的理想世界"这一观点（同上），还有其他种种说法，都不过是一家之言。"不宁静"而"颇"，且一连"几天"，一定发生了较为严重的事情。今晚在院子里坐着乘凉，忽然想起日日走过的荷塘，在这满

---

[*] 本文原载北京十二中1986年1月29日印行的《教学研究》第71期，2018年12月21日誊写并略作修改。

月的光里,总该另有一番样子吧。为了某种严重的情事,"为人生"的艺术家的心被搅扰着,几天来受着折磨,如何排遣、解脱?苦思之际,忽地想起荷塘。"忽然"一词表现了苦思良久之后才猛有所得的慰藉心情。而那荷塘本是"日日走过",也很平常的。但除此之外实在无处可想了。所以,这"慰藉"之中又饱含了苦涩之味。"总该"云云,推想之词,聊以自慰之意。而"荷塘""满月"两词,指明对象,扣住题目。月亮渐渐地升高了,墙外马路上孩子们的欢笑,已经听不见了;妻在屋里拍着闰儿,迷迷糊糊地哼着眠歌。我悄悄地披了大衫,带上门出去。"忽然想起"之后并没有立即动身,还待两个条件:外边,月亮升高;家里,妻儿迷糊欲睡。这样,才能得到一个冷静独处境界。

以上第一自然段为全文第一部分。交代夜游荷塘的缘由:为排遣心中的不宁。

沿着荷塘,是一条曲折的小煤屑路。开头是时空指示语,接着写路面的一般。这是一条幽僻的路;白天也少人走,夜晚更加寂寞。这一句写环境的寂寞。荷塘四面,长着许多树,蓊蓊郁郁的。路的一旁,是些杨柳,和一些不知道名字的树。没有月光的晚上,这路上阴森森的,有些怕人。三句写树,突出氛围的阴森。以上三句落实"日日走过的"荷塘的面貌,以与今晚月下的荷塘相对照。今晚却很好,虽然月光也还是淡淡的。一句转折,以"很好"作概括语,总起下文。"淡淡"二字为下文伏笔。

以上第二自然段,为全文第二部分的第一层,略写荷塘"四面",见得平日的寂寞、阴森,以为下文张本。

路上只我一个人,背着手踱着。这一片天地好像是我的;我也像超出了平常的自己,到了另一个世界里。议论抒情,直白主旨所在。着"好像""也像"两个情态语,正是陶醉中的清醒,喜悦中的哀愁。我爱热闹,也爱冷静;爱群居,也爱独处。像今晚上,一个人在这苍茫的月下,什么都可以想,什么都可以不想,便觉是个自由的人。见得平时之不自由。白天里一定要做的事,一定要说的话,现在都可不理。本不欲理,却不得不理,何等苦恼。现实生活之于作者是何等龃龉而无情。两句说"自由",应"很好"。这是独处的妙处,结上。我且受用这无边的荷香月色好了。再次应题,并启下面三段文字。"且"者,姑且也,暂且也,仍然是陶醉中的清醒,喜悦中的哀愁。

以上第三自然段,为全文第二部分的第二层,直白对现实生活的不满,抒发暂得自由的喜悦。根据连义互解的原则,可以确认不得"自由"应是"颇不宁静"的根由。

曲曲折折的荷塘上面,弥望的是田田的叶子。荷塘的整体形象。叶子出水很高,像亭亭的舞女的裙。写单叶形象。亭亭,直而高立。荷叶出水,不枝不蔓,叶片舒展自如,其状如裙,而又着于亭亭舞女之身,更见风雅。层层的叶子中间,零星地点缀着些白花,总写花,"零星"说数量之少,"点缀"说布局之妙。叶之"层层"与花之"零星"相得益彰,故有"点缀"之妙。有袅娜地开着的,有羞涩地打着朵儿的;"袅娜""羞涩",拟人化了。正如一粒粒的明珠,又如碧天里的星星,又如刚出浴的美人。满塘绿叶,如沧海,如碧空。则月光之下的花朵,其形圆,其色白，其光微，恰如珠，恰如星。荷花出淤泥而不染，故又以出浴的美人喻之。分写花。以上写叶写花，皆为静态。微风过处，送来缕缕清香，仿佛远处高楼上渺茫的歌声似的。转入动态。"送"字风亦有情。花香无形无色无声，最难描绘，今以"渺茫的歌声"喻之，极尽其妙。风中的花香与远处传来的歌声，都有时断时续、若有若无、轻微而又怡人之美，故可相比。钱锺书先生创"通感"之说，就事物之间的关系看，仍属比喻，不妨视之为"通感性比喻"。这时候叶子与花也有一丝的颤动，一丝，言细微；颤动，从整体上写花与叶。像闪电般，霎时传过荷塘的那边去了。细微，才会稍动即止；着眼于整体，才会有"传"的动感。叶子本是肩并肩密密地挨着，这便宛然有了一道凝碧的波痕。写出动中之刹那的印象，犹如特写镜头。叶子底下是脉脉的流水，遮住了，不能见一些颜色；而叶子却更见风致了。流水被遮住了，又何以见得它"脉脉"多情？见于叶子的"更加风致"。以上写动态美，一为风动，一为水动。

以上第四自然段，写月下的荷塘。花、叶、风、水，为描写的实体；形、色、味，为描写的物性，动与静则是描写的物态。好一片荷塘：纯净、淡雅、温馨、多情，确是美的所在。这里的"美"，是主观与客观相融合的产物。美的追求者最能发现美。美人香草，屈子尝吟；青松翠柏，仲尼礼赞。作者爱荷赏荷，不仅因为这里是"自由"的，还因为这里是美的。自由与美，相伴而行。此段写与荷塘为伍的意兴，正是对自由与美的崇尚。

月光如流水一般，静静地泻在这一片叶子和花上。上段

第二辑 认读 解读 赏读

写月光下的荷塘,此段写荷塘上的月光,都有明确的对象指示语。既把月光比为"流水",自然而然需用"泻"字——这才保持了比喻的统一性——只不过是"静静地"。薄薄的青雾浮起在荷塘里。以荷叶为"地儿",故雾呈青色;浮,非升非沉,悬而微动。叶子和花仿佛在牛乳中洗过一样,素朴淡雅,纯洁莹润。又像笼着轻纱的梦。梦本朦胧,再笼上轻纱,更添神秘的美感。虽然是满月,应开头第二句,天上却有一层淡淡的云,所以不能朗照;应第二段之末句。淡云薄雾,才有如洗如梦之感。但我以为这恰是到了好处——酣眠固不可少,小睡也别有风味的。恰到好处,是因为恰如人意。以上一层写月光,接下来写月影。月光是隔了树照过来的,高处丛生的灌木,落下参差的斑驳的黑影,峭楞楞如鬼一般;弯弯的柳树的稀疏的倩影,却又像是画在荷叶上。塘中的月色并不均匀;但光与影有着和谐的旋律,如梵婀玲上奏着的名曲。"和谐",概括语,道出月影的总特点。

　　以上第五自然段,写塘上月色。月色空明,本不易摹状,故依托于荷叶荷花、灌木杨柳。古人说"山之精神写不出,以烟霞写之;春之精神写不出,以草树写之",本文深得诗家三昧。此段写与明月共居的满足。

　　荷塘的四面,时空指示。上两段分写月下荷塘与塘上之月,此转写"四面"远远近近,高高低低的都是树,而杨柳最多。应第二段。这些树将一片荷塘重重围住;只在小路一旁,漏着几段空隙,像是特为月光留下的。树亦含情。树色一例是阴阴的,乍看像一团烟雾;淡月笼罩之色。但杨柳的丰姿,便在烟雾里也辨得出。路还是那条路,此时并无"寂寞"之情;树还是那些树,此时也无"阴森"之感。与第二段遥相对照。树梢上隐隐约约的是一带远山,只有些大意罢了。树缝里也漏着一两点路灯光,没精打采的,是渴睡人的眼。一句写山,一句写灯。两句点缀之笔,增幽静深远之色,非蛇足。这时候最热闹的,要数树上的蝉声与水里的蛙声;但热闹的是它们的,我什么也没有。热闹的蝉声、蛙声,本可有"蝉噪林逾静,鸟鸣山更幽"之趣,况作者本也"爱热闹"的,但作者需要的不是这种"热闹",所以反有"什么也没有"的感慨。这一片天地到底不是"属于我"的,由此开启下段。

以上第六自然段,写荷塘四面的景物,是对"荷塘月色"的补充、拓展,也是向下文过渡的契机。以上四、五、六三段为全文第二部分的第三层,是文章主体,极尽荷塘之美,抒写享受到自由和美之后的愉悦满足,寄托自己的追求与向往。

忽然想起采莲的事情来了。与开头的那个"忽然"比较看。这是在"宁静"——愉悦和满足——被打破之后,再思排遣的"忽然"。说是"忽然",实是自然。采莲是江南的旧俗,似乎很早就有,而六朝时为盛;从诗歌里可以约略知道。采莲的是少年的女子,她们是荡着小船,唱着艳歌去的。采莲人不用说很多,还有看采莲的人。那是一个热闹的季节,也是一个风流的季节。注意"热闹""风流"两个概括语。作者"爱热闹,也爱冷静;爱群居,也爱独处"。冷静、独处不成,于是又想到热闹、群居。梁元帝《采莲赋》里说得好:

于是妖童媛女,荡舟心许;鹢首徐回,兼传羽杯;棹将移而藻挂,船欲动而萍开。尔其纤腰束素,迁延顾步;夏始春余,叶嫩花初,恐沾裳而浅笑,畏倾船而敛裾。

可见当时嬉游的光景了。这真是有趣的事,可惜我们现在早已无福消受了。眼前的宁静既被打破,靠对江南采莲之盛事的回忆来排遣,偏又不通。

于是又记起《西洲曲》里的句子:

采莲南塘秋,莲花过人头;低头弄莲子,莲子清如水。

今晚若有采莲人,这儿的莲花也算得"过人头"了;只不见一些流水的影子,是不行的。再次挣扎,再次失败。这令我到底惦着江南了。眼前无望,只好寄希望于"江南"。作者生于江南,长于江南,最初工作的几年也在江南,所以"江南"在他心目中是人生的乐土,是自由与美的所在。作者初到北京时曾写有《我的南方》一诗,可以参考:"我的南方,我的南方,那儿是山乡水乡!那儿是醉乡梦乡!五年来的彷徨,羽毛般地飞扬!"——这样想着,猛一抬头,不觉已是自己的门前;轻轻地推门进去,什么声息也没有,妻已睡熟好久了。应第一段。人回至家,思绪也复入不宁之中,天衣无缝。

以上第七、八、九三段,写排遣失败,心绪如初。

纵观全文,作者通过对荷塘月色诗情画意的着意描绘,抒发了对自由、对美的向往之情,表现了对现实生活的不满和内心的矛盾苦闷。文笔优美,设喻奇巧,多用叠音词,是本文的第一个艺术特色;游踪线索与情感线索自然融合,使结构细密严谨,是本文的第二个艺术特色。

附:

减字木兰花（用《荷塘月色》意）

清凉满目，月和幽香光浴雾。
一霎轻风，浪起田田似有声。
林疏木懒，守护孤灯如睡眼。
踏遍更深，路暗谁识乱世人。

怎样读懂和教学《拿来主义》*

鲁迅的《拿来主义》，是语文教材的传统篇目。这篇短文有明确的话题范围和针对对象。它只是针对自己的阵营，特别是进步的文艺青年，谈如何对待外国文化（文艺作品）的问题（首段"单是学艺上的东西"一句，已经限定了话题范围）。这，文章的结尾用"概括句"说得很清楚：

  总之，我们要拿来。我们要或使用，或存放，或毁灭。那么，主人是新主人，宅子也就会成为新宅子。然而首先要这人沉着，勇猛，有辨别，不自私。没有拿来的，人不能自成为新人，没有拿来的，文艺不能自成为新文艺。

而且，作者在文章中始终说的是"我们"，是"清醒的青年们"：

---

* 本文写于 2020 年 9 月 16 日，未刊稿，曾发于作者微信公众号"王俊鸣老师"。收入本书时修改了标题和内容。

但我们被"送来"的东西吓怕了。先有英国的鸦片，德国的废枪炮，后有法国的香粉，美国的电影，日本的印着"完全国货"的各种小东西。于是连清醒的青年们，也对于洋货发生了恐怖。其实，这正是因为那是"送来"的，而不是"拿来"的缘故。

所以我们要运用脑髓，放出眼光，自己来拿！

我们一直强调读文章要抓住关键语句（这里主要涉及"概括语""对象指示语"），从而达到整体把握的目的。"我们"之类的指示语，结尾的概括句，都是"关键语句"，对此视而不见，必然步入歧途。

前些年，教材编者及一些论者都说这是一篇谈"文化遗产继承"问题的文章，还有所谓批判"卖国主义"的见解。部编本教材的编者不直接这么说了。教材的"学习提示"指出"议论性文章往往具有鲜明的针对性"，这当然不错。但接着要求学习者"查找相关资料，了解本文的写作背景"云云，还说"这篇文章将不同现象进行归类，直接予以批驳，确立自己的观点"。读这篇文章，还需要另查"背景"而确定"针对性"？"确立自己的观点"为什么要"将不同现象进行归类"而予以批驳？在教材编者所编的《教师教学用书》中可以找到答案。

《用书》说这篇文章"主要是针对当时对待外来文化的某些错误态度而写的"。什么"错误态度"呢？列举了"文化复古主义的逆流"和"盲目排外的情绪"。但又说："这篇文章既反对无原则地全盘西化的主张，也反对盲目排斥和拒绝接受外来文化的倾向"——"盲目排斥和拒绝接受外来文化的倾向"是对应了上面所说的"文化复古主义的逆流"和"盲目排外的情绪",怎么又提出"反对无原则地全盘西化的主张"?为了"抬高"文本的"价值",把话题范围从"我们"怎样对待"文化交流"的问题,扩大到批判"逆流";再从"盲目排斥"扩大到"全盘西化"(抑或是"卖国主义"),笔者认为这是"泛化"。"泛化"之后得出的结论是:"鲁迅将如此重大、复杂的问题,举重若轻地用一千五百字就说得明白透彻。"这样尽量高抬作者,其实是一种玄化。把简单的问题弄复杂了,把明白的道理搅糊涂了。看似颂扬鲁迅,其结果是使得学习者甚感其难,甚至望而生畏,从而拉开了与鲁迅的距离。

《用书》还有一段论述:《拿来主义》"所论的'拿来主义'超越了'面对外来文化应采取什么样的态度'一事,而可以关联到普遍意义上对待不同文化的做法上,启发人们关于如何对待传统文化等话题的思考,具有深刻的认识价值。鲁迅的文章,往往是个别性(这一个)与普遍性(这一类)的结合,同时也是现实性与超越性的结合,从他的时代可以延伸到当下的中国社会。《拿来主义》所讨论的问题——如何对待外来文化,就是一个现代中国的普遍性问题;它所批判的种种错误思潮,今天依然存在,只不过换了名目,有了新的招牌、新的花样。在阅读过程中,要结合正在发生的思想文化现象,去领会文章的精神实质"。

这议论自有其合理的一面,但有一点应该注意:解读文本自身与读者的联想发挥是两回事,不要混淆。鲁迅此文,说的就是当时的"我们"特别是"清醒的青年们"在对外文化交流中应该采取"拿来主义"。至于读者读后有什么其他的"联想""启发"，绝不是鲁迅当时所预期的。作者未必然，读者未必不然，这是阅读心理的常态。所以，既要提倡"书为我用"，也不要把读者之所想，反归之于作者之所言。混淆文本自身之所谓与读者之联想发挥，也是"泛化"与"玄化"的常用手段。

之所以会"泛化""玄化"，恐怕跟编者对"议论文"这种文体的认知有关。议论文，实际是一种实用性文体，它要针对现实，回答问题。这回答问题有三个角度：回答"是什么"——揭示事物的真相，本质，它可能的发展态势；回答"为什么"——分析事物产生、发展、变化的原因；回答"怎么办"——提出解决问题的策略，方针，具体操作方法。一般来说，一篇短文，只集中从某一个或两个角度展开论述。《拿来主义》一文，先是回答了"为什么"应该采取"拿来主义"方针的问题，再回答了"怎么拿来"的问题，最后总括前文，合"为什么"与"怎么办"而进一步申述"拿来主义"的实际意义。这样来看全文的主题宗旨、层次脉络，洞若观火。

全文10段。1—6段为一层，集中回答"为什么"的问题。第7段承上启下，从讲"为什么"过渡到讲"怎么办"，可以单独为一层。第8—9段为一层：具体回答"怎么办"的问题。第10段为一层：总括前文，卒章显志。

如此，则为什么从"闭关主义"说起，又要说"送去主义""送来主义"，等等，也就不难理解了。教材编者用到了"破立结合"的说法，虽然不能说完全不对，但没有看到真谛。作者要论证自己的观点，有时用一种逻辑推理的结构。比如，有一篇文章叫《让尾巴呈自然状》，文章大致的推理过程是：如果人有尾巴的话，那尾巴该如何处置呢？或翘起来，或夹起来，或让它呈自然状；翘起来不好，夹起来也不舒服；所以最好让它呈自然状。这是运用了选言推理。《拿来主义》从"闭关主义"讲起，用的也是选言推理这样一种论证的手段。在文化交流的方针上，或取"闭关主义"，或取"送去主义"，或取"送来主义"，或取"拿来主义"；前三种方针都不可取，所以"拿来主义"是唯一正确的。

回答了"为什么要拿来"的问题，接下来再回答"怎么拿来"的问题。以"大宅子"做比喻，仍用选言推理：面对"大宅子"——外国的文化（文艺），或当"孱头"，或做"昏蛋"，或成"废物"，或做"主人"；前三者不足取，做"主人"是唯一正确的。

由此看来，这篇文章不是一般的"破立结合"，而是一个严谨的逻辑结构。在此种大框架之内，再看那些具体的事例，那些"鱼翅""鸦片""烟灯""姨太太"之类，就明白那不过是信手拈来的"证据"而已。有时旁敲侧击、涉笔成趣，那更是鲁老夫子的文风特色。作为读者，切不可看花了眼，看走了神。

而《用书》的编者是怎样分析全文的层次脉络的？"文章首先将不同现象进行归类，从批驳'闭关主义''送去主义''送来主义'，到确立'拿来主义'的观点，步步深入，破立结合"。"第7段，鲁迅正面对'拿来主义'进行概括"。"接下来三段，鲁迅集中阐释自己的'拿来主义'主张"。

这就是以"泛化"的眼光看出的文章结构。文章题目为"拿来主义"，而看上去前六段都离题甚远，一直都还只在"深入"（其实，第二段就提出"拿来"了），直到第7段才"深入"到"正面"，而到最后的三段才扣住题目，"集中阐释自己的'拿来主义'主张"。

单从文章"作法"上说，这还能算是"好"文章吗？照直说吧，这样读法其实是并没有读懂。

据说，人的头脑里如果没有某种概念，则对此概念所反映的客观事物就没有反应。头脑里没有"关键语句"的概念（或空有一个"关键语句"的概念，而没有具体的外延），没有议论文"回答问题"的概念，更没有"选言推理"的概念，要读懂《拿来主义》，难矣哉！

郭沫若《立在地球边上放号》简说[*]

无数的白云正在空中怒涌,

啊啊！好幅壮丽的北冰洋的晴景哟！

无限的太平洋提起他全身的力量来要把地球推倒。

啊啊！我眼前来了的滚滚的洪涛哟！

啊啊！不断的毁坏，不断的创造，不断的努力哟！

啊啊！力哟！力哟！

力的绘画，力的舞蹈，力的音乐，力的诗歌，力的律吕哟！

——郭沫若《立在地球边上放号》

教材编者说："郭沫若的诗集《女神》是中国新诗的代表性作品，它以崭新的内容和形式，表达了'五四'时期狂飙突进的时代精神。《立在地球边上放号》是《女神》中富有代表性的一首诗。"（部编本高中《语文》（必修）上册第11页）两个"代表性"，充分肯定了这首诗的价值。但要解读它，欣赏它，还不那

---

[*] 本文写于2020年9月1日，曾发于微信公众号"王俊鸣老师"。

么容易。

先说这个标题。"放号"怎么读？怎么讲？查手边的工具书，都未收。但老杜有"白日放歌须纵酒"之句，"放歌"就是放声歌唱；依此，"放号"应是"放声呼号"之意，"号"音 háo。"地球边上"是哪里？从物理学说，地球是圆的，没有"边"。当诗人诗性风发的此时此刻，地球就是人类的家园，就是祖国的所在。"家园"，自然就有了"边"。站在"边上"而不在"中央"，是一种俯瞰的视角，看得广远，看得全面。

再看看对诗歌的整体理解。下面是网络上传播的一个教案对诗歌画面的描绘：

> 这首诗展现在读者面前的，是一个巨人的形象。他站在地球边上，站在"全方位"俯瞰地球的立足点上，吹响一声声响彻寰宇的号角。他的号角声欢呼在怒涌的白云、壮丽的北冰洋，也欢呼在要把地球推倒的太平洋——欢呼来自空间各个方向。排山倒海般的洪涛既具有巨大的破坏力，又蕴藏着同样巨大的创造力，那就看人们能否掌握它、驾驭它。看吧，滚滚而来的洪涛正在不断地努力向前，描绘着"力的绘画"，表演着"力的舞蹈"，演奏着"力的音乐"，抒写着"力的诗歌"，激荡着"力的律吕"。

在总结诗歌主旨时，这位教案的设计者又说：

> 这首诗描写的横跨两大洋的巨人，其实都是诗人的自我

形象，诗歌表达了诗人渴望破坏旧世界、创造新世界的热情和决心。

一个"立在地球边上放号"的人，是一个呼唤者、呐喊者，他不是"力"的本身，怎么就成了"巨人"，而且"横跨两大洋"？这种解读实在匪夷所思。

诗歌，当然得讲究形象。有人批评此诗是"民国版喊麦"，"这种诗其实都不是诗，最多算是干号"。这不符合事实。此诗描绘了雄浑而生动的形象——当然不是"自我形象"。此诗的宗旨是呼唤、颂扬一种"力"，这是光明的力、进步的力、革故鼎新的力，用时髦说法，这是"正能量"的力。但，一个"力"字是抽象的，属于"虚"。诗人当然不会止于"干号"。他描绘了"怒涌"的白云和"滚滚洪涛"的太平洋，这是具体的、形象的，属于"实"。虚实互解，从而使读者对此"力"产生深切的感受。

论者对此诗前四句的解读存在普遍的歧误。

上面所引教案，在"问题讨论"环节，上来就问："诗歌为什么要描绘滚滚洪涛？"那"白云"呢？"北冰洋"呢？它们跟所呼唤、所颂扬的"力"有什么关系？这是刻意回避、置之不论的办法。教材编者的说法则是："（诗人）放声呼唤，纵情高歌，想象着那怒涌的白云、壮丽的北冰洋和狂暴的太平洋……"这是把"北冰洋""太平洋"和"白云"相提并论了。

其实，四行诗，两个"意象"，可以"互解"。那"滚滚的洪涛"来自"太平洋"，"太平洋"之"力"就体现在这"洪涛"上。"太平洋"和"洪涛"是一个整体。对义互解，上两行诗也是一个意象的整体。主体是"白云",是白云的"怒涌"——这是"力"的来源与表现。但"云"常常给人"软绵绵"的印象,于是诗人就拿"北冰洋"来作比喻——取北冰洋冰峰涌动力不可当的特点。这就是诗人所描绘的两种"力"。像北冰洋冰峰怒涌的白云来摧毁,太平洋的滚滚洪涛来荡涤,二力相合,"毁坏"着,同时"创造"着。

前四句,是对"力"的具象描绘,为第一层。下面为第二层,点明"力"的主题,对这伟力发出呼唤。诗的第五行,揭示"力"的作用;第六行,更直接地呼唤;第七行,是对"力"的祈盼。连起来就是:那伟大的力哟,伟大的力哟,你们努力地毁坏吧!努力地创造吧!你们要创造最美的图画!创造最美的舞蹈,创造最美的音乐……给人间创造一切的大美!

据说,这首诗"是在感情激荡时一气呵成的,是火山爆发喷涌而出的岩浆"。即便如此,它还是有逻辑、有层次的。标题,用对象指示语、时空指示语明确了抒情主体的身份、地位;诗篇,先具象塑形,再议论抒怀,一个"力"字统领全篇,完美而清晰。

我读余光中《乡愁》[*]

小时候
乡愁是一枚小小的邮票
我在这头
母亲在那头

长大后
乡愁是一张窄窄的船票
我在这头
新娘在那头

后来啊
乡愁是一方矮矮的坟墓
我在外头
母亲在里头

---

[*] 本文写于 2018 年 12 月 15 日,未刊稿。

我读余光中《乡愁》

> 而现在
> 乡愁是一湾浅浅的海峡
> 我在这头
> 大陆在那头
>
> ——余光中《乡愁》

《乡愁》大概是余光中先生在大陆流传最广的诗作。这首小诗确有可赏之处,但看看论者的评述,再看看网上流传的教案、教学设计,总不免有隔膜之感。

标题揭示主旨,四节诗以鲜明的时空指示语贯穿起来,一目了然。整体把握没有什么困难。

问题是,第三节的"外头""里头"和第四节的"这头""那头",都是写实,有具体的所指;那么前两节的"这头""那头"指哪里?根据对义互解的原则,其所指也应该是可以落实的,但论者、教者却给泛化了。

下面是一个网传的教学设计,这个设计,不但设计了教学目标、教学步骤,还包括了学生的发言和教师的评价。这令笔者感到不解,但是其中的"学生发言"反映了相当多教者对《乡愁》的解读方式:

小时候,诗人外出求学。儿行千里母担忧,小小的邮票承载着母亲深深的思念和牵挂。同样母亲的安危也时时凝聚在儿子心头。每当夜深人静时,诗人总忍不住提笔写信:家乡的母亲啊,你是否平安依旧?细心地贴着小小的邮票,它

第二辑 认读 解读 赏读

呀也寄托着儿子对母亲的思念。随着岁月的流逝，诗人长大了，成了家。夫妻情深，可为了生活却不能朝夕相守。新娘本是自己一生最欣赏的风景，诗人却只能常常买那窄窄的船票，回家看看自己的新娘。那船票啊，可是诗人爱情的见证？

这位学生的发言，被教师评价为"理解如此准确，可见已得'乡愁三昧'"，而且"发言完毕，班里响起热烈的掌声"。

要落实所指，需要"以事解文"。我们看看余光中自己怎么说：

《乡愁》有很多写实成分……邮票是写实，那时寄宿于学校，离家十几里山路，有时周末没回家，就写信与母亲联系。第二段……我新婚不久，便出国留学，也从美国坐船回基隆……（徐学《余光中传》）

什么"儿行千里母担忧"，什么"为了生活却不能朝夕相守"，全是脱离文本的泛泛之想。这不是作者的"乡愁"，而是设计者瞄一眼文字之后的随意想象。当然，作为读者，可以不顾全篇，甚至可以不顾全句，逮住一个词语就"想入非非"，那是他的自由。但以这样的方法教他人，教学生，除了使之养成望文生义、浮光掠影的坏毛病，是不大可能让他们学会把书读明白的。

诗共四节，前三节写过往，第四节写现在，四节之间是什么关系？前面提到的教学设计的说法是：前三个意象抒发诗人思乡之情，这是人们的普遍情感；后一个意象抒发爱国之情，这是主题的升华,所以前三个为后一个铺垫。

说思乡之情是人们的普遍情感,从理论上说这没什么不妥。但为什么对于爱国之情它只是铺垫,只有爱国之情才是升华呢?亲情、爱情不是人性中最美好的情感吗?不是文学中永恒的主题吗?怎么一遇到爱国之情就贬值了?

其实,这首小诗从"小时候"写到"现在",不过是从一个特定的角度——乡愁——写自己的一生。它言简意赅,时空广,容量大,不同境遇的人差不多都能从中找到自己的影子,从而感发、联想,甚至动情,这是它受到欢迎的重要原因。而有人仅从"爱国主义"的一角肯定它,那是用了政治的眼光,虽是作为读者的自由,但未必符合原作的初衷。

这首诗,从结构看,很有《诗经》重章叠韵的气象,在措辞造句上也有可赏之处。以"小小"修饰"邮票","票"小而情重;以"窄窄"修饰"船票","票"窄而水宽;以"矮矮"修饰"坟墓","墓"矮而恩高;以"浅浅"修饰"海峡","峡"浅而渡难。这几个情态语,又都是叠音,都是仄声,读起来有一种音韵美。这些地方,是值得细细品味的。

"邮票、船票",在诗歌中被叫作意象。意象者,托意之象也。那么这个"意"是怎么"托"在那个"象"上的呢?依我的观察,大概有三种途径。

一是感染,即把内心的情感渲染到客观的物象上去。"枯藤、老树、昏鸦,小桥、流水、人家"(马致远《天净沙·秋思》),"秋风吹渭水,落叶满长安"(贾岛《忆江上吴处士》),都属于这一类。

187

二是比喻，《诗经》六义就有"比"一项。"于嗟鸠兮，无食桑葚"（《氓》），"硕鼠硕鼠，无食我黍"（《硕鼠》），都属于这一类。

三是象征，《诗经》六义中的"兴"有类于此。"彼黍离离，彼稷之苗。行迈靡靡，中心摇摇"（《黍离》），"绿兮衣兮，绿衣黄裳。心之忧矣，曷维其已"（《绿衣》），都属于这一类。

我说《诗经》的"兴"有类于（不等于）象征，是因为对"兴"的含义历来众说纷纭，其所谓"兴"的例句往往与比喻纠缠不清。朱熹说"比"是"以彼物比此物"，"兴"是"先言他物以引起所咏之辞"。这种解释流传甚广，但其实是模糊不清的："以彼物比此物"，说的是事物的性质；"先言他物以引起所咏之辞"，说的是言说的先后，不符合逻辑划分的原则。叶嘉莹教授曾对"比"与"兴"有一个解释：

> 首先就"心"与"物"之间相互作用之孰先孰后的差别而言，一般说来，"兴"的作用大多是"物"的触引在先，而"心"的情意之感发在后，而"比"的作用，则大多是已有"心"的情意在先，而借比为"物"来表达则在后，这是"比"与"兴"的第一点不同之处；其次再就其相互间感发作用之性质而言，则"兴"的感发大多由于感性的直觉的触引，而不必有理性的思索安排，而"比"的感发则大多含有理性的思索安排。前者的感发多是自然的，无意的，后者的感发则多是人为的，有意的，这是"比"和"兴"的第二点不同之处。（《迦陵论诗丛稿》）

我读余光中《乡愁》

这是我所见到的对"比""兴"之别最清晰的说法。但按诸实践，依然不免分歧：《关雎》之"关关雎鸠，在河之洲"，是"比"还是"兴"？这是"先言"雎鸠而后言"淑女"，按朱熹的理论，这该是"兴"。而按照叶教授的理论，作者是先有思"淑女"之"心"还是先有"关雎"之"物"的触引？恐怕很难断定——写在前面的，不等于"触引"在先。

之所以说了上面一番话，是因为《乡愁》一诗涉及比喻与象征的问题。就我所见，论者、教者都把"乡愁是……"的句子看作比喻。这违背常识，比喻成立的前提是两物有相似点，"邮票""船票"等与"乡愁"哪里相似？这里不是相似，而是相关。比喻与象征的心理基础都是联想，但比喻的联想建立在相似性上，象征的联想建立在相关性上。我说《黍离》《绿衣》用了象征的手法，是因为离离黍稷长在故宗庙宫室之处，与周之灭亡密切相关，而"绿衣"乃亡人遗物，睹物思人，人与物存在着实实在在的相关性。"邮票""船票"等与"乡愁"的关系是"相关"而非"相似"，所以是象征而非比喻。

最后再说说"乡愁"二字。《现代汉语词典》（第7版）的解释是："深切思念家乡的忧伤的心情。"这是基本的定义。上面提到的教学设计对本诗"乡愁"的解释略有不同："深沉的思乡之情和崇高的爱国之情。"但我们一段段地读下来，鲜明地意识到此"乡愁"非彼"乡愁"——这里的乡愁既不等于词典的定义，也不同于教学设计者的解说。这需要虚实互解，把诗的具体内容与标题的"乡愁"二字对应起来。

第一节，写的是对母亲的思念；第二节，写的是对妻子的怀念；第三节，写的是对母亲的悼念；第四节，写的是对大陆的惦念。因为作者在大陆出生，并在大陆度过了青少年时代，说大陆是他的"故乡""家乡"应该没有问题。但前三节，都跟"故乡""家乡"的固有含义不搭界。这三节，所谓"乡"，只是指亲人之所在；所谓"愁"，只是说对亲人的情怀。"乡"的这种含义，并非诗人的臆造，而是有文化的传承。

查"乡"字，其繁体为"鄉"。这个字的甲骨文造型是🐾，意思是二人对坐，相邀飨宴，果腹而乐，促膝相欢。可见，"乡"的本义就是"飨"，进而指亲人所在、亲人团聚的地方。

如果连"乡愁"二字的实际内涵都理解不到位，能说是"读懂"了吗？

也说"木叶"

——林庚《说"木叶"》质疑

人教版高中语文教材（必修）第5册曾选林庚先生的《说"木叶"》一文，统编本语文教材必修下册也选了此文。林先生是著名的诗人、学者、教授，其道德学问，令我辈仰之弥高，钻之弥坚。《说"木叶"》一文，要阐释"诗歌语言的暗示性"，这当然毫无疑义；唯其以"木叶"为例，我辈却不免别有所思。

首先，"木叶"一语有没有什么"奥妙"？屈原使用"木叶"一语是不是"惊人的天才发现"？

这需要历史地看问题。在文字的发展史上，"木"与"树"最初是分工明确的："木"为名词，即今之"树木"的意思，后引申出"木材""棺木"甚至"麻木"等义项；"树"为动词，即"栽培""种植"的意思，后逐步产生"树立""建立"等义项，并与"木"字合流，有了名词"树木"的含义。

这个演变的过程很难考辨，笔者猜测，大概是从"树×"演

---

* 本文原载《中学语文教学》2014年第3期。

变为"×树"的，比如"树橘"本是种植橘树的意思，但也可以理解为"所树之橘"，于是就成了"橘树"。

在早于屈赋的《诗经》中，表示名词"树木"之义时都用"木"字，而"树"没有用作名词的，如：

树之榛栗——（房前屋后）种上榛树和栗树。(《定之方中》)

言树之背——把它种植在房屋的北面。(《伯兮》)

无折我树杞——可别攀断我所种的杞树枝啊。(《将仲子》)

爰有树檀——园里栽种着高大的檀树。(《鹤鸣》)

君子树之——君王亲手栽种的。(《巧言》)

四镞如树——四支箭都树立在靶子上。(《行苇》)

隰有树檖——低洼地里满是直立的山梨树。(《晨风》)

同样，在早于屈赋的《论语》中，"树"字两见，都是"树立"的意思：

邦君树塞门，管氏亦树塞门。——国君宫殿门前树立了一个塞门，管氏也树立了一个塞门。(《八佾篇》)

再看与屈赋同时代的《孟子》。其中"树"字七见，没有名词用法：

五亩之宅，树（栽种）之以桑。(《梁惠王上》，重出）

制其田里，教之树（种植）畜。(《尽心上》)

所食之粟，伯夷之所树（种植）与？抑亦盗跖之所树与？(《滕文公下》)

今夫麰麦，播种而耰之，其地同，其树（种植）之时又同。(《告子上》)

五亩之宅，树（栽种）墙下以桑。(《尽心上》)

另有"树子——所立继位的儿子"(《告子下》)一例，"树艺——栽培、种植"(《滕文公上》)一例。

在与屈赋同时代的《庄子》中，可以看到"树"字用作名词的例子了：

我有大树，人谓之樗。(《逍遥游》)

倚树而吟。(《德充符》)

伐树于宋。(《天道》《山木》《让王》《渔父》凡4见)

另有"树木固有立矣"一例（《天道》)。

而以"木"为今之"树木"之义者仍是主流，如"抱木而死""暮栖木上""草木怒生""木石同坛""槁木之枝""山中之木""大木枝叶茂盛""小石小木""山木自寇也""不材之木"，另有"草木""直木"，等等。

再看屈赋本身。据朱熹所说屈赋二十五篇，"木"字十三见，包括"草木""木根""若木""木末""木叶""木上""木兰""缘木"等词语,而"树"字仅三见。其中"树蕙之百亩"(《离骚》)句中,"树"显然是动词。而"丽桂树之冬荣"(《远游》)句中,"树"字应是名词。要讨论的是"后皇嘉树,橘徕服兮"(《橘颂》)一句。在林先生的文章中,是把句中的"树"当作名词的。不少注本也是这样理解的,句译就是:"你这天地间的佳树,生下来就适应当地的水土。"但这样理解似有不通。朱熹《楚辞集注》说:"后皇,指楚王也。嘉,喜好也,言楚王喜好草木之树,而橘生其土也。"除了指定"后皇"为楚王一点值得商榷外,解"嘉"为"喜好",释"树"为动词,都是可取的。皇天后土有好种之德,橘树才得以生殖其土。也正因为是承"后皇"之恩命而来此,接下来才说"受命不迁,生南国兮"——既是受后皇之命而来此地,就要守节不移,在这南国顽强地生存下去——不然,"受命"二字就没有来由了。

由此可以说,屈原吟咏"洞庭波兮木叶下",用"木"而不用"树",实在只是当时的用字习惯,其中未必有什么"奥妙",也算不得是"惊人的天才发现"。

其次,"木叶"本身果真"自然而然有了落叶的微黄与干燥之感",而能带来"整个疏朗的清秋的气息"吗?请看下列诗句:

高适《使青夷军入居庸关三首》(其一):"溪冷泉声苦,山空木叶干。"

常达《山居八咏》(其三):"溪浸山光冷,秋凋木叶黄。"

陆游《虎洞》:"空山秋高木叶黄,茫茫百草凋秋霜。"

陆厥《临江王节士歌》:"木叶下,江连波,秋月照浦云歇山。"

崔湜（一作胡浩诗）《大漠行》："南山木叶飞下地，北海蓬根乱上天。"

高适《东平路作三首》（其一）："蝉鸣木叶落，兹夕更愁霖。"

贯休《闲居拟齐梁四首》（其四）："木策到江湄，江皋木叶飞。"

黄庭坚《听履霜操》："篁打造天分明月下影，木叶陨霜兮秋声动。"

刘学箕《哨遍》："木叶尽凋，湖色接天，雪月明江水。"

杜甫《乾元中寓居同谷县作歌七首》（其六）："木叶黄落龙正蛰，蝮蛇东来水上游。"

诗中言及"木叶"，总是形容以"干""黄"，或者配搭以"凋""落"，如果"木叶"二字本身就含有了"干黄""凋落"的"暗示性"，上述诗句岂不是都犯了叠床架屋的毛病？

其实，屈原的"洞庭波兮木叶下"本身就有一个"下"字。"木叶"是静态的，并不生动，也无奥妙；"木叶"与"下"合起来才是一个有机体，构成动态的、撩人情感的形象。这个形象与"洞庭波"（"波"也是动词）相映相生，使人更具体地感受到秋风之浩荡，天地之苍凉。在这里，动词的作用应该是更大一些。

那么为什么有那么多的诗人沿用"木叶"而不随着以"树"代"木"的文字之变改用"树叶"呢？原因并不复杂，因为"诗家语"（还不限于诗词之中）讲究有"出处"有"来历"，既然前人——特别是像屈原这样伟大的前人有了这样的说法,自然就"一用再用"了。这在诗词的创作史上是一个习见的现象,而像这样被"沿用"的词语也多得很。以"木"字的构词为例,就有"乔木""灌木""草木""花木""苗木"等,至今大家都还没有改为"乔树""草树""苗树"等的意愿。元代王逢《银瓶娘子辞》诗中有这样有趣的现象:"魂兮归来风冷然,思陵无树容啼鹃,先生墓木西湖边。"你看他前面一句用"树",后面一句就用"木",因为"墓木"是前人"成语"("尔墓之木拱矣"),用起来"现成"而又雅气。如果改成"墓树",反而不成话了。

确实,写"木叶"的诗句常常与"秋"有关,这是从屈赋带过来的"基因"决定的。但即使写秋天,也不一定与"离人的叹息""游子的漂泊"有关。

陆游《山房》:

　　柴门不掩俗人稀,成就山房一段奇。木叶最宜新雨后,鸟声更胜暮春时。家赀屡罄缘耽酒,宿习犹存为爱诗。别有一条差自慰,术苗芎苗正离离。

卢祖皋《卜算子》:

　　双鬟晚风前,一笛秋云外。木叶飞时看好山,山亦于人耐。意到偶题诗,饮少先成醉。笑折花枝步短檐,此意无人会。

两诗(词)都用了"木叶",但毫无悲凉之感、叹息之声,而是一种欣赏,一种陶醉。

"木叶"本身不等于"黄叶",更不等于"落叶",这在与屈赋无干的文献中看得更清楚。《晋书·儒林传·董景道》:"永平中,知天下将乱,隐于商洛山,衣木叶,食树果。"清代王士禛《池北偶谈·谈异五·水蚕》:"吾乡山蚕食椒、椿、檞、柘诸木叶而成茧。"徐迟《"不过,好日子哪天有?"》:"这自己的房子,处在一个山坡上,入夜以后,淹没在墨绿的木叶中。"——能作"衣"遮体的叶子,能养蚕成茧的叶子,总不会是枯黄的吧?当代诗人更干脆用"墨绿"来修饰"木叶"了。

再次,为什么除了"木叶",一般说到"树叶"时常常只用一个"叶"字?林先生还是强调"木叶"与"树叶"的不同,以为大凡只用一个"叶"字的,都是"树叶"之省,而这里的"树"就意味着繁茂,"木"本身则仿佛就"含有一个落叶的因素"。事实并非如此。如:

北朝民歌《紫骝马歌词》:高高山头树,风吹叶落去。
王禹偁《次韵和仲咸送池秀才西游》诗:夏课诗成又旅游,离离秦树叶惊秋。
晏殊《少年游》词:重阳过后,西风渐紧,庭树叶纷纷。

这里都用的是"树"字,而仍不免"风吹叶落去",仍是"惊秋"而"叶纷纷"。

再说,单用一个"叶"字,怎么就见得一定是"树叶"之省而不是"木叶"之省呢?如:

南朝梁沈氏《晨风行》：风弥叶落永离索，神往形返情错漠。

李端《卧病寄苗员外》：月明应独醉，叶下肯同仇。

上官昭容《彩书怨》：叶下洞庭初，思君万里余。

陈与义《居夷行》：洞庭叶稀秋声歇，黄帝乐罢川杲杲。

既是"叶落""叶下"，此"叶"是"树叶"还是"木叶"？"叶下洞庭""洞庭叶稀"，显系本于屈赋，按林先生的思路，此处是不应该省去"木"字的，但实际是省了。说到底，是用"叶"还是用"木叶"，其实只是根据音节的需要：此处只能是一个单音节，就用"叶"，需要双音节，就用"木叶"，并不存在更多的"奥妙"。

再说"高树"与"高木"。林先生以为"'高树'则饱满，'高木'则空阔"。"高木"与"高树"果然有这样的区别吗？事实是，或"饱满"或"空阔"，与用"树"用"木"没有必然的联系。说"高树"不一定"饱满"。例如冯延巳《醉花间》词：

晴雪小园春未到，池边梅自早。高树鹊衔巢，斜月明寒草。

这是雪后初晴、春天未到、喜鹊衔枝筑巢之时，此时之树岂不疏朗空阔？再如柳宗元《早梅》诗：

早梅发高树，迥映楚天碧。

早梅之树又岂能"饱满"？如释保暹《重登文兆师水阁》诗：

> 高树下残照，寒潮平远山。

"寒潮""残照"映衬下的"高树"也该不是"饱满"的样子吧？说"高木"也不一定"空阔"。例如曹松《岭南道中》诗：

> 半川阴雾藏高木，一道晴蜺杂落晖。游子马前芳草合，鹧鸪啼歇又南飞。

这写的是春末夏初之景，此时的"高木"该不会"空阔"。张耒《劳歌》：

> 人家牛马系高木，惟恐牛躯犯炎酷。

这里说的是大暑天，此"木"更不会"空阔"。再如：

> 虽有柴门长不关，片云高木共身闲。（陈羽《戏题山居二首》）
> 钟动栖鸟惊，啼上最高木。（许秋史《光孝寺》）
> 高木宿禽来远岳，古原残雨隔重城。（刘沧《题书斋》）

这些"高木"都不是"空阔"的形象。

最后，说一点方法论的问题。我们平时强调，在解读鉴赏诗文时，要坚持"词不离句，句不离篇"的原则，这无疑是正确的。就以该教材在同一单元所选的朱光潜先生的《咬文嚼字》来说，

"你是没有骨气的文人"之例涉及的是一句,《史记》李广射虎一例涉及的是一段,"僧敲月下门"一例则涉及全篇。如果离开具体的句、段、篇,单说"是"与"这","简"与"繁","推"与"敲",孰优孰劣恐怕就难以评定了。今先生此文,不但离开句篇而单提"木叶",且舍"叶"而单讲一个"木"字。其所感所思,从见仁见智的角度说,固然不能视为无谓,但总不免是匪夷所思。

"木叶"作为一整体,不好分而析之。离开了"叶","木"固有"木材"义,且有"棺木"义,甚至引申有"质朴""麻木"等义项。但"木"一旦与"叶"组合起来,它与"木材""棺木"就毫不相干了。还以"木"字的组词来说。"木末"就是"树梢"。如:

采薜荔兮水中,搴芙蓉兮木末。(《九歌·湘君》)

"木汁"是"树木的汁液"。如:

木汁为酢(醋)。(《隋书·东夷传·琉求》)

"木皮"就是"树皮"。如:

胡貉之地,积阴之处也,木皮三寸,冰厚三尺。(《汉书·晁错传》)

"木芽"就是"草木的嫩芽"。如:

行掇木芽供野食,坐牵萝蔓挂朝衣。(白居易《酬李二十侍郎》)

"木实"就是"树木的果实":

《诗》曰:"木实繁者披其枝,披其枝者伤其心。"(《战国策·秦策三》)

"木子"也是"木本植物的果实":

食木子而得全。(《北史·序传》)

这些词语都含有"木"字,而仍然有"汁"有"芽"有"皮"有"果实",这里绝没有"木头""木料""木板"之类的影子。反之,"木店"——木材店,非"卖树之店";木匠——加工木料的匠人,非"栽培树木之人";"木作"——木匠的工作处所,非种树的作坊:这些又都与鲜活的树木没有直接关系了。

更重要的是,"木叶"离开相应的句子、篇章,它就只是一个名词而已,词典的解释就是"树叶";只有进入某种语境,作为语境的一个组成部分,它才可能获得一般概念之外的指向性、暗示性。这已是文艺鉴赏的一般问题,兹不赘述。

诸葛亮《诫子书》通解[*]

一、字句通解

夫君子之行,

一般把"君子之行"看作偏正短语,把"行"看作名词,义为"操守、品德"。而这样解读,与下面的句子难以衔接。"行"可以看作动词,其义原有"行走""运行""做"等项,这里可以理解为"为人""立身处世";"之"的作用是取消主谓结构的独立性。这句话翻译过来就是:君子立身处世——接下来讲应该怎么做,就自然地衔接起来了。

静以修身,

要"立身处世"就必须"修身",而"修身"必须"静"。这是

---

[*] 本文原载《中学语文教学》2017年第3期。

回答"君子"应该如何"立身处世"的话。静,其义重在"不动"——是凝神静气、专注不移的沉着、淡定,是咬定青山不放松的坚持、坚定。"身"原本是一个象形字(𠂤),义为怀孕在身,怀孕则躯体突出,后即专指人的躯体,进而引申出"自我"之义,身先士卒、以身作则等成语中的"身"都是此义。修,从"攸"从"彡(shān)"。攸(攸),字形是以水洗身,本义是洗沐修治,古人于春秋佳日临流洗沐以祓除不祥,这种活动叫"修禊(xì)",这里就有"攸"的本义在;彡,是"光彩"的象形。合起来看,"修身"就是通过调治、整治而使自身完美有光彩——这固然指外在的形象,而更重内在的修养。

而"修身"为什么需要"静"呢?这得从"修身"的目标与历程说起。根据儒家经典的说法,"修身"要从"格物致知"起步,"物格而后知至,知至而后意诚,意诚而后心正,心正而后身修"(《大学》)。格物致知,就是研究天下形形色色的事物,探求其中的所以然——规律,法则。这里的"知"就是对事物规律的认知,对客观真理的把握。这岂是一朝一夕所能达到的境界!而必定有了这一步,才能"意诚"——不欺人亦不自欺,才能进一步"心正"——心地纯正,不偏不私。做到"心正",才算是完成了"修身"的功夫。没有坚定的意志,没有专注的精神,是达不到这种境界的。

俭以养德,

要"立身处世"就必须"养德",而"养德"必须"俭"。其实,

"养德"也就是"修身"。德（德），从"行"省，"行"表示四通八达的道路；从"直"，"直"是眼睛上加一竖线，表示目光向正前方看；从"心"，"心"表示心胸的坦荡，也表示发自内心。"德"的本义是看清道路的方向，没有困惑迷误，沿大道坦然直行。俭，《说文·人部》："俭，约也。"本义为思想行为上能约束节制自己。"夫子温良恭俭让以得之"（《论语·学而》），"晋公子广而俭，文而有礼"（《左传·僖公二十三年》），其中的"俭"都是此义。后"俭"多与"奢"相对，重在物质生活上约束自己而不奢华。这一句与"静以修身"互解，应该合起来理解："修身""养德"，既要"静"又要"俭"——"静"是从内心说，"俭"是从客观说：之所以要"俭"，是因为客观世界存在着诸多不良诱惑，诸如异端邪说，锦衣美食，声色犬马，等等，使你不能"静"，所以要"约束"自己，"节制"自己。

非淡泊无以明志，

淡泊，就是不贪名利。这正是"静"与"俭"的结果，是"身"真正"修"的表现。明志，一般解读为"表明自己崇高的志向"。有没有志向，有什么样的志向，是自己内心的事，为什么要"表明——表示清楚"呢？要向谁"表明"呢？为什么"表明"志向还需要"淡泊"呢？似乎不通。明，日月朗照之义。日月之行，严格而明确，绝无含糊，永不更易，所以"明"有"严明"之解。用在"志"上，就是严格明确，恪守不移。这里的"志"指什么？根据儒家理念，就是"齐家，治国，平天下"（《大学》）。

还要注意的是,这里用的是双重否定句。如果仅说"淡泊明志","淡泊"似乎就成了"明志"的充足条件;而说"非……无以……",则明确"淡泊"为"明志"的必要条件,强调的是它的必要性。

非宁静无以致远。

此句与"非淡泊无以明志"句互解。宁静,也是意含"静"与"俭";致远,字面是说"到达远方",这里指"实现远大的理想"。与上句合读就是:如果没有"淡泊""宁静"的修养,就不可能"明志",更不可能"致远"。

夫学须静也,才须学也,非学无以广才,非志无以成学。

这几句讲一个"学"字,为什么要"学",怎样才能"学"好。为什么要"学"?"才须学也,非学无以广才"。儒家讲究"修身",但"修身"并非只为了"独善其身",其更深远的目标是"入世",是奉献社会,是"齐家,治国,平天下"。要完成这样的社会重任,只凭一颗善良的心是不行的,必须具有所需的才能。而才能从何而来?来自于"学"。我们理解这个"学"字,固然指"读万卷书",也应包括"行万里路"。诸葛亮"每自比于管仲、乐毅",可见其才之卓异。他的才是怎么来的?他一方面躬耕南阳,苦读研修,一方面与以刘表为代表的政治圈子,以庞德、司马徽为代表的文化圈子保持密切的联系。尽读天下书,全知天下事，这是他的成才之路。而"学"又离不开"静"与"志"的保障。心不"静"，就学不进去。《大学》有言："知止而后有定，定而后能静，静而后能安，安而后能虑，虑而后能得。"志不坚，就难以持久。

> 淫慢则不能励精，险躁则不能治性。

上面从正面讲"淡泊"，讲"宁静"，这里再从对面讲，以尽谆谆之意。淫慢，或释为"沉湎、怠惰"，或译为"过度享乐和怠惰散漫"，都欠贴切。在这里，它与"淡泊"相对。淫，不是"过分"，而是"奢华、浮华"之义。《汉语大词典》列此为义项，书例有《礼记·儒行》："儒有可亲而不可劫也……其居处不淫，其饮食不溽。"扬雄《法言·吾子》："诗人之赋丽以则，辞人之赋丽以淫。"慢，也不是"怠惰散漫"。《中华大字典》注："慢，漫也。漫漫心无所限忌也。"据此，"淫慢"就是奢华而不知限忌，正是"淡泊"的反面。"励精图治"是一成语，说"励精"就隐含着"图治"，而所谓"图治"，就是"致远"。险躁，或释为"冒险急躁"，或译为"轻险冒进、妄为急躁"，也不甚贴切。在这里，它与"宁静"相对。险，不是冒险，而是轻薄，《中华大字典》有义项为"薄"；躁，不是急躁，而是浮躁不安，《汉语大词典》有义项为"动乱，不安定"，又"躁心"——心情浮躁。险躁，就是浮躁不安，正是"宁静"的反面。治性，即"冶性"，也就是修身养德。这两句互解，合起来解读就是：淫慢、险躁，就不能励精，也不能冶性。

年与时驰，意与日去，

这两句讲"少壮不努力，老大徒伤悲"的道理。年，指人的寿命；时，指时光岁月。所谓"年不可举，时不可止"（《庄子·秋水》），"年"与"时"就分指寿命与时光。驰，本义为车马疾行，引申为急速运行、迅速流逝之义。与，义为"随着"。意，是"意志"，指修齐治平的志向；日，与"时"同义；去，是失掉，消失。人的寿命随着时光迅速流逝，这一句讲的是无可奈何的规律，任何人都无所逃遁的；如果你的人生志向也随着时光流逝，这一句讲的是假设条件，下面就说出可能的恶果。

遂成枯落，多不接世，

这两句承上所设的条件，具体说出可能的后果。遂，最终。枯，干枯，枯萎；落，凋落，衰败。"枯"与"落"，一从"木"，一从"艹"，本义都是说草木的凋零衰败，这里用其比喻义，是说你的人生就会像枯萎凋零的草木一样——多不接世——（这样的人再多）也于事无补。"多"字，或不注不译，或释读为"大多"，似未妥。多，就是数量多；"多不接世"是紧缩的让步复句，相当于"即使……也……"；接，义为"合"；世，义为"社会"——指社会的需要。

悲守穷庐，将复何及！

这是进一步讲"年与时驰,意与日去"的后果。既然不能"接世",那就只能"悲守穷庐"了;到这时候再后悔,"将复何及"——还怎么来得及呢!

二、逻辑统理

这篇《诫子书》的大意,无非是希望儿子能成长为一个"君子",而要成为"君子",就得要"修身",能"致远",而要"修身""致远"就必须"淡泊""宁静"。有人把"学习"与"修身"看作是两件事,是没有弄明白二者之间的逻辑关系。

全文立论的前提是"君子之行"——希望自己的儿子成为"君子"。"君子"一词《论语》中出现107次,《孟子》中出现82次,毫无例外都是指在位者或有德者。而要成为"君子",就必须行"大学之道"——学习"穷理正心,修己治人"的学问。这种学问的根本或曰"枢纽"就是"修身",所以文章从"修身(养德)"入手,指出"修身(养德)"之道在于"静"与"俭"。而"修身"并非人生的终极目标,终极目标是"明志""致远",也就是"接世(用世)",其具体任务就是"齐家,治国,平天下"。这是第一层的内容。接下来转到"学",因为"修身"需从"格物致知"开始,格物致知就是"学",这是一个艰苦的过程,所以必须"静"而有"志",切忌"淫慢"与"险躁",否则将学无所成,当然也就无法真正地"修身""致远"。这是第二层。最后针对儿子年幼的特点,告诫他如果不能坚定意志、珍惜时间,就会导致"悲守穷庐"的后果。

既高悬标的，又指引途径；既正面引导，又反面儆戒，似乎有些反复唠叨，但于此正可以看出一个既慈且严之老父的苦心，令人敬佩而感动。

三、白话串译

儿啊！我希望你成为一个真正的"君子"！而一个人要能以"君子"的形象立身处世，就要不断地修养自己的德行，提高自己的本事；而这修身养德的功夫必须聚精会神、坚定不移，从另一方面说，还要严格检束自己，自觉抵制外界的各种不良诱惑。儿啊！修身养德，并不是作为"君子"的终极目标，作为"君子"，还要有远大的志向，要能成为国家的栋梁！要做到这一点，仍然需要淡泊名利，坚定执着，否则，你的志向就会迷失，理想也无法实现。儿啊！要修身养德，要明志致远，必得学习——从格物致知开始，只有通过认真艰苦的学习才能增加自己的才能，而学习的过程当然离不开精神的贯注、意志的坚定。追求奢华，不严格检束自己，就不能修身养性，更难以励精图治。儿啊！人的生命是有限的，它每天每时都随着时光在迅速流逝。如果你放松了对自己的要求，消磨了自己的志向，最终就会像枯萎凋落的草木一样，对于国家社会来说，就是一堆废物，你就只能困守在破旧的屋舍之内，过凄苦悲惨的日子。到那时你再后悔，哪里还来得及啊！

陶渊明《归园田居》（其一）注、析、译[*]

少无适俗韵，性本爱丘山。

少：年轻时。俗：世俗，不仅包括"官俗"，也包括"民俗"，扭曲人格的尊卑上下，虚情假意的礼尚往来，庸俗，低俗，鄙俗。韵：本指悦耳的声音，引申指人的风度、气派。性：人的本性，生而就有的气质、性格。丘山：代指大自然。爱丘山，因为在山水花木之间，没有世俗的束缚与搅扰，可以放飞自由的灵魂，尽情享受勃勃生机的快乐。

误落尘网中，一去三十年。

落，又作"入"。"入"有主动意味，"落"则本非意愿所在（如"落得这般下场"）。尘网：世俗之网。世俗的种种礼仪、规矩，本不愿为而不得不为的种种杂务，就像一张网，使人不得自

---

[*] 本文写于2020年9月17日，未刊稿，曾发于作者的微信公众号"王俊鸣老师"。

由。三十年：指离开故居的时间。这里的"去"字与"归"字对言，"去"就是离开，"归"就是回到原处。"园田居"为其乡下故居；生活在故居，类同于在"丘山"，可以自由自在，无拘无束。而大约在25岁时，诗人为了谋生而迁居到浔阳城，直到55岁才重返故居，正是三十年。组诗之四有"一世弃朝市，此语真不虚"之句，"一世"就是三十年，可参证。人生几何，"一去"竟达"三十年"之久，感慨良深。

羁鸟恋旧林，池鱼思故渊。

两个比喻。言自己之思恋故居，就像鸟恋旧林、鱼思故渊。羁鸟，被束缚的鸟，可以理解为"笼中鸟"；池鱼：被养在人工池塘中的鱼，而自己三十年的处境就像那失去"旧林""故渊"的鸟与鱼，何等郁闷，何等苦恼。

开荒南野际，守拙归园田。

两句收住第一层，核心是一个"归"字。两句倒装：为了守住自己的天性而回归园田居，开始过开荒自耕的日子了。守拙：远离官场，清贫自守，也即守住自己的自然本性。

方宅十余亩，草屋八九间。

接下来，第二层写"居"。对象指示语：宅。"十余亩"，指宅院之面积，不是农田。从文理看，两句对偶，"方宅"与"草屋"对言，都是偏正结构的名词性词语。方：方正，不偏不斜。强调宅院之方正，或许有某种象征意义。教材因袭旧注，谓"方宅十余亩"是"宅子四周有十几亩地。方，四周围绕"。这种解读，既不合文理，也不合事理。这样讲"方宅"，显然无法与"草屋"对偶。而上文已经说了，他所耕种的田地在"南野际"；组诗之三还说"种豆南山下"，这都是明明白白的。再说，宅院在街巷之中，左有邻，右有舍，这"十余亩地"又怎么可能"围绕"在"宅子四周"？

　　榆柳荫后檐，桃李罗堂前。

承"方宅"而言。在"十余亩"大的宅院内，有八九间草屋。房屋建筑虽然简朴，但前有桃李，后有榆柳，颇具"田园"风貌。花木繁茂，暗含"暖暖"之意。

　　暧暧远人村，依依墟里烟。

　　上写"宅"，限自家之地；接下来写"村"，扩大范围。"远人村"，论者皆解为"远/人村"，意为远处的村庄，未妥。如果写"远村"，这个"人"字就属多余。且上面写自己的住宅，怎么会突然去写"远村"呢？完全不合逻辑。这是写自己所"居"之"村"。导致误读的原因，大概跟"暧暧""远"两词有关。教材因论者之说，释"暧暧"为"迷蒙隐约的样子"，这自然是远视之象，所以为"远村"。但这是什么时辰的村庄？为什么"迷蒙隐约"？是"傍晚"时分吗？为什么突然写一笔"远村傍晚"之景？这跟自己的生活有什么关系？且下面写"犬吠""鸡鸣"，也绝不是"远村"之状。其实，"暧暧"除了"昏暗"之义，还表示"繁茂"。诗人《祭从弟敬远文》就有"淙淙悬溜，暧暧荒林"之句。上联写"榆柳"，写"桃李"，已透出"繁茂"之意。"远人"为一词（工具书有收录），修饰"村"（"墟里烟"也是"墟里"修饰"烟"，可对义互解），"远"即人情疏远，关系不密切。这个句子应该这样分析：暧暧/远人//村，直译过来就是：树木繁茂而人情淡薄的村庄。这也才和诗人的心境相吻合。

狗吠深巷中，鸡鸣桑树颠。

源自"鸡犬之声相闻，老死不相往来"，表现的是人情淡薄、安详自适的生存状态。犬吠、鸡鸣，也有"鸟鸣山更幽"的效果。

户庭无尘杂，虚室有余闲。

户庭：庭院，院子里，意指对外的交往。尘杂：世俗的杂务。虚室：可以指"空室"，也可以喻指"心境"。《庄子·人间世》有"虚室生白"之说，意谓心中纯净无欲。此处与"户庭"对言，"户庭"既指"对外"，此处应指门户之内的独处，所以意在"屋室"之"虚"。余闲：充分的闲暇自适。余：丰足，宽裕。写"宅"，是"居"的小环境；写"村"，是"居"的大环境。合起来，没有了对外（村中）交往的繁杂事务（"息交以绝游"），自己在家中就可以尽情地享受闲暇之乐了。由写景转为叙事抒情，两句写环境之理想，心境之愉悦。组诗之二曰"白日掩荆扉，虚室绝尘想"可以参看。

久在樊笼里，复得返自然。

樊笼："樊"义为篱笆；"笼"指关鸟兽的笼子，喻指使人受约束而不得自由的世俗。返自然："返"就是"归"；"自然"与"樊笼"对解，指不受约束的自由自在的境地。"久"者，深深叹息也；"复"者，失而复得，终于遂愿也。两句议论抒情，总括全文，照应首层，点明主旨。

意译如下：

年轻时就讨厌世俗，没有所谓的风度、气派讨人喜欢，
天生的性格就是这样，在我的故居，享受那山水林泉。
人生真是无奈，再怎么也不能让妻儿啼饥号寒，
步入世俗去游历、去求官，算来离开故居足足三十年！
就像笼中的鸟儿依恋曾经自由飞翔过的丛林，
就像池中的鱼儿思念曾经任意嬉游过的深潭，
在尘世的罗网中痛苦挣扎，哪一天不思念我的家园。
终于回到了我的园田居，从此躬耕自给，守住人性的本然。

这老宅方方正正，不斜不偏，面积总有十余亩，
建筑不多，简朴的草屋也有八九间。
屋子后面，有榆树、柳树，枝繁叶茂，浓荫匝地，
屋子前面，有桃树、李树，花开时节，争芳斗艳。
整个村子都覆盖着繁盛的林木，而人与人很少牵连，
人情淡远，你只看得见一处处袅袅的炊烟。
深邃的街巷里，声声犬吠，传递着彼此的心愿，
栖息在树上的雄鸡，高唱着召唤它的家眷。

在这样村庄，在这样的宅院，邻里间
没有世俗杂务的烦扰，宁静的室内有足够的清闲。
在世俗的囚笼中困扰得实在太久太久，
终于回到我的故居，终于可以让我的天性再度舒展。

《师说》的解读与教学[*]

一

韩愈的《师说》，读过，教过，也为文讲析过。难是有点难，但也未见得比其他文言篇目难到哪里去。但，拜读了徐江和邓思庆两位先生的大文后（徐文见《中学语文教学》2016年第1期，题为《〈师说〉之"说什么"与"怎样说"》，邓文见《中学语文教学》2016年第5期，题为《也说〈师说〉之"说"》），不免也要叹息"读懂颇难矣"！不过，笔者以为，除了文本本身的因素，这个"读懂颇难"的"难"，实际来源于两个方面：一是常识的缺乏；二是有意背离常识而求新求奇，把常识问题玄虚化，把简单问题复杂化。于是你不说我还明白，你越说我越糊涂。

作为语文教师，我们读《师说》，需要有两个层面：一是解读，就是自己先要把文本弄明白；一是教学，读懂以后，再以教师的眼光研究一下文本在教学中的价值。所谓"弄明白"，需

---

[*] 本文原载《中学语文教学》2016年第5期。

要解决的问题不是两个而是三个，即除了"说了什么""怎样说的"，还要明白作者"为什么说"。所谓教学价值，分为阅读教学的价值和写作教学的价值。这两者有联系又有区别，在教学过程中目标要明确，不可懵懵懂懂，明明上的是阅读训练课，却又跑偏去说学习写作，结果阅读能力没有提高，写作训练也没有落实。这都是常识。

二

现在来谈《师说》的解读。

为什么强调要弄明白作者"为什么说"呢？因为这不仅涉及对文本的解读，还涉及经常遇到、用到的两个概念：论点与主旨。这是同一个概念，还是有区别的两个概念？徐先生显然视之为同一者。"一说到'论'之主旨，或者'论点'"，"《师说》文章主旨（或者说论点）"，这就是徐先生的用语。但常识告诉我们，这两个概念是有区别的。叙事类文本，所叙之事是其内容，而通过所叙之事所表达的"意思"，就是其"主旨"。就议论类文本而言，其所持观点、主张以及对此观点、主张的阐释、论证，是其内容，而它提出此一观点、主张的意图、目的，就是"主旨"。比如，贾谊《过秦论》的论点是秦之"过"为"仁义不施，而攻守之势异也"，而其主旨是劝谏汉王朝统治者吸取秦亡之教训，要以仁义治国。苏洵《六国论》的论点是"六国破灭，非兵不利战不善，弊在赂秦"，而其主旨是警告北宋统治者不要采取妥协苟安的外交政策。至于韩愈《马说》，其论点与主旨更不能混为一谈。当然，由于某些特殊原因，有的文本其论点与主旨是合一的。比如教材中的《寡人之于国也》，孟子面对梁惠王提出自己的主张并加以阐释，其论点也就是其主旨。

那么，《师说》的论点与主旨是合一的还是有区别？余谓有区别。其论点就是开头第一句："古之学者必有师。"其主旨体现在尾段，即为表扬李蟠能行"古道"——儒学之道，从师之道——而作。当然如果仅仅为此一人，耳提面命即可，大可不必见诸笔墨。实际上，作者的用意是面向全社会提倡师道，从而使儒家道统得以延续和发扬。

徐文说："曾有很长一个时期人们把它（即文章开头句）看作该文的论点，想来现在已无人再这样说了。"徐先生的"想来"又错了：清初文人吴楚材、吴调侯编选《古文观止》，在这句后面批云："一篇大纲领，具在于此。"这就是肯定此一句就是文章的中心论点。笔者也一直把它看作该文的论点，至今不悔。韩愈之所以不以"学者必有师"立论，而偏说"古之学者"，理由很简单，因为他是复古主义者：文章要复古，这就是搞"古文运动"；思想道德要复古，这就是要恢复孔孟儒家道统。自然，要倡导师道，也就拿古人说事。而有人之所以否认它是该文的论点，原因有二：一是觉得说"古之学者必有师"，这不是作者行文的意图、目的，所以不是论点。这是把"论点"与"主旨"混为一谈的结果。二是由于未能厘清这一句与后面诸段文字的逻辑关系，也就是未能厘清论点与对其展开阐释之文字之间的内在联系，于是就另谋"出路"。

三

当然，要解决这个问题，还是要回到常识。

论点，是一种确定的观点、主张，其表达方式必须是一个能表达确定意思的句子。而论点提出后，要加以阐释，阐释一般有三个角度：是什么，为什么，怎样做。比如你提倡友谊，说"友谊是人生幸福的重要因素"。你在阐释的时候，就有三个角度：使人幸福的友谊是什么（或什么是使人幸福的友谊）？为什么要追求这样的友谊？怎样做才能获得这样的友谊？当然，一篇短文，不可能面面俱到，而要根据主旨，重点阐释其中一点或两点。像苏洵《六国论》就只从"为什么"的角度展开论述，而鲁迅《拿来主义》则把"为什么"和"怎样做"两面都阐释得很鲜明。《师说》在提出"古之学者必有师"这个论点后，正是从"为什么"和"怎样做"两个角度展开论述的，"古之学者"为什么"必有师"？他们是怎样择师而从的？

　　阐释论点，就要展开，展开的方式要根据内容而定。《拿来主义》要回答两方面的问题，先回答"为什么"，再回答"怎么做"。而具体在回答某一方面的问题时，展开方式常见的有三种。一是用分论点，如苏洵《六国论》。二是用逻辑推理，如鲁迅《拿来主义》。三是直接运用多种论证方法，诸如理证法，例证法，引证法，反证法，对比法，喻证法，等等。"文革"刚结束时，有一篇在拨乱反正的舆论引导中起到巨大作用的文章，题目是《实践是检验真理的唯一标准》。标题就是论点。其重要部分的阐释就是用多种论证方法：先引用马克思的话，再引用毛泽东的话，并结合引言进行事理分析，证明"正是实践，也只有实践，才能完成检验真理的任务"。然后，又用"科学史上的无数事实，充分地说明了这个问题"一句过渡，转入举例论说。三种方法把论点阐释得充分而有力。

《师说》的阐释是怎么展开的呢？它没有把"为什么"和"怎么做"两个问题分而论之，而是直接用多种论证方法，把两个问题融会到每一种方法中去。

四

在提出"古之学者必有师"这个论点之后，作者用了三种论证方法展开论证，每种方法中都回答着"为什么"和"怎么做"两个问题。

第一，理证法，即讲道理，讲逻辑。"师者，所以传道受业解惑也。"这句话一般翻译为：教师，就是用来传道授业解惑的。这有点问题，讲师道，本有两个角度，一是从教者说，一是从学者说。既曰"古之学者必有师"，明确了从学者入手的角度，怎么接下来就转为教者角度了呢？对此，吴小如先生有所校正。他注意到"受""授"二字的区别，说道："盖承首句'古之学者'言之，言学者求师，所以承先哲之道，受古人之业，而解己之惑也。非谓传道与人，授业于人，解人之惑也。"（《古文精读举隅》，山西教育出版社1987年版，第202页）这就把求师、从师的意义概括出来，从原则上回答了"为什么"要从师的问题。接下来是对这句话的解释：人生而有惑，不从师则惑不得解。而既然从师为了"师道"，那么当然是"道之所存，师之所存也"。这就自然回答了第二方面的问题：怎么择师。

第二，反证法，通过对比着重从反面，即从"不从师"之害、之因来讲"为什么"要从师的道理和以何人为师的标准。这一部分分为三层，层层递进。（吴小如：《古文精读举隅》，第204—205页）第一层，扣住论点中"古之学者"的话头，拿"古之圣人"与"今之众人"对比，说明"圣益圣""愚益愚"是由于前者从师后者耻师。第二层，深入一步，拿有些人对孩子与对自己不同态度的对比，批评他们"小学"而"大遗"的不"明"。前一层只说到"耻学于师"，这一层就说到他们"耻学"的原因：已是大人了，再谦卑求教会让人看不起。第三层，再进一步，以巫医乐师百工之人与士大夫对比，批判他们计少长、论贵贱而耻于从师的恶习。这后两个层次，不仅回答着"为什么"要从师，也间接回答着"怎么择师"的问题：不能分少长，更不能论贵贱，还是道之所存，师之所存也。

作者这样着重从反面来论证，而不是从正面回答为什么从师、怎样从师的问题，与他的主旨有关：他要倡导"古道"，必须扫荡时下耻于从师的歪风和不知何者为师的愚昧，这样的写法才是一箭双雕。

第三，例证兼引证法，举引孔子之言行，还是扣住论点中"古之学者"的话头；且以孔圣人的言行为证据、为榜样，既回答着"为什么"要从师也回答着"怎样"从师——弟子不必不如师，师不必贤于弟子，还是道之所存，师之所存也。

结尾亮明主旨，此不再赘言。

这样看来，此文论点鲜明，论证充分，逻辑严谨，很有说服力，也很有鼓动的力量。

五

　　这样解读《师说》，很难吗？而一旦否定首句为论点，难就开始了。这一句不是论点，那本文的论点是什么呢？有人说是"无贵无贱，无长无少，道之所存，师之所存也"。这显然是抓住论点的一面（怎样做）而忽略了另一面（为什么）。有人说"教师的职能是'传道受业解惑'"，这更是完全无视文本内容的臆说，因为全文根本不是围绕"教师的职能"展开论述的。

　　邓思庆先生的见解更干脆："有必要去懂什么中心论点？"不去管中心论点，等于说此文没有中心论点。这当然与常识不合。没有中心论点，那韩愈都说了些什么呢？邓先生说，韩愈打出了三面"大旗"：第一面，"是故无贵无贱，无长无少，道之所存，师之所存也"。第二面，"是故（从师者）圣益圣，（耻师者）愚益愚"。第三面，"是故弟子不必不如师，师不必贤于弟子，闻道有先后，术业有专攻，如是而已"。这第一与第二是同意异说，即用不同的语言表达着相同或相近的意思，第二条则只是在说不从师之弊，与另两条根本不属于一个层面。

　　徐江先生另辟思路，他否定"古之学者必有师"一句为中心论点，而创立一个"主旨段"（大概不好说"论点段"，故用"主旨"称之。殊不知这样已然混淆了"论点"与"主旨"的概念），并从中概括出三条要旨：①"师者，所以传道受业解惑也"；②"去惑必从师"；③"凡有道者皆吾师也"。徐先生对此颇为得意，而且指斥当下语文教学"很少有教学者如此去概括要旨"。除了概念混淆之外，就其三条要旨而言，也颇有可疑之处。这三条是什么关系？"师者，所以传道受业解惑也"一句，其中"师"字不好讲成名词，而是动词，是"有师"之义，他是从整体上回答"为什么"要从师的问题，后面两条不过是对上句的解释和推导，怎么能说成是并提的三条呢？

在分析论证过程时，徐先生也是抛弃大家熟知而且有用的常识，另拟出"符合说""相融说""实用说"三原则、三标准。后面忽而又离开阅读而跳到写作，提出"三步推论论证法"——前提步，问题步，结论步。其实，这不过是一种三段论，除了花哨的名词概念，并没有什么实质性的新意。而徐先生接着又道："当下的问题是，每位语文老师要努力做'懂写作之道'的教者！"从"三要旨""三原则"到"三步推论论证法"，如此多的"三字经"，不但没有使《师说》变得更容易读懂，反而把人打入五里雾中了。

六

现在回到教学上来。

一篇教材，是从阅读的角度处理，还是从写作的角度处理，这是要想明白的。徐、邓二位在这点上似乎都还有些模糊。从阅读的角度处理教材，就是要从教材中发掘阅读教学的价值。其价值有三：积淀知识，训练能力，汲取情思，而以训练、提高文章解读能力为核心。

单说能力训练一方面。就《师说》而言，首先可以用来训练宏观（整体）把握文本的能力，从论点的确认到论证的内在逻辑，都是很好的训练项目。微观方面，可以用来训练的"点"也不少。比如，"古之学者必有师"句中之"有"字该怎么理解？徐先生在绕了一个圈子之后，给出的答案是"存在"，而且说"学者必有师"就是"学者存在必有老师存在"。这不能说完全不对，但不够严谨，也不够贴切。"学者存在必有老师存在"吗？不一定，不是有自学成才的吗？把学者与教者看成两个客观"存在"，那他们是怎么联系在一起的？还是不好说。其实，"有"字，除了占有、存在的意思，还有"取""爱"之类的义项，这不用高深的训诂知识，查查工具书就可以知道。"取"者，"求"也；"爱"者，亲也。也就是说，这里的"必有师"，是说一定去求师、亲师，这才把二者联系在一起，而且突出了"学者"的积极态度。

再比如，前面说"传道受业解惑"，而接下来只说"传道""解惑"，而不见那个"业"字，是不是作者的疏漏？其实这是用了借代的修辞手法，本来，"传道受业"都是指学习的内容，而"解惑"是解"传道""受业"过程中的惑，所以，说"传道"可以把"受业"包括在内。

再比如，文中所谓"道"是指六艺经传所代表的儒家之道，这没有难度。但文中之"业"又指的什么呢？文中有答案吗？有。答案就在例证兼引证的一段里。其中说："孔子师郯子、苌弘、师襄、老聃。"文下注解是：郯（tán）子：春秋时郯国（今山东郯城）的国君，孔子曾向他请教过少皞（hào）氏（传说中古代帝王）时代的官职名称。苌（cháng）弘：东周敬王时候的大夫，孔子曾向他请教古乐。师襄：春秋时鲁国的乐官，名襄，孔子曾向他学习弹琴。师，乐师。老聃（dān）：即老子，春秋时楚国人，思想家，道家学派创始人。孔子曾向他请教礼仪。这就明确了：请教官职名，学习弹琴，请教礼仪，既有知识，又有技能的操作，这不都是"业"吗？再比如"今其智乃反不能及，其可怪也欤！"这个"其"指谁？句末有的用叹号，有的用问号，你觉得哪种更好？为什么？等等。

每位教师都可以根据自己对文本的解读和自己学生的状况做出选择。这种训练点，一定是"难点""疑点"，有时似乎既不难也无可疑，教师就要发挥一点"于无疑处生疑"的本领了。这就是教学，这就是阅读教学。卑之无甚高论，谨以此就教于大方之家。

大鹏鸟在庄子笔下是正面形象吗？ *

——《逍遥游》释疑

一、庄子是在歌颂大鹏鸟吗？

北冥有鱼，其名为鲲。鲲之大，不知其几千里也。化而为鸟，其名为鹏。鹏之背，不知其几千里也，怒而飞，其翼若垂天之云。是鸟也，海运则将徙于南冥。南冥者，天池也。

《齐谐》者，志怪者也。《谐》之言曰："鹏之徙于南冥也，水击三千里，抟扶摇而上者九万里，去以六月息者也。"野马也，尘埃也，生物之以息相吹也。天之苍苍，其正色邪？其远而无所至极邪？其视下也，亦若是则已矣。

读此一段文字，自古至今，多以为庄子是在歌颂大鹏鸟，大鹏鸟在庄子笔下是一个正面形象。晋代郭象："夫小大虽殊，而放于自得之场，则物任其性，事称其能，各当其分，逍遥一也，

---

* 本文写于 2020 年 7 月，未刊稿，曾发于微信公众号"王俊鸣老师"。

岂容胜负于其间哉!"(《庄子注》)——这是肯定大鹏鸟是逍遥者,当然属于正面形象。清代学者浦起龙曰:"假像而谈,化机飞动,觉逍遥意境,遊字精神,洋洋活现,全为至人、神人、圣人写照。"(《庄子钞》)——这是干脆把大鹏鸟看作至人、神人、圣人的化身了。然而,这种解读很难与庄子的人生哲学相吻合,也与文本自身的理路相矛盾。庄子所追求的人生理想境界,就是本文所说的"无己""无功""无名",也就是虚静无为,安命自保,精神自由。而大鹏鸟"怒而飞""徙于南冥"之举,不但是"有为",简直是在拼命冒险。"其视下也,亦若是则已矣。"这是一句重要的"情态语",明确表示出作者的评价与态度:它奋力而飞,达"九万里"之高,然而这有什么意义呢?它连大地的一点真相都看不到——不过像人从地面望天空,茫茫一片而已。为什么一定要"徙于南冥"?那里有什么在等待着它吗?要向世界证明自己的本领吗?没有交代,看来似乎是为"徙"而"徙",甚是无谓。有学者从一个"南"字上做文章:"'南'的含义是多方面的:太阳、光明、自由和家园……'徙于南'是目标,既是对光明与自由的追求,又是对故园的向往和回归。"(陈怡著《〈庄子内篇〉精读》)"南冥"就是"南冥",那是一片汪洋。把"南冥"偷换成"南",然后加以"发挥",这不是读书,而是变魔术。以此教人,其实是把人引向歧途。同一作者还以李白曾以大鹏自比、世人也以大鹏为志向远大(无非建功立业)的代名词证明大鹏为"正面形象"。这倒是很有趣的现象,不过并不能证明庄子之意本如此。读书者,有所谓"作者未必然而读者未必不然"的现象,我们不能以"读者"的"未必不然"来反证"作者"的"未必然"。且"志向远大"云云，不是明摆着在跟庄子唱对台戏吗？

二、论者为什么都置"且夫"二字于不顾？

且夫水之积也不厚，则其负大舟也无力。覆杯水于坳堂之上，则芥为之舟；置杯焉则胶，水浅而舟大也。风之积也不厚，则其负大翼也无力。故九万里则风斯在下矣，而后乃今培风；背负青天而莫之夭阏者，而后乃今将图南。

"且夫"二字，是重要的语篇指示语，是思路脉络的鲜明标志，由此才能更准确地把握作者的理路逻辑。而奇怪的是，译注者诸家都置之于不顾。陈鼓应《庄子今注今译》，方勇评注《庄子》，陈怡著《〈庄子内篇〉精读》，此句译文都从"水如果……"开始。且夫，意为况且、再说，表示进一层的意思，而这所谓进一层往往带有补充说明的味道。如"且夫天下非小弱也"（贾谊《过秦论上》）——前面说强大的秦帝国被一个穷小子迅速地推翻了，实乃咄咄怪事；人们也许会说是不是秦国自己变小变弱了，陈涉才得逞的呢？所以用"且夫"做一顺带性的说明：秦的天下并没有变小变弱。"且夫天下固有意外之患也"（苏轼《教战守》）——前面，苏轼先说先王之道：先王知道军备是不可以放弃的，所以天下虽然太平，也不敢忘记战备。再说历史的教训：由于依腐儒之说而放松军备，致使一个小小的安禄山一旦乘机作乱，唐王朝就不可避免地走向衰亡了。至此，已然把"教民战守"常备不懈的主张阐释清楚了。但犹有未尽，再用"且夫"

之句引出另一层道理：再说天下本来就有意想不到的祸患——愚昧的人看到四面八方太平无事，就认为变故无从发生，这也是不对的。庄子此文，上面对大鹏鸟的作为已然加以否定，这里再用"且夫"引出进一步否定它的道理：它的高举南迁本来就没有什么意义，何况这样的作为还得凭借巨大的风力；如果风力不足，它是飞不起来的，真是何苦来呀！根据这样的文脉，我们可以确定，庄子并不认为大鹏鸟的作为是值得肯定的；其不值得肯定的理由首先是它没有意义，其次是它还得有所凭借。明确了这一层意思，对解读下面的文字至关重要。而论者无视"且夫"一词的存在，不管是有意为之，还是无意为之，在读书人来讲，都不足取。

三、蜩与学鸠为什么"笑"大鹏？

蜩与学鸠笑之曰："我决起而飞，抢榆枋而止，时则不至，而控于地而已矣，奚以之九万里而南为？"适莽苍者，三餐而反，腹犹果然；适百里者，宿舂粮，适千里者，三月聚粮。之二虫又何知？

蜩与学鸠为什么"笑"大鹏？论者几无例外，都以为是因为不明白大鹏为什么要费劲"徙于南冥"，从而对其行为本身持否定态度。看他们对"奚以之九万里而南为"一句的译文就可以确定这一点："何必要飞九万里而往南海去呢？"（陈鼓应），"何必飞到九万里的高空再向南海去呢？"（方勇），"何必要飞九万里到南溟去？"（陈怡）。但这样的解译是错误的。单从句法结构说，"奚以"应连读，是"以奚"的倒文，意思是"凭什么""根据什么"。本文下面就有"奚以知其然也"一句,"奚以"就是"以奚",就是"凭什么""根据什么"的意思。再根据"连义互解"的思路看,在蜩与学鸠质疑之后,作者说的是:"适莽苍者,三餐而反,腹犹果然;适百里者,宿舂粮,适千里者,三月聚粮。"这显然不是在回答"何必(为什么)"的问题,而是在解释"凭借什么"的问题。由此可以断定,蜩与学鸠的"笑",是根本不相信大鹏能高飞九万里而徙于南冥,因为它们自己的生活经验是"决起而飞,抢榆枋而止,时则不至,而控于地而已矣"。连这么短距离的飞翔都难以完成,怎么可能高飞九万里而徙于南冥呢?作者据此而答:就像人的出行,行程愈远,所需糇粮愈多;鸟之飞翔,愈求高远,所凭借的风力愈大。这点道理本不高深,但蜩与学鸠却不明白,所以作者叹曰:"之二虫又何知?"这两个小虫又知道什么呢?

四、"小知""大知",说的是"智慧"吗?

小知不及大知,小年不及大年。奚以知其然也?朝菌不知晦朔,蟪蛄不知春秋,此小年也。楚之南有冥灵者,以五百岁为春,五百岁为秋。上古有大椿者,以八千岁为春,八千岁为秋。而彭祖乃今以久特闻,众人匹之。不亦悲乎!

也是几无例外,论者都把"小知""大知"之"知"解读为"智"。陈鼓应:"小智不能比匹大智";方勇:"小智不能了解大智";陈怡:"小的智慧不了解大的智慧"。大鹏之高举南翔,是"智慧"的表现吗?在庄子看来,恐怕恰恰相反。蜩与学鸠嘲笑大鹏，也不是缺乏智慧，它们与大鹏的区别只是志向有大小，追求有远近。所以，"小知不及大知"，说的是志向短浅的与志向高远的，彼此难以互相理解、互相沟通。这句话既是总上，更是启下，与后面的"此小大之辩也"一句遥相呼应。"知"者志也，这在工具书中是列为专门义项的。《汉语大字典》："（知）通'志'。志气。"谷衍奎著《汉字源流字典》："（知）志气，抱负。"《故训汇纂》："知犹志也。"再一个问题，本来在说"小知不及大知"，怎么忽然又扯出"小年不及大年"一个话题？高嵣《庄子集评》说得中肯："此节申明蜩与学鸠之笑，盖谓小知不及大知也。借小年不及大年申说，以宾明主。""小知不及大知"，就像"小年不及大年"一样——难以互相理解、沟通。以"小年不及大年""申说""小知不及大知"，就是"以宾明主"。这正是庄子行文的特点，论者赞为"笔墨自恣"（刘辰翁《庄子南华真经点校》），虽不无道理，总是不着边际。

五、斥鷃之笑，同于蜩与学鸠之笑吗？

汤之问棘也是已："穷发之北有冥海者，天池也。有鱼焉，其广数千里，未有知其修者，其名为鲲。有鸟焉，其名为鹏。背若泰山，翼若垂天之云。抟扶摇羊角而上者九万里，绝云气，负青天，然后图南，且适南冥也。斥鷃笑之曰：'彼且奚适也？我腾跃而上，不过数仞而下，翱翔蓬蒿之间，此亦飞之至也。而彼且奚适也？'"此小大之辩也。

此一段文字的内容，看似与第一段基本相同，其实有重要区别。区别就在斥鷃之笑不同于蜩与学鸠之笑。蜩与学鸠之笑,是根本不相信大鹏能做到高举而南翔;而斥鷃之笑,则是认为大鹏之举没有必要,没有价值。蜩与学鸠的问题是"奚以之九万里而南为";斥鷃的问题是"彼且奚适也"——它为什么要远徙南冥啊?而且反复追问:"它到底为什么要远徙南冥啊?"而这种问题的产生是由于斥鷃认为"腾跃而上,不过数仞而下,翱翔蓬蒿之间"就已经是"飞之至也"——飞翔的最高境界。在这里,斥鷃与大鹏的区别很清晰:一个志在高远,一个满足于蓬蒿之间。所谓"小大之辩",不就是志在高远与志在蓬蒿的区别吗?这与"智慧"二字毫不相干。

六、列子的"有待"是"有待于风"吗?

故夫知效一官,行比一乡,德合一君而征一国者,其自视也,亦若此矣。而宋荣子犹然笑之。且举世而誉之而不加劝,举世而非之而不加沮,定乎内外之分,辩乎荣辱之境,斯已矣。彼其于世,未数数然也。虽然,犹有未树也。夫列子御风而行,泠然善也。旬有五日而后反。彼于致福者,未数数然也。此虽免乎行,犹有所待者也。若夫乘天地之正,而御六气之辩,以游无穷者,彼且恶乎待哉?故曰:至人无己,神人无功,圣人无名。

前数段皆以鸟言,以"小大之辩"结住。所谓"小大之辩",意在说大至鲲鹏小至蝉雀,虽然体量有异,而在有志有为方面却是一样的。它们有欲望,有追求,而且为自己的欲望与追求而自得自足。此段由虫及人。第一等人"知效一官",其精神境界与上述鸟虫如出一辙,所以说"其自视也,亦若此矣"。一般论者都把"知效一官,行比一乡,德合一君而征一国"看作并列结构,继续把"知"解读为"智慧"。愚以为不可。"官"是职位,"乡""君(郡)""国"是行政区划,不属于同一范畴的概念,无法并列。此中之"知",还是应解读为"志",如此才能保持文脉的贯通。翻译过来,其意思就是:那些立志效力官场的人,或在乡,或在郡,或在国,谋得一官半职,奉献出自己的德能,而以建功立业自满自足。请注意"其自视也,亦若此矣"的判决,"自视"二字直至指人的内心,指向人的精神世界。如果说上述一类人是自得于"功",宋荣子就是自得于"名"了。他不在建功立业上汲汲以求,但却"定乎内外之分,辩乎荣辱之境"——心有内外,牵挂荣辱,这境界比"知效一官"者看似高出一层,实际还是难免困扰,精神难得自由。再到列子,"此虽免乎行,犹有所待者也"。此一句,论者一般解读为"(列子)虽然能免去步行的麻烦,但却不能无待于风"。有的甚至还与大鹏乘风高翔相提并论:"鲲之化为鹏也,凭野马尘埃而举。列子之为至人也,御风而后行。此皆有所待也。"(王雱《南华真经新传》)"犹有所待者也"——也还是"有所待者也",是像上述诸人一样"有所待也"。而上述诸人并非像"有待于风"一样有待于外物。根据对义互解的思路,这句话应该解读为"还是像上述诸人一样精神有所牵挂呀"。本来"御风而行,泠然善也",为什么不"以游无穷"而"旬有五日而后反"呢?就是因为"有己","有己"则物我相隔,终是难得自由。什么是"无待"的境界?"乘天地之正,而御六气之辩，以游无穷。"天地有正气，变化有规律；融入天地之中，顺应规律变化，无滞无碍，游于四海之外，"彼且恶乎待哉"？而要达到这一境界，唯一的途径就是"无己"——物我合一，无知无欲，不要说荣辱得失，连生死存亡都在所不计。所谓"至人无己，神人无功，圣人无名"，关键是"无己"，"无己"则必然"无功""无名"。——"无"者，无视也，超越也，不计不念也。

余论：中国传统文化的儒家与道家，就像两剂精神的药物。儒学是兴奋剂，它激励人奋发努力，建功立业，生命不息，奋斗不止；道术是抚慰剂，它安抚失意的灵魂，给失败者、穷绝者开出一条隐身自保的洞穴。对于一个社会而言，两者各有其用，互补互助。没有兴奋剂，社会怎么运转，怎么进步？没有抚慰剂，穷途末路者怎么办？发疯？自杀？造反？社会还怎么能安定和谐？儒道互补，妙哉妙哉！

曹操的一曲求贤歌*

——《短歌行》解译

对酒当歌①，人生几何！
譬如朝露，去日苦多。
慨当以慷，忧思难忘。
何以解忧？唯有杜康。
青青子衿，悠悠我心。
但为君故，沉吟至今。
呦呦鹿鸣，食野之苹。
我有嘉宾，鼓瑟吹笙。

---

* 本文写于2020年9月14日，曾发于作者的微信公众号"王俊鸣老师"。

① "当歌"即对歌、听歌，不是"应当放歌"。同是这一用法有杜审言《除夜有怀》："故节当歌守，新年把烛迎。""当歌"与"把烛"对言，"烛"为名词，"歌"亦为名词。对义互解。再如李白《把酒问月》："唯愿当歌对酒时，月光长照金樽里。""唯愿当歌"四字作"时"的定语，且"当歌"在前，只能讲成"听歌"。又如白居易《效陶潜体诗十六首》："幸及身健日，当歌一尊前。""当歌一尊前"是说在席前听歌为享受。又如独孤及《同徐侍郎五云溪新庭重阳宴集作》："骋望傲千古，当歌遗四愁。"是说面对歌舞而忘却忧愁。

明明如月,何时可掇?
忧从中来,不可断绝。
越陌度阡,枉用相存。
契阔谈䜩,心念旧恩。
月明星稀,乌鹊南飞。
绕树三匝,何枝可依?
山不厌高,海不厌深。
周公吐哺,天下归心。

——曹操《短歌行》

　　曹操胸怀大略,又深知成就伟业要靠人才,所以他坚持"唯才是举"的方针,先后发布过"求贤令""举士令""求逸才令"等;而《短歌行》实际上也是一曲"求贤歌",是一篇用诗的形式写成的"招贤启事"。全诗从"忧"字起,以"归"字结,表达对贤士的渴求之心,表白敬待贤士的谦恭态度。

　　全诗32句(行),可分为3个段落。

　　前8句为一个段落,提出一个"忧"字,而这个"忧"是来自于人生苦短。同样是人生苦短,自有不同的因由。有的人是因为灯红酒绿、歌舞佳人享受未足,而曹操不是,他忧的是壮志未酬,伟业未就。所以,尽管桌上是美酒珍馐,眼前是轻歌曼舞,他并没有陶醉其中,而是想到人生短促——短得就像草叶上的露珠;况且这短暂的生命又已流逝得太多太多——他写这首诗时已经年过半百,按照那时候人的平均寿命,属于他的岁月还能有多少呢?可天下仍在纷争,百姓仍在流离,自己的使命尚未完成。

心念于此，不免激情澎湃，忧思萦怀。"何以解忧？唯有杜康！"但杜康佳酿能让人陶醉一时，那埋藏心底的忧思又怎么能斩断、怎么能祛除呢？

第二个段落紧承"忧"字，共16句，可分为两个层次。从"青青子衿"到"何时可掇"为第一层，是对青年才俊的呼唤。"青青子衿，悠悠我心"出自《诗经·郑风·子衿》，原写姑娘思念情人，这里用来比喻渴望得到有才之人。子，对对方的尊称。衿，古式的衣领。青衿，是周代读书人的服装，这里指代有学识的人。悠悠，长久的样子，形容思虑连绵不断。沉吟，原指小声叨念和思索，这里指对贤人的思念和倾慕。"呦呦鹿鸣，食野之苹。我有嘉宾，鼓瑟吹笙"出自《诗经·小雅·鹿鸣》，原是一首君臣宴饮之歌。呦呦，鹿叫的声音。在这里，曹操是一片坦诚，一片真心："诸位年轻有为的贤士，对你们我是朝思暮想啊！对你们我是念念不忘啊！来吧，来吧！让我们为了统一天下之大业，聚集一堂，去奋斗，去拼杀！在胜利之日我要举行盛大的庆功宴会，君臣共饮，你们就是我席上最尊崇的嘉宾。唉！你们就像那明明之月呀，我仰望着它，仰望着它，什么时候才能把它捧到手中呢？"

第二层，仍以一个"忧"字领起，一直到"心念旧恩"。既有对青年才俊的呼唤，也不忘招呼老朋友。越陌度阡，穿过纵横交错的小路；枉用相存，屈驾来访。枉，这里是"枉驾"的意思；用，以。存，问候，思念。他对老朋友们说："各位老朋友，请你们屈驾而来吧！不要怕路途遥远，不要怕道路崎岖，我渴望你们的到来，我摆好筵席恭候你们！让我们叙叙旧日的情谊，让我们携手共建新的功业!"

　　最后8句是第三段,可分为两层,每层4句。如果说第二段是扣住一个"忧"字表达对贤才的渴求之诚心,这里换了一个角度,再从对方的境遇前途作理性的动员:鸟择高枝而栖,人择明主而事。天下大乱,群雄并起,请你们想一想,哪里才是你们最好的选择?这是一层。下一层就势明确表态:从理论上说,我的信条是"海不辞水,故能成其大;山不辞土,故能成其高;明主不厌人,故能成其众……"(《管子·形解》)。在实践上,我一定以周公为榜样,做到"一沐三捉发,一饭三吐哺,起以待士",敬奉贤人。

　　如此之热烈,如此之诚恳,即使今日,有功业之意的人才恐怕也会怦然心动吧。意译如下:
　　桌上摆满美酒珍馐,眼前是轻歌曼舞,
　　而我岂能蹉跎岁月,忘却伟业宏图!
　　人生苦短,就像那草上的露珠,
　　况且年过半百,必须加快脚步。

　　激情在胸中回荡,家国之忧辗转难忘,
　　唉!畅饮美酒几杯,聊作解忧的药方。

　　你们年轻有为的才俊,一直是我心的牵挂。
　　日日期待你们的到来,想着说着不停地筹划。
　　来吧!来吧!让我们共襄大业,共建奇勋,
　　在庆功的酒宴上,给你们戴上贵宾的金花!

我们要鼓瑟吹笙，让《鹿鸣》之歌响彻天涯！
你们就像那皎洁的明月啊，我仰望又仰望，
什么时候才能捧到手上，什么时候你我成一家？

白骨露于野的惨象，让我的心中忧思难断，
久别的老朋友，你们一定有我一样的忧患。
就请你们屈驾前来，不要怕路途的遥远，
让我们叙叙旧日的情怀，共谋天下的康安！

月明星稀之夜，那乌雀还没有找到可栖的枝干，
它绕树而飞，难以判断哪里栖息才最安全。
天下的才俊啊！久别的老友啊！
不要学那无知的乌雀，快到我的麾下别再迟延！
海不辞水，山不辞土，这是我坚定的信念；
周公握发吐哺，就是我要效法的前贤！

李白《梦游天姥吟留别》新解新译[*]

　　海客谈瀛洲，烟涛微茫信难求；越人语天姥，云霞明灭或可睹。天姥连天向天横，势拔五岳掩赤城。天台四万八千丈，对此欲倒东南倾。
　　我欲因之梦吴越，一夜飞度镜湖月。湖月照我影，送我至剡溪。谢公宿处今尚在，渌水荡漾清猿啼。脚著谢公屐，身登青云梯。半壁见海日，空中闻天鸡。千岩万转路不定，迷花倚石忽已暝。熊咆龙吟殷岩泉，栗深林兮惊层巅。云青青兮欲雨，水澹澹兮生烟。列缺霹雳，丘峦崩摧。洞天石扉，訇然中开。青冥浩荡不见底，日月照耀金银台。霓为衣兮风为马，云之君兮纷纷而来下。虎鼓瑟兮鸾回车，仙之人兮列如麻。忽魂悸以魄动，恍惊起而长嗟。惟觉时之枕席，失向来之烟霞。
　　世间行乐亦如此，古来万事东流水。别君去兮何时还？且放白鹿青崖间，须行即骑访名山。安能摧眉折腰事权贵，使我不得开心颜？

　　　　　　　　——李白《梦游天姥吟留别》

---

[*] 本文写于2020年10月3日，未刊稿，曾发在作者的微信公众号"谈文说艺"。

这个诗题就是关键语句，它提供了几层重要的信息。"梦游天姥"揭示所写具体内容，是果有此梦还是托梦言情，无法考，也无须考。"吟"，标明诗的体裁，属歌行体，形式自由，篇无定句，句无定字，以杂言为主，适合"放情长言"，多抒悲愁慨叹之情。"留别"，临别留言。曾闻一位教师这样诵读："梦游天姥//吟留别"，错了。

此诗作于李白出翰林之后。唐玄宗天宝三载（744年），李白在长安受到权贵的排挤，被放出京。天宝四载（745年），李白将由东鲁（在今山东）南游，写了这首诗，留给在东鲁的朋友。

临别说"梦"，当然不是聊天解闷，就梦说梦，而是托梦言志，借梦抒情。所以，要解李白此"梦"，不能不以其志其情为钥匙。其"梦"写得具体，为实；其情志说得概括，为虚；情志与梦互解，也就是虚实互解。

好在诗人毫不含糊，其情其志在诗中说得明明白白：

世间行乐亦如此，古来万事东流水。
且放白鹿青崖间，须行即骑访名山。
安能摧眉折腰事权贵，使我不得开心颜？

"世间行乐亦如此"两句是文脉的枢纽，"如此"二字，乃是对上面描绘的梦境的总括。这是怎样的梦境呢？这场梦，并非一贯到底，而是有变化有转折，概括起来，是一乐一惊。先写乐境。而为了突出乐境之可乐，开头又不惜笔墨极力铺陈。

诗人从"海客谈瀛洲"说起，那是神山仙境，令人向往；但

"烟涛微茫信难求"，海浪滔滔，迷茫无际，它到底在哪里呢？只能望而兴叹。而越人口中的天姥山不同，它高耸入云，横亘天下，气势非凡，连高达"四万八千丈"的天台山，在它面前都微不足道。不仅如此，它就在那里，不难到达，那里的山林溪水，阴阳昏晓，总是值得玩赏一番的。云霞，即后文所说的"烟霞"，这里代指山水景色。"明灭"，就是明暗——山有阴阳，时有昏晓。阳面为明，阴面为暗；晓时为明，昏时为暗。这里一个否定，一个肯定，实际上是拿天姥山与瀛洲作类比：此山此境该有瀛洲一样的美，有瀛洲一样的诱惑力吧？

实际上，天姥山，在今绍兴新昌县东五十里，处于浙东三大名山天台山、会稽山、四明山的交会处，不过是天台山的余脉，并不像"越人"所说的那么高大。它的诱惑力，或许跟"登者闻天姥歌谣之响"（西晋张勃《吴录·地理志》载）的传说有关，或许跟南朝人谢灵运有关。据《宋书》载，谢灵运经天姥山伐木开径，始通台越，作《游名山记》，礼赞天姥山，并赋诗："暝投剡中宿，明登天姥岑。"天姥山自此闻名。诗中特别提到"谢公"，这倒是虚中之实了。

日有所思夜有所梦，诗人就真的"梦吴越"而"至剡溪"了——天姥山在剡溪边上，"至剡溪"也就是到了天姥脚下。而诗人之行也不同凡响："湖月照我影，送我至剡溪。"不坐车，不乘马，而是"飞度"！下有湖水相映，上有明月朗照，一路引导，一路护送！这个"送"字，写的是湖月的多情，表现的是诗人的愉悦与自得。

以上为诗的第一层：为写梦境作铺垫。

下面第二层，具体写梦中登山的境遇。

"谢公宿处今尚在"——自己崇拜的前辈谢公当年的住处有幸还在，住处就在天姥山下，剡溪之畔。溪水清澈，水波荡漾，荡涤心扉；而山上猿猱的叫声凌厉而清晰，令人警醒。此为一"乐"。更可喜的是谢公当年登山的木屐也仍然完好，"脚著谢公屐"而登天姥，千载难逢，何等惬意！这又是一"乐"。当然，最大的"乐"还在登山之见闻。"天姥连天向天横"，那山路亦如登天之梯，盘旋入云。登到半山之腰，就看到红日出海，听到天鸡高唱：这等景象实在难得一见，难得一闻，岂不可"乐"！雄鸡一唱天下白，天亮了，正好欣赏奇花异草，古木怪石。"千岩万转"，处处可赏；"迷花倚石"，心旷神怡，大"乐"大"乐"！

"忽已暝"三字，是一转折：时间由昼转夜，境界由"乐"转"惊"，进入梦的第二境界。

天黑下了来。这时，熊的咆哮声、龙的沉吟声，此起彼伏，交相呼应，其声使深林战栗，使山岩震惊，何等恐怖！天气也变了：黑云密布，好像大雨将至；涧水上雾气笼罩，一片迷茫。正在惊恐愣怔之际，忽然电闪雷鸣，山峦崩塌，露出一道洞天。那通天之洞，石门大开，只见青天无际，日月同辉，楼台殿阁，金光闪耀，众仙人从天而降。他们以虹霓为衣，驭清风为马，又有的驱使着老虎鼓瑟，鸾凤驾车，何等尊贵，何等威严！就在这时，诗人惊醒了！熊咆龙吟时他没有惊醒，雷电交加山峦崩摧时他没有惊醒，而在这个时候他惊醒了。为什么？"魂悸以魄动"——心灵受到沉重的打击啊。你看，仙人纷纷而来，越聚越多，好不隆重，好不热烈，而作为"谪仙"的诗人，竟无一

"仙"看一眼,更无一"仙"搭一语,被冷落,被无视,甚至被歧视,被蔑视,似乎失去了立足之地,失去了存在的意义!

于是,"恍惊起而长嗟"了。梦境结束了,结束于惊悸之中,唯有"长嗟"以相继。于是进到诗的最后一层:梦醒之后,议论抒情。

所失之"烟霞"与梦中所赏之"云霞"相呼应。惊梦一醒,连"向来""云霞"之美景也失掉了,所以"长嗟"。两种梦境,不是"在朝"与"放还"的对比,而是"在山"与"在朝"的对比。李白"在朝"并没有"迷花倚石"般的享受,也不值得留恋、追求。"世间行乐亦如此"之"如此"二字,意谓本有山水之美可以享受,但偏要想与"仙人"为伍,其结果不但"为伍"不成,连山水之美也失掉了。李白本来寄情山水,但又不忘魏阙之荣。而一旦身在魏阙,才知道人家根本不拿他当回事——奴仆而已,完全无法融入皇家权贵的圈子;而此时,真的连山水之美也享受不到了——如果要简括诗人托梦所寄寓的人生感悟,那就是:世间为乐,得山林之乐易而得魏阙之乐难。所以一旦"梦醒",就要去"访名山"——重返自然了。过去的事(充职翰林院?)就让它过去吧!逝者如水,不必牵挂;生命有限,及时行乐吧!诸君要问我什么时候回来吗?实在没有定准啊!"且放白鹿青崖间,须行即骑访名山"。

"安能摧眉折腰事权贵,使我不得开心颜?"这一句,喷薄而出,力有千钧,而来得似乎有点突然,但这恰恰是抒情言志的点睛之笔。这一笔,又唯与其官场遭挫之经历联系起来才有解。而且,有了这一句,再加上"惊""悸"之类的情态语,反观上面对仙人洞府的描写,盖洞中之仙人,可视为权贵的象征;洞中景象可视为皇宫生活的影像，都不是诗人赞美的对象。试意译如下：

海外来客常常说起瀛洲，那可是神奇的洞府仙山，
无边无际，波涛浩瀚，纵使向往也实在难以寻见。
有越人跟我介绍过天姥，那山倒是实实在在矗立人间，
山有阴阳之分，时有晨昏之变，那景物倒真的可以观览。
他们说，那天姥山高耸入云，横亘天下，
山势高过五岳，盖过赤城，连高达四万八千丈的天台山，
面对着它也像矮了一截，倾斜在东南一角，有些可怜。
这介绍引发我无限的遐想，哪怕梦中一游也是一道盛宴。
真是一个好梦！无须乘车，也不骑马，我飞行在镜湖上面，
高空明月朗照，脚下湖水相映，一路送我到了天姥跟前。

谢公当年在此开山赋诗，他的住处历经风雨而景物依然，
屋前的剡溪，水清波荡；山间的猿猱，声声呼唤。
穿上谢公留存的木屐，在连云的山道上奋力登攀，
才走到山的半腰，就看到红日出海，一片灿烂，
更有那号令人间的天鸡，一声长鸣唤醒天下的怨女痴男。
奇花异草，古木怪石，千岩万转，好景无限，
揽花香而陶醉，倚奇石而咏叹，不觉间天色已晚。

夜色中，传来熊的咆哮，龙的长吟，起伏连绵，
连山泉都发出震响，就觉得森林在战栗，山峰也惊颤。
黑云沉沉，仿佛暴雨将至；水波动荡，雾气腾腾令胆寒。

忽然间，电光闪闪，雷声隆隆，一座山峰轰然塌陷，
露出的是通天的石洞，巨大的石门"訇"地闪到两边。
那里，天空蔚蓝而深远，日月同辉，亭台楼阁金光灿烂，
众仙人从天而降，彩虹为衣，清风做马，粲然，飘然，俨然。
更有的驱遣着猛虎弹奏琴瑟，差使着鸾凤驾驭车辇，
仙人越聚越多，彼此相聚甚欢，而我这个谪仙，无人理会无人怜！

羞愧！心寒！魂魄受到重击，忽地睁开双眼，
洞府消失，就连那山间的美景，也顿时烟消云散，
身边只有凉枕一只，竹席一片，不禁仰天长叹。
想到世间行乐的道理，就像这梦境启示的一般，
山水林泉，你可以随意地享受，要与权贵比肩难于上青天。
唉！自古以来万事都像东流的江水，滔滔不尽又一去不返，
过去的就让它过去，重要的是珍惜眼前。
我要去山间放养白鹿，骑上它就可以遍访天下名山，
要问我此一去何时归来，很难有一个明确的时限。
只跟朋友们撂下一句话，这才是我不变的信念：
安能摧眉折腰事权贵，使我不得开心颜！

附："云霞"代指山水林泉之景物考

骆宾王《陪润州薛司空丹徒桂明府游招隐寺》："共寻招隐寺，初识戴颙家。还依旧泉壑，应改昔云霞。"

——"戴颙家"就是招隐寺。此谓招隐寺旧址犹在，其周围

景物应该改变面貌了。

王维《留别山中温古上人兄并示舍弟缙》:"岂惟山中人,兼负松上月。宿昔同游止,致身云霞末。"

——"致身"原指献身,这里是说宿昔大家共同游止,全身心地陶醉在山水林泉之间。末,尽。

李白《送韩准、裴政、孔巢父还山》:"韩生信英彦,裴子含清真。孔侯复秀出,俱与云霞亲。峻节凌远松,同衾卧盘石。"

——诗写三位朋友"俱与云霞亲",也就是热爱山林之境,下面"凌远松""卧盘石"就是对亲"云霞"的具体描写。

钱起《登刘宾客高斋》(时公初退相,一作春题刘相公):"能以功成疏宠位,不将心赏负云霞。林间客散孙弘阁,城上山宜绮季家。"

——此诗说刘宾客退出相位而归隐山林,不负"云霞",也就是不负山林之美。后面两句写"林"写"山",就是证明。孙弘、绮季,都是隐士。

张耒《感遇二十五首》:"林居屏百患,覃思观幽遐……超然赤松子,高笑在云霞。"

——赤松子,得道真人,这里说他超然世外,隐居山林而"屏百患"。

《论语》选读二十章*

子曰:"学而时习之,不亦说乎?有朋自远方来,不亦乐乎?人不知而不愠,不亦君子乎?"(《学而篇》)

一般译文:

孔子说:"学了,然后按一定的时间去复习(练习、实习、演习)它,不也高兴吗?有志同道合的人从远方来,不也快乐吗?人家不了解我,我却不怨恨(生气),不也是君子吗?"

这是《论语》第一章,大凡中学生都读过它,但读过了不一定读懂了。各种各样的解说、译文汗牛充栋,可以帮助我们理解,但也可能把我们引入歧途。

就此章我提出如下问题,请有兴趣的朋友思考:

第一,"学而时习之"的"时"是"按一定时间"吗?这个"习"字有"复习""练习""实习""演习"等义项,你以为怎样解读为好?为什么?

---

* 本文节选自作者著《〈论语〉新说》(学苑出版社2019年版),略有修改。

第二,"不亦说乎""不亦乐乎",这里"说"与"乐"有什么区别吗?能把两个字换过来用吗?为什么?

第三,"人家不了解我,我却不怨恨(生气),不也是君子吗?"这样翻译最后一句可以吗?为什么?

第四,全章三句话是各自独立的还是有内在联系的整体?如果有联系,是怎样的联系?

要确定"习"的义项,得联系前面的"学"字,所学之内容决定着"习"的实际操作。这种方法叫"以文解文之连义互解"。孔子办学,礼、乐、射、御、书、数为其"六艺"。礼,就是礼节,既是思想的约束,也是行为的规范。乐,指音乐、舞蹈和诗歌方面的技艺。射,就是射箭。御,是驾车。书,是认字和写字。数,就是数学。这些内容,属于"知识"的部分需要"记忆",强化"记忆"则需要"复习";而更多的属于"技艺",掌握"技艺"则必须"练习""实习"甚至"演习"。由此,这里的"习"字的意义实际是"复习""练习"兼而有之的。"习"的甲骨文造型,上为鸟的双翅,下为"日"的象形,是小鸟在空中练习飞翔的会意。而这样的"习",为什么要"按一定时间"进行呢?还是讲成"及时""时时"更好些吧?

"说",通"悦",本义是表示说话投机,说到心坎上,因而"开心",这是一种内在的感受。"乐",繁体字为"樂",下为木架,上为弦乐器,中间"白",表示说唱。弹琴伴奏歌唱,或说和着演奏歌唱,这是外在可见的快乐。复习、练习功课技艺,有收获有进步,自得于心,自当是"说";和朋友一起切磋学问技艺,有收获有进步,此乐共享,自当是"乐"。这两个字不可互换使用。这也是"连义互解"。

"人家不了解我,我却不怨恨(生气)",这样的人就可以称为君子,这君子也太容易当了。你走在大街上,四顾行人,没有谁认识你,更别说了解你了,你能这样想吗:"人家都不了解我,我也不生气,呵呵,可见我就是君子了。"这显然是非正常的心理。这句话,既得联系孔子办学的宗旨来解读——以事解文,也得从事理上加以思考——这是"以理解文"。旧解皆从学者为己而不是为人的角度理解,那么所谓为己仅仅是为自己的内在修养吗?还是另有所图?

这里的"人",不是泛指任何人,而是特指有权势者——《论语》中的"人",常常特指有身份有地位者,如"节用而爱人"(《学而篇》),"修己以安人"(《宪问篇》);知,在这里也不是一般的了解、知道,而是赏识任用。这在《论语》一书中也是常见义项。中学语文教材选有《侍坐》一章,可以对解。孔子说:因为我年纪大了,"毋吾以也"——没有人任用我了——以,任用。然后一转:"如或知尔,则何以哉?"其门徒的回答,无例外的是讲怎么做官。可见,所谓"知尔",就是"赏识任用尔"。"知",有"知遇、赏识"义,还有"主持、掌管"义,如知府、知县。"知",或可以理解为使动:使知,即使其主持某事——当然是给予某种官职了。考诸孔氏办学,其宗旨是学而优则仕。他的弟子,史书上有名有姓的大都是做了官的。孔子自己,更是周游列国求官求职,晚年才集中精力致力于私学。这就是"以事解文"。

最后一点,这三句话是有内在联系的。第一句说从师自修,第二句说同门学友互相切磋,最后说通过这样的研修努力,具备了做官执政的水平和能力了,但偏偏权势者不赏识自己,不给官做,即使这样,也无怨恨之心,这样的人,也是可以称为君子的。作为《论语》第一章,这很像孔子在开学典礼上的讲话,一方面亮明办学宗旨,指导为学之道,同时又告诫大家要有"学而优"却不得"仕"的思想准备——也算是给自己留有后路吧:我不能保证你一定有官可做啊!这样解读,才体现了整体观。

一个人要学有所成,除了师承之外,多与他人交流、切磋也是不可少的条件。孔子的这一教导,无疑是应该记取的。

子曰:"巧言令色,鲜(xiǎn)矣仁!"(《学而篇》)

一般译文:

孔子说:"花言巧语,装出讨人喜欢的样子,这种人的仁心就很少了。"

粗粗一看,似乎都明白。但其中道理,甚至词义、句法,都还有值得深思的地方。巧言令色,是什么结构?巧言,是巧妙的言辞(偏正结构)?还是为了某种目的而编出适当的言辞?这巧言,只是指"美好"的言语吗?贪官的廉政报告,伪爱国者的反美豪言,乞讨者的哀哀告讨,都是"巧言"吧?令色,只是指温顺恭敬的脸色吗?喜怒哀乐,都可以"装"出来的!令,本义是发布命令。因为发布命令的人是有权有势之人,在那时就是高尚的值得尊重的人,并由此引申出"美好"的义项。但,我觉得,与其用"美好"这个义项,不如就用其本义:"命令,使令"。令色，就是命令自己的容色符合特定的需要。总之，巧言、令色都是动宾结构，都是违背真诚，编和装，都是假的。这样的人，当然缺少"仁心"了。仁，有一种最通俗而易解的说法：人的良心。没有良心，什么孝、悌、忠、信、礼、义、廉、耻，都是假的，不可信！这真是太有道理了。鲜，这里读三声，义是"少"。此字怎么会有这个意思？有不同解释。我的解读是：鱼和羊，都是最新鲜美味的佳肴，这样两种美味同时具备是很难的吧？所以就有了"少"的意思。带有"鲜"字的成语有：寡廉鲜耻；靡不有初，鲜克有终（告诫人们为人做事要善始善终）。

子曰："君子不重则不威；学则不固。主忠信。无友不如己者。过，则勿惮改。"（《学而篇》）

一般译文：

孔子说："如果不庄重，就没有威严；即使读书，所学的也不会巩固。要特别重视忠和信两种道德。不要跟不如自己的人交朋友。有了过错，就不要怕改正。"

这里有两处需要再"讲理"的地方：为人庄重与否，跟学习的巩固与否有必然的联系吗？似乎没有必然联系——很多"坏蛋"还是学问家呢！不跟不如自己的人交朋友？南怀瑾已经指出：根据此原则，比你强的人也就不跟你交朋友了，你岂不是要成孤家寡人了？（《论语别裁》）所以得重新解读。

从断句说，"君子"之后要断开，加冒号，下面说的是君子应遵循的五项原则：一是要自重，不自重就没有威严；二要学习，只有不断学习才能不孤陋寡闻；要坚持忠和信这两种原则；不要跟志不同道不合的人交朋友；有了错误，就不要怕改正。这样，"学则不固"与人的自重就没有关系了；固，就是闭塞孤陋之义了。这个字很有点辩证的意味：四面围起来，就是闭塞不通；再加一"古"字，意思是经久不变。封闭且长久，自然是稳固、巩固，但如此稳固久了，岂不是变得固而陋了？

"不如己"，不是比不上自己，而是不似自己——跟自己不同；这个"不同"也不是学识水平的"不同"，而是志向理想的不同。交朋友，道不同不相为谋，志同道合才能发挥一加一大于二的效力。如此这般，把文章理顺了，夫子的教导也就可以付诸实践了。

读书不讲理，失之十万八千里。所以我的阅读理论中有一条是"以理解文"。

子曰："父在，观其志；父没，观其行；三年无改于父之道，可谓孝矣。"(《学而篇》)

一般译文：

孔子说："当他父亲在世的时候，（因为他无权独立行动）要观察他的志向；在他父亲死后，要考察他的行为。若是他对他父亲的'道'长期不加改变，这样的人可以说是尽到孝了。"

这也是讲孝道的。父亲在的时候，能一心一意地侍奉父亲；父亲去世了，能够严格自律，不给父辈抹黑，这都是孝，这没有问题。

"三年无改于父之道"怎么理解？或谓"在三年内能不改变他父生时所为"（钱穆《论语新解》）。其父"生时所为"是好的吗？既是好的为什么只坚持三年呢？（辩者说，"三年"其实就是终身。未免牵强。）如果是不好的，应该及时改正，为什么还要坚持三年呢？总是说不通的。杨伯峻先生发现了矛盾，他说是"对他父亲的合理部分，长期地不加改变"（《论语译注》）。添字解经，未免太绕了。我们如果从整体上看《论语》论"孝"的文字，就不难找到解决问题的线索。

《阳货篇》中，宰我说："三年之丧，期已久矣。……期（周年）可已矣。"孔子骂他"不仁"，因为"子生三年，然后免于父母之怀"，所以要有"三年之丧"。这里的"三年无改于父之道"，就是"三年之丧"的意思。从句法上分析，论者皆误。"于父"应该连读，义为"对待父亲的态度"，所谓"无改于父之道"，就是"不改变对待父亲的态度"，是说守丧期间要像父亲活着的时候一样，事死如事生。

子曰："吾十有五而志于学，三十而立，四十而不惑，五十而知天命，六十而耳顺，七十而从心所欲，不逾矩。"（《为政篇》）

一般译文：

孔子说："我十五岁就立志学习，三十岁就能够立足于社会，四十岁遇到事情不再感到困惑，五十岁就知道哪些是不能为人力支配的事情而乐知天命，六十岁时能听得进各种不同的意见，七十岁可以随心所欲（收放自如）却又不超出规矩。"

句中"立"字，多解读为"立住脚"或"在社会上做人"等。什么叫"立住脚"？其标志是什么？"不惑"又是什么意思？怎么到了四十岁才"不惑"？什么叫"知天命"？"天命"是能够知道的吗？——再要思考的是：这几句话之间是什么关系？"三十、四十"之说，是指具体的时间点吗？

读书，就是要读出自己的东西。尽信书则不如无书。

对此章书已有诸多解读。我的思路是：联系孔子一生的遭际，对重要词语做训诂研究，把一章的句子看作一个整体，做合乎逻辑的推断。

我的译文是：

孔子说："我从十五岁就立志学习，到了三十岁左右的时候才获得一定的职位而立足于官场；到了四十岁左右的时候，我更加理智，不再感情用事；到了五十岁左右的时候，我受到了老天的眷顾，相信了天命不可违；此后我颠沛周游，到了六十岁左右的时候，对各种批评的话也都听得进去了；此后，不断学习，到了七十岁左右的时候，就从心所欲，再不会干出什么出格的事情了。"

此章书的主旨是：人要活到老学到老，而不是夸耀自己多么高尚神圣。

《论语》中，"立"字常与"位"——爵位、官位——相关。子曰："不患无位，患所以立；不患莫己知，求为可知也。"（《里仁篇》）杨伯峻《论语译注》在此章下有注释："'立'和'位'古通用，这'立'就是'不患无位'的'位'字。"对后半句

"不患莫己知,求为可知也",杨先生译为"不怕没有人知道自己,去追求足以使别人知道自己的本领好了",为我所不取。我的翻译是:"不怕没有官位,就怕自己没有做官的本领。不担心没有在上者赏识任用自己,只求自己成为有真才实学值得为人赏识任用的人。"——这两句都在说"位"的问题,是一个整体。"己欲立而立人"(《雍也篇》),"可与立,未可与权"(《子罕篇》),其中的"立",都应作"位"解;"三十而立",这个"立"也不是泛泛的"立住脚",而是与官位有关,至少与正当职位有关。

我们且简单梳理一下孔子的生平。

其父叔梁纥为陬邑大夫,但孔子三岁的时候,叔梁纥就去世了,孔子未能世袭其父的爵位,生活陷于贫困,不得不做一些杂活为生,委吏(看仓库)也好,乘田(喂牲口)也好,大概算不得官位。鲁昭公七年(前535年),鲁国权臣季氏宴请士一级贵族,孔子大概以为自己是"大夫"之后,也去赴宴,被季氏家臣阳虎拒之门外。这一年,孔子大概十五岁左右(一左一右,不超过两岁)。也许正是这次被拒的刺激,他才"志于学"。鲁昭公二十年(前522年),孔子三十岁左右。这时,他开始设教授徒,这不但是一种"正当职位",也代表着一定的名气。还有一种说法:孔子三十岁那年,自洛阳游学归来,临事被请去担任祭祀大典的助理。由于他从来没有担任过这种工作,进入太庙后,每件事都仔细向祭司请教,虽然有人嘲笑他,他也不以为忤(见廖文豪《汉字树·活在字里的中国人》)。也许也正因此,齐景公与晏婴出访鲁国时才召见了孔子,与他讨论秦穆公称霸的问题。总之,所谓"三十而立","立"就是"位",是说三十岁时在官场有了一定的地位,而非指泛泛的社会地位。

"不惑"二字,也不好泛泛地讲成"遇事不困惑"。查《论语》一书,有几次"惑"字直接与情感相关。"知者不惑"(《子罕篇》),如果讲成"聪明人不致疑惑"(杨伯峻《论语译注》),或者"知者心无惑乱"(钱穆《论语新解》),差不多等于同义反复。而"知",是理性,理性的对面是情感。所谓"知者不惑",就是智者不受感情的困扰。"子张问崇德辨惑。子曰:'……爱之欲其生,恶之欲其死。既欲其生,又欲其死,是惑也。'"(《颜渊篇》)"爱"与"恶",不都是情感的问题吗?因为"爱""恶"而"欲其生""欲其死",这不是情感遮蔽了理智吗?孔子说,这就是"惑"。樊迟问"辨惑"。子曰:"一朝之忿,忘其身,以及其亲,非惑与?"(《颜渊篇》)孔子说"因为一时的愤怒,不顾自身的安危,还连累了自己的亲人",这就是"惑"。因愤怒而招祸,不也是情感遮蔽了理智的结果吗?所以,"四十而不惑",应该解读为:到四十岁左右时,就变得冷静,不再感情用事了。

再历数年,孔子五十岁左右了,忽然时来运转,当上了鲁的中都宰,旋即又升为司空,又升大司寇。但好运不长,仅仅三年多的时间,他又不得不丢官去国。这就是天命。这个天命,我以为就是与人事相对的概念,必然性也好,偶然性也好,总之是不以人的意志为转移的。"知天命",不是"知道了天命"——"天命"谁能知道呢——而是彻底相信了"天命"。

再往后,六十岁,七十岁,就不必解释了。

今人言"三十而立",用以励志,自是无可厚非,但以说孔子,则误矣。

子曰:"温故而知新,可以为师矣。"(《为政篇》)

一般译文:

孔子说:"在温习旧知识时,能有新体会、新发现,就可以当老师了。"

这是中国人很熟悉的一章书。故,是既有之物,无论是言论作为,还是事件天象,凡是既有的,都是"故",所以"故"也可以说是历史。"新"指什么?新的感受,启发,见解,以及由此而产生的新的方针政策、法律法规,等等。为什么一定要"温故"呢?故,是"新"的根基,"新"的母体,离开了"故",就割断了历史,就失去了根基,就会失去方向,甚至失去未来。

要"温故",先得承认"故"的存在,保存"故"的本来面目。如果真实的"故"被掩盖了,被"选择"了,被歪曲了,你怎么"温"也不会有好的结果。

温故,一定能出新吗?不一定。这得有一颗"求是"的善良之心,还得有一份"直面"的勇气。现在有人在"温"《弟子规》,就把那套老礼照搬来训导小学生了。这是食古不化。孔子提倡的"新",应该是有道德价值的、良性的、有益于己,更有益于人、有益于社会的。

要"出新",除了要有独立思考的精神,还得有思想自由的空间。不允许独立思考,所思所想一旦与"圣人"有别,就视为大逆不道,必除灭之而后快,那"出新"就成了个别人的专利,即使真的是"新",也不过是旷野中的独苗。

那么孔子为什么把"知新"与"为师"联系在一起呢?这是给为师者提的很高的标准啊!故有的东西,就摆在那里,人人可自见自学,你没有自己独到的新的见解,凭什么当人家的老师啊?对大学教授来说,尤其如此。

子曰:"君子周而不比,小人比而不周。"(《为政篇》)

一般译文:

孔子说:"君子团结而不勾结,小人勾结而不团结。"

杨伯峻《论语译注》:"周,是以当时所谓道义团结人;比,是以暂时的共同利害相勾结。"李泽厚先生《论语今读》则说,周是普遍厚待他人,比是偏袒阿私。都没有错。《论语》中"君子""小人"之分有种种标准,我觉得这一次的划分很有道理,最实用。

不过,在特定的语境里,到底是"团结"还是"勾结",实际上又不大容易分清楚。中国自有了皇帝始,皇权之下便开始了各个政治集团的你争我夺。比如宋代围绕着王安石变法的新旧党争。新党支持新政,旧党反对新政。新政虽切中时弊,然朝中守旧大臣极力反对,其中不乏有影响力的人物,如韩琦、司马光、欧阳修、苏轼等,王安石唯有引用吕惠卿、曾布、章惇及韩绛等新人。新旧党争前后凡五十余年,对北宋的政治产生颇大影响。由于新、旧两党更迭执政,王安石曾两度退职,新政时行时废,臣民无所适从。但即使圣明如皇帝者也难以划定谁是君子谁是小人。

　　如果看看两字的造形,却又可以得到新的启发。周,其甲骨文字形是囲,一片农田,四围是田界,周密无缺,中间是田埂,整整齐齐;田间是禾苗,苗壮成长。这似乎是一片田园风光了。后来,又在田地的边上加了一个"口"形符号,那是一片居民区啊!这更表明那农田的肥沃和庄稼的苗壮。前贤之解,多从田界的周遍着眼;如果改换一下角度,看看那禾苗呢?我们会发现:每棵都是各安其位,都是独立的存在;它们独立着,又互相配合着,从而成就了一片田园风光,并给人以丰收的希望!这就是"周"!原来"周"字不仅有周遍无缺的特点,它还肯定着每一棵禾苗——它们的独立性,它们的和谐共生而成就美好风光的品格。君子者,既有周遍无缺之胸怀,又有独立共生之品格者也。再看"比"字的甲骨文:竹,两个人,同一高度,同一姿态。这意味着彼此不允许有任何差异。可实际上,十个指头有长短,十棵树木有高低,人和人怎么可能毫无差异呢?所以,这种无差异只是表面的,攀比、竞争、较劲、暗算,等等,是必然的。君子者,绝不做这样的人,干这样的事;而这样的人做这样的事,当然是"小人"了。

　　　　子曰:"学而不思则罔,思而不学则殆。"(《为政篇》)

　　一般译文:

　　孔子说:"只读书学习,而不加思考,就会糊里糊涂迷茫无所知;只空想而不读书学习,就会陷入危险。"

这是可为座右铭的一章书。罔，上面是一张网。学而不思，就会落入罗网！人家说什么你信什么，凡是上了书的都是对的，特别是经典的，更是无条件地接受，如此，就有陷入别人罗网的危险了。所谓"思"，就是多问几个为什么，就是知其然还要知其所以然。你不思，迷迷糊糊就接受了，岂不是要上当受骗！还有，那里还有一个"亡"字。亡，在这里就是"无"——你不思，最终是一无所获。还有，这里的"学"，不仅指读万卷书，还应包括行万里路，就是在实践中学习。听到了看到了，也要"思"！不要被表面现象、虚假现象所迷惑。高喊爱国的也许正是卖国贼，作廉政报告的也许是贪官，街头乞讨的也许家财万贯！再说"殆"，或解作"疑惑不解"（孙钦善《论语本解》），或解作"缺乏信心"（杨伯峻《论语译注》）。我取"危殆"义。"殆"字左为人架之枯骨，右是胎儿形。字义是胎儿死于腹中。这在古人看来是极大的危险。那么思而不学为什么危险？请注意这里的"思"，是既没有读书也没有实践的"思"，所以这只能是空想，甚至是胡思乱想。胡思乱想会有怎样的结果？最严重的恐怕会导致犯罪。一个人老想发财，就是不肯学习——既不学本领也不学法律，于是去偷去抢。待陷法网才"学"，不是晚点了吗？

世上还有一种人，既不学也不思，饱食终日无所用心，或群居终日言不及义。这种人虽然糟蹋一些物质财富，危害倒还有限。更有甚者，既不学也不思，以愚昧为光荣，以野蛮为荣誉，一有风吹草动立即精神焕发，充当阴谋者的打手，"叫嚣乎东西，隳突乎南北"，其于国于民，危害甚巨，有良知者不可不防。如果你已经身为父母，切不可让自己的孩子走这样的路。

哀公问曰："何为则民服？"孔子对曰："举直错诸枉，则民服；举枉错诸直，则民不服。"（《为政篇》）

一般译文：

鲁哀公问："怎样才能使百姓服从呢？"孔子回答说："把正直无私的人提拔起来，把邪恶不正的人置于一旁，老百姓就会服从了；把邪恶不正的人提拔起来，把正直无私的人置于一旁，老百姓就不会服从统治了。"

这谈的是干部任用问题，而干部任用（吏制）是任何社会能否稳定、发展的关键性因素。直，甲骨文在眼睛上加一竖线，表示目光向正前方看。造字本义是正视，面对而不回避。金文将短竖线写成"十"，并加一曲形线，表示去曲求正。枉，从"木"从"㞷"。《说文解字》注"枉"为"裹曲也"，就是树木苍老弯曲，引申为行为不合正道或违法曲断。哀公作为一国之君，只关心"民服"，我们且不加评论；而夫子所出的主意，在当时恐怕是没有问题的。但能否实行就不一定。他是自上而下地"管干部"。这个"上"本身是"直"的吗？即使用心不错，就凭他一人之见识，能保证不看走眼吗？即使确实举了个"直"的，如果周围尽是"枉"的，他会如何自处如何生存？

有意思的是，举，上是"与"，最初是两手相拉之形。后又加一表示四手共举的"舁"字，遂为"與"形，造字本义乃是众人合力托起重物。"与"，两只手握在一起，表示的本就是结交、友好之意（当然要合作共事），进而引申出赏与、赠与、赞助等义项。再加了四只手，多人参与之意更明显。"與"下再加一只手,才是"举"(擧)字,突出了众人托举之意。"手"之众多(共七只),意味着这"举"实在是"众人"之事。只是到了孔子时代,"举"已经变成一手遮天了。

中国的干部制度,从两汉的察举制,到魏晋南北朝的九品中正制,再到隋唐以下的科举制,都不涉及最高统治者的权位。权位最高的干部——君王,是世袭的,他们的地位是靠自己或祖宗"打"下来的,是不容任何人窥伺的。于是,不管什么制度,最后的决定权还是在皇帝一人手中。

> 子夏问曰:"'巧笑倩兮,美目盼兮,素以为绚兮。'何谓也?"子曰:"绘事后素。"曰:"礼后乎?"子曰:"起予者商也!始可与言《诗》已矣。"(《八佾篇》)

一般译文:

子夏问孔子:"'有酒窝的脸笑得真好看啊,黑白分明的眼睛左顾右盼真漂亮啊,在洁白的底子上画着绚烂的图案啊。'这几句话是什么意思呢?"孔子说:"这是说先有白底然后画画。"子夏又问:"那么,是不是说先有仁德后有礼乐呢?"孔子说:"商,你真是能启发我的人,现在可以同你讨论《诗》了。"

"巧笑倩兮,美目盼兮"两句诗出自《诗经·卫风·硕人》,是形容女子之美的名句。"素以为绚兮"一句,为现在的《诗经》文本中所无。子夏,就是卜商,把三句连在一起看,有点不甚明白:前两句描写美女,第三句怎么扯到绘画上去了?

现在所见各家之论,都没有讨论过这个问题。我以为,前两句是实写女子之美,第三句是借题发挥,做一哲理的概括。这得分析句法。"巧笑",是迷人的笑。为什么能这样迷人呢?因为有"倩"——脸颊上的酒窝。"美目",是漂亮的眼睛。为什么这么漂亮呢?因为有"盼"——眼球黑白分明。"巧笑倩兮,美目盼兮",可以理解为"巧笑以倩,美目以盼",以,是凭借,依靠。"巧笑"靠的是"倩","美目"靠的是"盼";"倩""盼"是基础,是本质,是凭借,"巧笑""美目"是发展,是表现。这就像画画一样,纸张越是洁白无瑕,越是可以画出绚烂的图画。这里就隐含着一个哲理:任何事情总要有好的基础好的本质才能有好的发展与表现。但孔子似乎也还没有上升到这样的认识,他只是说"绘事后(于)素",这不过是对诗的第三句做了个解说。通过谈话,这时子夏却有所悟:他联想到礼和仁的关系,说仁就像那张白纸,礼是在仁的基础上画的图案。我们已经说过,孔子教诗,不在审美,而在实用。兴,即感发联想,是实用之一。一听子夏有如此的联想,非常高兴,而且老实承认,这次是学生启发了老师,表示今后愿意多和子夏谈论《诗》。

从这里,我们不但可以获得"兴"的启发,还可以看到孔子谦逊为师的风采。

子谓《韶》:"尽美矣,又尽善也。"谓《武》:"尽美矣,未尽善也。"(《八佾篇》)

一般译文:
孔子讲到《韶》这一乐舞时说:"艺术形式美极了,内容也很好。"谈到《武》这一乐舞时说:"艺术形式很美,但内容却差一些。"

这也是谈论音乐的一章。《韶》,相传是古代歌颂虞舜的一种乐舞。《武》,相传是歌颂周武王的一种乐舞。美,指艺术形式;善,指作品内容。

孔子做文艺评论自有他的标准,我们且不讨论。值得注意的是,他把评价文艺作品的标准分为美和善两个方面,美的不一定善,善的不一定美,尽善尽美才是文艺作品应追求的境界。

此章书的"美、善"这两个字也很值得研究。作为艺术作品的评价标准,竟然都跟"羊"有关!美,对其造型,有人说它的造形是"羊大为美",这大概是着眼于羊的物质价值;有人说那是以羊头做装饰,这就是着眼于它的外在美了。我猜想这是比喻结构,意谓像羊一样的人最美。这里自然有其物质方面的价值,而更有其精神方面的价值。再说"善",其甲骨文造型是🐑:一只羊,慈眉善目,安详温和。后来其形变化成在"羊"的下面加两个"言"字,不但态度安详,话语还要亲和,这才是"善"。

子曰:"朝闻道,夕死可矣!"(《里仁篇》)

一般译文:

孔子说:"如果早晨得知真理,即使要我当晚死去,也值了。"

这一章书,各家译文都差不多。我们读后的第一个问题就是:孔子是否"闻道"了?要是已经闻道了,那为什么没有为之而"死"?要是始终没有闻道,他又凭什么做了圣人?或曰:夸张之词，极言闻道之重要尔。也说得通。虽如此，还是得问：孔夫子究竟闻道了没有？要回答此问题，就得说明"道"的内涵。老子说："道可道，非常道。"(《老子·上篇》)庄子说："臣之所好者，道也。"(《庄子·内篇·养生主》)察"道"之字形，乃一人行于大路状。而这个人，突出的是头部，意思是：这是一个有头脑的人在走路，或这是一个有头脑的人经过思考所选择的路——这当然是正确的道路。所谓正确，就是符合客观的规律。由此，"道"就有了规律、原理、规矩、方法等义项。如果概括地说，道，就意味着真理。而所谓真理，是分方面、分层次的。从真菌病毒到浩瀚宇宙，一物有一物的规律，一事有一事的规律。而且，日月不居，万物变化，你今日识得的规律，明日或许就不灵了：道，是"闻"不尽的。所以，孔子主张活到老学到老。这样看来，孔子是既闻了道又未闻道。其实，我们每个人不都是处于这样的境界吗？越学习越觉得自己无知，越能体会苏格拉底所说的"我一无所知"的真义。

特别要提出的是，孔子的这种以生命追求真理的精神，值得我们继承和发扬。夫子虽然自称"信而好古"，"述而不作"，但实际上他做到了"温故而知新"，所以在他那个时代能够自成一家。

子曰："见贤思齐焉，见不贤而内自省也。"(《里仁篇》)

一般译文：
孔子说："见到贤人，就应该向他学习、看齐，见到不贤的人，就应该自我反省（自己有没有与他相类似的错误）。"

就一般的意义上说，见贤思齐，见不贤而自省，取别人之长补自己之短，同时又以别人的过失为鉴，不重蹈别人的覆辙，作为人生修养的法门，在今天仍有其积极的意义。当然，所谓"贤"与"不贤"，不限于指某个具体的人，也可以指某种事，某种思潮。而此中也仍有需注意的问题。

首先，这个"贤"与"不贤"的具体内涵是什么？如果连其内涵都没有弄清楚就去"思齐"，那就很危险。贤，本义一指道德好，一指才能高。有全人类都认可的"贤"，比如诚实守信、助人为乐、热爱祖国等。即使这样的概念，一遇到具体环境，落实到具体人、具体事也可能变质。"诚实守信"会让你把属于隐私的东西暴露给不应该知道的人，而使你陷于无可挽回的被动，甚至遭到灭顶之灾。"助人为乐"会变成让你受骗上当的引线。

实际上，不同的历史时期，不同的利益集团，不同的思想流派，赋予"贤"与"不贤"的具体内涵是不同的，甚至是对立的。在漫长的封建社会，曾竖立过许多"贞节牌坊"——妇女之"贤"者的象征。当时的妇女，死了丈夫，要么殉葬，要么守寡，越是做得轰轰烈烈就越"贤"，就有可能得到这牌坊。这种以青春与生命为代价的"贤"，毫无价值而违背人性，现在似乎没有人"思齐"了。但以某些人的特殊利益为内涵而标榜的"贤"，还是会吸引一些人做出无谓的牺牲。

换一个角度。所谓"见贤""见不贤"，这里有一个主语，这个主语就是"我"。我是谁？我在客观方面具备什么优势？我的缺陷在哪里？我的兴趣是什么？我的志向在哪里？什么是我需要学习、能够学习的？如果缺乏基本的理性，连这些都没有清醒的认识，就去"见贤思齐"，即使那是真正的"贤"，你也不过是丧失自我，盲目跟风起哄而已。

跟风，很容易变成攀比。所谓攀比，就是不顾自身条件与实际需求而向高处看、跟高处比。物质生活方面就不必说了，看同事戴了名表，自己也得买；看邻居有了汽车，自己也得有。就子女教育而言，攀比之风至今不衰。看别人家的孩子学艺有成，就不顾自己孩子的天赋与兴趣，逼着孩子上各种学习班，家长耗费钱财不说，孩子苦不堪言，其收获几何，尚不可知。

宰予昼寝，子曰："朽木不可雕也，粪土之墙不可圬也！于予与何诛？"子曰："始吾于人也，听其言而信其行；今吾于人也，听其言而观其行。于予与改是。"（《公冶长》）

一般译文：

宰予白天睡觉。孔子说："腐朽的木头无法雕刻，粪土垒的墙壁无法粉刷。对于你这样的人，责备还有什么用呢？"孔子说："起初我对于人，是听了他说的话便相信了他的行为；现在我对于人，听了他讲的话还要观察他的行为。在宰予这里我改变了观察人的方法。"

宰予，字子我，孔门弟子，能言善辩，曾从孔子周游列国，游历期间常受孔子派遣，使于齐国、楚国。"孔门十哲"之一，被孔子许为其"言语"科的高才生，排名在子贡前面。寝，睡觉。粪土，腐土、脏土。圬，用来涂抹粉刷墙壁的工具；句中用作动词,指粉刷,或把墙面抹平。"于予与",对于宰予这样的人;"与"同"欤",语气词。

这章书,让自汉代以来的学者费尽脑筋,因为这关系到孔圣人的形象。宰予不过是"昼寝"——白天躺在床上睡觉,孔子就把他骂成"朽木""粪土之墙",还说:像你这样的人,我都懒得责备了!意思是无可救药了。如此愤怒,如此严厉,宰予之过轻而夫子贬之重,既有悖于宰予之成就、地位的事实,也显得这位老师态度过火,有失风度。

于是,论者想方设法为夫子打圆场,主要是在"昼寝"两个字上下功夫。

有人说,"作息当有一定规程",昼寝"不合孔门教规",所以孔子予以严肃的斥责。(杜贵晨、杜斌《"宰予昼寝"新解》)

有人说,是在孔子讲课时,宰予"当着他的面打起瞌睡,甚或睡着了",所以孔子发火了。(萧民元《论语辨惑》)

有人说,这是宰予"居丧"期间发生的事,"在父母之丧不满一年的情况下就跑到原来的住室昼寝起来",所以孔子责之。(陈昌宁《"宰予昼寝"新说》)

更有人说:"宰予废法纵欲,俾昼作夜,夫子安得不深贬之?"(朱亦栋《论语札记》卷上)

我们罗列诸多说解,是要显示读书之难。

"昼寝"就是在白天睡觉,什么"居丧"了,"纵欲"了,全无根据。至于说在孔子讲课时"打瞌睡",就连训诂这一关都过不去:躺在床上睡觉才叫"寝",打瞌睡只能叫"睡"。问题在哪里呢?

问题在对"于予与何诛"的"诛"字的解读。诛,固然有责备、责罚甚至诛杀之类的义项,但它还有"要求、索求"之义。《左传·庄公八年》:"公惧,坠于车,伤足,丧屦。反,诛屦与徒人费。"这个"诛"就是"要求"——庄公要求一个叫"费"的侍从去把丢掉的鞋子找回来。"于予与何诛",就是说:我"对你宰予平时是怎么要求的"?这里有个前提,就是宰予能言善辩。针对他的这个特点,孔子平时应该特别要求他"言行一致"——因材施教,是孔子教学的一大特点,对宰予绝不会例外。何以知道这个要求是"言行一致"呢?以文解文,是下面的一段话告诉我们的。孔子说,原来他是"听其言而信其行",从宰予这件事后,就改为要"听其言而观其行",这是从宰予言行未能统一的错误中得出的教训。

至此,就可以回过头来解读"朽木不可雕也,粪土之墙不可圬也"了。这两句话,不是骂宰予为"朽木"为"粪土之墙"——孔子怎么会对自己的一个得意弟子做如此不堪的评价呢?——这是用比喻的方法教导他:朽木外皮还算硬实而内里已经腐朽,是不能用来雕琢成器的;粪土之墙看上去还算平整结实,但它不过是烂泥堆成的样子货,是不能再加以粉刷让它成为一道美丽的风景的!在这里,"外"与"内"的关系,比喻的是"言"与"行"的关系,只有"内外"兼美才能成器,只有"言行"一致才能成人。

如此,不仅把宰予从种种不堪的猜度中解放了出来,也使孔子作为教育家平和而循循善诱的良好形象得到展现。

子曰:"宁武子,邦有道,则知;邦无道,则愚;其知可及也,其愚不可及也。"(《公冶长》)

一般译文:

孔子说:"宁武子这个人,当国家有道时,他就显得聪明,当国家无道时,他就装傻。他的那种聪明别人可以学得来,他的那种装傻别人就学不来了。"

宁武子,姓宁名俞,卫国大夫,"武"是他的谥号。汉代的孔安国说:"佯愚似实,故曰不可及也。"(皇侃《论语集解义疏》)

"愚不可及"——"装傻"而让人难以望其项背,就个别情况说,是对宁武子的赞扬;就一般的情况说,见得"装傻"之难。其"难"所在,不难理解:好好一个明白人,事实看得清楚,道理想得畅通,而偏要装作什么都不了解,什么都不懂得,压抑,隐忍,还得做出"傻"的模样,这傻模样还得天衣无缝,让别人信以为真,难矣哉!难矣哉!

如此之难,为什么有人还走此路呢?我以为"装傻"之人可以大体分为两类:一类是为了避祸全身,不得已而为之;一类是为了谋权取利,偷奸取巧而为之。

第一类的典型可以举出刘禅。邓艾灭了蜀汉以后,后主刘禅本还留在成都。后来司马昭总觉得不大放心,就把刘禅接到洛阳,封为"安乐公"。在一次酒宴上,司马昭为了试探虚实,叫上一班歌女演出蜀地的歌舞,问刘禅是否还想念蜀地。刘禅乐呵呵地回答:"此间乐,不思蜀。"——这儿挺快活的,我可不想念蜀地。为此，人们批评刘禅懦弱昏庸，但他未必不是忍悲含泪装傻充愣，由此而得善终。相比之下，李煜因一首《虞美人》触怒了赵光义，就连命都没有保住。

比刘禅更典型的是商代的箕子，"佯狂"一词就来源于此公。据《史记·宋微子世家》记载：箕子是纣的叔父。纣王淫逸无度，箕子进谏，纣王不听。有人说："可以离开了。"箕子说："作人臣的向君主进谏，君主置之不理，便离他而去，这是张扬君主的恶行，哗众取宠于百姓，我不忍心这样做。"于是箕子披头散发、假装疯癫做了奴隶，并隐居弹琴聊以自慰。装傻装到佯狂，可算是达到极点了，其内心的悲苦可想而知。

像这样的"装傻"，无论如何我们要寄予同情。

还有另一类"装傻"者，就客观环境而言，本没有装傻的必要，但或为了权或为了利，就揣着明白装糊涂。这种装傻主要表现为故意不辨是非，甚至颠倒黑白以取悦于权势者。所谓"乡愿"就属于此类。孔子赞扬宁武子之"愚"，而痛斥乡愿："乡愿，德之贼也！"（《阳货篇》）因为这种人貌似谨厚，而实是与流俗合污、欺世盗名的伪善者。"伪善"也是装傻。谭嗣同说："故常以为两千年来之政，秦政也，皆大盗也；两千年来之学，荀学也，皆乡愿也。唯大盗利用乡愿，唯乡愿工媚大盗。"（《仁学·第二十九》）李大钊也说："中国一部历史，是乡愿与大盗结合的记录。"（《乡愿与大盗》）真是振聋发聩！

对于此类"装傻"者，我们一定要擦亮眼睛，提高警惕。

　　子曰："贤哉，回也！一箪食，一瓢饮，在陋巷，人不

堪其忧,回也不改其乐。贤哉,回也!"(《雍也》)

一般译文:

孔子说:"颜回多有修养啊!靠着一竹筐饭,一瓜瓢水,住在简陋的小巷子里,别人都忍受不了这种穷困清苦,颜回却还是那么快乐。颜回多有修养啊!"

孔子如此盛赞颜渊的"贤",这个"贤"的内涵是什么?

如果做泛泛的解读,可以把《论语》中记载的有关内容都添加进去:"有颜回者好学,不迁怒,不贰过"(《雍也篇》),"回也,其心三月不违仁"(《雍也篇》),"用之则行,舍之则藏"(《述而篇》),等等。

但读书不可如此"泛化",而应该根据语境"以文解文"作具体分析。此章的这个"贤"的内涵,应根据此章的内容来确定。

"一箪食,一瓢饮",还居住在"陋巷",在讲究生活质量的孔子看来,是够艰苦的。这是怎样的艰苦呢?论者多把"一箪食,一瓢饮"两个短语翻译为"一竹器的饭,一瓢的水",这就是说,颜渊穷到了近乎食不果腹的地步了。实际情况并非如此。

《庄子·让王》中有一段记载:

孔子谓颜回曰:"回,来!家贫居卑,胡不仕乎?"颜回对曰:"不愿仕。回有郭外之田五十亩,足以给饘粥;郭内之田四十亩,足以为丝麻;鼓琴足以自娱,所学夫子之道者足以自乐也。回不愿仕。"孔子愀然变容曰:"善哉,回之意!丘闻之:'知足者不以利自累也,审自得者失之而不惧;

行修于内者无位而不怍。'丘诵之久矣，今于回而后见之，是丘之得也。"

翻译过来就是：

孔子对颜回说："颜回，你过来！你家境贫寒居处僻陋，为什么不外出做官呢？"颜回回答说："我不想做官，城之外我有五十亩地，足以供给我食粮；城之内我有四十亩地，足够用来种麻养蚕；闲时弹弹琴足以使我欢娱，学习先生所教给的道理更足以使我快乐。因此我不愿做官。"孔子听了，很严肃地说："实在好啊，颜回的心愿！我听说：'知道满足的人不会因为利禄而使自己受到拘累，深知自己需要是什么的人失去了其他也不会畏缩焦虑，注意内心修养的人没有什么官职也不会因此惭愧。'我说这样的话已经很久很久了，如今在你身上才算真正看到了它，这也是我的一点收获呀。"

我以为，这段记载可以作此章书的注释。概括地说，这里孔子所赞叹的颜子之"贤"，就是"安贫乐道"。

当然，颜渊"安贫乐道"而不出仕，并非仅仅由于夫子之道"足以自乐"。考颜回一生，生活于天下大乱、礼崩乐坏的社会，儒家的仁义之志、王者之政常被斥为愚儒、讥为矫饰。"世以混浊莫能用"（《史记·儒林列传》），他是守志自清，不肯掺和到那个"混浊"的社会中去。汉代的王符把他与伯夷、叔齐相提并论，称赞道："困馑于郊野，守志笃固，秉节不亏。宠禄不能固，威武不能屈。虽有南面之尊、公侯之位，德义有殆，礼义不班，挠志如芷，负心若芬，固弗为也。"（《潜夫论》卷第一遏利)这是说他们在野外贫困得连野菜都吃不上,他们坚持志向十分坚定,坚守节操毫无欠缺,尊贵荣耀高官厚禄不能束缚他们,威力权势不能改变他们,即使有处在君位上的尊贵、公爵侯爵的高位,如果道德仁义受到危害,礼制道义不能辨明,委曲像白芷一样的志向,违背像香花一样的意念,那就肯定不干。所以,即使是拥有天下的天子,也不能和他们比名声;即使是诸侯国的国君,也不能和他们受到同样的尊重。他们坚守志向于一间简陋的房屋之内,而德行影响到九州之外;他们的真诚确立在千年之前,而名声流传于几百代之间。

回来再说"一箪食,一瓢饮"。"一箪""一瓢",不是定语,而是状语,翻译过来就是:用竹筐盛饭,用瓜瓢饮水。在那个时代,作为饮食之具的陶器该是比较普及的了,而颜渊连陶器都不肯花钱去买。还有一点应该提及,就是颜渊的身份。颜氏家族本是贵族,至晚到他父亲(颜路)一辈就已经衰落了。但贵族的身份还是要讲究的,日用竹筐、瓜瓢之类,还住在偏僻的巷子里,与其身份太不相称。所以"人不堪其忧"——别的贵族受不了这样的委屈,在孔子看来也实在过于简陋,而颜渊"不改其乐"——始终高高兴兴,活得十分开心。正是这一点,让孔子大受感动,大发感慨;正是这一点,使他成了孔子心目中最理想的"接班人";也正是这一点,其早逝令孔子极为悲痛。他恸哭:"噫!天丧予,天丧予!"——唉!这是老天爷要我的命啊!这是老天爷要我的命啊!

子曰:"知者不惑,仁者不忧,勇者不惧。"(《子罕篇》)

一般译文：

孔子说："聪明人不会迷惑，有仁德的人不会忧愁，勇敢的人不会畏惧。"

先确定一下"知者""仁者""勇者"在这里的内涵。论者无例外地释为某种"人"。但这样给人分类恐很难分清楚。我以为，此三者当各指道德的一端："智、仁、勇三者，天下之达德也。"(《中庸》)而要成为"君子"，三者缺一不可。翻译过来就是："智"这种德使人不惑，"仁"这种德使人无忧，"勇"这种德使人无惧。

知，通"智"。孔子所言之"智"，要讲成今日一般所谓的"聪明"，恐怕不够贴切，而且容易产生误解——把钩心斗角、投机钻营、吹牛拍马等"小聪明"归入"智"的范畴。这里的"智"，应该指的是对客观事物的正确认识，或者说是指对真理的把握。在甲骨文中，"知"字的造形是：左边一个"示"(或作"干"，是生产或作战的工具)；右边一个"矢"(箭，也是生产或作战所用)；中间是一个"口"。整个字的意思是：能说出(或教人)打猎、作战之方法、经验。这种"本事"就是"知"；后又加"曰"，是为"智"，有这种本事的人就是"智者"。

"仁"呢，这可是整个儒学的核心概念。一部《论语》，多次说到"仁"，但从未给它下一个逻辑性的定义，而且也不轻易以"仁"许人。这就产生了一个问题：要做到"仁"，似乎很难，又似乎很容易——"仁远乎哉？我欲仁，斯仁至矣。"这就得从"仁"的本义来求解。有人说"仁"的右边是个"二"，意谓"仁"就是讲的人和人之间的合理和谐的关系；有人把"仁"右边的部分看作等号，说是"仁"就是讲人的平等、博爱。我觉得"平等博爱"之说未免太时髦，还是前者较为合乎那时的实际。说到"人际关系"，主要指"五伦"：君臣也，父子也，夫妇也，昆弟也，朋友之交也。当然还有更广泛的内容：人与社会（包括陌生人）的关系，人与自然的关系，等等。从客观效果说，要把所有这些关系都处理得圆满到位，确实很难；但从主观动机说，"仁"的本质是一种"善"，或干脆就说它是"良心"，只要你本着良心去做事去对人，就是"仁"了。

由"仁"的这种主观动机与客观效果的矛盾，就引出了一个"仁"与"智"的关系：没有"仁"的出发点，"智"就不会发挥"正能量"；而只有所谓"良心"，有好的用心，如果没有"智"的导航，"仁"也可能走向反面，变成"恶"——无论个人还是群体，都有这样的教训。

有了"仁"与"智"，就是一个完人了吗？还不行。你可以有良心，你也能分辨是非，但你在恶势力面前畏惧了，退缩了，你的良心与智慧还有什么用？所以还得有一个字：勇。不但有"勇力"，还得有"勇气"。这样，你才能当仁不让，见义勇为，堂堂正正，成为一个大写的"人"。

今人往往"德""智"并提，还得说"德"是第一位的，荒谬至极。持此论者，不是糊涂昏聩，就是别有用心——抹杀你的智，才更容易接受他们的"私德"。还是古人说得对："智"是"德"的一部分，是它与"仁""勇"共同构成人类的通行不变的道德。

子路、曾皙、冉有、公西华侍坐。

子曰："以吾一日长乎尔，毋吾以也。居则曰：'不吾知也！'如或知尔，则何以哉？"

子路率尔而对曰："千乘之国，摄乎大国之间，加之以师旅，因之以饥馑，由也为之，比及三年，可使有勇，且知方也。"

夫子哂之。

"求！尔何如？"

对曰："方六七十，如五六十，求也为之，比及三年，可使足民。如其礼乐，以俟君子。"

"赤！尔何如？"

对曰："非曰能之，愿学焉。宗庙之事，如会同，端章甫，愿为小相焉。"

"点！尔何如？"

鼓瑟希，铿尔，舍瑟而作，对曰："异乎三子者之撰。"

子曰："何伤乎？亦各言其志也。"

曰："莫春者，春服既成，冠者五六人，童子六七人，浴乎沂，风乎舞雩，咏而归。"

夫子喟然叹曰："吾与点也！"

三子者出，曾皙后。曾皙曰："夫三子者之言何如？"

子曰："亦各言其志也已矣。"

曰："夫子何哂由也？"

曰："为国以礼，其言不让，是故哂之。"

"唯求则非邦也与？"

"安见方六七十如五六十而非邦也者？"

"唯赤则非邦也与?"

"宗庙会同,非诸侯而何?赤也为之小,孰能为之大?"(《先进篇》)

这是《论语》中很重要的一章,可分为三个段落:孔子问"志",弟子言"志",孔子评"志"。

侍坐,就是师生都坐着。四人中,只有曾皙是第一次出现。曾皙,名"点",字子皙,是曾参的父亲。

孔子问志。先是启发:我年龄大了,"毋吾以也",这是"毋以吾也"的倒装,论者多解读为"不要因为我年长而拘束""不敢讲话"。这是把"以"解读为"因为"。但孔门弟子什么时候曾因为老师年纪大而拘谨而不敢说话了?这里的"以"字,应释为"赏识""任用",句意为"没有人用我了"(杨伯峻《论语译注》)。如此,才和"年长"相关联,而且与下文弟子言志相呼应:我老了,没人用了,你们还年轻,而且平日里总是说"不吾知也"——"不知吾也"的倒装,论者几无例外地译为"没人了解(知道)我"。"了解(知道)"只是心理层面的事,与上面老师说的"用"不搭界,与下面弟子所说的"志"也难吻合:如果人家"了解你",你就可以去治理国家了?"知",应释为"赏识""任用"(在《学而篇》第一章就遇到过这个问题)。实际是弟子抱怨"没有人任用我",老师这次就说:"如果人家任用你,你愿意去做什么呢?"这样,弟子才说出自己的意愿。

弟子言志。子路性格爽直,所以没等老师点名就"率尔"——毫不犹豫、不假思索——发言。摄,是夹处。加,是邻国军队迫近相逼。因,是接连而至。处境艰难,内忧外困,但子路有信心,只需三年,就"可使有勇"——这是抗拒外国军事威胁的力量;"且知方"——"方",是方向,礼仪规矩,这是维护国内稳定的力量。"哂",微微地笑。孔子这一笑是什么意思?从下文可知,这一"笑"不是满意的笑,而不满意的是他的态度。也许是老师这一"哂"的影响,后面的学生就都等点名而后发言了。

冉求,由子路的"千乘之国",缩小到方圆几十里的地盘,而且只说"使民足",连礼乐之事都不敢承担了。"方六七十,如五六十",这说法很有意思:说了个"六七十",又觉得说大了,如,义"或",赶紧再缩小一点变成"五六十",实在是谦卑之至。

公西华又退一步:不敢说"能之",只是"愿学焉";就所做之事,也只是做个"小相"——赞礼者,司仪,今叫主持人。他说了两个场合,一是"宗庙之事",就是祭祀祖宗的典礼;一是"会同",即诸侯盟会的场合。端,古代的礼服;章甫,古代的礼帽,都作动词,相当于"穿上礼服,戴上礼帽"。"相"就是"相",还特意加以"小"字,也是谦卑之意。

曾皙有点特别,在别人言志时他却在"鼓瑟",只不过"希"——节奏慢,音量小,他实际还是注意在听的。所以当老师问到他的时候,他就"作"——站起来说:"异乎三子者之撰。"撰,选,志向的选择。他不说怎么治国理政,也不想在重大典礼上当什么主持人,而只想带上一帮青年人和小孩子,在沂水河中洗洗澡,到舞雩台吹吹风,然后唱着歌高高兴兴地回家。雩,原是祭天求雨的地方;舞雩,因为祈雨要跳舞,所以叫"舞雩"。

对曾晳的这种志向，孔子当场表示"与"。这是为什么？这得先弄清这个"与"字的含义。论者多解读为"赞成""同意"。但对前三者都不表态，唯有对曾晳之言表示"赞同"，岂不是意味着对前三者之志是不赞同的吗？可下面"评志"时是充分肯定的。李泽厚先生的解读解决了这个矛盾："我与曾点一道去吧。"（《论语今读》）与，读yǔ，有亲附、跟随义；读yù，有参加、参与义。前三者，所谈都是"国政"，孔子已经是"毋吾以也"的年龄，无法参与其中了；唯有曾点所言之事，他是可以参与的，所以不禁长叹一声，立即表示要一道去。

朱熹解释说：曾晳"胸次悠然，直与天地万物上下同流，各得其所之妙，隐然自见于言外"（《四书章句集注》）。或谓"孔子之所以与曾点者，以点之所言为太平社会之缩影也"（杨树达《论语疏证》）。这未免有点"玄化"，有点拔高。我的理解是：曾晳所言，不过是一个老师的理想，他所描绘的场景，就是老师带着学生春游的场景。孔子身为教师，曾晳之志正中下怀，他的"喟然"而叹，他的"与点"，太正常不过了。

孔子评志，除了说明"哂"仲由的理由，对几位弟子的志向，孔子都加以肯定。国家之大，各项工作都需人才，并没有高低贵贱之分。

读此章书，还有一个问题值得探讨：几位弟子所言之志彼此之间有什么关系？有人认为这是"为邦四部曲：第一步定国，第二步富民，第三步教民，第四步乐民。孔门四弟子所谈四个志向，实乃治国的四个步骤"（安德义《论语解读》）。我以为，治国是综合之举，似乎难以如此安排步骤的；曾点所言，也难以看作是乐民。再者，如果真是有意按步骤发言，岂不是在演戏？现在一些公开课，学生发言先后，所言内容，常常是教师事先安排好的，到时候给听课者表演一番而已。难道孔子是此项"艺术"的始作俑者吗？我不信。

我以为，几位的发言不过是即兴而已。子路既已言"兵"，冉求不与之争，只言"食"；"兵"与"食"都有人说过了，公西华就转而说"礼"；"兵""食""礼"三项治国之要都说过了，轮到曾点，他就不再说治国，而说教育。如此而已。

齐景公问政于孔子。孔子对曰："君君、臣臣、父父、子子。"公曰："善哉！信如君不君，臣不臣，父不父，子不子，虽有粟，吾得而食诸？"（《颜渊篇》）

一般译文：

齐景公问孔子如何治理国家。孔子说："做君主的要像君的样子，做臣子的要像臣的样子，做父亲的要像父亲的样子，做儿子的要像儿子的样子。"齐景公说："讲得好呀！如果君不像君，臣不像臣，父不像父，子不像子，即使有粮食，我能吃得上吗？"

齐景公虽然以为孔子说得对，但他实际并没有真懂孔子的意思。

孔子从来不讲虚空论，他总是有针对性地发表意见（当然，在具体中往往蕴含着普遍真理）。这次他为什么这么说呢？因为齐景公的表现实在不佳：爱奢侈，多内嬖，厚赋敛，重刑罚，不立太子，不听劝谏，国内政治混乱。所以孔子的讲话实际是针对齐景公的：你这个当君的要像个君就好了！可惜齐景公只是"取其所需"，落实到"得粟而食"上去了。这且不论。

这章书，常常成为批判的对象：它是维护封建等级制度的纲领。特别是到了西汉时的董仲舒，更把它发展为"三纲"，君为臣纲，臣民必须绝对服从，等等。孔子确实是要维护封建等级制度的，他终生的理想就是恢复周朝的礼仪制度。不过，从解释学的角度看，这个"君臣父子"之说也有其合理的一面。任何一个团体、一个国家，总得有一套管理的框架，每个个人都会处在一定地位。如果领导"像个领导"，公民"像个公民"，我们的社会一定会成为"宜居"的社会。

子曰："人无远虑，必有近忧。"（《卫灵公篇》）

一般译文：

孔子说："人没有长远的谋虑，一定会有眼前的忧患。"

这句话已为成语，常常被人引用。所谓"远、近"，一般解读为时间概念，"远"指将来，"近"指眼前。也有释为空间距离的，所谓"虑不在千里之外，则患在几席之下矣"（朱熹《四书章句集注》）。

"一般译文"代表了诸多论者的意见：两句是因果关系，"无远虑"是因，"有近忧"是果，而且是必然因果。但是，只要稍加思考，就会发现这种因果是不存在的，更说不上什么必然性。无论个人还是团体，或者是国家，什么时候发生过这样的事：因为没有为将来谋虑,就发生了眼前的灾祸?如果非要说因果,也只能是"人无远虑,必有远忧",着眼点就落在了"远"处。

如果非要坚持"时间因果"说,我有一个仍不免牵强的解释:这个"远"不是指将来,而是指过去。因为过去没有"远虑",所以导致了"近忧"。其主旨仍是告诫人要有"远虑"。

有论者发现了既有解读的矛盾,提出来一种新的解法:"此章明人无远虑之故。有近忧,故无暇远虑。"(黄怀信《论语新校释》)这是把因果倒过来了:不是因为无远虑导致有近忧,而是因为有近忧才不能有远虑。这在事理逻辑上大体可通,但那个"必"字不好交代:有近忧者未必不能远虑,缺乏远虑未必因为有近忧。

我的理解是:两句不是因果关系,而是并列关系,相当于"不要……而要……"。虑,不是"谋虑、谋划",其义同"忧",也是忧虑、忧愁的意思。无,通"毋",义为"不要"。有,侧重在眼里有,心里有。全句是说:人不要为将来无法确定的事去发愁;但在眼前、在现实中值得忧虑的事是一定看清楚的。这也是居安思危、居稳思倾之意,强调要立足现实,面对困难,要能处理好当下的事务,不要脱离现实,杞人忧天,陷入空想。如果把"远近"释为空间概念,那就是不要为远方的事情瞎操心,而要看好自己的一亩三分地,把自己管辖范围内的事务处理好。

不是君子求淑女，而是淑女追情郎*

——《诗经·周南·关雎》新解新译

关关①雎鸠②，在河之洲。
窈窕淑女③，君子好逑④。

参差荇菜⑤，左右流之⑥。
窈窕淑女，寤寐求之。
求之不得，寤寐思服⑦。
悠哉悠哉⑧，辗转反侧。

参差荇菜，左右采之。
窈窕淑女，琴瑟友之⑨。
参差荇菜，左右芼⑩之。
窈窕淑女，钟鼓乐之⑪。

注释：
①关关：象声词，雌雄二鸟相互应和的叫声。

---

* 本文与下一篇作于2020年3月，未刊稿，曾发布于公众号"谈文说艺"。

②雎鸠（jūjiū）：一种水鸟名。

③窈窕（yǎotiǎo）淑女：贤良美好的女子。窈窕，身材体态美好的样子。淑，品行好，善良。

④好逑（hǎoqiú）：好的配偶。逑，"仇"的假借字，匹配。

⑤荇（xìng）菜：水草类植物，可供食用。

⑥左右流之：左右两手一起择取荇菜。流，"摎"的假借字，义为采摘。

⑦寤寐（wùmèi）：醒和睡，指日夜。思服：思念。服，想。《陈风·泽陂》有类似的描写：一个姑娘看到一个美男子，于是就"寤寐无为，辗转伏枕"了。

⑧悠哉（yōuzāi）悠哉：意为"悠悠"，就是长。这句是说因辗转难眠而觉得暗夜之长。

⑨琴瑟友之：弹琴鼓瑟来亲近她。

⑩芼（mào）："眊"的假借字，择取，挑选。

⑪钟鼓乐之：用钟奏乐来使她快乐，意谓迎娶她。

问题：

①"君子"一词，一般译文解读为男性自指，有的干脆译为"纯洁美丽好姑娘，真是我的好对象"（见程俊英《诗经译注》）。"君子"可以自称自指吗？

②"左右"是"从左到右"吗？

③淑女采摘荇菜的情景是从君子所见的角度描写的吗？

④"参差荇菜"一句，第二章出现一次，第三章更反复两次，为什么？

⑤这首诗到底是君子追求淑女还是淑女追求君子?

意译:

(一个美丽纯洁的好姑娘,

采摘荇菜来到小河旁。

沙洲上有对雎鸠鸟,

相依相伴叫声和谐又响亮。)

相依相伴叫声和谐又响亮,

勾起姑娘春情一片心激荡:

我这么美丽纯洁好模样,

正好作你帅哥的好妻房。

荇菜参差嫩又长,

左手右手一起忙。

左手右手一起忙,

忙中不忘想情郎。

日也想来夜也思,

我想情郎郎不想。

茶不饮来饭不香,

辗转反侧盼天亮。

荇菜参差嫩又长,

急急采摘双手忙。

荇菜通灵听我讲,

传个信息给情郎:

这个姑娘多漂亮,
还不弹琴又鼓瑟,
把她放在心坎上!
荇菜参差嫩又长,
急急采摘双手忙。
荇菜通灵好心肠,
传个信息给情郎:
这个姑娘多漂亮,
还不敲钟又击鼓,
赶快娶她做新娘!

说明:

①"君子"一词,历来指道德高尚之人,指统治者和贵族男性,旧时妻对夫、己尊人也通用之,还可以作为酒、竹的雅号,等等,而未见一个人自称自指之例。如果把此处之"君子"理解为"泛指",则又难与上下之句衔接:是谁听到了"关关"之声?难道是有一个作为诗人的"第三者"?如此,则通篇为客观描述。而在那个时代,"客观"地描述他人"寤寐思服"(作家全知全能)的文学恐不存在。所以,我把此"君子"解读为"淑女"心中的情人——相当于妻子对丈夫的称呼。

②"左右"一语,历来被解读为采摘荇菜的动作,按诸劳动实践,似乎不太合理。我视之为左右手,以形容采摘之忙。《王风·君子阳阳》:"君子阳阳,左执簧,右招我由房,其乐只且!"——舞师喜洋洋,左手握笙簧,右手招我奏"由房"。心

里乐又爽！——这里就是以"左右"代手。

③在《诗经》所反映的时代，"采摘"都是女性的劳动。而女性趁劳动之机、借采摘对象而抒发情感，是这一类诗的共同特点。也就是说，"采摘诗"应是女性自述其事的作品。《周南·卷耳》《芣苢》《召南·采蘩》《草虫》《采蘋》《邶风·谷风》《鄘风·桑中》《魏风·汾沮洳》，概莫能外。（一般把《桑中》主人公看作男性，另议。）此诗也应是采摘荇菜之淑女的自叙。

④"参差荇菜"句共出现三次，而第二章一次，到第三章则连续反复两次。这种章法上的变化值得注意。我的解读是：第一次出现，显示抒情主人公进入了劳动过程，是不可少的程序性交代；第二次、第三次，不是简单的反复，而是显示着主人公情感上的变化。由于雎鸠之逗引，她不禁想起了心中的情人；而进入劳动过程后，她尽管竭力想忘掉那情人——所以双手齐动，而那情人的影子始终无法抹去，于是引出了求之不得、辗转反侧的回忆与感叹。到第三章，则由感叹转入期盼——让那情人赶紧来迎娶自己！怎么让自己的期盼变为现实呢？在那个时代（现在也还有），人们相信祈祷"咒语"的力量，相信物之"灵"，于是就拿眼前的采摘物作寄托，让它把自己的心意传递过去。连续的反复，实在是要加强那"咒语"的力量。

⑤综上所述，我以为此诗不是君子求淑女，而是淑女求君子。这并不奇怪，我们看看《诗经·国风》中，关于男欢女爱的情恋诗，女性追求男性的远比男性追求女性的多，而且女性的开放尺度之大，早已令道学家怒斥为"淫奔"了。

一篇妇女求子的咒歌

——《诗经·周南·芣苢》新解新译

采采芣苢①，薄言采之。采采芣苢，薄言有之。
采采芣苢，薄言掇②之。采采芣苢，薄言捋③之。
采采芣苢，薄言袺④之。采采芣苢，薄言襭⑤之。

注释：

①芣苢：野生植物，其花、籽皆为紫色，可食。《毛传》认为是车前草，其叶和种子可入药，古人认为其籽可治妇人不孕。

②掇：拾取，摘取。

③捋：顺着籽穗滑动成把地采取。

④袺：读jié，手提着衣襟兜东西。

⑤襭：读xié，把衣襟扎在衣带上兜东西。

问题：

①关于词语释读：采采，是动词还是形容词？薄言，是语助词还是实词？

②关于章间关系：三章之间是平行的还是递进的？

③关于此诗的性质——主旨：有"伤夫有恶疾"说、"室家乐完聚"说、"喻求贤才"说、"祈子求福"说、"童儿斗草嬉戏"说、普通劳动歌谣说，等等，而今人多取"劳动歌谣"说，甚至与今之"采茶歌"相提并论。到底哪一种说法更可信？

译文：
芣苢结籽放光彩啊，种子颗颗都坐胎啊！
生儿育女人间债啊，我要快快去采摘啊！
我要快快去采摘啊，儿女早日入我怀啊！
芣苢结籽放光彩啊，种子颗颗都坐胎啊！

芣苢结籽有光芒啊，种子颗颗育儿郎啊！
快把育儿债来偿啊，又拾又捋双手忙啊！
又拾又捋双手忙啊，快把育儿债来偿啊！
芣苢结籽有光芒啊，种子颗颗育儿郎啊！

芣苢结籽光灿灿啊，种子颗颗助生产啊！
生儿育女得所盼啊，一兜一兜都装满啊！
一兜一兜都装满啊，生儿育女得所盼啊！
芣苢结籽光灿灿啊，种子颗颗助生产啊！

说明：
①采采：古今学者或释为动词，义为"采了又采"；或释为

形容词,义为盛多。闻一多先生释为形容词,相当于"粲粲","色彩鲜明之貌"。"'采采苯苢',若依毛、郑及薛君读'采采'为动词,无论《三百篇》中无此文法,并且与下的'薄言采之'的意义重复,在文法上恐怕也说不过去。"(《闻一多全集·匡斋尺牍·苯苢》)按:"采"之一词,在《诗经》中见于17篇,都是动词;"采采"4见:《周南·卷耳》:"采采卷耳,不盈顷筐。"《周南·苯苢》:"采采苯苢,薄言采之。"《秦风·蒹葭》:"蒹葭采采,白露未已。"《曹风·蜉蝣》:"蜉蝣之翼,采采衣服。"通观之下,闻一多先生的论断有理有据,最为明晰。

再说"薄言":《诗》中凡18见,如《周南·苯苢》:"薄言采之""薄言有之";《小雅·采芑》:"薄言采芑";《小雅·采绿》:"薄言归沫";《周颂·时迈》:"薄言震之";《周颂·有客》:"薄言追之",等等。对此历来有虚实之歧解。释为虚词,即语助词,凑足音节而没有实际意义;释为实词,具体释义又有不同。闻一多先生的意见是:"'薄言'即'薄而',实际也就等于'薄薄然',用今语说,就是'急急忙忙地','赶忙地'或'快快地'。'薄言'在《诗经》中,连本篇共见过18次,都应该这样解释,没有半个例外。"(同上)有人则灵活处理,同一本《诗经》,有时释为虚词,有时释为实词。如程俊英《诗经译注》,《采芑》篇"薄言采芑"译为"急急忙忙采苦菜",而《有客》篇"薄言追之"句,则注为"薄言,语助词"。按诸《苯苢》篇,释"薄言"为"赶忙地""快快地",更符合人物心情,更能显示诗的主旨。

②《诗经》中多重章叠唱,很容易把章间关系做并列的、平面的理解。就此诗而言,三章之间明显是递进关系:首章表意愿

与决心，次章写采摘之实践，末章写喜收成果，这是一个完整的过程。对章间关系的解读关乎对整个诗篇主旨的把握，不得不加注意。

③对此诗主旨的把握，正如对《诗经》的许多篇目一样，歧见之多，令人眼花缭乱。各种解读，自有其立论的理由，不必一一辨正。我只根据"以事解文"的原则说自己的一隅之见。正如孟子所言："颂其诗，读其书，不知其人，可乎？"（《孟子·万章下》）《毛诗序》说："《芣苢》，后妃之美也，和平则妇人乐有子矣。"且不论其"后妃之美"说，其"妇人乐有子"之论，应该是知人论世的见解。闻一多先生"借社会学的观点看"，就指出"宗法社会里是没有'个人'的，一个人的存在是为他的种族而存在的，一个女人是在为种族传递并繁衍生机的功能上而存在着的"，所以"凡是女性，生子的欲望没有不强烈的"。而"从生物学的观点看"，芣苢是生命的仁子，"采集芣苢的习俗，便是性本能的演出，而《芣苢》这首诗便是那种本能的呐喊了"。（同上）根据"发生学"的观点看，原始的诗不过是一种符咒。诗的起源或是服务于宗教信仰和礼仪活动的诗歌唱词，或是民间的歌谣韵语。前者属于宗教文化的范围，具有明显的祝祷性质——即符咒的作用；后者"属于世俗文化，尤其是民间的性文化"，而这也常常是"以咒为诗"，《芣苢》就是一篇"爱情咒"——不但有采摘的行动，还要念念有词，企图通过语言的力量实现自己的愿望。《芣苢》一诗"作为文学作品，似难以体现诗意所在。但作为咒语来看却无可挑剔"，它所咒祝的愿望就是"怀孕生子"。（见叶舒宪《诗经的文化阐释》）参照上述学者的论

述，我认可这首诗就是一篇妇人求子的诗咒。既如此，其情感基调就不是《采茶歌》那种欢快的，愉悦的，而是一种呐喊，一种呼号，是带着焦虑的期盼，是含着泪水的祈求。由此再反观"薄言"之义及章间关系，洞若观火。

明辨虚实,整体把握[*]

——李白《行路难》通解

一、题解

天宝元年(742),由于友人的推荐,隐居的李白被征召入京。他洋洋得意:"仰天大笑出门去,我辈岂是蓬蒿人。"认为自己将被重用,能像管仲、张良、诸葛亮等杰出人物一样干一番大事业。可是入京后,却只做了个御用文人,还受到权臣的谗毁排挤;两年后(744)被"赐金放还",变相撵出了长安。朋友们来为他饯行,求仕无望的他深感仕路的艰难,满怀愤慨写下了组诗《行路难》。组诗共三首,这里选的是第一首。

《行路难》是古乐府旧题,多写世路的艰难和离别的悲哀。南朝宋文学家鲍照有《拟行路难》18首。前人认为李白的《行路难》"似全学鲍照"。鲍照《拟行路难》诗有"对案不能食,拔剑击柱长叹息"之句,李白此诗即取意于此。

---

[*] 本文原载《中学语文教学》2009年第8期。

第二辑 认读 解读 赏读

二、句解

　　金樽清酒斗十千，

"金樽"：饮酒器，"金"形容其豪华。"斗十千"：一斗酒就价值千金，形容酒价昂贵。"斗"，盛酒器。

　　玉盘珍羞直万钱。

"珍羞"：珍贵的菜肴。"羞"通"馐"，美味的食品。"直万钱"："直"通"值"，一盘菜肴就价值万金，极言菜肴的名贵。

　　停杯投箸不能食，

"箸"：筷子。面对如此珍贵的美酒佳肴，诗人却推开酒杯，放下筷子，无心食用。

　　拔剑四顾心茫然。

"拔剑"：准备动武搏斗的动作。这句说：似乎觉得有对手在前面，于是下意识地拔出宝剑准备战斗，可是环顾四周，却找不到对手，此时反倒不知所措，只落得一片茫然。

　　欲渡黄河冰塞川，

比喻性转折句：就好像想要渡过黄河，可是寒冰堵塞了河道。

将登太行雪暗天。

比喻性转折句：又好像想要登上太行山，却大雪漫天，封住了道路。这两句用比喻形容世路的艰难。"雪暗天"又作"雪满山"。

闲来垂钓坐溪上，

此句用姜太公的典故，说仕途多歧，而官运亨通有偶然性。传说周文王出猎，偶遇吕尚（姜太公）垂钓于渭北，交谈之下，大为敬服，遂"载与俱归"，立为国师。文王死后，太公辅佐武王，誓师牧野（在今河南淇县西南），讨伐纣王，灭商建周，以开国之功封于营丘（在今山东淄博市北）。

忽复乘舟梦日边。

"忽复"：不经意，偶然。这是说伊尹。此句用伊尹的典故，再说好运之来的偶然性。伊尹，商初大臣。为成汤重用，委以国政，助汤灭夏。他为商朝理政安民60余载，治国有方，权倾一时，世称贤相，三代元老。相传伊尹在受商汤聘请的前夕，梦见自己乘船经过日月之旁。这两句是并列关系，用两个典故说明世路（仕途）"多歧"。

> 行路难,行路难,

用反复之辞以抒深长之叹。

> 多歧路,今安在?

"歧路":比喻官场中险易难测的前途,这里承接姜尚、伊尹的典故,偏在"易"的一面。这句说:官场之路或有坦途捷径,但那也许是古人的幸运,如今这样的路在哪里呢?

> 长风破浪会有时,

"长风破浪":据《宋书·宗悫(què)传》载:宗悫少年时,叔父宗炳问他的志向,他说:"愿乘长风破万里浪。""会有时":会,恰好,恰巧;有时,有如愿之时。这句与下句连读互解。

> 直挂云帆济沧海。

"云帆":白帆。云,也有高的意思。"济":渡过。和上句连读,是说官场之路既绝,现在恰是实现我自由之理想的时机,我就要云帆高挂,乘风破浪,沧海遨游了。

三、章解

诗意如同诗题,深叹"行路难"——仕途之难。

开首四句描绘一幅宴会的场面——大概是朋友们为诗人饯行的宴会吧：美酒珍馐，金樽玉盘，看出朋友们的真诚与热情。本该开怀畅饮，但诗人却完全没有饮食的心情。他推杯摆箸，拔剑欲搏，四顾茫然。显然，诗人的心被一股强烈的情感冲击着，他有怨，有恨，他感到压抑、愤懑，所以他很想找人搏斗一场以纾解自己的情绪——这是许多人都有过的心理过程。然而，在座的都是自己的朋友，谁是搏斗的对象呢？想打架都找不着对象，真是无所措手足，只剩得一片茫然了。

　　诗人这样的痛苦，这样的表现，到底为什么呢？下面的诗句就做出了回答。当然，这是"诗"的回答。先是两个比喻：要实现自己的理想，要在仕途上驰骋，其艰难就像渡黄河而"冰塞川"，登太行而"雪暗天"。再用两个典故：姜太公闲来垂钓，却遭遇周文王，从而官运亨通；伊尹夜梦日边，居然真的受到商汤赏识，从而大展宏图——这真是官场"歧途"。这似乎在说"行路易"了。然而诗人在讲完这两个典故之后，接着连呼"行路难"，这是为什么呢？因为这样的"歧途"似乎只肯光顾古人，如今哪里还有呢？"今安在"，是从另一个角度表达出自己对仕途的绝望。

　　于是就有了诗的最后两句。这不是什么"心存魏阙"，不是对政治前途的乐观与信心，而是要远走高飞，去寻求自己的自由生活。当然，这也是一种理想，是诗人一生追求的另一种理想。

四、异解

①［明］朱谏《李诗选注》："赋也。世路难行如此，惟当乘

长风挂云帆以济沧海,将悠然而远去,永与世相违,不蹈难行之路,庶无行路之忧耳。"

②[清]乾隆《唐宋诗醇》:"冰塞雪满,道路之难甚矣。而日边有梦,破浪济海,尚未决志于去也。后有二篇,则畏其难而决去矣。此篇被放之初,述怀如此,真写得'难'字意出。"

③喻守真《唐诗三百首详析》作意:"这三首诗主意是写太白辞官还家放浪江湖的感想。见得一个人的荣枯得失,都不足为凭,富贵功名也不能长保,还不如认定时机急流勇退为妙。"作法:"第一首直截从居官奉养的富厚写起,感到行路的艰难,决意挂帆渡海他去,大有孔子'道不行,乘桴浮于海'的感慨。"

④刘咸炘《李太白集校注》引:"渡河、登泰山,济世也。冰雪譬小人,犹《四愁诗》之水深雪满也。溪上梦日边,身在江湖心存魏阙也。"

⑤复旦大学古典文学教研组《李白诗选》:"欲渡"两句写"将离开长安,东渡黄河、太行山时的情景,以山川的险阻暗喻世路艰难"。"闲来"二句写"对政治生活仍有所期待"。

⑥韩兆琦《唐诗选注集评》:"闲来"两句"是说有些人功名事业的成就是出于偶然的……诗人用此典故,表示人生际遇变幻莫测"。

⑦马茂元《唐诗选》:"诗中指斥统治阶级不重人才,在充满政治上幻灭的悲哀和抑郁不平的感慨中,仍然表现出一种乐观自信的积极精神和乘风破浪的前途展望。"

⑧霍松林主编《名家讲解唐诗三百首》:"这首诗……给读者的感觉却像纵横驰骋的长篇歌行。短篇之所以有长篇的格局、气

势,重要原因之一就在于它'百步九折',深入地揭示了感情的激荡起伏、瞬息万变。""最后的结局不是在矛盾中走向绝望、幻灭,而是走向希望和光明,走向'长风破浪会有时,直挂云帆济沧海'这种无限空阔壮美的理想境界。"

⑨詹锳等译注《李白诗选译》译文:

金樽中清冽的美酒每斗万钱,同样昂贵的佳肴堆满玉盘。

我却推开杯筷拔剑而起,环顾四周,心绪茫然。

我欲东渡黄河却有严冰阻塞,我要攀登太行偏遇大雪封山。

我在碧溪上悠闲地垂钓,却又梦见自己乘船来到太阳边。

人生的路何其艰难,何其艰难!

到处是歧途,哪里有大路朝天?

终有一日我会乘风破浪,在沧海中扬起一片风帆!

五、讨论

这首诗粗粗一读,在文字上似乎没有多少困难,但细细品味,却感到有不少地方需要讨论。

一是虚实的问题。"欲渡""将登"两句是写实的吗?看论者之言,多是肯定的。其实,李白何尝真的曾经或将要"渡黄河""登太行"而又偏巧"冰塞川""雪暗天"呢?这只不过是一种比喻,是一种虚写。两句典故,更明显是虚写,他不过举古人之事抒自己之情。有的论者不仅把这也看作写实,而且把两件事合为一句,说是诗人在闲钓时"梦见自己乘船来到太阳边"。又因为把古人之事看作诗人之实,就有了"恋阙"之类的解读。对于诗人为什么痛呼"多歧路,今安在",一般论者倒不太理会。

二是结尾两句的内涵问题。诗人说"直挂云帆""乘风破浪""济沧海",他要到哪里去?众多论者认为诗人是希望回到官场,回到政治的大海,要在那里大有作为,而且充满乐观自信。这有点匪夷所思。这首诗的前面一再咏叹的是"行路难",这里忽然转为充满信心,"大有希望",岂不是有点莫名其妙?再看与此诗同组的另两首,一首的结句是"行路难,归去来",一首的结句是"且乐生前一杯酒,何须身后千载名"。这都明明白白说是要远离官场,要"归去来",所以这一首也不当例外。之所以从这句诗中看出"对政治生活有所期待",可能与"乘风破浪"一语的出处有关。宗悫之志,当然是指为国建功立业。但对李白来说,出世与入世,始终是未能摆脱的矛盾。在他的心目中,入世固然是一种理想,一种"志",是积极的;出世也同样是一种理想,一种"志",是积极的。所以朱谏说诗人"将悠然而远去",喻守真说李白"决意挂帆渡海他去,大有孔子'道不行,乘桴浮于海'的感慨",应该更符合诗的真意。

由于对诗的"虚实"缺乏必要的辨析,又由于对结尾两句的误解,就有了第三个问题:章法问题。说此诗"九步百折","感情瞬息万变",看上去是赞语,其实是贬语。请看一家的具体分析:"开始四句是写他的苦闷和无所适从的'茫然'心情;其次两句就变为悲愤,调子也转为激昂;再下一句一变而为悠闲、恬静;接着的一句'忽复乘舟梦日边',又显出他对事业的渴望;下面的四个短句,是为自己的前途茫茫而叹息;但结尾的两句却充满了信心:'长风破浪会有时,直挂云帆济沧海。'在这里,他的感情真是瞬息万变,几乎令人无从把握其发展的脉络。"(复旦大学中文系古典文学教研组选注《李白诗选》）这样的分析，直是把一首诗活生生切成碎片，然后再一片片地"欣赏"，然后还要说诗人的感情就是这样"瞬息万变"，还要说这正是诗人的伟大之处。一个正常人，包括诗人，如果没有突如其来的刺激，他的感情在片刻间就不可能"瞬息万变"，这是常识。如果有谁真的这样"变"了，并且写成"诗"了，那一定是"无从把握其发展的脉络"的，而不是"几乎"。

其实，这首诗就是抒写"行路难"的抑郁与愤懑，就如我们在章解中所分析的，从头到尾，一气贯通，哪里有什么"瞬息万变"！既不能明辨虚实，又不能做整体的把握，实在是诗的灾难。

意译如下：
金杯里斟满美酒，
玉盘里佳肴满满。
朋友们一片盛情，
哪一样不值万钱？
无奈我心中郁闷，
美酒难饮食难咽。
投箸拔剑欲杀敌，
敌人不见心茫然。
天生我材应有用，
是谁挡在仕途前？
犹如我要渡黄河，
偏偏冰雪塞满川；
犹如我要登太行，

偏偏风雪已封山。
古有吕尚多幸运，
溪边垂钓遇圣贤；
伊尹偶然生一梦，
竟然真的到日边。
行路难，行路难！
大路行不通，
歧路亦不见。
人生何必事权贵，
使我不得开心颜；
乘风破浪正当时，
张帆济海去寻仙。

读书要讲理[*]

——王翰《凉州词》通解及其他

葡萄美酒夜光杯，欲饮琵琶马上催。
醉卧沙场君莫笑，古来征战几人回。

王翰的这首《凉州词》久负盛名，但对诗意的理解却分歧甚大。根本的一点就是：这首诗是歌颂守边将士的爱国豪情，还是表现他们悲伤的厌战情绪？

分歧从何而来？在于对诗歌语言的解读。读诗，首先要通解字句，而通解字句又要统观全诗并参照有关背景；而通解字句、统观全诗，又都离不开一个"理"字：一是文理，二是事理。

对此诗，常见的解读是：开头一句极写酒的香醇和酒杯的精美，正想要开怀痛饮，而琵琶声却催促将士们马上出征。那就尽快饮几口吧！如果醉倒在沙场诸君也不要见笑，自古出征男儿，有几个能够回还？

---

[*] 本文原载《中学语文教学》2014年第7期。

试看一些名家的说法：

［清］沈德潜《唐诗别裁集》："故作豪放之词，然悲感已极。"

俞陛云《诗境浅说》："诗言强胡压境，仗策从军，判决生死之锋，悬于顶上，何不及时行乐……唐人出塞诗，如归马营空，春闺梦断，已满纸哀音。此于百死中，姑纵片时之乐，语尤沉痛。"

赵其钧《唐诗鉴赏辞典》："'马上'二字，往往又使人联想到'出发'，其实在西域胡人中，琵琶本来就是骑在马上弹奏的。"

林庚、冯沅君《中国历代诗歌选》：（"欲饮"句）"是说正要举杯痛饮，却听到马上弹起琵琶的声音，在催人出发了。"

沈文凡、李博昊《名家讲解唐诗三百首》："开头一句极写酒杯的精美和酒的香醇，正想开怀痛饮，马上的琵琶声已经响起，催促将士们即将行军。那就尽快豪饮几口吧，如果醉倒了请诸君不要见笑，自古出征男儿，有几个人能够回还？"

韩兆琦《唐诗选注集评》："催，催促上马出发。此句意谓士兵们正要在琵琶的演奏声中开怀畅饮，而命令传来，已经催促大家上马出发了。……作品于旷达豪纵、谐谑的背后，流露了士兵们的一种厌战情绪。"

杨业荣《唐诗合选》："诗的意思是说，正想饮酒的时候，军中奏乐催促出征了，但是，催只管催，还是要饮个痛快，即使醉卧沙场也没有什么了不起……"

以上解读，从文理、事理两方面看，都有不少可商榷之处。

"欲饮",解作"想要饮",只是平平叙述,且不大合情理;而解释为"好饮"就更有意味,它表现了将士的豪放性格。"好"为"欲"常用义。《孟子·梁惠王上》"天下之欲疾其君者皆欲赴愬于王",《论衡·案书》"人情欲厚恶薄","欲"都是"爱好""喜欢"义。"琵琶马上催",也不是"催征",而是助兴"催饮"。"催",催促,引申为"助""助兴"的意思。今有"催眠""催化剂"诸语,"催"都是"助"义。将士本来好饮,又有琵琶歌舞助兴,气氛更加热烈。还要看到,"琵琶"在这里起借代作用,应该还有相配的器乐与歌舞。

在那个时候那个地点,"催征"怎么会用"琵琶"?彼时也,弹琵琶是寻常乐事;军中弹奏,也是用来助兴歌舞的。"琵琶",古时游牧者在马背上弹奏,因此有"马上所鼓也"的说法(所谓"马上琵琶",也来源于此)。又因为是经过龟兹传来,所以又称龟兹琵琶、胡琵琶。唐代,可说是琵琶发展的高峰。无论宫廷乐队,还是民间小唱,都有琵琶演奏。至于凉州地区,更是"胡人半解弹琵琶"(岑参《凉州馆中与诸判官夜集》)。军中以琵琶伴奏歌舞也是常事,王昌龄《从军行》"琵琶起舞换新声"、岑参《白雪歌送武判官归京》"胡琴琵琶与羌笛",都是证明。

再看句子结构。"欲饮"与"琵琶马上催"之间实际是递进关系。原本"欲饮",而且又有琵琶助兴——那就开怀畅饮吧!"琵琶马上"是"马上琵琶"的倒置——"马上琵琶"是既有之名,到后来,虽已不在"马上"弹之,而仍承旧名(辛弃疾《贺新郎》词仍有"马上琵琶关塞黑"之句),就像今日城市道路早已不为马行而仍称为"马路","电动汽车"虽以电动而仍称"汽车",北京东单西单一带,牌楼早已无存而仍称"东四""西四"。还有一点应注意:这次宴饮应该是在晚上而非大白天。如果是光天化日,那"夜光杯"岂不就被埋没了光彩?既在夜间(很可能是刚从前线返回),突然传令"出征"的可能性恐怕很小了。再退一步说,如果真有军令,将士们哪敢怠慢,还要再饮几杯而不辞"醉卧"?

再看下联。清代施补华《岘佣说诗》说:"作悲伤语读便浅,作谐谑语读便妙。"如何作"谐谑语读"?可以把它看作一个让步复句:即使醉卧在沙场上,诸君也不要见笑啊!这不仅是假设之词,而且是激昂极言之词,并非真的设想要这么去做。"古来征战几人回"一句,更是明显的夸张口吻。这样解读才有"谐谑"的意味。

还要看两联之间的关系。实际上,"催"既是"催饮",而且应该是有充分的时间开怀畅饮。只不过诗人把这畅饮的场面、过程都略去了,而只写饮宴间的一句话。饮宴的热闹、将士的心情都体现在这一句劝酒词里了。这与王维《送元二使安西》的"劝君更尽一杯酒,西出阳关无故人"有异曲同工之妙。有人把这首诗与"可怜无定河边骨,犹是深闺梦里人"(陈陶《陇西行》)相提并论,也不妥当。王翰本人"性豪放",又感染于盛唐的氛围,有着"宁为百夫长,胜做一书生"(杨炯《从军行》)的理想,是不大可能奏出陈陶那样的晚唐哀音的。

总之,全诗写边塞将士的一次盛宴,描摹了守边将士开怀痛饮、尽情酣醉的场面。首联极写酒品之醇美,酒具之豪华,音乐歌舞之繁盛，真是五光十色，琳琅满目，酒香四溢，乐声盈耳。既为全诗的抒情创造了气氛，定下了基调，又见得规格之高，排场之大。由此可以想见，这不是一次普通的饮宴，倒很像一次热烈的庆功会。在极力渲染了排场氛围后，诗人却把酒宴开始后的热闹情景留给读者想象，只拈出一句劝酒词，乐而忘忧，豪放旷达，一切的活动，所有的情感，都在这一句话中了。以少少许胜多多许，使这首短章流传不朽。

宋人严羽有两句名言："夫诗有别裁（才），非关书也；诗有别趣，非关理也。然非多读书，多穷理，则不能极其至。"（《中国历代诗话词话选粹》）读书多多，思想深刻，未必能写出好诗，这是一方面；另一方面，又只有多多读书，穷通事理，诗歌创作才可能达到极致。这就是说，"别才"也好，"别趣"也罢，归根到底不能悖于"书"，不能逆于"理"。

严氏是从创作的角度立论的，而对我们的阅读理解也颇有启发：读书不能不讲理。读书不讲理，失之十万八千里。为了说明这一道理，我们再举两个例子。

例一，骆宾王《在狱咏蝉》：

西陆蝉声唱，南冠客思深（一作"侵"）。

此联诗一般解析为"西陆//蝉声//唱，南冠//客思//深"，而同时把"唱"视为动词，解作"鸣叫""嘶鸣"，把"客思"解为"乡思"。请看：

①朱东润《中国历代文学作品选》注："客思，家乡之思。"

②张燕瑾《唐诗选析》注:"客思:离家在外之人的愁思。"

③张碧波、邹尊兴《新编唐诗三百首译释》:"秋天的知了一阵阵地鸣叫,引起我这囚犯的忧思苦恼。"

④诸葛山人《唐诗鉴赏辞典》译:"西角高墙外/枯瘦的古槐树上/秋蝉在一声声嘶鸣,狱中囚禁的我/思想的心绪一阵阵渐深。"

这样的解读首先是不通文理,进而又违逆事理。"蝉声"怎么会"鸣叫"呢?"客思",只能解作"家乡之思",而诗人因诬入狱,意在诉冤求救("谁为表予心"),怎么会偏偏产生"家乡之思"呢?这都是常识性问题。实际上这里遇到了"音节"与"义节(意义单位)"的矛盾。"西陆蝉""南冠客"应各作为一个义节,"声唱""思深"各作为一个义节。"唱"为形容词,与"深"相对。"西陆蝉",即秋蝉。西陆,指秋天。"唱"指蝉鸣"发声幽息(诗序中语)"。幽,深长;息,喘息,蝉声一高一低,似人之喘息。这句说:那秋天的蝉,其叫声悠长而顿挫——听上去总有一种凄切之感。"南冠客",作者自指,意为"囚徒",典出《左传·成公九年》。"思":悲哀,忧愁。《中华大字典》释为"悲",例引《诗经·小雅·雨无正》:"鼠思泣血。"《汉语大词典》释为"悲伤,哀愁",例引《礼记·乐记》:"亡国之音哀以思,其民困。"这句说:陷于囹圄的我,其哀愁深重而无穷。这也解决了是"深"还是"侵"的问题。主张"侵"字的论者,大概是考虑到"唱"是动词,用动词"侵"字才能对应吧。

例二,杜审言《和晋陵陆丞早春游望》:

云霞出海曙，梅柳渡江春。

对此一联诗，众解纷纭，而真正能让读者明白的，似乎还没有，请看：

［清］徐增《而庵说唐诗》："春气自南而北，梅先从江南开起，然后开到江北；柳先从江南绿起，然后绿到江北，谓之'渡江春'。"

［清］黄叔灿（转引自陈增杰《唐人律诗笺注集评》）："'出海曙''渡江春'奇绝，非人思议所及。"

林庚、冯沅君《中国历代诗歌选》：（"梅柳"句）"是说春满江南江北"。

陈增杰：（"云霞"二句）"曙日从水面升起，映照得江天璀璨，云蒸霞蔚；春气渡江而来，梅柳枝头透露出浓郁的春意。"

中国社科院文学研究所《唐诗选》：（"云霞"句）"破晓的时候，太阳好像从东海升起，云气被朝阳照耀，蔚成绚烂的霞彩，也好像和旭日同时从海中出来，所以说'云霞出海曙'。（'梅柳'句）江南比江北早暖，梅、柳的枝头透露春意也比江北早些。由江北到江南，忽见梅树已经开花，杨柳已经发绿，好像梅柳一过长江就换上了春装似的，所以说'梅柳渡江春'。"

倪其心《唐诗鉴赏辞典》："所以诗人突出地写江南的新春是与太阳一起从东方的大海升临人间的，像曙光一样映照着满天云霞。……'梅柳'句是……说梅柳渡过江来，江南就完全是花发木荣的春天了。"

以上诸解如此缠绕不清，问题也首先是出在对诗句结构的分析(即"文理"问题)上。一般论者,显然是把"出海曙""渡江春"各作为一个义节,所以难以理解,所以就说它"奇绝,非人思议所及"。

合理的解读应该是:"云霞出海//曙,梅柳渡江//春。""云霞出海""梅柳渡江"各为一个义节,"曙""春"各为一个义节,而且是倒装句。"曙",指天亮之时,不是指"太阳"。"海",指宽阔的江面。"渡江"是说由江南到了江北,不是泛指"江南江北"。这里有一个立足点的问题:诗人是在江南还是在江北?说"春气渡江而来,梅柳枝头透露出浓郁的春意",就意味着诗人是在江北了,这不符合实际;说诗人"由江北到江南",也没有根据;至于说"梅柳渡过江来,江南就完全是花发木荣的春天了",更是违背常识。其实,是诗人望江北所见,并没有什么难懂,更没有什么"奇绝"。句解就是"曙则云霞出海",破晓的时候,绚烂的云霞就会从浩阔的江面上升起。这句说一日之始。这种江海日出的景象,是诗人在故乡(河南巩县,今巩义)难以见到的,所以特别容易触动乡思。"春则梅柳渡江",春天到来之际,梅花已经开到了江北,杨柳也已经绿到了江北。这是诗人立足江南而望江北时所见。这句说一年之始,春到江北,而自己仍不得不滞留江南,只能望江北而兴叹。

由《凉州词》而及其他,在于说明"读书讲理"的重要性,还算扣题;只是离王翰诗远了一点;现在回到他的《凉州词》,用普通话略陈其意:

大宛葡萄酒,白玉夜光杯,
军中豪饮一生能几回?

开怀畅饮直须醉,
更有琵琶歌舞助我逸兴飞。
劝君莫停杯,莫停杯,
即使醉卧沙场枕戈睡,
也胜似轻吟风月倚罗帏。
自古将士出征无生死,
何惧马革裹尸骨成灰!

从杜甫《咏怀古迹》（其三）说到古诗的句法分析[*]

古诗的语言有别于散文。但它说的总是"人话"，也总得遵循着"人话"的基本规则。所以，它的语言是可以分析的。要真正读懂一首古诗，往往需要明晰的句法理解；而许多对古诗的误读都是缘于对句法的蒙昧。

且以杜甫的《咏怀古迹》（其三）为例。诗曰：

群山万壑赴荆门，生长明妃尚有村。一去紫台连朔漠，独留青冢向黄昏。画图省识春风面，环佩空归夜月魂。千载琵琶作胡语，分明怨恨曲中论。

这首诗，有两处涉及"是主语还是状语"的问题，而又都久被误读，具有典型的意义。

开篇第一句，"群山万壑"是作主语还是作状语？这似乎不成问题，因为历来的选家、注家都不曾从这样的角度提出过疑

---

[*] 本文原载《中学语文教学》2013年第7期。

问。不过,同是把它看作主语,在理解上还是产生了分歧。

明代的胡震亨认为:"群山万壑赴荆门,当似生长英雄起句,此未为合作。"(《杜诗通》)他说这样的起句应该用来描写英雄人物,用在王昭君这样女子的身上不合适。

他同时代的黄周星就反驳他说:"昔人或谓'群山万壑'句,颇似生长英雄。不似生长美人。固哉斯言!美人岂劣于英雄耶?"(《唐诗快》)他说胡震亨的说法太偏执了,美人并不比英雄差,所以用"群山万壑"这样的起句没有问题。

而质疑之声并不因黄周星的反驳而止息。到了清代,王夫之在《唐诗评选》中坚持说:"首句是极大好句,但施之于'生长明妃'之上,则佛头加冠矣。故虽有佳句,失所则为疵纇(lèi,缺点、毛病)。"他坚持说这样的起句虽为"佳句",但用得不是地方("失所"),就像给佛头戴上帽子一样。

不过,"钟灵毓秀而出佳人"之说还是占了上风:

清代胡以梅《唐诗贯珠笺》:"起句虽赋江山之景,然荆门、虎牙,收锁江势于秭归之下流,犹言江山结束秀气,出此绝世佳人。"

清代杨伦《杜诗镜铨》:"从地灵说入,多少郑重。"

清代吴瞻泰《杜诗提要》:"发端突兀,是七律中第一等起句,谓山水迤逦,钟灵毓秀,始产一明妃。说得窈窕红颜,惊天动地。"

清代仇兆鳌《杜诗详注》引朱瀚曰:"起处,见钟灵毓秀而出佳人,有几许珍惜。"

直到现在,专家学者们仍然传承着这样的见解。廖仲安先生这样说:"杜甫写这首诗的时候,正住在夔州白帝城。这是三峡西头,地势较高。他站在白帝城高处,东望三峡东口外的荆门山及其附近的昭君村。远隔数百里,本来是望不到的,但他发挥想象力,由近及远,构想出群山万壑随着险急的江流,奔赴荆门的雄奇壮丽的图景。他就以这个图景作为本诗的首句,起势很不平凡。""昭君虽然是一个女子,但她身行万里,冢留千秋,心与祖国同在,名随诗乐长存,为什么不能用'群山万壑赴荆门'这样壮丽的诗句来郑重地写呢?"(见上海辞书出版社《唐诗鉴赏辞典》)

为了肯定"群山万壑"为主语(也许是不自觉的),为了肯定起句的郑重,就不能不把王昭君往英雄的行列里推,所谓"身行万里,冢留千秋,心与祖国同在,名随诗乐长存",这还不够一个"英雄"的称号吗?但问题是,杜甫此诗是把王昭君当作英雄来写的吗?

王昭君,名嫱,是归州(今湖北秭归)人,其地今有昭君村。关于王昭君的事迹,"盖其事杂出,无所考证"(韩驹《题李伯时画昭君图序》)。既是"其事杂出,无所考证",后世之作者就不免各取所需以抒怀抱,很有点"六经注我"的味道。我们不妨看几首咏昭君的诗。

昭君墓周围有很多诗碣,其中一首诗碣刻的诗是:

闺阁堪垂世,明妃冠汉宫。一身归朔汉,万里靖兵戎。若以功名论,几与卫霍同。人皆悲远嫁,我独美遭逢。纵使承恩宠,焉能保始终。至今青冢在,绝城赋秋风。

从杜甫《咏怀古迹》（其三）说到古诗的句法分析

"卫霍"即汉朝的名将卫青和霍去病，诗人把王昭君与"卫霍"相提并论，对她可说是高度赞扬了。诗中虽没明言，但显而易见，诗人笔下的王昭君是抱着自我牺牲的精神主动自愿去和番的。

当然，对昭君的出塞也有不同说法。《彊村丛书》中有一首咏昭君的词，就说"王嫱以无宠自请行，诚一污贱女子耳"。王安石的《明妃曲》说昭君出塞不免"芳心自喜"，既然没有机会见到汉元帝，倒不如远嫁匈奴，得到知心夫婿了。这就是说，不是"昭君怨"而是"昭君乐"。

杜甫此诗是依怎样的历史记载来写的呢？从杜甫诗的内容看大体是依照着《西京杂记》的记载。汉元帝宫中宫女很多，帝不能一一面选，于是就按画像召见。因此宫女都贿赂画工。昭君不肯行贿，画工就把她画得很丑，当然得不到召见。后来匈奴使者来朝求婚，元帝就遣嫁昭君为呼韩邪单于阏氏（yānzhī，相当于王后）。临行前，昭君被召见，元帝才发现她是后宫第一美人，后悔不及，就把画工毛延寿杀掉了。后呼韩邪单于亡故，其长子即位，按照匈奴"父死，妻其后母"的风俗，昭君再嫁。而据《琴操》载：昭君拒绝再嫁，"乃吞药自杀"。王昭君去世后，葬于今呼和浩特市南郊，墓依大青山，傍黄河水，后人称之为"青冢"。

"一去紫台连朔漠，独留青冢向黄昏。"相比之下，可以看出杜甫笔下的昭君既不是英雄，也不快乐，更不是什么污贱女子，她只是一个被选入宫而又无辜远嫁的女子。她的出塞，不是主动的，她更没有什么超人的民族意识和高远的志向，而是被迫的、无奈的、不得不听天由命的。在杜甫笔下，她是一个受害者，她的一生是个悲剧，她的心里所有的只是"怨恨"。既然如此，"钟灵毓秀而出佳人"之说就站不住脚了。

对昭君村,白居易在《过昭君村(村在归州东北四十里)》诗中说:

灵珠产无种,彩云出无根。亦如彼姝子,生此遐陋村。

他倒是称昭君是"灵珠""彩云",但仍实事求是地说昭君村是个"遐陋村",与"地灵人杰"之说恰恰是反调。

其实,问题很简单,从汉语语法的角度看,"群山万壑"几个字在句子里不是主语,而是状语,修饰"赴"字,表示行为动作的方式。杜甫的这句话是说:(我为了探寻昭君遗迹,)不惜穿过了群山万壑奔赴荆门。其结果呢,皇天不负苦心人,昭君出生、生长的那个小村庄还真的存在!"生长明妃尚有村",是庆幸,是欣喜,这完全是经历一番艰苦跋涉而终于得偿所愿的语气。

这里又会产生一个问题:杜甫的这首诗应该是在什么时候、什么地点写的?先看看专家教授的观点。

霍松林主编《名家讲解唐诗三百首》:"此诗作于杜甫经过昭君村时。"

张碧波、邹尊兴编著《新编唐诗三百首译释》:"这首七律是大历元年(766)杜甫寓居夔州时所写。"

韩兆琦《唐诗选注集评》:"《咏怀古迹》共五首,分别吟咏五个与三峡有关的历史人物的古迹",昭君村"在长江三峡范围内,故杜甫吟咏及之"。

前面所引廖仲安先生还说得更细致:"杜甫写这首诗的时候,

正住在夔州白帝城。这是三峡西头，地势较高。他站在白帝城高处，东望三峡东口外的荆门山及其附近的昭君村。"

但是，"咏古迹"而靠"遥望"，也许当代的某些人会这么做，像杜甫一类的古代文人决不会走这样的捷径的。读万卷书，行万里路，是那时候知识分子的修养功夫，是他们的生存状态。从组诗的其他作品看，除了第一首，也都有明显的"现场"情味：

江山故宅空文藻，云雨荒台岂梦思。最是楚宫俱泯灭，舟人指点到今疑。（其二）

古庙杉松巢水鹤，岁时伏腊走村翁。武侯祠堂常邻近，一体君臣祭祀同。（其四）

这哪里是靠"遥望想象"写得出的？对于这组诗的内部关系，清代的浦起龙有过很好的分析。他认为第一首"此'咏怀'也，与'古迹'无涉，与下四首亦无关涉……诗中止言'庾信'，不言其宅，而宅又在荆州，公身未到，何得咏及之？""此下四首，分咏峡口古迹也。"第二首"因宅而咏宋玉"，第三首"因村而咏明妃"，第四首"因庙而咏蜀主"，第五首"因像而咏诸葛"（《读杜心解》）。除了指出"第一首"与下四首"无涉"，浦起龙特别强调杜甫是"因宅而咏宋玉"，"因村而咏明妃"，等等。"公身未到，何得咏及之？"是啊，没有亲身到那里，怎么能"咏及之"？

"此诗作于杜甫经过昭君村时。"大体不错。但不如说：此诗是诗人经历千辛万苦，穿越群山万壑，终于探访到昭君村后所作。

还是这首诗，还有一个句子涉及"是主语还是状语"的问题："画图省识春风面，环佩空归夜月魂。"

对于出句，理解上没有分歧，自觉不自觉地都把"画图"二字看成状语，翻译过来就是：通过画图怎么能真正认识宫人的美貌呢？但对于对句，所有的选家、注家又都把"环佩"二字看成主语，说是"代指昭君"，翻译过来就是：在凄凉的月夜，风里响着环佩，那是你归来的思念故国的一缕游魂。陈增杰先生说："下句（环佩句）说，昭君眷怀故国，死后她的魂魄仍然乘着月色夜归。"并引朱鹤龄云："月夜归魂，明其始终不忘汉宫也。"（《唐人律诗笺注集评》）这样的解说是不能成立的。

从杜甫笔下昭君形象的特点说，昭君是一个受害者，她生不得享人伦之乐，死不得返归故乡，她对"汉宫"能是什么态度？"分明怨恨曲中论"！什么"眷怀故国""不忘汉宫"，完全是脱离杜甫诗作的臆说。从律诗对句相偶的格律说，对句与出句的结构应该是一致的。古人虽未必有语法概念，但他们在实践中是完全遵循语言规律的。特别是杜甫，只要不是存心写所谓"拗体"，在格律上是从不马虎的。既然出句的"画图"作状语，对句相应位置的"环佩"也应该是状语。再从章法的逻辑说，全诗四联，起承转合，严整顺畅。颔联承上写昭君一生的遭遇，颈联一转，写汉帝的荒唐与懊悔。如果把"环佩"一句看作写昭君，章法就全乱了。

当然，把"环佩"一句看作写昭君，还与句中的"归"字有关。根据习惯思维，"归"不就是"归来"吗？而能与"归来"

搭界的，自然只有昭君之魂。这就是我们在第一节中讲到的，在"熟词"面前犯了错误。"归"应解作"怀"。《经籍纂诂》："归，或为怀。"《中文大辞典》立有义项："归，怀也。《礼记·缁衣》：'私惠不归德。'注：'归，或为怀。'"出句"省识"的主语是汉帝，对句"空归"的主语也是汉帝，只不过主语都省略了。而元帝"发现她是后宫第一美人，后悔不及"的记载就是杜甫说他"空归月夜魂"的根据。

以上两处"状语"的问题解决后，才可以说是"读懂"了这首诗。我们试把此诗的内容表述如下：

翻越千山与万壑，不辞劳苦赴荆门。
汉宫故事唐人想，我要一探昭君村。
僻远破败幸犹在，天公未负苦心人。
遐陋村庄生姝女，彩云映日本无根。
山脚下，溪水滨，我自徘徊自探寻。
昭君一生如影像，影像目前甚清真。
离乡背祖入宫门，宫中万千百媚人。
君王临幸凭图画，画师贪贿总失真。
保边卫国男儿事，男儿无赖靠和亲。
灵珠被弃赐匈奴，君王始见美昭君。
一别汉宫从此去，大漠腥膻无人伦。
此身虽在心已死，含悲饮鸩入孤坟。
入孤坟，对黄昏，声名后世更纷纭。
传说汉皇君去后，一宫佳丽俱不亲。
对月伤怀怀昭君，想见昭君月夜魂。

昭君魂魄飘塞外，永世不见汉宫人。

只留胡曲传千古，曲中怨恨动鬼神。

当然，句法分析不仅仅会涉及主语与状语的问题，还有宾语与补语、音组与义组、紧缩与拆分等等的问题，有志者不妨作一点探讨。

意蕴剖析与语言通解[*]

——以杜甫《登高》诗为例

我主张诗词鉴赏（自然包括诗词教学）要以语言通解为基础，词法，句法，章法，一切解读、赏析，都要有文本语言的根据，而不能天马行空，我行我素。通解语言，一不可饾饤视之，即不能把诗句看作辞藻的堆砌，而要从它本身的语法逻辑中求得尽可能确切的理解；二不可总以线性视之，即不可把诗句看作一条自上而下的线，诗句之间有错综，有互解，要在错综与互解中求得尽可能充分的理解。且以杜甫《登高》诗为例。

《登高》诗作于唐代宗大历二年（767）秋。当时虽然安史之乱已经结束四年，但地方军阀不断割据作乱，依然是国无宁日。而严武病逝后，杜甫失去依靠，只好离开经营了五六年的成都草堂，买舟南下。本想出蜀还乡，却因病魔缠身，困在夔州。这一年杜甫五十六岁，适逢重阳佳节，独自登上夔州白帝城外的高台，百感交集。于是，就有了这首被誉为"古今七言律第一"的

---

[*] 本文原载《中学语文教学》2014年第5期。

第二辑　认读　解读　赏读

旷世之作。

风急天高猿啸哀

由三个小主谓句合成。"猿啸哀"，巫峡多猿，鸣声凄厉。当地民谣云："巴东三峡巫峡长，猿鸣三声泪沾裳。""风急"，则凄寒而萧瑟。"天高"，则寥廓而茫远。"猿啸哀"，则引人泣下。"风急"则无云，无云则"天高"，有因果关系。"风急天高"又是"猿啸"的背景，猿声本来凄厉，在此背景下更令人心生悲凉。这不是纯客观的景物描写，而是客观景物在诗人心目中的反映。在高天急风中听着凄厉的猿啸，个人的渺小感、孤凄感自是弥漫了诗人的心灵。

渚清沙白鸟飞回

也是由三个小主谓句合成。"渚清沙白"，正是深秋景象。"鸟飞回"，"鸟飞"作主语，"回"作谓语，义为"回旋"，形容"鸟飞"之状是因"风急"而打旋。鸟在"急风"之中飞翔不止，显示的是一种力量，更是一种精神。上句"风急天高"令人孤凄，此句"渚清沙白"给人温馨；上句"猿啸哀"令人泪下，此句"鸟飞回"给人鼓舞。

无边落木萧萧下

"落木萧萧",是韶光的消逝,是生命的告别。"无边"二字,表现的是空间的普遍性,在诗人心目中,普天之下,率土之滨,纷纷扬扬,无非"落木";"萧萧"二字,状写的是落木之声,落木萧萧,繁声在耳,更声声敲打着诗人之心。

不尽长江滚滚来

江流滚滚,是生命的奔流,是力量的涌动。"不尽"二字,表现的是时间的永恒性,在诗人的心目中,宇宙之大,尽管沧海桑田,总有一些东西像这江流一样,是不可阻挡不可磨灭的,是值得人类永远追寻、永远珍视的。"滚滚"二字,状写江水之势,千秋万代,汹涌奔腾,壮人眼目,更激荡着诗人的胸怀。不说"大江东去",而说"滚滚来",妙在取物的角度,而"角度"决定于心态。"去"是灭,"来"是生;"去"是绝望,"来"是希望。上句"落木萧萧",不免令人伤感,此句"长江滚滚",则令人激奋。

万里悲秋常作客

这是转折复合句:"万里(作客)"则易"悲秋",而自己却"常作客"。"万里"即离家万里,指作客他乡。"悲秋",见秋景而悲伤。"作客",漂泊异乡。"常"即长久、不断。杜甫从48岁开始,一直到58岁去世为止,十一年一直在外飘零,写这首诗时已是第八个年头了。这句是说,离乡背井,万里作客,即使偶一遭遇,也是令人伤感之事;而自己之"作客",却是既久且远,又逢肃寒之秋，其心之"悲"，何以复加？

　　　　百年多病独登台

转折复合句，虽"百年多病"却仍然坚持"独登台"。"百年"，一生，这里偏指暮年。"多病"，杜甫三十多岁即患了风痹症，一直缠绵不愈，以致晚年"缓步仍须竹杖扶"。后又患有严重的糖尿病（中医称为"消渴"）、肺病，并因糖尿病并发了白内障、耳聋、偏枯、足痿等一系列病症。晚年而多病，却不甘寂寞，即使在客中，没有亲朋陪伴，独自一人也要"登台"览胜，以抒情怀。其心之"壮"，可见一斑。这一联两句互解，"万里悲秋"也管着"独登台"，"百年多病"也管着"常作客"。

　　　　艰难苦恨繁霜鬓

这是因果复合句，因为"艰难"，所以"苦恨繁霜鬓"。"艰难"，指时势并由时势造成的生计的艰难。"苦恨"，甚恨，最恨。"繁霜鬓"，即"繁霜之鬓"，生长出许多白发的两鬓。这句是说，面对国势的艰难和自己生计的艰辛，本应该有所作为，但鬓霜日繁，龙钟衰老，心有余而力不足，所以诗人"恨"自己，恨自己的衰老。"名岂文章著，官应老病休。"这是一个心比天高的要强者的无助的痛苦、无奈的悲哀。

　　　　潦倒新停浊酒杯

这是转折复合句,"潦倒",却又"新停浊酒杯"。这时杜甫正因病戒酒。心情不好,失意无聊,原可以借酒消愁,但现在却因病忌酒,连这一点精神的慰藉都没有了,情何以堪。何焯《义门读书记》卷五四:"远客悲秋,又以老病止酒,其无聊可知。"胡以梅《唐诗贯珠笺》卷五十:"结句又老又病,苦况在言外。"

这首诗前四句状登高所见之景,后四句叙平生感遇之事,以"独登台"三字扣住题面,并且绾合上下两层诗意。而触景生情,接事感怀,慷慨刚烈,动人心弦。

首联是两个复合句,每句都包含三个小的主谓句,信息密集,各种影像声响杂沓而来,给人强烈的视听冲击。颔联句法一变,用两个主谓句,节奏舒缓而境界雄阔。两联交汇互补(或说三句承一句,二句承四句),展现了浩茫浑阔的景象,造成了磅礴动荡的气势,真是"悲壮生气汹涌纸上"(《闻鸡轩初盛唐近体读本》卷十引陈德公语)。

值得注意的是,首联出句落脚在"猿啸哀",对句则落脚在"鸟飞回",先抑再扬。颔联出句落脚在"萧萧下",对句则落脚在"滚滚来",又是先抑再扬。

再看颈联,由眼前景触动平生事,用两个转折复合句,而两句之间又有互解的关系。转折句的重点是在后面,出句落在"常作客",突出命运之悲苦,对句则落在"独登台",显示对命运的抗争;又是一抑一扬。尾联再用两个复合句,终于欲扬无力,似乎一个勉力强行的老病之人终于颓然倒地一样,那不是弱者的失败,而是强者的告别,不是"意尽语竭"(杨伦《杜诗镜铨》),而是仰天长叹。

总起来看，全诗是悲与壮的交汇。写景则一句侧重于悲，一句侧重于壮，且抒悲于前，表壮于后；叙事也是记"悲情"于前，转"壮怀"于后：总是使"壮"胜于"悲"。尾联一跌，仍是悲中有壮。这才使得本诗感伤而不颓唐，悲愁而不衰飒，有一股沉雄郁勃之气。更妙在景物与心灵相融，身世与国势交汇，这就使得这首诗景象苍凉而雄浑，气势回旋而阔大，感情多元而激越，千载之下，犹能撼人心魄，催人泪下。

什么是"饾饤"视之？什么是"线性"分析？请看《唐诗鉴赏辞典》中陶道恕的一段解读：

  首联对起。诗人围绕夔州的特定环境，用"风急"二字带动全联，一开头就写成了千古流传的佳句。夔州向以猿多著称，峡口更以风大闻名。秋日天高气爽，这里却猎猎多风。诗人登上高处，峡中不断传来"高猿长啸"之声，大有"空谷传响，哀转久绝"（《水经注·江水》）的意味。诗人移动视线，由高处转向江水洲渚，在水清沙白的背景上，点缀着迎风飞翔、不住回旋的鸟群，真是一幅精美的画图。其中天、风、沙、渚、猿啸、鸟飞，天造地设，自然成对。

这一联中，出句与对句是什么关系？出句落在"大有'空谷传响，哀转久绝'的意味"；"视线"一"移动"，对句就变成了"一幅精美的画图"，似乎是情调迥异的两个境界——前面不是还说"用'风急'二字带动全联"吗？至于说什么"其中天、风、沙、渚、猿啸、鸟飞，天造地设，自然成对"，这样的赞词不仅无助于读者理解诸"意象"之间的逻辑关系,更令人觉得这一联似乎纯是写景,看不出作者的什么情感——特别是和全诗谐调一致的那种情感。

再比如从句法看,径直说"万里悲秋常作客,百年多病独登台"有八层意思(罗大经《鹤林玉露》),几层意思,也不免饾饤之嫌。而如果简单地解读为"漂泊万里又逢深秋我常年作客,拖着年老的病体我独自登台"(张碧波、邹尊兴《新编唐诗三百首译释》),哪里还有什么"郁勃"之气,悲壮之怀?我把它分析为转折复句,见得"常为客"更甚于一般羁旅之悲,"独登台"乃不屈于老病之身,这不就是"悲壮"吗?

再说词法,只说第七句。傅庚生《杜诗析疑》说:"细揆诗意,'艰''难''苦''恨'四字应该是平列的,读时应该一字一顿。""'繁'有与日俱增之义,解作动词,才能振起一篇精神。"王力《诗律余论》谓"应以'霜鬓'连读,霜鬓是杜诗中的熟语……"陈增杰《唐人律诗笺注集评》:"此言霜鬓已繁,谓两鬓白发已多。"

照上述意见,这一句只是"一生的艰难苦恨增加了霜鬓白发"的叙述而已,意浅而情淡。我把此句分析为因果复句:因为国事艰难、生计无着,所以"苦恨繁霜之鬓"。"恨"的对象是"鬓"。为什么此鬓可恨?因为它在不断滋生着"霜(白发)"。年老发白,乃属正常,而年既老发既白则意味着要退出历史舞台,这正是诗人最不愿接受的事实,所以要"恨",而且"苦恨"。这就有了挣扎,有了抗争,表达着一种无助、无奈的撕心裂肺的痛苦。

第二辑　认读　解读　赏读

如果再从句法结构看,"苦恨"与"新停"相对,都是"状语+中心词"的结构;"繁霜鬓"与"浊酒杯"相对,都是"定语+中心词"的结构。对句互解(即互相制约又互相阐发),这是一般的规律。

一切意蕴的解读,都来自对语言的分析,岂不然哉!

意译如下:

西风凄紧,长天苍苍,
声声猿啸,搅动愁肠。
河洲清清,沙岸如霜,
鸥鹭倔强,迎风回翔。
满目落叶,纷纷扬扬扑四野,
无尽长江,浩浩荡荡来天上。
离家万里游子悲愁临秋肃,
更何况我长年累月在异乡!
疾病缠身举手投足都吃力,
我仍要登上高台慨而慷!
岁月艰难,多想再驰骋飞扬,
千愁万恨,最恨是两鬓霜降。
穷困潦倒偏偏需要戒酒,
是谁剥夺了我最后一点奢望?

用"语码说"解读杜甫的一首绝句(两个黄鹂)

把"语码"这个概念引入中国古诗词鉴赏的第一人,该是叶嘉莹先生。先生在《叶嘉莹说诗讲稿》中说:西方的语言学、符号学认为任何语言、任何词语都是一个符号,这个符号如果在一个国家民族里使用了很长久的时间,它就在文化的、历史的背景之中形成了一个符码、一个记号,这个记号带着很多的历史文化的背景,所以这样的符号就成为一个文化的符码。

在一个国家的诗歌传统中,蕴含多种信息,能引起人言外联想的词汇被称为语码,按照西方的符号学来说,当某个语言符号在一个国家民族使用很久以后,这个语言符号就变成了一个符码,因为它与文化有关,所以又叫文化符码。(详见叶嘉莹《南宋名家词讲录·绪论》)

根据叶先生的说法,"语码"应具有这样几个特点:第一,它是词汇;第二,它与一个国家民族的历史文化背景有关;第

---

* 本文选自《让学生获得语文智慧——王俊鸣语文教学思想及实践》(教育科学出版社2015年版)。

三，在一个国家的诗歌传统中，它蕴含多种信息；第四，能引起具有这种文化背景的人的言外联想。

叶先生曾以温庭筠《菩萨蛮》中"懒起画蛾眉"一句为例说明语码的联想作用。她说"懒起画蛾眉"，仅仅这一句就可以给读者很丰富的联想。中国有一个传统，从屈原的《离骚》开始，"众女嫉余之蛾眉"代表的是一个才德美好的贤士受到小人的嫉妒与谗害。李商隐在一首《无题》诗中说："八岁偷照镜，蛾眉已能画。"他说有一个女孩子，八岁就可以画出很美丽的长眉。这里的画眉也是有喻托的："长眉"代表才德的美好，"画眉"就是对于才德美好的追求。那么"懒起画蛾眉"呢？唐朝诗人杜荀鹤有一首《春宫怨》说"早被婵娟误，欲妆临镜慵"，我早被自己美好的容颜所误，要化妆时，面对着镜子，我就"慵"——懒了。为什么懒？后边他接着说："承恩不在貌，教妾若为容？"因为得到皇帝的恩宠不是因为她容貌的美丽。真的这样吗？你看白居易写《长恨歌》，陈鸿写《长恨歌传》，说杨贵妃之所以能得到玄宗的宠爱，不只是因为她容貌美丽，而且因为她能够"先意希旨，有不可形容者"，她在皇帝没有表现他的意思之前就知道如何迎合皇帝，如何按皇帝的意图去做。这不只是男女之间，就是君主与臣子之间也是如此。电视剧《铁嘴铜牙纪晓岚》中说有一个叫和珅的如何如何会逢迎皇上，讨皇上的喜欢，于是皇上就欣赏他。可见，千古得宠的人不一定就因为容貌的美丽或才能品德的美好，既然"承恩"是"不在貌"的，那么我化妆做什么？当然就"欲妆临镜慵"了。我们再看温庭筠的这两句词，"懒起画蛾眉，弄妆梳洗迟"，他写的只是一个美女懒得化妆，却居然在短短的文字里边给读者这么多联想(《叶嘉莹说诗讲稿》)。

对于某一个具体的读者来说,"语码"又是一个相对的概念。"有的语码是很明显的,像屈原的美人芳草之类;有的语码是不明显的,如果你对中国传统的诗歌不熟悉,就不知道它还暗藏有别的意思"(叶嘉莹《唐宋名家词赏析》)。这就意味着,你文化背景雄厚,发现的语码就多;你文化背景薄弱,面对本来具有语码意义的词汇也会麻木不仁。叶先生博通今古,融汇中西,就经常"发现"语码。在讲上述"蛾眉"之例时,她就说:"温庭筠的词中含有大量这样的符码,这也是温词可以给人多种联想的一个原因。"(见叶嘉莹《南宋名家词讲录·绪论》)她在说到《诗经》的《晨风》《蟋蟀》时,也说"晨风"和"蟋蟀"就是两个语码。"晨风"是一种鹞鹰类的猛禽,出于《秦风·晨风》的"䨥彼晨风,郁彼北林。未见君子,忧心钦钦"。说是晨风张开它的大翅膀,一下子就飞到北边的一片树林中去了,这是由鸟起兴,由此而想到了心中所思念的那个"君子"。这"君子"是谁?当然,我们可以不管汉代经学家的说法,可以把这个思念对象解释为一种理想或一种追求。不过从作者的角度着想,中国读书人从小念《诗经》读的都是《毛传》。《毛诗·序》说这是秦国人讽刺秦康公不能继承秦穆公的事业、不能任用贤臣的一首诗。秦穆公是春秋五霸之一,穆公时代是秦国最美好最兴旺的时代,后来到了康公时期,政治十分败坏,于是人们就怀念起秦穆公来。所以,"未见君子"的"君子"指的乃是秦穆公那样的贤明君主。联系这个背景,"晨风怀苦心"就含有一种对国家政治的感慨了:为什么我所生活的时代如此黑暗?为什么我就没赶上那种君圣臣贤的好政治?"蟋蟀"出于《唐风·蟋蟀》的"蟋蟀在堂,岁聿其莫。今我不乐,日月其除"。意思是:蟋蟀已经躲进屋子里来叫了,说明时间已经到了九月暮秋,一年很快就要结束了,如果你还不及时行乐,你的一辈子很快也就这样白白过去了。《毛诗·序》说,这是讽刺秦僖公"俭不中礼",认为应该"及时以礼自虞乐"的一首诗。联系这个背景,则"蟋蟀伤局促"除了感叹生命的短暂之外,还包含一层何必如此自苦、不妨及时行乐的意思在内(叶嘉莹《南宋名家词讲录》)。

有一些诗词,因为读者对其"语码"的感知程度不同,在理解上会有明显的"深浅"之别。我们来看杜甫的《绝句四首》之三:

两个黄鹂鸣翠柳,一行白鹭上青天。
窗含西岭千秋雪,门泊东吴万里船。

在中国,这差不多是妇幼皆知的一首诗,但这首诗到底写的是什么?诗人表达了怎样的思想情感?

王嗣奭《杜臆》:"窗对西山,古雪相映,对之不厌,此与挂笏看爽气者同趣;门泊吴船,即公诗'平生江海心,宿昔具扁舟'是也。公盖尝思吴,今安则可居,乱则可去,去亦不恶,何适如之!"

浦起龙《读杜心解》:"'西岭'多故,而'东吴'可游,其亦可远举乎!盖去蜀乃公素志,而安蜀则严公本职也。蜀安则身安,作者有深望焉。上兴下赋,意本一串,注家以四景释之,浅矣。"

萧涤非《杜甫研究》："全诗四句皆对,一句一景,似个不相干,其实是一个整体,因为具有统一的喜悦情调。"

周啸天（《唐诗鉴赏辞典》）："全诗看起来是一句一景,是四幅独立的图景。而一以贯之,使其构成一个统一意境的,正是诗人的内在情感。一开始表现出草堂的春色,诗人的情绪是陶然的,而随着视线的游移、景物的转换,江船的出现,便触动了他的乡情。四句景语就完整表现了诗人这种复杂细致的内心思想活动。"

张燕瑾《唐诗选析》："这首绝句通过景物描写,表现了杜甫对无限春光的由衷喜悦,从而反映了他闲适的生活和开朗的胸怀,同时也流露出对去蜀游吴的向往。"

韩兆琦《唐诗选注集评》："作品描写了成都春日的山川形势,景物风光,隐约地抒发了一种思乡之情。"

上述诸家,大同小异,都说诗人写的是可人之景,抒的是怡悦之情,甚至还说是什么"闲适的生活和开朗的胸怀"。多家都肯定诗中有"思乡之情",可又说这"思乡之情"仅与"江船"一句有关,至于它与全诗怎么是"统一"的,全不予理会。只有浦起龙指出"上兴下赋,意本一串",甚得诗人之心；而他又说"注家以四景释之,浅矣"。其实,注家之"浅",并非仅表现在"以四景释之"。

这里,与对语码的感知有关。"船"是一个语码,它让人联想到水路交通,联想到离乡归乡,等等。特别加以"东吴万里"的修饰,更让人想到历史的人事：万里桥在成都市城南锦江上,是古时乘舟东航起程的地方。三国时蜀国的费祎出使东吴,诸葛亮于此饯行。费祎感叹说:"万里之行,始于此桥。"桥由是得名。杜甫门前确有一只船,不过是一只"破船"。杜甫有《破船》诗一首:

> 平生江海心,宿昔具扁舟。岂惟青溪上,日傍柴门游。
> 苍皇避乱兵,缅邈怀旧丘。邻人亦已非,野竹独修修。
> 船舷不重扣,埋没已经秋。仰看西飞翼,下愧东逝流。
> 故者或可掘,新者亦易求。所悲数奔窜,白屋难久留。

这只船,"船舷不重扣,埋没已经秋"。那为什么还要说"东吴万里"呢?这既不是说此船"来自东吴",也不是说此船"将驶往东吴",诗人只是说:那只破船让他想起当年费祎使吴"万里之行,始于此桥"的典故,从而引发自己想要乘船东下的愿望。诗人"想船"亦非一日:"扁舟意不忘"(《夜宴左氏庄》),"扁舟吾已具"(《送裴二虬尉永嘉》),"从此具扁舟"(《渼陂西南台》),"扁舟欲往箭满眼"(《乾元中寓居同谷县作歌七首》),等等。那么,诗人是不是一定去"东吴"呢?不一定的。"东吴"二字,在这里重在"东"字。诗人的故乡在东方,"我来入蜀门,岁月亦已久"(《光禄坂行》),归乡之心自然是强烈的。诗人在表达这种情感时,有时说"望东吴"(《草堂》),有时说"适吴楚"(《光禄坂行》),有时说"会归秦"(《奉送严公入朝十韵》),有时说"下洛阳"(《闻官军收河南河北》),都是泛指,表达乡思而已。

再说诗人的这种思乡之情是怎么与上面三句相联系的。

用"语码说"解读杜甫的一首绝句（两个黄鹂）

诗的头两句写景：翠柳黄鹂，鸣声悦耳；白鹭青天，形象悦目。这是青春的、和谐的、自由的象征。但诗人是在哪里听到、看到的呢？是在自己的草堂之内，是透过草堂的小窗。这草堂在自己避乱离开时已破败不堪，回来后只是做了简单的修补。诗人写有一首《水槛》诗，告诉了我们当时的情形：

苍江多风飙，云雨昼夜飞。茅轩驾巨浪，焉得不低垂。
游子久在外，门户无人持。高岸尚为谷，何伤浮柱攲。
扶颠有劝诫，恐贻识者嗤。既殊大厦倾，可以一木支。
临川视万里，何必栏槛为。人生感故物，慷慨有余悲。

茅轩低垂了，浮柱倾斜了，水槛也被水冲走了……把倾斜的茅舍找根木头支一支，水槛吗，就算啦！诗人的心情当然不会愉悦，更不会"闲适"，而是"人生感故物，慷慨有余悲"。身居简陋复修的茅屋，面对黄鹂白鹭，引发的不仅是羡慕，更会是心酸苦楚。所以，对黄鹂白鹭的描写，只是铺垫，只是与自己的遭遇、处境对比。他在《南池》诗中说："平生江海兴，遭乱身局促。驻马问渔舟，踌躇慰羁束。"他无法忘掉自己的"身局促"。而这"身局促"的根源就是"遭乱"。"窗含西岭千秋雪"，就暗含着"乱源"之一。

"西岭"（又称"西山""雪岭"等），在杜甫那时的诗系里是一个语码。在杜甫那时的诗里，"西岭"总是和边防、和吐蕃侵扰相联系。请看他的《西山三首》（西山即岷山，捍阻羌夷，全蜀巨障）：

夷界荒山顶，蕃州积雪边。筑城依白帝，转粟上青天。
蜀将分旗鼓，羌兵助铠铤。西南背和好，杀气日相缠。

辛苦三城戍，长防万里秋。烟尘侵火井，雨雪闭松州。
风动将军幕，天寒使者裘。漫山贼营垒，回首得无忧。

子弟犹深入，关城未解围。蚕崖铁马瘦，灌口米船稀。
辩士安边策，元戎决胜威。今朝乌鹊喜，欲报凯歌归。

又见《野望》（其一）：

西山白雪三城戍，南浦清江万里桥。

《扬旗》：

三州陷犬戎，但见西岭青。公来练猛士，欲夺天边城。

《将赴成都草堂途中作，先寄严郑公五首》（二）：

雪山斥候无兵马，锦里逢迎有主人。

《登楼》：

北极朝廷终不改，西山寇盗莫相侵。

用"语码说"解读杜甫的一首绝句(两个黄鹂)

诗人的好友、剑南节度使严武,也有诗《军城早秋》提到"西山":

> 昨夜秋风入汉关,朔云边月满西山。
> 更催飞将追骄虏,莫遣沙场匹马还。

"朔云边月满西山",描绘的也是沉重的肃杀之气。如此看来,那西岭的"千秋雪",在诗人心目中绝不是什么悦目的美景,而只是刺目的寒光,透骨的寒气。"含"者,西山的寒光冷气仿佛聚拢而投入到诗人的小窗中来,一种强烈的刺激,那是想挡也挡不住的。

久欲东归,为什么不能成行呢?天下纷争,道路阻隔啊!请看他的《光禄坂行》诗:

> 山行落日下绝壁,西望千山万山赤。
> 树枝有鸟乱鸣时,暝色无人独归客。
> 马惊不忧深谷坠,草动只怕长弓射。
> 安得更似开元中,道路即今多拥隔。

所以,诗人有时会生出这样的幻想:"安得如鸟有羽翅,托身白云还故乡。"(《大麦行》)由此我们也就可以体会到,"门泊东吴万里船",不是一般地写"思乡之情",更多的是表达欲归不能的忧戚。

依据我们的理解,把这首诗的大意表述如下:

在那青翠的柳荫深处,
有双黄鹂正欢快地对唱。
在那蔚蓝天空的背景上,
一行白鹭正自在地飞翔。
从草堂的小窗望去,
这是多么祥和的景象。
然而,黄鹂与白鹭,
挡不住西山千年的雪光。
(我知道,就在雪山的那边,
有寇盗觊觎着我的大唐。
连那神圣的京都长安,
也曾变成他们肆虐的杀场。)
天下纷争,道路扰攘,
何时才能回到我久别的故乡?
门前泊着的那一只孤舟,
徒然引发我万里东下的惆怅。
让我变成一只白鹭吧,
让我生出凌云的翅膀!

杜甫《阁夜》中的几处"宾语""补语"之辨*
——兼说"夷歌"

应该视为补语而误读为宾语的情况,在时下的各种诗词选本、诗词鉴赏辞典中屡见不鲜。

且以杜甫的《阁夜》诗为例。

> 岁暮阴阳催短景,天涯霜雪霁寒宵。
> 五更鼓角声悲壮,三峡星河影动摇。
> 野哭千家闻战伐,夷歌数(又作"几")处起渔樵。
> 卧龙跃马终黄土,人事音书漫寂寥。

这首诗是公元766年(大历元年)冬杜甫寓居夔州西阁时所作。当时西川军阀混战,连年不息;吐蕃也不断侵袭蜀地。而杜甫的好友李白、严武、高适等都先后死去。感时忆旧,他写了这首诗,表现出异常沉重的心情。

---

* 本文原载《中学语文教学》2015年第10期。

诗中有四处涉及是宾语还是补语的问题，对此，注家歧解纷纭。

一是"催短景"。

林庚、冯沅君主编《中国历代诗歌选》注："'岁暮'句：是说日月不停地运转，一天天很快地过去了。"——"日月不停地运转"，一年到头都是如此。这样注释，"催短景"三字基本没有落实。

韩兆琦《唐诗选注集评》注释："阴阳：指古人所说的构成天地宇宙的阴阳二气……'阴阳催短景'，谓冬日本来就短，似乎又有一种什么造化的力量在催着它急速度过，于是显得更短了。"——这样讲，显然是把"短景"看作"催"的宾语，看作"催"的对象了。而所谓"阴阳二气"该是永恒的存在，非要说"催"，四季无异，与"岁暮"没有必然的联系。

诸葛山人编译《唐诗鉴赏辞典》今译："一年残尽时/日月匆匆/催短冬日的夕夕朝朝"。——"日月""催短""夕夕朝朝"？这只能看作病句吧？

《唐诗鉴赏辞典》（上海辞书出版社）陶道恕文："岁暮，指冬季；阴阳，指日月；短景，指冬天日短。一个'催'字，形象地说明夜长昼短，使人觉得光阴荏苒，岁序逼人。"——"催"字有"岁月逼人"之意，这没问题。但从句法关系上说，这一"催"字是对什么而言？

上列几家，陶文是最为畅达的。需要说明的是，"催短景"是"催于短景"的省略；"阴阳催短景"，就是"阴阳被短景所催"。全句的意思是说：年终岁末之时，白天日短，一晃就是一天，时光仿佛被"催"着一般匆匆流转，所以给人以岁序逼人之感。

二是"霁寒宵"。

韩兆琦《唐诗选注集评》注释:"霁:原指雨后或雪后天晴,这里指辉光照射。'霜雪霁寒宵'即霜雪的寒光照射着凄凉的寒夜。"——把"霁"的词义引申为"辉光照射",从而把"霁寒宵"三个字解释为动宾结构。"霁"是说"天晴",转移到"霜雪光照"上去,未免牵强;且"催短景"三字既不能看作动宾关系,从对句的格局说,"霁寒宵"三字也就不能解释为动宾关系。

诸葛山人编译《唐诗鉴赏辞典》注释:"'霁寒宵':雨雪初晴的寒夜。"今译(句):"天涯沦落的我/不眠在西阁/霜雪初晴的寒宵"——这是把"霁寒宵"三字看作偏正短语,而译文把作"我"作为全句的主语,这离原句略嫌远了一点。

其实,本诗的首联是对起,"霁寒宵"与"催短景"对言,"催短景"是"催于短景"之省,"霁寒宵"也是"霁于寒宵"之省,意思是"在这个寒冷的夜晚,终于雪过天晴了"。这里含有一种前提语意:这雪下得太久了;而且,冬夜本来就寒冷,雪后的夜晚就更加寒冷,所谓"风后暖,雪后寒"是也。作为天涯倦客,在这样的夜晚,自然不免凄寒之感。

三是"闻战伐"。

四是"起夷歌"。

林庚、冯沅君主编《中国历代诗歌选》注:"'野哭'句:是说从千家野哭中听到了战争的声音。公元七六五年十月,四川爆发之乱,这时尚未平息。""'夷歌',夷人之歌。'起渔樵',起于渔樵。渔人和樵夫都唱夷歌,足见夔州僻远。"既说"起渔樵"是"起于渔樵",就当理解到"闻战伐"是"闻于战伐",而把

第二辑　认读　解读　赏读

"闻战伐"解释为"从千家野哭中听到了战争的声音",有点莫名其妙。这是把"战伐"看作"闻"的宾语的结果。

《唐诗鉴赏辞典》(上海辞书出版社版)陶道恕文:"'野哭'二句,写拂晓前所闻。一闻战伐之事,就立即引起千家的恸哭,哭声传彻四野,其景多么凄惨!夷歌,指四川境内少数民族的歌谣。夔州是民族杂居之地。杜甫客寓此间,渔夫樵子不时在夜深传来"夷歌"之声。"数处"言不止一起。这两句把偏远的夔州的典型环境刻画得很真实:"野哭""夷歌",一个富有时代感,一个具有地方性。对这位忧国忧民的伟大诗人来说,这两种声音都使他倍感悲伤。千家恸哭,仅仅是因为"一闻战伐之事"?不合情理。这也是把"战伐"看作了宾语。

傅德岷、卢晋主编《唐宋诗鉴赏辞典》鉴赏:"'野哭……'这是承接上联,诗人写拂晓前的所闻。一闻号角战伐之声,千家痛哭,哭声遍野;渔夫和樵子也在江中和山上唱起了悲戚的歌声。这一切反战之声,煎熬着忧国忧民的诗人的内心。"谬误同上。

喻守真编著《唐诗三百首详析》:"以'星河动摇'起后的'战伐',以'夷歌'的承平音响来陪衬鼓角野哭的战伐之声。"——"鼓角野哭的战伐之声","野哭"与"战伐"什么关系?且这"夷歌"到底是"承平之音",还是"反战之声"?

"闻战伐"几个字,上述诸家都未能解通。倒是古人在没有语法概念的情况下看得更明白。陈增杰《唐人律诗笺注集评》在笺注中引述,王稺登云:"闻,闻野哭也。起,起夷歌也。蜀中华夷杂处。"(《唐诗选参评》卷五)

仇兆鳌："'千家''几处'，言哭多而歌少。二句写战乱的祸害。千家，见死亡众多；几处，见生人寥落。"（《杜诗详注》卷十八）

胡以梅云："第五（句），死锋镝者众，写得淋漓。第六（句），山野将晓之境宛然，令人起无限悲思。"（《唐诗贯珠笺》）

"闻"的宾语是"野哭"，"起"的宾语是"夷歌"；而"战伐""渔樵"作补语。"闻战伐"是"闻于战伐"之省，意思是"在这战伐连绵不断的时候只听到（野哭）"，或者说"在这战伐频频的情况下只听到（野哭）"。"起渔樵"是"起于渔樵"之省，意思是"从那打鱼砍柴的地方传出了（夷歌）"，或者说"那些打鱼砍柴的人唱起了（夷歌）"。

在这首诗中，还有一个跟宾语、补语无关但有必要讨论的问题，就是这里的"夷歌"是"悲歌"还是"承平"之歌？要准确理解这"夷歌"的情味，不能离开这首诗的基本情调。"悲壮"与"寂寥"，是本诗的两个情态语，全诗的情调由此可知。所以"承平"之说恐难成立。是否"悲歌"呢？也未必，因为渔樵之歌是劳动之歌，一边忧伤一边"渔樵"总是不大相宜的。在诗人听来，这应该是陌生的歌，是引起"天涯"倦客乡思的歌，是让诗人陡增"寂寥"的歌。张说《南中送北使》诗中有"夷歌翻下泪，芦酒未消愁"的句子；陈羽的《犍为城下夜泊闻夷歌》也说"此夜可怜江上月，夷歌铜鼓不胜愁"，可以作为参照。

至于说"夷歌"指"侵略者之歌"，孤立地考证"夷歌"有此义项或许能够成立（《汉语大词典》有此词条，只有"夷人之歌"一个义项），而放在杜甫此诗中则难以成立。此诗是写实性作品,"野哭"也好,"夷歌"也好,都是纪实的;而当时的夔州离唐的边界尚远,即使有侵略者之歌(比如吐蕃)也是绝对听不到的。

这首诗的意思可以表述如下:
年终岁末,日光短暂,仿佛身影一晃,
岁月流转不息,这时更显得紧迫匆忙。
在这个冬日的夜晚,终于雪停霜静,
严寒袭来,哪管我是在天涯流浪。
五更时分,天色朦胧,军中早早整装,
只听得鼓声角声连成一片,声声悲壮。
俯瞰湍急的大江流水,映照着长天星斗,
星光闪耀,洪波动荡,在峡谷中激昂碰撞。
几年来战乱连连,多少子弟丧身疆场,
遍野新坟,令孤儿寡母哭断哀肠。
而打鱼砍柴的夷人,辛劳中自歌自娱,
谁来理会一个滞留老翁的寂寥悲怆?
唉,真想告诫那些战乱的军头,
智慧如诸葛,英雄似公孙,
最终还不是黄土埋身,与布衣一样?
近年友朋接连辞世,连音书也愈见稀少,
由它去吧,我已经禁不起无尽的哀伤。

诗，总是有逻辑的*
——李商隐《锦瑟》通解

一、题解

锦瑟，装饰华美的瑟。瑟，拨弦乐器，通常二十五弦。"琴瑟"连言，喻朋友和合融洽，"琴瑟不调"则言夫妻不和。"琴断朱弦"比喻丈夫死亡。"瑟"，女子象征，或象征爱情，并非泛泛联想。诗人在《送千牛李将军赴阙五十韵》中也说："庾信生多感，杨朱死有情。弦危中妇瑟，甲冷想夫筝。"明言"中妇瑟""想夫筝"，"瑟"与"妇"相连，"筝"与"夫"相关。宋代词人贺铸说："锦瑟华年谁与度？"（《青玉案》）元代诗人元好问说："佳人锦瑟怨华年！""锦瑟"都与佳人、华年相关。（《论诗三十首》）

二、句解

锦瑟无端五十弦，

---

* 本文原载《中学语文教学》2009 年第 9 期。

"五十弦"：言其声之悲，从而引出华年之思。"无端"，有怨望口气，痴情语。传说秦帝使素女鼓五十弦瑟，帝闻而悲。

　　一弦一柱思华年。

"一弦一柱"：每弦每柱，代指瑟之音响。"思华年"的并不是"弦柱"，而是闻弦柱之音的诗人。闻瑟而思华年，明言主旨，并无含糊。"华年"，青春年华——青春年华的情事。

　　庄生晓梦迷蝴蝶，

这是一个倒装比喻句。我之晓梦（如）庄生梦蝶一样迷幻——那梦中的蝴蝶，是我？是她？美丽而又虚幻。重在"迷"字，这一典故基本含义为沉迷，痴迷，虚幻无常；而"晓梦"又喻示其凄迷而不可久长。

　　望帝春心托杜鹃。

同上。她（一种情人）之春心（如）望帝托鹃一样执着——我从杜鹃的啼鸣中听到了她的心声。重在"春心"。这一典故的基本意义为爱情的"悲苦孤凄"。"春心"：情爱之心。杜鹃啼血，执着也。此联写心心相印，刻骨相思。

　　沧海月明珠有泪，

同上。月明之夜，我以鲛人的诚意，泪下成珠——献给她。"有"，为也，作为；实是泪为珠之倒辞。"泣珠"：传说鲛人水居如鱼，泣泪为珠；月满则珠圆，月亏则珠缺。《广释词》：有——是："我自不驱卿，逼迫有阿母。"杜甫《腊日》："漏泄春光有柳条"。

蓝田日暖玉生烟。

同上。日暖之时，她似蓝田美玉，化为轻烟，可望而不可即。"生"亦当解作"为"。《汉语大辞典》有此义项，又有"升起""转世"等义项。紫玉化烟：《搜神记》中，夫差女紫玉和韩重相爱未果，紫玉死，韩吊于墓，紫玉形现，韩欲拥之，紫玉如烟而逝。《广释词》：生——成。何逊《送沈助教》："未觉爱生憎，何见双成只。""生""成"互文。杜甫《遣闷奉承严公二十韵》："藩篱生野径，斧斤任樵童。"谓藩篱成野径。我徒然哭泣，对方却如烟般消逝，泪亦空流也。此联写两相阻隔，相思而无缘相聚。

此情可待成追忆，

省略句。岂待追忆时才感到惘然。扣住"华年"之思，进而点明"惘然"之态。"情"字透出全篇核心。照应首联之"思"。"可待"，岂待。

只是当时已惘然。

当时即已惘然,今思之忆之,更有痛定思痛之深悲也。"只是"即就是。"当时",指某一段时间内的情事,不能指"一生"。

三、章解

　　这是一首感旧怀人诗。首联由"锦瑟"起兴,引发对"华年"的思忆。中间两联具体写"华年"情事,写刻骨的相思与血泪的悲苦。颔联重在写"心",写夜思梦想之炽烈;颈联重在写"身",写花前月下之不得见:心相通而身相隔也。且对句分写,两两对称,一句写自己,一句写情人;上下又可以互解——我之迷亦彼之迷,彼之心亦我之心;我之泪亦彼之泪,彼之姿亦我之姿也。如此,四句写足"华年"情事之"惘然"。尾联跳出"追忆",回到现实,以深长的感叹作结。点明"情"字、点明"追忆",以与"思华年"照应,清晰而严谨。由于用典,诗意丰富而含蓄,特作今译如下:

　　锦瑟无情不相怜,
　　无端多到五十弦。
　　瑟曲悲切一声声,
　　引我魂飞忆华年。
　　我,长夜难眠,梦中寻她到五更天,
　　犹如庄周梦蝶心迷乱,
　　是她飞入我的梦境,
　　还是我飞进她的心田?
　　她,锦心微澜,难消春情一片,
　　就像望帝化杜鹃,

一声声啼，一声声唤，

直啼得鲜血淋漓口舌残。

我，泪眼望欲穿，就像沧海鲛人，

在月明之夜，泪作珍珠捧到她面前。

她，身影恍惚间，就像蓝田美玉，

在阳光中，缥缥缈缈化作一缕烟。

此情此爱随流水，

岁月无穷恨绵绵。

岂是今日空追忆，

当初何曾不惘然！

四、异解

黄世中选注《李商隐诗选》："自宋至清笺释者'不下百家'大别有十四种解读：以锦瑟为令狐楚家青衣，义山爱恋之未遂，是为'令狐青衣'说；以中二联分咏瑟曲之适、怨、清、和，是为'咏瑟'说；以为锦瑟乃亡妻王氏生前喜弹之物，诗以锦瑟起兴，睹瑟思人，是为'悼亡'说；以为诗'忆华年'，回叙一生沉沦苦痛，是为'自伤身世'说；又有'诗序'说，'伤唐祚'说，'令狐恩怨'说，'情场忏悔'说，'寄托君臣朋友'说，'无解'说，以及数种调和折中，合二三说为一说，等等。余意《锦瑟》当为'悼亡'之作，然身世之感在焉。"

周汝昌（上海辞书出版社版《唐诗鉴赏辞典》）："我觉得如谓锦瑟之诗中有生离死别之恨，恐怕也不能说是全出臆断。"

韩兆琦编著《唐诗选注集评》："以锦瑟起兴，追述了哀婉凄楚的一生，抒发了诗人怀才见弃、壮志难酬、岁月虚度的悲伤，表现了诗人回顾往事时无限沉痛、怅恨的心情，也反映了诗人理想破灭后对社会、人生的清醒认识。"

喻守真《唐诗三百首详析》作意："大概近于悼亡为是。"作法："首二句，隐指亡妇之年龄五十弦折半为二十五岁，故曰'华年'。颔联上句又兼用庄子妻死，鼓盆而歌的意义。下句隐说身在蜀中，效子规的啼血……颈联，上句是说哭泣，下句是记姿容。换言之，三句是写遇合，四句是写分散，五句是写悲思，六句是写欢情……末联则意义较明，'此情'即指上面悲欢离合之情，是说生前情爱，往往漫不经心，一经死后追忆，觉得当时爱情已惘然若失了。"

陈增杰《唐人律诗笺注集评》："锦瑟：作者睹物起兴，'无端'二字，有自怨自怜意。""'晓梦'，言梦之短暂。迷，状梦境迷离……叹人生变幻无常。"（下句）"写听鹃啼鸣，自伤迟暮"。"珠有泪：二句言失去的美好生活，不能再来，徒然令人向往。""此情：当日迷惘之况，今时追忆，情更迫切，益为伤感。"附论："在众多释解中，我们认为'闺情'和'自伤'说较合诗意，朱鹤龄的'感旧怀人'一语（见《玉谿生诗说》引，纪昀称'此说是也'），甚得要领……"

五、讨论

读诗，我们强调语言通解，就是要认认真真地研读诗的语句，不可离开语句本身做无谓的联想与猜度。此诗首尾两联，将其要抒写的"事"与"情"已然交代明白："追忆""华年"往事，抒发"惘然"之情。其"事"限于"华年"，限于"当时"；其"情"限于"惘然"。所以，凡说"一生"等，都显然不合诗意。至于"咏瑟"说、"诗序"说等，不仅与"华年""当时"之时间限制不合，与"惘然"之情也难以对应。是否"悼亡"呢？似乎也不是。因为诗人与亡妻生时（当时）的关系并无龃龉，更难说令人"惘然"。

所以我取"感旧怀人"说。从诗的整体情调看，这所怀之"人"，当是一位与他心心相通、情深意笃而又无缘聚首的人。这样看来，"令狐青衣"说也许靠谱。又，台湾作家苏雪林考证认为，李商隐青年时期在玉阳山学道，与宫女之入道者宋华阳姐妹相恋。在那个时代，爱女道士本来就不应该了，而且这个宋华阳是皇帝的女道士，只有皇帝才可以亲近的人。所以这种道俗相恋一开始就注定要以悲剧告终。

这首诗还有一个特点，也是难点，就是中两联的解读。历来的论者，都把它看作诗人一面的独白。而这样的解读，很难讲清楚四句诗之间的逻辑。喻守真说"三句是写遇合，四句是写分散，五句是写悲思，六句是写欢情"。"庄生晓梦"怎么是"遇合"呢？为什么五句写了"悲思"，到六句反过来写"欢情"呢？陈增杰先生的笺注也是如此，一句一句看都可通；连起来看，就完全没有逻辑。所以我把这两联看作"对举分说"：一句说自己，一句说情人。如果单说自己，是单相思，悲剧是一人之悲剧；现在分说双方，则悲剧是两人之悲剧，有增一倍之悲的效果。这样解读，在逻辑上也就没什么障碍了。

从宋祁《玉楼春》说诗词解读方略[*]

东城渐觉风光好，縠皱波纹迎客棹。
绿杨烟外晓寒轻，红杏枝头春意闹。
浮生长恨欢娱少，肯爱千金轻一笑。
为君持酒劝斜阳，且向花间留晚照。

因为一句"红杏枝头春意闹"，这首词颇为有名。大概也是因为太看重了这一句，人们往往忽略对全词的整体把握，忽略对其他语句的认真解读。

一般的解读是这样的：全词由"风光好"三字领起，然后逐步展开，首先看到了东风乍起，春波绿水，波面生纹，如细皱纱縠；然后是杨柳初醒，嫩黄浅碧，遥望一片轻烟薄雾；再望去杏花怒放，如喷火蒸霞。上阕写尽风光，下阕转出感慨。人生在世，欢娱很少，难得开口一笑，所以为此一掷千金也在所不惜。而词人不能令时间倒退，只能劝说斜阳，不要着急下山，留晚照

[*] 本文原载《中华活页文选（教师版）》2008年第1期。

于花间，来延长人生的欢娱。"岂恋物之作，实伤情之词也。"

更有方家认为：这首词"上段写春天绚丽的景色确有独到之处，'闹'点染得极为生动。但是下段不能相称，用了一些陈词滥调，充满了追欢逐乐的庸俗情趣"（见《胡云翼选词》）。北京燕京出版社出版的《宋词鉴赏辞典》也说"上下片的景情是矛盾的"，"上下片是不相称的——即使单从艺术上说，也是这样"。

这样的解读，有不少含糊的地方，有许多值得探讨的地方。我们下面要从关键词语的解读、句间关系的把握、段（片）间关系的领悟三个层面加以讨论，并从而说说诗词解读的基本方略。

先说第一句的"渐觉"。一位老先生这样解释："风光分明又有层次……首先就眼见那春波绿水……然后，看见了柳烟；然后，看见了杏花。""一个'渐'字，最为得神。"（见上海辞书出版社《唐宋词鉴赏辞典（唐·五代·北宋）》）这就是说，眼前的风光像拉洋片一样一片又一片地展现在诗人眼前，或者说诗人在看景物时是"有计划有步骤分期分批"的，而不是一眼望去满眼风光；而且这就叫"富有层次感"。笔者以为这不太合乎情理。要把眼前的风光写在纸面上，自然要有个先后有个层次，但这不等于诗人在生活中就是这样的去赏景——他也许第一眼就看到了如火如霞的杏花呢。假如一篇文章第一句就写道："村外大树上吊着一个人！"你不能就认为这就是作者了解事件的"第一眼"。再说"渐觉"一语，意为"渐渐感到""逐渐觉得"。如果按上面的解释，似乎不应该用"渐觉"，而应该用"渐见"。再说，"渐渐""逐渐"，都表示一个过程，而且不是"一眨眼"就完成的过程。说一个人观赏眼前的（不是移步换景）风光还有个逐渐的过程，有点匪夷所思。笔者以为，"渐觉"一词确实不可轻轻放过：漫长的冬天好容易过去了，春天的脚步终于渐渐走近了，眼前的风光真的是一天比一天更好了！这个"渐觉"，暗含着等春盼春的急切心情，也透露出对眼前一片大好风光的庆幸和欣喜。其实，如果从静态的角度说，可以这样解读：首先写……然后写……最后写……由水而树，由树而花，最后用一个"闹"字结住，这样有层次地把一片大好风光展现在读者面前。

但这样解读仍是有问题的。这首先就涉及句间关系的理解。第一句与后面三句是什么关系？是总分关系吗？后三句之间又是什么关系？是并列关系吗？如果看成总分、并列，则是单纯的静态的景物描写（当然蕴含着作者的情感）。在这样的景物描写之后，怎么一下子就从"晓寒"时分跳到下片的"斜阳"景象，而且生出那样的感慨和那样的愿望？还有"为君"二字，"君"指何人？"君"从何来？诸多解读对此都含糊其词或视而不见。这又涉及上下片之间的关联。诗词的语言不仅是形象、含蓄的，而且常常是跳脱的。要突破其含蓄，连缀其跳脱，就必须把作品看成一个有机整体，必须顾及各个层面的关联、关系。

我们体会，这不是静态的描写，更不是单纯的景物描写。这里有人物，有人物的活动；"迎客棹"不是动宾结构的"迎接客棹"，而是偏正结构的"迎客"之"棹"；"绿杨""红杏"，作为传统意象，在这里也不是单纯的赋，而是"赋兼比兴"。

说到这里，就不能不说说当时的社会经济文化状况。

宋代立国之初，宋太祖曾经号召大家"多积金、市田宅以遗子孙，歌儿舞女以终天年"（见《宋史·石守信列传》）。而这一政治导向正逢宋代商业大潮的勃兴,加之宋代大城市人口集中、不禁夜市、消费意识浓烈,极大地刺激了娱乐业的繁荣。当时的东京开封已是"人烟浩穰,添十数万众不加多,减之不觉少。所谓花阵酒池,香山药海。别有幽坊小巷,燕馆歌楼,举以万数"(孟元老《东京梦华录·民俗》卷五)。而娱乐场所则蓄养着大量的歌妓(伎)舞女(大体相当于现在的文艺工作者),她们的顾客很多都是宋代的士大夫。宋代的词人们可以说没有未曾接触过伎女的。一方面他们平时消遣就离不开歌伎舞女,或者家里养一批,或者饮宴叫一批。另一方面,当时的"冶游"风气也极盛。宋代的"冶游"方式多种多样,而"挟伎游湖"是常见的方式之一。

据说苏东坡每有闲暇就约许多宾朋游西湖,次序是:早晨在山水最佳的地方吃饭,吃完饭,让每位客人乘一只船,选出队长一人,再各领着几位妓女,随便到哪去。吃完中午饭后,再敲锣集合在一处,登上望湖楼、竹阁等处欢闹,一直到深夜一二鼓,他们才拿着烛火回城,引得人们夹道观看。众妓女,华服纵马,踩着月光,异香馥郁,光彩夺人,恍如仙子下界。观看这支归还的千骑队伍,已成为当时杭州的一大胜事。(刘海永《宋词和妓女》)这可以说是"夜以继日"了。

清代褚人获的笔记名著《坚瓠集》说:"西湖之盛,起于唐,至南宋建都,游人仕女,画舫笙歌,日费万金,目为销金锅。"其娱乐消费之巨,由此可见。

证之以诗词,欧阳修《采桑子》中就有这样的描写:"画船载酒西湖好,急管繁弦,玉盏催传,稳泛平波任醉眠。"而"冶游"不止于白昼，刘子翚《汴京纪事》诗也有直接的记载："梁园歌舞足风流，美酒如刀解断愁。忆得少年多乐事，夜深灯火上樊楼。"作者青年时曾在汴京生活过一段时间。靖康之难后回福建，念念不忘汴京"乐事"，便写诗忆念。樊楼，乃京城著名的酒肆。当然酒楼茶坊并非纯粹供应酒食，更有歌伎、舞伎献艺佐酒。秦观《望海潮》("梅英疏淡")一词，更是借曹植（"清夜游西园，飞盖相追随"）、曹丕（"白日既匿，继以朗月。同乘并载，以游后园"）诗文中的意象，把夜以继日的饮宴游乐活动生动描绘了一番。欧阳炯撰《花间集叙》有一段文字可以移用至此："有绮筵公子，绣幌佳人，递叶叶之花笺，文抽丽锦；举纤纤之玉指，拍按香檀。不无清绝之辞，用助娇娆之态。"绮筵、佳人、词客，是当时文化娱乐真谛所在；歌舞、美酒、夜深的灯火，是汴京当时文人墨客的夜生活的真实写照。

由此不难理解和想象，宋祁《玉楼春》实际上写的是一次夜以继日、日费万金的冶游活动：熬过了漫长的冬季，春天的风光日见美好，诗人邀集几位亲朋文友来到湖边。只见绿水微波，游人如织。水面上花船游动，招呼着岸边的客人。诗人与他的朋友上了一只花船，船上有美酒佳肴，更有歌伎舞女。一天的"冶游"开始了。船在水面滑动着，诗人们饮酒听歌，或许还即兴填词，请歌女演唱。时或从船头向岸上望去，远处绿杨如烟，而在绿杨的背景下，一株杏树，花红如火，格外耀眼。那绿杨深处，正是歌楼伎馆的所在，在这春光明媚的日子，人们纷纷出游，那楼馆该是有些冷清了吧？而在诗人们面前，美女如花，才富艺佳，或歌或舞，热烈繁华，好不"闹"也。在这样的享受中，不知不觉,一天的时光过去了,"晓寒"早已消失,"斜阳"正在西下。然而,诗人们游兴未尽,还要"夜以继日"呢——于是过渡到下片:才有了那样的感慨,才有了那样的愿望。

根据下片的"肯爱千金轻一笑",我们知道诗人已经有了"千金买笑"的"欢愉",而那"笑"自然是歌伎舞女提供的;根据下片"为君持酒劝斜阳",我们知道诗人不是一人独游,而是有"君"(朋友)在,也知道他们是从"晓寒"时分一直"欢愉"到了"斜阳"西下。

要证明这样的理解和想象不谬,还得补充一点考证。

以花柳比喻女子,特别是歌伎舞女,在古诗词中是常见的——《汉语大词典》已经列为"义项"。且看诗词的例子。

冯延巳《鹊踏枝》:"百草千花寒食路,香车系在谁家树?""华"同"花"。此以闲花野草比喻妓女。这还是泛用"花草"为喻。晏几道《木兰花》:"墙头丹杏雨余花,门外绿杨风后絮。"黄蓼园在《蓼园词选》中说:"言墙内之人,如雨余之花;门外行踪,如风后之絮。"这就是直接用"丹杏""绿杨"来比喻才子佳人了。

欧阳修《蝶恋花》:"傅粉狂游犹未舍。不念芳时。眉黛无人画。薄幸未归春去也,杏花零落香红谢。""杏花凋零"是暮春物象变化的典型特征,同时也是深闺思妇如花青春的隐喻。

再如张先的《一丛花》:"沉恨细思,不如桃杏,犹解嫁东(一作'春')风。"苏轼的《自普照游二庵》:"不如西湖饮美酒,红杏碧桃香覆髻。"这都是以"桃杏"喻女子喻歌舞伎的。

白朴《中吕·一半儿·题情》:"云鬟雾鬓胜堆鸦,浅露金莲簌绦纱，不比等闲墙外花。"到这时，"出墙红杏"已经专指卖笑或出轨的女子了。

至于"绿杨"（柳，杨柳）与女子特别是歌舞伎的关系，或以人比柳，或以柳拟人，在古诗词中更是屡见不鲜。

唐代传奇《柳氏传》写妓女答韩翊诗云："杨柳枝，芳菲节，可恨年年赠离别，一叶随风忽报秋，纵使君来岂堪折。"正是以杨柳自喻。曲子词《望江南》："莫攀我，攀我心太偏，我是曲江临池柳，者（这）人折了那人攀，恩爱一时间。"以"曲江临池柳"设喻，直率地写出妓女被人欺凌玩弄，而又视"恩爱"如烟云的思想性格。

再如柳永《柳腰轻》："英英妙舞腰肢软。章台柳、昭阳燕。"

苏东坡《洞仙歌》："江南腊尽，早梅花开后。分付新春与垂柳。细腰肢、自有入格风流，仍更是、骨体清英雅秀。"

柳条和柳叶，分别是纤腰和细眉的象征。欧阳修《玉楼春》"腰柔乍怯人相近，眉小未知春有恨"，不但将柳条和柳叶比喻成美人的纤腰和秀眉，而且还用了"怯"和"知"两个字，将柳写成一个有知觉、有感情的人。

败柳、残柳，则是妓女的代名词，这在元曲中尤为突出。如关汉卿："攀出墙朵朵花，折临路枝枝柳。花攀红蕊嫩，柳折翠条柔，浪子风流，凭着我折柳攀花手，直煞得花残柳败休。"(《南吕〈一枝花·不服老〉》)梁辰鱼："消魂处，凄凉水国，败荷衰柳。"(《白练序·暮秋闺怨》)

"杨柳"还经常与恋情幽会的活动、歌楼伎馆的所在"相关"，因而就成为了佳人情侣、歌楼伎馆的象征。

储光羲《钓鱼湾》:"垂钓绿湾春,春深杏花乱。……日暮待情人,维舟绿杨岸。"

温庭筠《菩萨蛮》:"杏花含露团香雪,绿杨陌上多离别。"

欧阳修《圣无忧》:"珠帘卷,暮云愁。垂杨暗锁青楼。"

晏几道《浣溪沙》:"户外绿杨春系马,床前红烛夜呼卢。相逢还解有情无。"

苏轼《点绛唇》:"红杏飘香,柳含烟翠拖轻缕。"

秦观《八六子》:"念柳外青骢别后,水边红袂分时,怆然暗惊。"

刘辰翁《绮寮怨》:"何期至今,绿杨外、芳草庭院深。"

贺铸《减字浣溪沙》:"楼角初销一缕霞,淡黄杨柳暗栖鸦。玉人和月摘梅花。"

正是根据当时社会文化的大背景,根据当时的语境特征,我们说宋祁这里的"绿杨""红杏"并非单纯地写景,而是赋兼比兴。宋祁由此而得"红杏枝头春意闹尚书"的雅号,并非单是由于词巧景美,更主要的是因为这是一个"冶游欢娱"的隐喻。在那个时候,士大夫进"花院"吃"花酒"坐"花船",不是可羞可耻之事,而是一种生活的常态,甚至是高雅优裕的表征。人们称宋祁"红杏枝头春意闹尚书",主要不是称赞他的文学才华,更多的是一种幽默,一种优雅的调侃。

何以见得是"夜以继日"呢?还得说说词的最后两句。"为君持酒劝斜阳"——"劝斜阳"是动宾结构吗?看成动宾结构有了拟人色彩,确实有一种审美的效应。但以理以情揆之,似乎并不符合诗人本意。从"晓寒"到"斜阳",已是一整个白昼,即使真的"劝住斜阳",又能延时几何?诗人追求的绝非这傍晚的片刻,他要"夜以继日"(当然也不放过这傍晚的片刻)!"劝斜阳",实际是"劝于斜阳"(述补结构)之省:在斜阳西下之际,诗人端起酒杯,要他的朋友不要散去,"且向花间留晚照"——我们要等待明月东升,继续在这歌儿舞女间尽享欢愉。——这个"花间",还与上片的"红杏""绿杨"隐隐地呼应着呢。

看似"动宾结构"而实为"述补结构",是古诗词语言常见的现象。

李白《长相思》:"络纬秋啼金井栏"——"络纬(俗称纺织娘)"于"金井栏"下啼鸣也。

许浑《早秋》:"残萤栖玉露,早雁拂金河。"——残萤栖息于露草中,早雁从银河边掠过也。

温庭筠《更漏子》:"惊塞雁,起城乌,画屏金鹧鸪。"——"惊于塞雁,起于城乌"也,被"塞雁""城乌"惊起也。

张先《生查子》:"深院锁黄昏,阵阵芭蕉雨。"——于"黄昏"时候"深院紧锁",唯闻"阵阵芭蕉雨"也。

晏殊《踏莎行》:"绮席凝尘,香闺掩雾。"——"绮席"布满灰尘,"香闺"亦掩于雾也。

袁去华《瑞鹤仙》:"斜阳挂深树,映浓愁浅黛,遥山妩媚。"——"斜阳""挂"在远树之上,映照着妩媚之远山也。

而"晚照",在这里也不是指"夕阳"或"夕阳的余晖",而是指"月亮"。《汉语大词典》在"晚照"下立一义项:指月亮,而以苏辙《和韩宗弼暴雨》"晚照上东轩,清风袭虚庑"为例。我们再列举几例:

苏轼《菩萨蛮》(回文诗):"闲照晚妆残,残妆晚照闲。"——既是"残妆",当是夜间,"晚照"当指月亮。

吴文英《玉楼春》:"天边金镜不须磨,长与妆楼悬晚照。"——"金镜"指月亮,"晚照"自当指月光。

李清照《木兰花令》:"金樽莫诉连壶倒。卷起重帘留晚照。"——白昼饮之不足,还要卷起重帘,待月起而继之,"晚照"亦当指月亮。

如此这般,我们对宋祁的这一首《玉楼春》做了与前人有诸多不相同的解读。

总结这个解读过程,主要之点在于:我们强调阅读的整体观,不仅要关注句间关系、段间关系,还要知人论世,关注作品与作者、作者与时代(时代的经济文化状况是具体作品的大语境)的联系。在整体观的引导下,通过句与句之间的联系、段与段之间的联系、作品与时代的联系,把握作品的脉络和主旨,解读作品中的重要词语;其间就有许多具体的解读方法,诸如以文解文、以事解文、以理解文、以情解文等。这就是我们要说的解读方略。

苏轼《定风波》词解读的若干问题[*]

三月七日沙湖道中遇雨。雨具先去，同行皆狼狈，余独不觉。已而遂晴，故作此。

莫听穿林打叶声，何妨吟啸且徐行。竹杖芒鞋轻胜马，谁怕？一蓑烟雨任平生。　　料峭春风吹酒醒，微冷，山头斜照却相迎。回首向来萧瑟处，归去，也无风雨也无晴。

苏轼的这首《定风波》，历来为人称道。在选入中学语文教材之后，更是引人注目，研究者、讲析者无可计数，但在笔者看来，有些问题仍有进一步研讨的必要。

作为中学语文教学的"教材"，我们不能像陶渊明那样"不求甚解"，也不能像诸葛孔明那样"观其大略"，而必须像朱熹提倡的那样"从容咀嚼"。顺便说一句，诸葛亮也好，陶渊明也好，他们的主张是建立在字句通解的基础上的，而不是像现在某些人，字句未通，就鉴赏发挥，结果是驴唇不对马嘴。言归正传：

[*] 本文原载《中学语文教学》2016年第9期。

莫听穿林打叶声，何妨吟啸且徐行。

这个"莫"字该怎么讲？是"不"？是"不要"？前者表示否定，后者表示"禁止或希望"。取前者，仅仅表达一种决然的态度；而取后者，则显示着一种微妙的心理。道中遇雨，而"雨具先去"，这是出乎意料的遭遇。在此情况下，任何人都必须做出选择：怎么办？"同行皆狼狈，余独不觉。"突遇"穿林打叶"之急雨而"不觉"，不是麻木，不是装傻，而是一种"选择"。选择，就是一个心理过程——尽管可能只是瞬间的过程，也终究是过程。这个过程的表现就是"莫听——何妨——"。

莫，当取其"禁止或希望"义时，是对他人而言，还是对自己而言？多是对他人而言。如"莫负花溪纵赏，何妨药市微行"（苏轼《河满子湖州作，寄益守冯当世》），"邻里有异趣，何妨倾盖新"（苏轼《和王巩六首并次韵》）。但有时也用于对自己——对自己提希望，给自己以警戒，等等。韦庄《菩萨蛮》之"未老莫还乡，还乡须断肠"，岳飞《满江红》之"莫等闲白了少年头，空悲切"，其中之"莫"就都是对自己而言的。苏轼此处之"莫"也是对自己说的，是对自己提希望与告诫，也是给自己以劝慰与鼓励。

"莫听"，是否定一条道路。不走此路，必选他路，"何妨"一句就是正面的选择。说"何妨"，其前提一般是"有妨"；在"有妨"的情况下做出的选择，总多少有些"不得已而为之"的色彩。"莫将牛弩射羊群，卧治何妨昼掩门"（苏轼《次韵钱越州见寄》），"河梁会作看云别，诗社何妨载酒从"（苏轼《次前韵答马忠玉》），"使君置酒莫相违，守舍何妨独掩扉"（苏轼《上元夜过赴儋守召独坐有感戊寅岁》,"相与啮毡持汉节,何妨振履出商音"(苏轼《次韵郑介夫二首》),都不是主动出击,而是被动退守,既来之,则安之,在泰然、潇洒的背后,总有几分无奈,甚至有几分痛楚。急雨"穿林打叶",本不是"吟啸徐行"的适当时机,但与其"狼狈"不堪,不如"吟啸徐行"啊!人教版高中语文《教师教学用书》(第4册)说:"面对风雨,不惊恐,不逃避,不哀伤,泰然处之,潇洒从容,这才是苏轼最具魅力的人格光辉。"笔者以为,不能被这"光辉"映花了眼,而忽略了苏轼内心的另一面。否则,谬攀知己,东坡先生未必高兴。

竹杖芒鞋轻胜马,

竹杖芒鞋,平民之穿用,代表(象征)着一种平民的身份与生活,这一点无须赘言。而"轻胜马"三字还有多说几句的必要。"竹杖芒鞋"既是一种身份与生活的代表,与之对言的"马"自然也是一种身份与生活的代表,那就是"官员"的身份与生活——军旅生活,富家子弟,也常常与马相关,但这与苏轼的生平都不相干。

古时一旦获得官职,就要"走马上任",从此就与"马(官马)"建立了稳固的联系。

"先志承颜善养亲,束装骑马试为臣。"(苏辙《送毛滂斋郎》)——"为臣"可以骑马,也必须骑马。

"如今老大骑官马,羞向关西道姓杨。"(杨汝士《题画山水》)——"老大骑官马",因为老大才得官,不免惭愧之情。

"自从官马送还官,行路难行涩如棘。""东家蹇驴许借我,泥滑不敢骑朝天。"(杜甫《逼仄行赠毕曜》)——一旦失去"官马",连"朝天"都不敢了。

从"马"的肥瘦还可以看出官员的官品。"曾宰西畿县,三年马不肥。"(贾岛《送邹明府游灵武》)——马瘦,可以成为官员清廉的象征。

"世味年来薄似纱,谁令骑马客京华?"(陆游《临安春雨初霁》)——写世情淡薄,悔不该出来做官,"骑马"就是做官的代称。

"软草平莎过雨新,轻沙走马路无尘,何时收拾耦耕身?"(苏轼《浣溪沙》)——这里的"走马"就是官员下乡视察,他一边赞赏田园风景,一边就神往耦耕的生活了。

在苏轼的心里,当官"走马"固是人生的一份责任,但"耦耕"生活却来得更为轻松爽快。这也就是"竹杖芒鞋轻胜马"的"轻"字之来由。联系上句看,这一句与上句构成递进关系:既然突遇风雨而无雨具,何不既来之则安之,来个吟啸徐行!何况现在是无官一身轻,更无须狼狈,无须怨尤!

谁怕?一蓑烟雨任平生。

这里有好几层意思需要研讨。这里所说的"谁"指的是什么?"谁怕"这两个字在结构上有怎样的作用?"烟雨"就是"风雨"吗?人教版《教师教学用书》(第4册)引沈天佑赏析之文说:"'谁怕?一蓑烟雨任平生。'这是个不同凡响的惊人之笔!它画龙点睛般地表现出了作者的胸怀、抱负，体现了全词的中心思想。这句从字面上解释，无非是说，'怕什么呢，自己的一生就是披着蓑衣在风雨之中过来的，对此我早就习以为常、处之泰然了'。'任平生'三字是指平生饱经风雨，早已听其自然的意思。当然，这里的'风雨'，不仅是指自然界的风雨，更重要的是指政治上的风雨。"这段话的意思是，所谓"不怕"，是不怕风雨；"一蓑烟雨"之"烟雨"等同于"风雨"；"一蓑烟雨任平生"指的是既往的生活际遇；这里表现的是"作者的胸怀、抱负"。笔者以为，这种解读是猴子吃麻花——满拧。

"谁怕"之问，是承接"竹杖芒鞋轻胜马"而来的，既然"轻胜马"，这"竹杖芒鞋"的生活又有什么可怕的呢？就让我披一袭蓑衣，在烟雨中度过一生吧！这是苏轼从眼前之遇而生出的感想，它隐含着"现在"，更预想着未来，而绝不是回顾着既往。

苏轼科中后，除丁忧故里，一直在京城为官。直到王安石变法，因为意见不合，自请外放，在杭州待了三年，任满后，被调往密州、徐州、湖州等地，任知州。这样持续了有大概十年，这才遇到了生平第一祸事，就是所谓"乌台诗案"。说苏轼对政治的风雨"早就习以为常"，是连苏轼基本的生平际遇都没有搞清楚的超时空鉴赏。苏轼坐牢103天，几被砍头，幸逃一劫，降职为黄州团练副使，虽有官衔，形同监管犯人。他不仅精神遭到极大打击，物质生活也陷入困境，不得不带领家人开垦荒地，种田帮补生计。达则兼善天下，穷则独善其身。这时的苏轼，深感"致君尧舜"（《沁园春·孤馆灯青》）的理想无法实现，于是转而

"独善其身"——"一蓑烟雨任平生"——就去过躬耕垂钓的归隐生活吧。

烟雨,是像烟雾一样的细雨,绝不同于"穿林打叶"的风雨。"蓑衣",则是躬耕放牧、垂钓水滨生活的象征。《诗经·小雅·无羊》:"尔牧来思,何蓑何笠。"张志和《渔歌子》词:"青箬笠,绿蓑衣,斜风细雨不须归。"柳宗元《江雪》诗:"孤舟蓑笠翁,独钓寒江雪。"苏轼《浣溪沙》诗:"自庇一身青箬笠,相随到处绿蓑衣。斜风细雨不须归。"而实际上,苏轼终其一生都没有真的去过"一蓑烟雨"的生活。这里所说,不过是一种想法,或者说是一种心情。而这种想法或心情是不得已而求其次,说其旷达,想得开,还可以,而绝不是什么积极的胸怀、抱负,更谈不上什么豪放。

料峭春风吹酒醒,微冷,山头斜照却相迎。回首向来萧瑟处,归去,也无风雨也无晴。

这里特别需要研究的是"归去,也无风雨也无晴"一句。我们先来介绍几家有代表性的解析。

他回首望一望那风吹雨打过的萧瑟树林,乃徐徐归去,一路上再也没有一丝风、一滴雨,但他却感觉不出天是否晴了……词的小序说"已而遂晴",而这里说"也无风雨也无晴",表面看来不可理解,然而细细品味,则会见出词人超然而坦荡的心境……此时,晴与非晴,他都毫无顾及,他已

超越了悲与乐、愁与欢的界限，心灵在"淡然无忧乐"中摆脱了外物的束缚……（叶嘉莹主编《苏轼词新释集评》）

"回去，对我来说既没有晴天也没有雨天。"也即无所谓晴天、雨天。意思是晴天也好，雨天也好，对我来说都是无所谓的。这样就同前面的"谁怕？一蓑烟雨任平生"是前后呼应的，通过这种写法进一步强调了自己的心胸、志向以及人生的态度，从而作者的个性也就表现得更鲜明了。（参见人教版高中语文《教师教学用书》第4册引沈天佑文）

无风雨，则盼晴、喜晴的心事也没有了，这便是"也无风雨也无晴"的真谛。如何得到政治上"也无风雨也无晴"的境界？是"归去"！这个词汇从陶渊明"归去来兮"取来，照应上文"一蓑烟雨任平生"。在江湖上，即使烟雨迷蒙，比他宦途的风雨好多了。（陈长明文，《唐宋词鉴赏辞典》上海辞书出版社版）

译文：这趟行程，对我来说实在是既没有风雨，也没有晴啊！

赏析：故末句语同佛家参禅，字字机锋，本无风雨，何来晴啊！利害得失，正可一并泯灭。（蔡义江《宋词三百首全解》）

苏轼所说的"归去"是什么意思？以上提供了三种理解。一指"归去"的路上,叶编持此说;沈文含糊,似乎也是指"路上"。二指行程结束,回到住处,蔡文应是此意。三指归隐江湖,陈文明确阐明此意。说"徐徐归去,一路上再也没有一丝风、一滴雨,但他却感觉不出天是否晴了"。前面明明感知着风雨、阴晴的变化,到这里突然"感觉不出"了,这变化太突然,太没有来由,无论怎样解释也嫌牵强。说归隐江湖,则上片结句已说"一蓑烟雨任平生",岂不是无谓的重叠?看来还是蔡说最为稳妥:先经历风雨,又喜见"山头斜照",一天的行程结束了,回到住处,这一切都烟飞云散,了无牵挂,在心里"也无风雨也无晴"了!

这"也无风雨也无晴"到底该怎样解读?我们说是一天的行程结束了,回到住处,这一切都烟飞云散,在心里"也无风雨也无晴"了!"在心里"几个字很重要,这只是一种心情,一种精神状态。说是"超越了悲与乐、愁与欢的界限,心灵在'淡然无忧乐'中摆脱了外物的束缚",大体不错。但他是怎么"超越"、怎么"摆脱外物的束缚"的呢?蔡说"末句语同佛家参禅",道破了其中奥妙。

"凡所有相,皆是虚妄"。"应无所住,而生其心"(《金刚经》)。在佛教看来,"万法唯心所现",世界的一切物象皆是心所幻化而出的。如果心静,世界自然清净。其实世界万物并没有什么区别,只是我们有了分别心才有了世界万象。如果我们内心进入到了无差别的境界,世界万物哪有什么分别呢?因此佛教劝人"无所住""无执",一切都不要执着,不要被外物所系缚。成功也好,失败也好,都不要太在乎,所谓"宠辱不惊"。苏轼在这里进入的正是这样一种境界，表达的正是这样一种哲理：所谓风雨，所谓阴晴，不过是人心中的幻象而已，完全不必记挂于心。当然，你说苏轼在这里有对人生对政治的感悟，也未尝不可。

最后，还要讨论两片之间的关系。从写实的角度看，上片写风雨，下片写晴阳，是时间的衔接，天气的变化，这没有什么问题。但上下两片本身都是由实而虚的写法：由天气状况引发感想，进入精神的境界。一般论者，都把上下两片的结句看作同一的境界（即把"烟雨"等同于"风雨"），还说什么"呼应""照应"之类（见上引沈文、陈文）。什么"呼应""照应"，不就是换言重叠吗？果真如此，则此词的思想内涵、艺术水平就大打折扣了。而且，"一蓑烟雨任平生"，只是"独善其身"而已，只要有条件，还是要"兼善天下"的——并没有摆脱儒家的"执着"；"也无风雨也无晴"，则是完全的"看破"，一切的虚无，已是佛家的境界了：在字面上也可以看出不是什么"呼应""照应"，而是变化，或者叫"升华"。

我们常说，苏轼的思想出入儒道，杂染佛禅，既能关注朝政民生，保持独立的见解，又能随缘自适，达观处世，这首词就有了充分的体现。不过，这首词确实只表现了其"随缘自适，达观处世"的一面，至于什么"豪放"什么"积极向上"之类，我辈实在看不出来。

意译如下：

风疾雨骤，同行纷纷狼狈样。

管它打得枝残叶败，我自徐行吟唱。

拄一根竹杖，踏一双草鞋，
心底轻松，远胜官服一身在马上。
失去官位有什么遗憾，
烟雨中披蓑垂钓，正是我终生的向往。

春风料峭，吹得我酒消神爽。
刚刚有些寒意袭来，
山头那边却迎来温暖的夕阳。
思谋着一路的风雨阴晴，
终于回到栖身的草房。
最妙是，心里无风无雨无阴晴，
了无牵挂入帝乡。

抓住情态语,把握文本的情感基调*

——辛弃疾《菩萨蛮·书江西造口壁》解读

郁孤台下清江水,中间多少行人泪?西北望长安,可怜无数山。

青山遮不住,毕竟东流去。江晚正愁余,山深闻鹧鸪。

注释:

造口: 即皂口,镇名。在今江西万安西南60里处。

郁孤台: 古台名,在今江西赣州西南的贺兰山上,因"隆阜郁然,孤起平地数丈"而得名。

长安: 今陕西西安;为汉唐故都。这里指沦于敌手的宋国都城汴梁。

可怜: 可惜。

鹧鸪: 鸟名,传说它的叫声是"行不得也哥哥",啼声异常凄苦。

---

* 本文选自《唐宋诗词难点解读》(学苑出版社2019年版),有修改。

此是辛弃疾任江西提点刑狱驻节赣江途经造口时所作的词。此词写登郁孤台远望，抒发国家兴亡的感慨。上片，写心向朝廷，但山遮峰阻，难以把自己的报国之心与救国之策让最高统治集团明了与接受，其愁苦之泪潸然而下，洒于江中，滔滔而去。下片，因流水而设喻，正是"逝者如斯夫"的感慨。最后借鹧鸪之鸣点出一个"愁"字。清代陈廷焯评曰："血泪淋漓，古今让其独步。结二语号呼痛哭，音节之悲，至今犹隐隐在耳。"（《云韶集》）

从整体看，此词并不难解。但实际上却众说纷纭。综合诸家之说，"江水东去"有四解：

与诗人之志对比。胡云翼先生说："先从怀古开端，写四十多年前金兵侵扰赣西地区人们所遭受的苦难；接下去笔锋转移到当前中原还没有恢复的现实，表示沉痛的心情。后段即景抒情，一方面写江水冲破重叠山峰的阻碍，胜利地向前奔流，使人向往；另一方面又写鹧鸪'行不得也'的鸣声，使人精神沮丧：这些都是借来反映自己羁留后方、壮志不酬的抑塞不舒的苦闷。"朱德才先生也说"青山"两句："羡江流勇决，叹人不如水，难以北去。"（叶嘉莹主编《辛弃疾词新释辑评》）

喻诗人的壮志与决心。夏承焘先生的解读："下片说江水毕竟要东流去，重叠的山是不能遮断它的去路的。这也许是作者比喻自己百折不回的报国壮志和决心。但是江上暮色苍茫的时候，又听见鹧鸪的啼声，好像说：'行不得也哥哥！'使他想到恢复之业，还是困难重重，引起他无限的忧愁。"（《唐宋词欣赏》）

喻国势衰颓难回。蔡义江先生的见解："借山水为说，国势

日见衰微,虽志士英雄亦难挽其颓败,犹'青山遮不住'江水东流,昔日之全盛,一去难回。"(《宋词三百首全解》)

喻"正义所向(历史潮流)"。邓小军先生的解读:"无数青山,词人既叹其遮住长安,更道出其遮不住东流,则其所喻当指敌人。在词人潜伏意识中,当并指投降派。东流去三字尤可体味……换头托意,当以江水东流喻正义所向也。"(见上海辞书出版社《唐宋词鉴赏辞典》)

而"行不得"三字也有三解:

指自己不能赴前线作战。中国社会科学院文学研究所:"他恨自己被迫滞留在后方做官,不能去前线参加战斗,心情十分痛苦。"(《唐宋词选》)

喻恢复无望。唐圭璋先生:"俗谓鹧鸪鸣声为'行不得也哥哥',此喻恢复无望。"(《宋词三百首笺注》)

谓偏安之事不可行。蔡义江先生:"作者的感慨……应是偏安之事行不得也……"(同上)

如此缭乱纷纭,固有文学作品可以"见仁见智"的因素,而根本的原因还在于无视文本自在的情态语。"江晚正愁余"是全篇的核心句,情态语"愁"字,决定了全篇的情感基调,显示着作者的主旨。山遮望眼,而遮不住江水东去!遮望眼而不见都城,一方面是说国土沦丧,同胞陷于水深火热,另一方面也是说自己与朝廷相隔遥远,自己的报国之志难以实现。而山不能遮断江水,也不能不与"愁"字联系起来解读。说江水东去喻"正义所向(历史潮流)",固然不妥;仅从对比的角度说江水尚能东流而己志却不得遂,虽可通,但失之浅。子在川上曰:"逝者如斯夫！"我猜想，面对清江之水，或许正是夫子的这一感慨涌上诗人的心头：收复失地，拯救同胞，时不我待，但自己身居下僚，地处后方，于国家大局无能为力，而时光与生命正像那奔流东去的江水，"毕竟"是挡不住的！所以"愁"啊！此时鹧鸪之声，又似乎在警示自己：你虽壮志在心，却是"行不得"的！这就使诗人愁上加愁了。

再：论者都把"行人"解读为金人入侵造成的难民。但，"行人"是一常用词，而辞书中并没有"难民"这样的义项。所谓"泪"，也难说是四十多年前的难民之泪——写作此词时，清江不在沦陷区，更无今日难民泪可言。我以为，"行人"实指诗人自己，"行人泪"就是自己的眼泪。辛弃疾时任江西提点刑狱，在他的心目中，此职位不过是"行人——小吏差役"而已，因"愁"而"泪"，更是自然的事。

意译如下：
身为小吏谨当差，
今日登上郁孤台。
古今兴亡多少事，
一时涌到心头来。
眼望长安重山阻，
朝廷更在千里外。
胸怀赤心中兴策，
何时圣明尽我才？
清江之水流日月，
子在川上曾徘徊。

生如朝露去日多，
欲酬壮志情澎湃。
深山鹧鸪鸣声苦，
却道难行运命乖。
台上彷徨复彷徨，
遥望落日空自哀。

第三辑

备课　上课　评课

备课说略*

做教师的，总要备课。备课，有所谓终身备课与即时备课之分，这里只涉及即时备课；而语文课又主要是阅读课和写作课，这里只说阅读课。

面对一篇教材，要上阅读课，备课"备"什么呢？

这得从阅读课的价值说起。新课标提出来一个三维目标，内容不错，但逻辑上不免混乱。积淀知识，培养能力，涵养情思，这都是从结果的角度立标；而"过程与方法"是实现目标的过程与方法。教学是一个过程，这个过程不应该是盲目的、自流的，而应该是有方法指导的，或说应该是具有方法论意义的。所谓"法"，是对客观规律的认知与依从，是学法与教法的统一。"法"的认知与运用的过程，就是能力形成的过程，也是知识积淀的过程。所以，备课不仅要确立最终目标，更要备过程与方法。

---

* 本文是应北京市丰台区教研室之约，为在全区语文教师进修会上的讲座而写的讲稿，部分内容成文《无疑而问，激趣阅读》，原载《语文建设》2014年第13期。

知识、能力、情感态度和价值观，三者之中能力是最重要的。中小学校之所以要开阅读课，其基本的、核心的目的，就是要教学生自能读书。自能读书是一个人成长、成才终生受用的能力，是语文课极其重要的价值。当我们看到当下许多"名家"在文本解读中常犯低级错误时，就更感到这种价值的可贵。事实告诉我们，在基础教育阶段，如果一个人在阅读能力方面留下病根，多数是终生不愈的。要让学生形成阅读能力，从而自能读书，教师就不能不对阅读能力有所认识，有所分解。有认识，有分解，在教学过程中才能自觉地利用教材；否则，五里云雾，朦胧一片，似大而空，华而不实，学生不但少有所得，还会严重挫伤学习的积极性。

我以为，阅读能力大致可分为三个层次：认读，解读，赏读。认读是最基本的能力，把字音读对，把句子读顺，小学阶段恐怕主要要解决这个问题。解读，就是理解文本，弄清楚文章到底说的是什么，到底想要表达什么。这是阅读能力的核心，是阅读教学价值体系中最重要的部分。它的形成不可能一蹴而就。如果教不得法，中学六年都可能枉费光阴——这就真是误人子弟了。赏读，或曰鉴赏，是要辨析正误是非，评价优劣得失，属于阅读能力的高级阶段。这个阶段的能力必须以解读为基础。连文本都没读明白就来鉴赏的情形所见多多，应引为教训。而且，赏读是最具个性化特征的心理过程，经常是见仁见智，莫衷一是。所以，解读能力的训练应该是中学阅读教学的基本任务，应该贯穿始终，紧盯不放，对那些动辄就高谈鉴赏的做法，笔者深不以为然。

诸多目标中能力是核心，诸多层次的阅读能力中，解读能力是核心。而解读能力本身还需要再分解，至少可以分为宏观与微观两个方面。宏观方面涉及文本的整体把握，包括文本的话题范围、层次脉络、情感基调、主题宗旨等；微观方面主要涉及具体词句的准确解读。

除课标所说到的之外，我以为在阅读教学的价值体系中还应该加上一条：激发学习者读书的兴趣。学生好读书才能最终会读书。而教师辛苦，学生厌倦，教师口干舌燥，学生昏昏欲睡，在语文的课堂上这不是相当普遍的现象吗？

明确了阅读教学的价值体系，就知道所谓备课，就是这样一种工作：研读文本从而发现可利用的价值；一篇教材价值多多，不可能面面俱到，所以要根据学情对价值进行选择；最后，要研究怎样实现价值，设计教学程序和实施方法。

一、抓关键，借背景，统理文本

这一条着眼于宏观的阅读能力的训练。具有这方面训练价值的文章相当多。

恩格斯《在马克思墓前的讲话》一文，结句就是一个总括句："他的英名和事业将永垂不朽"，"英名"和"事业"是两个概括词。所谓"事业"，对应的是他的贡献，这贡献就体现在"科学家"和"革命家"两个称谓上；而"英名"对应的是他的为人，"他可能有过许多敌人，但未必有一个私敌"，这句话就是对他为人的评价。抓住这样的语句，就能迅速地理清全文的脉络和主旨。鲁迅《拿来主义》一文曾被泛化甚至神化到极致，至今人教社编《教师教学用书》还说什么"文化遗产"问题,文章层次的划分也莫名其妙。其实,文章本身有很明确的语句告诉读者他在说什么、对谁说:"于是连清醒的青年们,也对于洋货发生了恐怖。""没有拿来的,人不能自成为新人,没有拿来的,文艺不能自成为新文艺。"关注到这样的句子,就会明白鲁迅是针对文艺新人谈如何对待中外文化(文艺)交流的问题。话题范围清楚了,解读就不会泛化;主旨明确了,也就懂得了文章的论证层次和论证结构:它围绕"拿来主义"这个主张,回答了"为什么拿来"和"怎样拿来"两方面的问题,而且两次运用了选言推理的论证方法。学习小说《项链》,只要抓住一个"假"字,就可以拎起全文:贵妇人为什么借给玛蒂尔德"假"项链?玛蒂尔德为什么没有发现项链之"假"?他们夫妇为一串"假"项链付出了怎样的代价?作者写这样一个"假"的故事想表达什么?一连串的"假"给今天的我们怎样的启示?等等。学习鲁迅散文《风筝》,一定要抓住"精神的虐杀"这个"纲"。全文讲的就是一个"精神的虐杀"的故事:为什么"虐杀",怎样"虐杀","虐杀"之后又如何,等等,抓住"纲"才好"挈领"而不乱。学习鲁迅的《故乡》,经常的做法是着眼于闰土外貌的变化,还要设计板书以示重要。其实,在这篇小说中,对闰土外貌的描写并不是最要紧的部分,从阅读能力训练的角度说,价值也不大。通读之后,能否抓住"隔膜"一词?这是揭示主旨的一个关键词,作者最为感慨、最为悲哀的就是人与人的"隔膜",而最希望的就是人与人之间的理解与和谐。而这"隔膜"又不仅体现在"我"与闰土之间,还表现在"我"和杨二嫂之间,甚至杨二嫂与闰土之间。"我的辛苦展转"的生活,"闰土的辛苦麻木"的生活,"别人(实指杨二嫂)的辛苦恣睢"的生活,这三句话是提携三个(类)人物的纲。抓住这个纲就抓住了三个人的特点,而且把握了他们的"共性"——辛苦!都很辛苦,然而竟然如此隔膜,不是很令人感慨而且悲哀的事情吗!

人教版高中语文教材有茅盾的一篇《森林中的绅士》,配套的《教师教学用书》在分析此文的"讽刺意味"时说:"深刻地揭示了绅士们虚伪狡猾的丑陋面目","表现了作者对绅士们的憎恶与轻蔑",等等。这种分析能够成立吗?作者明明说"觉得豪猪的'生活方式'叫人看了寒心",在附记中又特别说明"写这一则时的心情"是"惘然若有所失"的。"寒心""惘然若有所失"是文本中关键的"情态语",抓住这样的情态语,就把握住了文本的情感基调:对绅士们尖锐批评的同时,又有所同情,有所期待,而绝不是"憎恶与轻蔑"。对鲜明的情态语视而不见,是不是早年落下的病根?

除了注意抓关键性语句外,要整体把握文本,有时需要一定的背景知识——从方法论上讲,这叫"以事解文",是解读文本必须学会的一招。

荀子的《劝学》篇,以"学不可以已"为中心,从"劝"字落笔,论述学习的重要性和正确的学习态度与方法。文章上来就是"青,取之于蓝,而青于蓝;冰,水为之,而寒于水"等一大串比喻,而这些喻体与"君子博学而日参省乎己,则知明而行无过矣"这个本体是怎么联系起来的?或者说,二者的相似点是什么?在一字一句都解释清楚之后,如果说不清楚(甚至根本就没想过）相似点何在，就等于没读懂。还有，"吾尝终日而思矣……善假于物也"一段文字，跟"学习"有什么相干？不能回答这个问题，还是等于没读懂。可惜，许多讲解者对这样的问题根本不予理会。这需要了解一点荀子的人论与天论。

荀子认为"天"是没有意志的大自然，人们可以认识它的规律，使它服务于人类；而人类之所以能战胜自然，就因为能合群；而人之所以能合群，就在于能合理地分配生产物；而要进行合理分配，就要贵贱分级，长幼有别。这个等级和区别就是"礼"或叫作"礼仪"。但人生而有欲，顺着人们的好利恶害的本性发展，就会产生争夺，危害礼仪伦理，因此必须用教育来陶冶，化恶为善。这就是荀子"劝学"的理论基础和基本目的。青胜于蓝，冰寒于水，说明人性可以改变，可以提高。直木为轮，暴而不挺，则进一步说明人性改变的原因在于"𫐓"，也即在于学习。由此推论，弯木也可以变直，钝金也可以变利，其条件就是"受绳""就砺"——"博学而日参省乎己"。只要这样，就可以做到"知明而行无过"，就可以成为"君子"。这是就智慧和道德的进步方面谈学习的重要性。要成为"君子"，不仅要追求"昭昭之明"，而且还得有"赫赫之功"。所以第二段再从建功立业的角度来论学习的重要性。要建功，"终日而思"是不行的，根本的途径是"善假于物"——认识客观世界，利用客观规律。这就如要"博见"就得"登高"而望，要"见者远"就得"登高而招"，要"闻者彰"就得"顺风而呼"，"致千里"须"假舆马"，"绝江河"须"假舟楫"。当然，要做到"假于物"而"善"，只能通过学习。

再比如《孟子·寡人之于国也》。"不违农时,谷不可胜食也"一段,译为"不耽误农业生产的季节,粮食便会吃不完;细密的渔网不到深的池沼里去捕鱼,鱼鳖就会吃不光;砍伐树木要按一定的季节,木材就会用不尽……"。接着"五亩之宅"一段,译为"五亩住宅的场地,种植桑树",等等。而鉴赏分析则说,上段的"三组排句,提出了发展生产的三种措施",下段的"三组排句又提出了发展生产的三种措施"。"不违农时""五亩之宅"这些句子的主语是谁?文中所述之事是对现实情景的描述还是对行政措施的建议?为什么上段讲了"三种措施",下段再讲"三种措施"——且上段说"不违农时",下段又说"勿夺其时",岂不是无谓的重复?要解决上述问题,首先要抓住"王道之始也"一句。"王道",就是本文的"话题范围":说的是治国之道,规劝的是梁惠王,"不违农时"云云,是在劝诫梁惠王之行政"不要(让百姓)耽误农时"。而"始"字亦不可忽略,这是一个重要的语篇指示语,明示此段之措施为"王道之始",读者即可意会到下面要讲"王道之成"。两段的区别在于:上段说的是"监督管理"的职能,下段进一步说的是"保障支持"的工作。"不让"百姓怎么样,只是"始";政府还必须给百姓发展生产、提高道德以过"幸福"生活的保障:先要"制民之产",保证每户人家得有不少于五亩的宅基地,不少于百亩的农田;还要教导他们怎样种桑养蚕,怎样发展畜牧业,等等;当然,还要办好学校。这里,需要了解一点孟子"制民之产"思想,还需要了解一点古代"农官"的设置和职责。

至于要解读鲁迅小说《孔乙己》,也不妨介绍一点马斯洛的人生需求理论：最低层次的需求是"生理"的，就是得有"生存权"，不至于冻饿而死；依次提高为：安全的，情感的（归属），尊重的，自我实现的。以此理论观照孔乙己的生存环境，他必死无疑，因为五个层次的需求，没有一个能够满足他。这是多么可怕的人间！而造成这种人间地狱的，并非独有"统治者"，更多的是身边的芸芸众生。鲁迅此篇小说的主旨与深刻性也许就在这里吧。

能抓住关键语句，是一种语感；能借助背景，是一种意识；能从整体上把握、统理文本，是读懂文本的重要标志。语感的形成，意识的建立，都需要阅读的实践，需要有指导的长期的阅读实践。

二、循情理，顾上下，解疑释难

上一节是从宏观的角度说如何发现文本的能力训练之价值。这一节从微观的角度说，就是要从文本中发现疑难语句。解读能力的形成与提高，在很大程度上要依靠阅读实践中解疑释难的过程。笔者一直主张，阅读教材的文本必须有难度，选用那些一目了然的作品，只能把学生变成"吃粥的读者"——不用咀嚼就能吃饱，久而久之，牙齿退化了，肠胃娇弱了，再遇到"坚硬的稀粥"也吃不下甚至不想吃了。

发现难点是第一步，还要引导学生解决疑难。疑难的解决有思路，有方法，解决疑难的过程就是训练科学思路、掌握正确方法的过程，当然这也就是解读能力形成与提高的过程。循情理、顾上下，具体地说，就是以下的常用思路与方法：以文解文，以事解文，以理解文，以情解文。

好的文章总是一个有机整体，构成它的诸种因素之间既互相制约又互相阐发，这是一种客观的规律，我名之为"文章诸因互解律"。根据这个规律解读文本就是以文解文，这又可以分为同义互解、对义互解、连义互解、宾主互解等。

1.同义互解

相同或相近的意思，作者有时在文章的不同部位用不同的语句来表达，这不同的语句之间就有一种互解的作用，这就是以文解文中的同义互解。

比如鲁迅的《为了忘却的记念》，开头段和结尾段就构成同义互解的关系。两个自然段都表达"要将他们忘却"的意思。前面说是"想借此算是竦身一摇，将悲哀摆脱，给自己轻松一下"——"轻松一下"？是逃避吗？后面再说"夜正长，路也正长，我不如忘却，不说的好罢"。原来"轻松一下"并非一般意义上的"轻松"，而是说因为"夜正长，路也正长"——党国的黑暗统治十分严酷，革命者任重道远——所以要振作精神，轻装上阵。同文中还有一段：

> 除几处误译之外，还有一个故意的曲译。他像是不喜欢"国民诗人"这个字的，都改成"民众诗人"了……我便写一封回信……告诉他不应该由自己的爱憎，将原文改变。因为他的原书留在我这里了，就将我所藏的两本集子送给他……

"曲译"是什么意思？工具书上没有这个词条。但根据上下文我们可以确切地知道它的意思就是"由自己的爱憎,将原文改变",而且我们还可以知道这个"曲译"的具体内容:将"国民诗人"改译为"民众诗人"。这就是一段内部的"同义"互解。这段中还有一句"将我所藏的两本集子送给他",是怎样的集子,仅读这一段不得而知;而且,光看这一段,很可能产生一个误解:鲁迅是把书当面交给白莽的。在隔了一段之后,我们看到这样的句子:"那两本书,原是极平常的,一本散文,一本诗集";"所以还郑重其事,托柔石亲自送去的"。这又是段落之间的同义互解。

同文中还有"惯于长夜过春时"一首七律。要读懂这首诗并不太难,因为除了"城头变幻大王旗"一句外,其他各句都可以从文中找到确切的解释:诗与文又构成了"同义互解"的关系。

余秋雨的《都江堰》说:"没有证据可以说明李冰的政治才能,但因有过他,中国也就有过了一种冰清玉洁的政治纲领。"这里所谓"政治纲领"是什么意思?不用旁征博引,不能闭目遐思,上文就已有说明:"在李冰看来,政治的含义是浚理,是消灾,是滋润,是濡养,它要实施的事儿,既具体又质朴。他领受了一个连孩童都能领悟的简单道理:既然四川最大的困扰是旱涝,那么四川的统治者必须成为水利学家。"用非文学的话说,这个"政治纲领"的内容就是"全心全意为人民服务"。

贾谊《过秦论》中有一句说:"且夫天下非小弱也,雍州之地,崤函之固,自若也。"人教版《教师教学用书》的译文是:"可以断言,一统天下的秦王朝并不是弱小得(无力抵抗),雍州的地势,崤山和函谷关的险固,还是从前那个样子。"——"且夫",表示进一层发表议论,含有"再说"的意思。从这两个字,怎么会译出"可以断言"这样的意思与口吻?(还有的译为"由此看来",同样不知所为何来。)从全文看,从来也没有说过秦地小势弱;而下文的"自若"即"如常",即"像原来的样子"。其实,"非小弱"也就是"自若","自若"也就是"非小弱"。这是一种肯定说法与否定说法的同义互解。"小弱"在这里作动词,是"变小变弱"的意思。

2.对义互解

在排偶句中,结构应大体一致,相对应的词语词性相同,意义相同相近或相反相对。这就构成一种"互解"关系。体现对义互解规律的诗文很多。

人教版高中教材选了杜甫《咏怀古迹》(其三)之"群山万壑赴荆门"一首,其讲解、鉴赏因循旧说,把"环佩空归月夜魂"一句的主语理解为昭君,所谓"昭君的魂魄归来了"。而根据偶句的规律,出句"画图省识春风面"的"画图"是状语,即"根据画图""经由画图"之意,对句的"环佩"也应视为状语,意为"根据环佩""因见环佩",句意是由目睹当年昭君留下的环佩而思其人,而全联的主语都是汉帝。有了这样的意识、认识之后,会发现"归"字不好讲,于是考察一下,原来"归"可以讲作"怀"。《中文大辞典》:"归,怀也。《礼记·缁衣》:'私惠不归德。'注:'归,或为怀。'"

北京版初中第13册选了王勃的《送杜少府之任蜀州》。"城阙辅三秦"一句有解:"全句说长安的宫阙被关中之地所辅卫。"而对"风烟望五津"一句只注"五津"二字。全句怎讲?查唐诗选本，有的译为"风烟滚滚，望不到蜀州岷江的五津"；有的则是"千里迢迢，风烟渺渺，极目望去不免产生几分惆怅"，等等。总之是几乎所有的著作者都把"望"字讲为动词"远望""遥望"之类。然而这是正确的吗？先不说"五津"之"风烟"有千里之遥，根本没有"望见"的可能，诗人不会傻到去引颈而望之。就从句法结构看，这一联是偶句，上下句的结构应基本一致：上句的结构实际是"城阙辅于三秦"，"三秦"是补语，教材的解说也是依此而来的；那么下句的结构也应是"风烟望于五津"，"五津"也是补语。可惜这种基本的规律被忽视了，从而产生了种种谬解。当然，这个"望"字有点难，如不讲成"遥望"之类，还有什么义项呢？《中华大字典》："望，茫也，远视茫茫也。"又："茫茫，盛貌。"《汉语大字典》："望，满。"满、茫、盛，这些义项用以形容"风烟"，意译为"弥漫"不是完全可以吗？原来这一句是说"风烟弥漫在五津"——是诗人的想象之词。上例的"归"也好，此例的"望"也好，讲起来都有点难，但是，能力的形成不正需要一点有难度的东西吗？逢难就错，正是缺乏科学教育的后遗症。

再说文言文的例子。最典型的要数老教材范仲淹的《岳阳楼记》了。"沙鸥翔集，锦鳞游泳"一句，京版初中教材注释终于不再把"游泳"讲成"游来游去"了。上句说"沙鸥翔集"，都承认"翔"和"集"是两个词，描写的是两种动作；根据对义规律，"游"和"泳"也一定是两个词，描写的是两种动作，不然，就是范冲淹的措辞有毛病。有了这样的认识，问题就好解决了：合而言之，"游"和"泳"同；分而言之，则"漂浮水上"为游,"潜行水中"为泳,这在一般的工具书上都能查到。如此,"游泳"才能和"翔集"形成对文,翻译过来,"时而……时而……"也才更有意味。但奇怪的是,遇到同样性质的句子,还是搞不明白。"静影沉璧",教材注为"静静的月影像沉在水中的圆玉",这对了;而对"浮光跃金"的注释却是"浮动的光闪着金色"。其实,根据对句互解的规律,都知道"静影沉璧"是比喻的说法了,"浮光跃金"不就是说"浮动的月光像闪动的金花"吗?

此文中除了我们所说的互解之外,还有传统修辞学所说的"互文"。"不以物喜,不以己悲",教材注解说对了。同样奇怪的是,同样是互文,而把"朝晖夕阴"注为"早晚间的阴晴变化","岸芷汀兰"注为"岸上的芷草,小洲上的兰花"。早上一定晴晚上一定阴吗?芷草只生在岸上,兰花只开在小洲吗?稍加思索,就会得出结论。

荀子《劝学》中说:"假舆马者,非利足也,而致千里;假舟楫者,非能水也,而绝江河。"人教版教材注"利足"为"脚走得快"。"脚走得快"是主谓结构,"利足"是什么结构?这样的解释与原文对不上号。其实这个问题极好解决——用"对义互解"法。原文"假舆马者"与"假舟楫者"是对句,对偶句之间有一种互解的关系:处在相应位置上的词语结构一致,意思相同相近或相反相对。"利足"与"能水"对应,"能水"是偏正结构,"利足"也应是偏正结构;"水"是名词用如动词,"足"应亦然。如此,"能水"译为"善于游水","利足"顺理成章就可以译为"善于走路"。

3.连义互解

文本的句与句之间、段与段之间是连贯而下的，是一个有机的语意链。如此，则可以而且应该根据这一链条的上下环节来互解。

鲁迅《记念刘和珍君》第五节，有一个段落写刘和珍的牺牲经过，中间用了五个"她"。其中前两个"她"指代刘和珍，没有异议。后三个"她"指代何人，就有不同说法。其实，如果从"连义互解"的原则出发，问题不难解决。首先，段中首句即提出"刘和珍"（对象指示）"欣然前往"，依照文理，后面当以刘和珍为叙述中心。特别是在讲到张静淑和杨德群二人的行动时，中间用一分号，以表并列关系，意在明示她二人所"扶"的都是刘和珍。其次，还要扩大"连义互解"的范围。先看前文："然而即日证明是事实了，作证的便是她（刘和珍）的尸骸。还有一具，是杨德群君的。而且又证明着这不但是杀害，简直是虐杀，因为身体上还有棍棒的伤痕。"这里三句话，第二句明显是"插入"性质，甚至可以加括号标示；第三句的"而且"是紧承第一句的，"证明"——"又证明着"，构成递进关系。这里被"虐杀"的当然是刘和珍。再看后文："始终微笑的和蔼的刘和珍确是死掉了，这是真的，有她自己的尸骸为证"。这是紧承"于是死掉了"之后的第一句话；如果上文"死掉"的不是刘和珍，这里就不能这样承接。这样，段内、段间联系起来看，后面三个"她"都指代刘和珍，当是不争的事。

4.以理解文和以情解文

读书不讲理，失之十万八千里。理，有事理，也有文理。

情,既指作者之情,也指文本中人物之情。

王安石《游褒禅山记》:"距洞百余步,有碑仆道,其文漫灭,独其为文犹可识,曰花山。"人教版注:"碑文模糊、磨灭。文,指碑文。下文'独其为文'的'文'指碑上残存的文字。""只有从它残存的文字还可以辨认出'花山'的名称。"这样的注解就有点不讲理:明明是"碑文模糊、磨灭",哪里还会有"残存的文字"?怎么还能"从它残存的文字""辨认出'花山'的名称"?这里的问题,只要看一看石碑的形制就可以解决了:一般的石碑,由碑首、碑身、碑座三部分组成,碑首刻碑名,碑身刻碑文,因为碑名的文字较大,所以不易磨灭。"花山"就是该碑的碑名,所以"独""可识"。"为文"者,谓文也,"谓"就是称谓,就是名称。我们之所以重视这一类的问题,是因为这种"不讲理"之处"有价值",正是训练学生"读书讲理"的好材料。

王羲之《兰亭集序》:"每览昔人兴感之由,若合一契,未尝不临文嗟悼,不能喻之于怀。固知一死生为虚诞,齐彭殇为妄作。"人教版注"不能喻之于怀"为:"不能明白于心。这是说,看到古人对生死发生感慨的文章,就为此悲伤感叹,也说不出是什么原因。喻,明白。""固,本来,当然。"《教师教学用书》的译文是:"每当我看到前人发生感慨兴叹的原因,发现都像符契那样相同相合,我曾对前人的文章嗟叹伤情,但往往不能明白为什么会如此。现在才明白,把生与死等同起来是多么荒谬,把长命与夭亡看作一回事纯是无稽之谈。"前文已经说得很清楚了:"生死亦大矣,岂不痛哉!"还有什么不能明白的?顺理成章的好文章竟被弄得如此自相矛盾。按照原文的逻辑，自己"临文嗟悼"是很自然的事，"不能喻之于怀"的意思是"无法释怀"，无法把那种哀伤之情从心中排解掉。喻，本有"开导"义，这里应释为"排解"。还有"固"字，注为"本来"固然说不通，译为"现在才"更是毫无根据。"固知"一句，承上而来，是因果关系，应该译为"由此可知……"。《汉语大字典》就有专门义项："连词。表示因果关系，相当于'因此''所以'。"由此例可见，当读书不讲理的时候，再好的工具书也想不起来去查一查。

大家熟悉的艾青《大堰河——我的保姆》，开头的一节是："大堰河，是我的保姆。她的名字就是生她的村庄的名字，她是童养媳，大堰河，是我的保姆。"两句话，四个"是"字，看上去平淡无奇。如果只作为平常文章、新闻报道来看，作为普通的判断看，它就没多大价值。但当我们睁开情感的眼睛时，就会发现它写出了大堰河地位的卑微、生活的悲苦。童养媳，就是连人身自由都没有，她连自己的名字都没有，这是怎样的人生？反复说她"是我的保姆"，一方面强调她是靠卖乳汁为生的苦境，更表明一种感情、一种态度，这里有深沉的思念，有感激，有不平。同时，反复说明这样一个卑微的农妇是自己的保姆，也是对不平社会的抗议，还包括对自己原属的地主阶级的叛逆。这就是诗，诗是感情的艺术，必须以情解之。

戏剧，就说大家熟悉的曹禺《雷雨》的一个选段。写鲁侍萍到了周公馆，发觉女儿的主人就是周朴园，这时在客厅里有几句对话（从"周朴园　你不知道这间房子下人不准随便进来么？"到"鲁侍萍　哦。——老爷没事了？"）"哦。——老爷没事了？"

鲁侍萍的这句话如果从字面上看，仅仅从指代意义上看，似乎没多大意义，最多只是一种礼貌性的寒暄。那么这就需要借助有关人物关系的背景，睁开情感的眼睛来看它。这时我们才能发现这句话的背后，包含着鲁侍萍十分复杂的情感：突然遇到周朴园，不免勾起对三十多年前那一幕惨剧的回想，所以怨恨、愤怒的情感油然而生。但是她又不是那种软弱的女人，她很刚强，很自尊，又经历了苦难的磨炼，所以她沉得住气，能把自己感情的烈火封闭起来。不过既然相逢了，她又不甘心这样把周朴园轻轻地放过去。她希望周朴园能够认出她来，但她变化太大，周朴园竟没有认出来，所以她有点失望，又不愿离去，她想让周朴园睁开眼睛，她要寻找机会，把自己三十年来的苦恨倒一倒。以人之常情来揣度人物在这个时候的特定的心情，这就构成了一种以情解文的方式。

三、善生疑，巧编排，激发兴趣

把激发学生读书的兴趣作为阅读教学的价值之一，在备课的时候就得注意发现其价值所在。一般说来，激发学生学习兴趣的因素有四方面。第一，深厚的文化内涵。语文课堂，应该把相关的文字学、词汇学、语法学、修辞学、逻辑学、文学艺术以及古今中外、声光电化各种知识熔为一炉，随机拈出，收放自如。文化内涵是课堂的营养，营养丰富，食者自然乐于取用。第二，有一定难度的设问。教师的设问，必须有一定的思维难度。青年学生大多有好胜的心理，有难度才会引发攻克的兴趣；当他们"攻关"成功，就可以享受到成功的喜悦；而成功的喜悦又能够进一步激发他们对课程的兴趣。用无须动脑筋就能随口回答的问题设问，看上去课堂会显得很顺畅，其实毫无价值，久而久之，还会使学生变得倦怠。第三，程序与方法的巧妙。积淀知识也好，训练能力也好，都要注意发挥其激发学习者兴趣的价值。这就要在备课时"备"好程序与方法。程序，是指过程的先后安排。教材文本虽然经过编辑的加工，但基本还都保持"原生态"。备课的目的就是要把"原生态"的文本变成"教学态"。所以，一篇教材的处理，可以从标题讲起，也可以先把它轻轻放过；可以从第一段讲起，也可以从结尾甚至其他什么地方讲起。在过程中的每一个环节，还要考虑具体的实施方法。死记硬背，生拉硬灌，不但即时的效果不佳，从学习者的心理方面说，也只有负效应。第四，教师的精神风采。这一条不必多说。一个教师站在讲台上，如果双目无神，话语无味，对学生毫无热情，学生哪会有兴趣？

　　文化内涵的丰富，可从微观与宏观两个方面着眼；而有深度的设问，可分为有疑而问与无疑而问两大类。文本或相关的注释、解说与事实不符，或与情理相悖，从这样的地方设问自然就是有疑而问——本文第二部分的许多例子都可以归入这一类。看上去没什么问题，学生也觉得自己都明白了，但实际上他们的理解停留在表面或很浅的层次，从这样的地方设问，就是无疑而问，就是"于无疑处生疑"。

　　生疑、解疑，是调动学生学习积极性的手段，而生疑、解疑的过程，也是能力生成的过程、知识积淀的过程。下面是一些具体的例子。

　　北京版初中教材选有乐府民歌《木兰辞》。诗的开头的几句是:"唧唧复唧唧,木兰当户织。不闻机杼声,惟闻女叹息。问女何所思,问女何所忆。女亦无所思,女亦无所忆。"对"所思""所忆",教材编者不予理会,在编者诸公的心目中,大概是没什么问题的。再看看相关的译文:"问问姑娘你这样叹息是在思念什么呢?(木兰回答道)姑娘我并没有思念什么。"这里有着明显的矛盾:上文的"唧唧"而叹,岂不是心事重重的反映?下文的"昨夜见军帖,可汗大点兵"云云,岂不就是长吁短叹的原因?怎么能说"并没有思念什么"呢?发现、揭示矛盾就会引发思考,思而不得就会去查阅。吴小如《古典诗词札丛》的序言中就有很好的说明。他说:"《国风》中十分之六七的'思'字都是指男女相思相慕而言,就是现代汉语中所谓'害相思病'的'思'字。而汉乐府和《古诗十九首》之言'所思'……都是指男女或夫妇之思……'所忆'亦指男女夫妇之间的思念。""木兰回答'无所思''无所忆'者,意在说明自己并非少女怀春,而是想到父亲年老,出征作战大有困难。"如此这般,不仅是咬文嚼字的问题,还直接关系到人物形象:见得木兰不是一般只顾自己、柔弱缠绵的女孩子,而是识大体、有担当的女英雄。

  人教版选修《中国古代诗歌散文欣赏》选有李贺的《李凭箜篌引》一诗。此诗鉴赏者众,但对开头几句的文字解读就始终存在着矛盾。"吴丝蜀桐张高秋,空山凝云颓不流。江娥啼竹素女愁,李凭中国弹箜篌。"第一句,编者注:"张,演奏。高秋,指弹奏的时间。"又注"中国"为"即国中,国都长安之中"。张,本指乐器上弦,可以引申为弹奏乐器。但这里用"张"字,第四句又用"弹"字,显然是有区别的。况且,这个李凭到底在什么地方弹箜篌？第四句说得明白，是在"中国"，那么，第二句"空山凝云"跟他的弹奏有什么关系？这岂不是自相矛盾吗？有的人还说："前四句，诗人故意突破按顺序交代人物、时间、地点的一般写法，另作精心安排，先写琴，写声，然后写人，时间和地点一前一后，穿插其中。这样，突出了乐声，有着先声夺人的艺术力量。"（见上海辞书出版社《唐诗鉴赏辞典》）鄙意以为不然。

实际上，第一句只是在交代箜篌的制作，二、三两句是写这一箜篌的制作完成所引起的震动。据《淮南子·本经训》记载："昔者仓颉作书而天雨粟，鬼夜哭。"为什么文字的诞生会引起如此强烈的反应呢？因为一旦有了文字，可用来传达心意、记载事情，自然值得庆贺，所以下粟如雨；而有了文字，民智日开，民德日离，欺伪狡诈、争夺杀戮会由此而生，天下从此永无太平日子，所以连鬼都要哭了。李凭所弹箜篌的诞生虽不能和文字的诞生相提并论，但其影响所及，也是惊天地泣鬼神的，这在后面的描写中有充分的表现。从文本本身看，作者着"空山"二字，与"中国"相距甚远，而与箜篌制作之地相关。"江娥啼竹"，编者讲成"湘夫人对竹挥泪"，这就从根本上改变了"江娥斑竹"故事的因果，这是难以说通的。吴小如先生揭示"竹"代表箫管一类的乐器，进而以"素女"的典故代指琴瑟一类的乐器，巨眼独照。(《古典诗词札丛》) 这一句是以器比器，从而突出这一箜篌本身的非同凡响。在极力描写了这一乐器的神奇之后，再来说弹奏它的乐师，再来说他弹奏的神奇效果，实在是顺理成章，算不上是什么突破一般写法的精心安排。欲神其技，先奇其器。李白《听蜀僧濬弹琴》："蜀僧抱绿绮，西下峨眉峰。"说蜀僧所抱之琴，竟是汉代司马相如之"绿绮"，是同一机杼。

《师说》："师者，所以传道受业解惑也。"人教版注"道"为"道理"（且不问这里的"道"是否指一般的"道理"），注"业"为"学业"，似乎说清楚了。但是，"学业"有三个基本的义项：①学问；②指学术；③学习的课业。如此则"道理"应包括在"学业"之内。这里存在着逻辑问题。那么，这里的"业"的外延到底是什么？其实能从文本及相关的注解中找到答案。"圣人无常师"一段，讲到"孔子师郯子、苌弘、师襄、老聃"的事实，编者注明：孔子向郯子请教过官职的名称，向苌弘请教过古乐，向师襄学习过弹琴，向老子请教过礼仪。这里说的就是有关"业"的内容，大体是知识与技能之类，这显然与"道"是不同的。

还是来说说"于无疑处生疑"。常见的办法有：纵向深入，由表及里；横向拓展，由此及彼；引入"异说"，比较鉴别。

京版教材选有柳宗元的《小石潭记》，其第一句就是"从小丘西行百二十步"；人教版高中必修教材选有《孟子·寡人之于国也》，文中"五十步笑百步"一语至今沿用。两书编者对"步"字都不加注，学生读过后也没有问题。但这里隐藏着问题：这里的一"步"是多长的距离？大概很多学生都没有正确理解。为了让学生理解并记住"两脚各迈一次为一步"，不妨板书"步"的初始写法，两只脚一前一后的形象，构思多么巧妙！"五十步笑百步，是亦走也"，这儿还有一个"走"字：学生意识到这个"走"不是今日之"走"而是今日之"跑"吗？不妨一问，也可以把它的初始写法画一画：上面是一个甩开双臂、迈开双腿的人形，下面是一只脚。还可以进一步"横向拓展"：现在仍保持"走"即"跑"之意义的词语还有哪些？"走马观花、兔走触株、奔走相告、不胫而走、走狗……"这样学习不是很有兴味吗？当然，不是为兴味而兴味，这是语文，是文化，而且只有这样才能使"热爱祖国的语言文字"的口号不至于落空。

《烛之武退秦师》"郑既知亡矣"，教材注："既，已经。"查"既"的初始写法，其形为一人食饱，食尽而扭头状，所以有"完成"义，有"全都"义，有"已经"义。如果对比一下"即"（一人面对、靠近食物而将食或正食状），就更有意思，不仅理解了词义，而且有助于避免写错别字。

《岳阳楼记》说"不以物喜，不以己悲"，教材注"物"为"外物"；《劝学》说"君子善假于物也"，教材还注"物，外物"。有问题吗？有。试问："这个'物'包括人吗？"恐怕很多学生未曾想过。明确了此"物"有人之后，也可以再拓展一下，以此"物"构词的还有："待人接物、物我两忘、恃才傲物、物情、物议、尤物……"

《殽之战》："因人之力而敝之，不仁；失其所与，不知；以乱易整，不武。"教材注"知，通'智'"。注解既明，又有句译，似乎已无可问，但仍有可"生疑"的余地——怎么可以毫不犹豫地判断这里的"知"通"智"？这样设问价值在于强化"法"（这里是对义互解）的意识。

《济南的冬天》里有一句说："那点薄雪好像忽然害了羞，微微露出点粉色。"句中的"薄"读 báo，"露"读 lòu。但这两个都是多音字。"薄"字读 báo 与读 bó，在"厚度小"这个意义上是一样的;"露"字读lòu与读lù,在"显现出来"的意义上是一样的。意义一样,读音为什么有这样的区别?应该怎样记忆?其实这里也是有些规律的:口语中,或单音时,读báo读lòu,书面语中,或合成词中,读bó读lù。类似的字还有一些,不妨拓展一下:如系(jì)鞋带,家雀(qiǎo)儿,大伯(bǎi)子,炮(bāo)羊肉,腿膀(pāng)了,胳臂(bei),侧(zhāi)歪,削(xiāo)铅笔,剥(bāo)橘子,等等。

《寡人之于国也》中说"使民养生丧死无憾",又说"鸡豚狗彘之畜,无失其时"。"丧"字、"畜"字都有两个读音,经常被人读错。有什么办法可以记住其正确的读法?丧,凡是"失去"义时读四声,如"丧失、丧命、丧气、沮丧、颓丧"等;凡是与"死亡、灾祸"相关时读一声,如"丧事、丧服、奔丧、治丧、自经丧乱少睡眠"等。畜,作名词时读chù,如"家畜、幼畜、畜生、六畜兴旺"等;作动词时读xù,如"畜产、畜养、畜牧业"等。这是"以义定音"的规律。类似的字很多。处,名词性读四声:长处、难处、办事处、大处落墨、绝处逢生、恰到好处;动词性读三声:居处、处世、处子、论处、处心积虑、处之泰然、养尊处优、穴居野处、处女作。冠,名词性读一声:免冠、树冠、冠冕堂皇、弹冠相庆、怒发冲冠、衣冠楚楚;动词性读四声:行冠礼、未冠、冠名、冠军、沐猴(猕猴)而冠。曲,形容词、动词性读一声:弯曲、曲折、曲径通幽、是非曲直、曲突徙薪、委曲求全、曲尽其妙、曲意逢迎;名词性读三声:曲调、歌曲、曲高和寡、异曲同工……这是知识的拓展,这拓展中有思路,有方法。

《邹忌讽齐王纳谏》，我所见到的所有版本，包括教材、教参，都把其中的"美我"讲成"以我为美"，还得说这是"意动用法"。其实，这是很可疑的。如果说他的妻子真心爱他，"以他为美"是说得通的。其妾"畏"之，其客"有求于"之，怎么会因此而认为他美呢？不过在"说"他美罢了。"说"，只是面子事，并非出于真心。美，在这里只是作一般动词，而不是"意动"。更可设疑的还有下面的情节。齐王之令曰："群臣吏民，能面刺寡人之过者，受上赏；上书谏寡人者，受中赏；能谤议于市朝，闻寡人之耳者，受下赏。"而结果是："令初下，群臣进谏，门庭若市。"请问："吏民"进谏了吗？还没见过哪个版本对此提出问题，而这里却是存在着问题。回答是："吏民"也进谏了。何以见得？"门庭若市"啊！如果仅仅是"群臣"，哪来这么多人啊。从修辞手法上说，这不过是一种"借代"而已。

　　例子是举不尽的，倘能对列位同行有所启发，笔者也就不枉为此文了。

说说我的"五子"方针*

高中语文新课标颁行以来,有两点似乎最被人称道:一是所谓"三维目标",即知识与能力,过程与方法,情感态度与价值观;二是所谓"三态学法",即自主学习,合作学习,研究性学习。但如何把这样的理念变为课堂上的实践,很多人感到茫然,有的人则为了赶风头而开始鼓邪劲,出邪招。在此说说我实施多年的"五子"方针,也许能提供一点鉴借。

我所谓的"五子"方针,就是"选例子,指路子,做样子,给场子,挂牌子",这是我在课堂教学中坚持的原则,也是具体的操作方法。这一原则和方法来源于我的教学价值取向,并为我的教学价值观服务。

我遵从叶圣陶的学说,认定语文教学的最基本、最重要的价值就在于教会学生"自能读书,自能作文"。叶老说:"学生须能读书,须能作文,故特设语文课以训练之。最终目的为:自能读书,不待老师讲;自能作文,不待老师改。"(《语文教育书

---

* 本文原载《中学语文教学》2008年第9期,略有修订。

简·二》)在他的论述中,多次强调语文教学目的,"尝谓教师教各种学科,其最终目的在达到不复需教,而学生能自为研索,自求解决"(《语文教育书简·八》),"教课之本旨并非教师讲一篇课文与学生听,而是教师引导学生理解此课文,从而使学生能自观其他类似之文章"(《语文教育书简·一〇》)。他在《语文教学二十韵》中指出:"贵能令反三,触处自引伸。"叶老的这一导学思想,继承了我国古代教育理论的优秀遗产,如孔子的"启发"主张、孟子的"自得"之道等,又融会了当今世界先进的教育理论,如"学会学习""终身教育"等,是指导我们搞好语文教学的圭臬。有人蔑视、否定叶老的理论,我们只能说:"尔曹身与名俱灭,不废江河万古流。"

需要进一步探讨的是,对一个中学生来说,所谓"自能读书,自能作文"的标准该怎么定。我把阅读能力分解为认读、解读、赏读三个层次。认读任务主要应在小学阶段完成,中学阶段则应着重解决解读的问题,这个问题解决不好,学生会落下"文化残疾"。至于赏读,本是个性色彩极其强烈的心理过程和价值判断,一方面必须建立在透彻理解的基础上,同时与人的文化积淀、生活阅历密切相关,在中学阶段只是打基础而已,不应要求过高。关于阅读,叶老曾说:"所谓阅读书籍的习惯,并不是什么难能的事,只是能够按照读物的性质作适当的处理而已。需要翻查的,能够翻查;需要参考的,能够参考;应当条分缕析的,能够条分缕析;应当综观大意的,能够综观大意;意在言外的,能够辨得出它的言外之意;义有疏漏的,能够指得出它的疏漏之处:到此地步,阅读书籍的习惯也就差不多了。"(《论国文精读指导不只是逐句讲解》)这就是叶老给中学水平的精读确定的标准,其要义就是解读。实际上,一个人在中学毕业后,几乎再没有人教他怎样读书了,而在中学阶段落下的"文化残疾"会陪伴终生。看看公用的教科书(还有教学参考书),看看高考语文试卷,再看看各式各样的鉴赏辞典,看看论坛上的明星、名嘴,会发现许多人其实根本没读懂文本,就在那里"鉴赏""发挥"拟考题,忽悠读者,忽悠听众,忽悠考生。这难道不是现实文化生活中的悲哀吗?至于作文,中学生主要的任务是学习写实用性的文章,并做到写什么像什么,而不是搞文学创作——当然,对个别有文学爱好、写作天赋的学生,自应予以扶持。一些搞文学、搞美学的先生,认为中学语文教学就是搞文学鉴赏、文学创作,我们不能让他们牵着鼻子走。

要实践叶老的"目的在达到不需要教"(《语文教育书简·六》)的教学理念,首先得解决教材问题。叶老强调"语文教材无非是例子"(《大力研究语文教学 尽快改进语文教学》)。依照这样的理念,教材必须具有例子的作用,也就是说它必须切合教学的需要;教学过程不是"教教材",而是"用教材教"。但现有的教材似乎不是为了"用",而只是为了"教"(这从对某一篇文章该不该入选的争论中就看得很清楚)。我这样说,不仅因为它基本还是文选的性质,而且选文的标准还是名家名篇而不是"适用于教学"。又由于缺乏对读写能力的科学解析,教材的编排带有很大的随意性,完全看不出为什么学完此一单元接着要学另一单元、学完此一篇就要学另一篇;当然,教材的编写者更没有提供方法,特别是文章解读的方法,而是立足于"多"——多读读写，寄望于"悟"——让学习者自己在"多"中去感悟。所以执教者只好自己"选例子"——选择适用于教学目的的材料。这样，才能避免"碰到什么（例子）讲什么"的尴尬，做到"要讲什么就有什么（例子）"。有的教师有能力又肯下功夫，自己编出成套的教材；笔者自愧弗如，只是小打小闹，在公用教材的基础上，或作选择，或作重组，或作补充而已。但追求教材应适用于教学的初衷是一样的。

还要说明一点，为教阅读的例子与为教作文的例子应有所不同：为阅读使用的，应该有一定难度，有必须努努力才能跨越的坎，使学习者每一次阅读都有所突破，有所提高；倘使文章的难度与学习者现有水平相当，就失去了训练的意义。而为作文使用的，一方面要符合作文训练点的需要，另一方面还应尽量避免阅读的难度，让学习者把精力集中到模仿写作上去。现行教材的编者似乎还没意识到这一点。

选好适用的例子后，就进入教学过程。教学过程是"教"与"学"、"训"与"练"统一而互动的流程，处理好二者的关系是实践"目的在达到不需要教"这一教学理念的根本保障。"教"与"训"的第一步是"指路子"——就是引导思路，就是指示线索，指引方向，引导学生认识规律，并遵循着规律去思考，就是把学生的思路引到科学的轨道；而科学的思路必然要以对客观规律的认识为基础。在阅读教学中，不搞"玄化"（如解《诗》之《关雎》为"颂后妃之德"，析巴金之《灯》为"象征马列主义"），不搞"泛化"（如举凡契诃夫小说皆冠以"批判沙皇反动统治"），引导学生从文本的实际出发，注重文本的整体有机性，注重文本诸信息的内在联系；在写作教学中，不说空话，不说假话，不说套话，引导学生从生活的实际出发，分清现象与本质、主流与支流，发现并表达真善美，辨别并批判假恶丑。这种思路，既是唯物的，又是辩证的。所以，指路子的过程，其本质就是唯物辩证法的训导过程，是科学的世界观与方法论在语文教学过程中的具体化，或者说，是把科学的世界观与方法论"语文化"的过程，是引导学生把科学的世界观、方法论化为语文智慧的过程。"路"有大小，而"指路"的宗旨是不变的。"指路子"的过程也贯穿于知识（文字学的、词汇学的、语法学的、修辞学的、文章学的、逻辑学的知识等）教学的过程。不过，不是讲静态的陈述性的知识，而讲动态的操作性的知识；或者说把本来是静态、陈述性的知识运用到读写的实践中去，让它们活起来。从教与学的关系说，这是发挥教师主导作用的重要环节。现在提倡自主学习、研究性学习，这主张自然不错。但如果失去教师的引导，其效果、效率就没有保障，甚至会流于形式，真的把课堂变成茶馆；而如果教师引导得不对路、不得法，学生就不仅无法到达"自能读书，自能作文"的境地，还很可能"走火入魔"，受害一生。

"指路子"，是对规律的揭示，是一种理性的引导，是"虚"的。教学过程必须由"虚"入"实"，就是教师必须自己"做样子"。这如同体育教师上课，在讲完"动作要领"之后必须做"示范动作"。叶老说："教师善读善写，深知甘苦，左右逢源，则为学生引路，可以事半功倍。"反过来说，教师自己不能做"示范动作"，而只会讲大道理，就要事倍功半了。叶老特别主张教师写"下水文"。一方面，可以通过自身的示范性，体会写作的艰辛，有针对性地指导学生解决写作困惑；另一方面，教师的"下水"可以对学生产生一股强大的感染力，使学生对作文产生兴趣和信心。其实，阅读教学也需要教师"下水"。你告诉学生这样想就能想明白，这样读就能理解准确，那你就展示一下你想你读的具体过程。这种展示，就像"下水"作文一样，不仅让学生具体理解了你指的"路子"，学起来更容易，而且让学生看到了你所指的"路子"确实走得通，从而增加"走一走"的兴趣与"走下去"的信心。比如，我讲阅读要有"整体观"，就不仅要告诉学生什么叫"整体观"，而且选择好例子，展示一次（当然不能仅仅是一次）"整体观"在读书过程中的具体体现；我要讲互解法，就不仅要告诉学生什么叫互解法，怎样进行互解，而且要选好例子，来一番互解的示范；我要讲议论文"起承转合"的论证结构，就不仅要讲清楚什么叫"起承转合"，实际上写文章的人在怎样"起承转合"，我还得选择好作文题目做例子，现场来一番起承转合。当然，"做样子"并不等于教师唱独角戏，同样可以跟学生交流、互动，这只是一个教学设计的技术性问题。

"选例子""指路子""做样子"，这几步主要体现了教师的主导作用，同时也激起了学习者学习的兴趣。接下来就要给学生自己动脑动手的机会，让他们遵照着教师指引的"路子"走一走。这就是所谓"给场子"。就如同武术教练，在给学习者做了"样子"之后，必须让他们下场去操练。这也是近来倡导的"自主学习""探究学习"的过程。但我所主张的"自主"是以教师的训导为前提的，而不是自以为是的"猜"、无师自通的"悟"。这里的"探究"是以教师指引的道路为方向的，而不是随心所欲、胡思乱想（像什么从《背影》看出"父亲违反交通规则"、从《孔乙己》看出"短衣帮不善维权"之类），不是让学习者像没头的苍蝇一样四处乱撞。而且，在学生操练的整个过程中，教师都是参与者：观察，讨论，激发，点拨，等等。

在学生完成一个学习过程后，比如研读完一篇文章、写完一篇作文之后，教师就要做"挂牌子"的工作了，这就是"讲评"。讲评，固然要指出缺点、不足，不能模糊是非，不能迁就谬误；但更重要的是表扬、鼓励，也就是要多"挂金牌""挂银牌"。这是激发学生学习积极性（兴趣）的重要一环。学生的学习积极性从何而来？来源于他对所学内容重要性的认识，来源于教师适时的激发和深入浅出的引导，更来源于学习过程中的成功感。所学的东西是"有用"的，而且自己会用了，而且自己的实践得到教师（权威）的肯定了，他自然就有了进一步学习、进一步"表现"的欲望。当然，教师的表扬必须及时，必须得当，又必须真诚。如果时过境迁，或者表扬得"不是地方"，或言不由衷，也许就会适得其反，变成"讽刺"。这里有教育学原理，也有心理学原理。至于有的人为了"调动学生的学习兴趣"，搞一些庸俗的表演，不仅污染了学生的心眼，也贬损了自己的形象，实实不足为训。

最后要说明的是，我的"五子"方针，不是什么"五步法"。虽然从教学的全过程看，这五个环节有明显的区分，有先后的顺序，但在教学实践中，往往是交错的，随机的，这要发挥教师的"教学机智"。比如，"指路子"不一定一"指"到底，"指"到一定程度就"给场子"，在学生操练过程中再"做样子"；或者在学生操练过程中发现"亮点"马上就"挂牌子"，不一定等到全部操练完毕之后再给予表扬和鼓励。只要施教者价值取向明确而坚定，心中有"方针"更有"学生"，教学活动就会丰富而灵活，生动而有效。

　　课上实施"五子"方针，课后则要求"两笔"训练：阅读教学的延续活动是"三新"（新知识、新方法、新感悟）笔记（《读写月报》已对此做了推介），作文教学的延续活动是"课外练笔"。这就是我在教学"操作层面"上的一套做法，虽然未必完备，但从20世纪80年代以来的实践证明，效果不错。

"四实"为标 "五子"为路*

——一次评课实录

新课改开始以后,咱们的语文界很热闹,类似于百家争鸣、百花齐放——放的是不是都是"花"就不好说了,各门各派都有。

在评课的时候不同的人想法很不一样,我就说说我的想法。

我心目中的好课有这样几条标准:第一要忠实于语文课。为什么要这么说呢?因为我听过不少语文课,有些根本不是上的语文课,有的是娱乐课,有的是道德课,有的是泛文化课,有的甚至变成了生活指南课,等等。我觉得语文教师要认清自己的角色,认清自己是教语文的。语文教师的教学就应忠实于语文学科。但现在为什么会出现背离语文教学宗旨的流派呢?主要是因为目前对语文学科的性质和任务都存在着一定的争议。现在官方的说法是人文性和工具性的统一,但就其性质而言还是存有争议的,我写过一篇短文叫《摆脱"性"的困扰》,语文就是读书、

---

* 本文根据作者在北京市高中语文教师进修会上的评课发言整理而成,未刊稿。

作文。我觉得这个问题叶圣陶先生早就解决了，说得非常清晰，用最朴素的语言把最深刻的真理表达得很清楚。现在的有些人爱发明一些非常深奥的、不太容易让人理解的名词术语，我觉得语文教学实践可以不管这些。语文课就是要教学生读书、作文，这就是我说的忠实。是不是一节好课，首先要判断是不是语文课，要判断一位教师是不是忠于语文，要看他是热衷于搞别的，还是热衷于教语文。

第二个标准是充实，就是课的内容要丰富。从知识、能力、思想、情感等角度看，课得有内涵，有广度，有深度，不是很肤浅的，不是很狭隘的，不是很单薄的。当然，课堂内容的充实有赖于教师的修养，有赖于教师的文化积淀。

第三个标准是扎实，充实是从内容的角度来说的，扎实是从效果的角度来说的。所谓"扎实"就是这一堂课能实实在在地让大多数学生有所体会，有所收获，不是表面上的热闹，不是少数人"统治"课堂，更不是教师的自我表演。

最后，我还要加一个标准：朴实。我看过一些花花哨哨的课，比如某节讲一首诗的课，教师精心布置环境，有灯光、布景、音乐，我觉得这样的教学就不是教学。如果读一首诗非要这么奢华的话，就不得了了。这样做，学生还能读诗吗？不能读。按照这样的排场，学生回到家里想读诗怎么办？我不赞同这种做法，所以我还得给好课的标准加上朴实。朴实的课就是本色的课。我们平时怎么上课就怎么上，读书就是要把书读明白，写作文就是要把文章写好，不要搞花架子。搞花架子会"劳民伤财"，说得更远一点，这样搞对学生的心灵是一种戕害。学生跟爱搞花架子的老师学语文，可能语文没学会，怎么搞花架子倒是学会了，这学生要是将来走进社会当了干部，那就更不得了。

如何评课，大家都有各种各样的标准，我评课就用这四个"实"——忠实、充实、扎实、朴实。这就是我评课的标准。

如果用我的这几把尺子衡量今天的两节课，我还是很满意的。

两位上课老师都适当地使用了电脑手段。电脑手段可以使用，既然有了新的技术，我们就可以用。当前使用电脑手段的主要问题是用得过多，为了手段而手段，为了展示自己的电脑技术而上语文课。使用技术手段有没有好处？有没有帮助？如果有，那我们就用；反之，则不用。今天两位老师都用了电脑技术手段，我觉得用得比较得体，是恰当的。

两位老师一个讲读，一个讲写，都是扎扎实实地告诉学生怎么把书读明白，怎么把作文写好。讲读书的老师主要讲要抓住关键语句来阅读，这是读书里面非常重要的一点。会不会读书，首先考验对关键语句的敏感性，然后在此基础上深入进去，去体会文本。上课老师把"人物和环境的关系"作为整节课的课题，我觉得这个角度是很深刻的。在八十年代，我曾经提过一个教学口号——"为了使学生更聪明"，有些人觉得这句话范围大了一点，所以后来我又说得具体了一点，就是"语文课是为了让学生获得语文智慧"。就如新课标所说，语文的价值是综合的、多方面的，所谓知识与能力、过程与方法、情感态度与价值观等，特别是其包含的世界观和价值观方面，我是非常赞同的。如果从哲学层面来要求语文课的话，它应该既是唯物的又是辩证的，这就是世界观和方法论。如果说一个学生通过学习语文之后，世界观和方法论潜移默化，受到影响，有所提高，那就证明这个学生通过语文课变聪明了，这就是我们语文课的最高境界。从作品文本的实际出发，找到相关的联系，从各种联系当中去理解文章、分析人物，这既是唯物的又是辩证的。学生在这样的学习过程中会逐渐形成一种科学的世界观和方法论。如果从这个角度看这节课的话，它基本上是成功的。

从操作的层面看，我也非常高兴。过去我针对教师的操作层面提出过"五子方针"，具体来说就是"选例子，指路子，做样子，给场子，挂牌子"，这些是教师在课堂教学过程中要做到的。

首先，两位上课老师帮学生选定了研究方向，选定了例子。如教学读书的这位老师，知道《祝福》可研究的方面很多，就选定方向，引导学生思考人物与环境的关系；教学写作的这位老师，认识到记叙文写作的要求很多，今天这节课就侧重引导学生如何使文章变得"复杂"起来。

然后是"指路子"，教师进行评点，这是指明方法。两位老师进行评点时在PPT上打出示例，指导学生如何进行评点。这就是"指路子"。

再一个是"做样子"。教作文的这位老师始终保持"做样子"的状态，"下水"作文。执教老师整节课都是在展示如何通过一个点或一个片段逐步去联想、展开，形成文章比较"复杂"的结构，"做样子"做得不错。语文课上教师的"样子"如果做得好，体现出一个语文教师应具备的智慧、博学、文采，一节这样的语文课甚至可以影响学生的一生。现在有些教师不敢"做样子",不肯"做样子",基本上就提一个目标让学生去做,叫作所谓的"自主学习"。新课标最精彩的地方在于两点:一是提出了"三维"目标;二是"三态"学习。所谓"三态"学习就是自主学习、研究学习、合作学习,但"自主学习"现在存在着走入"歧途"的现象,我最近写了篇文章叫《学生的自主学习与老师的主导教学》,里面谈到这些现象。"自主学习"可以说是一种教育哲学,它的理论基础是西方的认知心理学。我把自选学习材料、自己进行学习、自己提出问题、自己解决问题叫作完全自主学习。我把自主学习分为三个阶段:幼儿阶段,我称之为无意识自主学习;进入学校后,是主导式的自主学习;进入社会时,可以是完全的自主学习。在学校教育阶段,学生一定是主导式的自主学习,而不是完全的自主学习。现在有些误解,如果公开课要求展开自主学习的话,那这节课就放羊了,教师就不知道该干什么了。今天这两位上课教师在处理学生的自主和教师的主导的关系方面,我觉得处理得是比较好的。

教师要"指路子",向学生指明该怎么做,同时也要"做样子",然后再"给场子"。语文课不能光说不练,学生的所有能力都是练出来的,所以在几十分钟的课堂中,要给学生时间自己去做,去练。

最后是"挂牌子",所谓挂牌子是挂"金牌"挂"银牌",需要评奖。学生做得好就及时鼓励,要加以肯定和表扬。当然,表扬并不是无原则的,不是只表扬而不纠正。我觉得今天上课的两位老师在这一点上做得非常好,发现学生的错误,哪怕是读音的错误也马上纠正,而不是纵容学生,以为都"自主学习"还说什么错呢,该指导时指导,该表扬时表扬。但是今天表扬的分量还是有点少,我觉得表扬可以更多一点。学生的学习兴趣从哪来?很大程度上来源于学生学习的成功感。学生的成功感从哪来?主要是从教师的肯定与表扬中来。比如学生做了一个优秀的评点,教师就要及时表扬。表扬还必须要具体的,这个评点究竟"好"在哪儿?把这个说明白了,学生会很自豪,别的学生也会打心眼儿里佩服。一旦学生有成功感,他就会继续追求成功,也会继续成功。如果学生总是失败,那他就会失去进一步学习的兴趣。在"挂牌子"这一方面,两位教师都注意了,但是我觉得还可以再多一点。

如果说有哪些不足的地方,我认为是阅读课在后半段的节奏稍微快了一点。当然,教师教学要讲从个别到一般规律的思路,也就是从这篇小说的人物和环境的关系上升到一般小说的阅读规律,这很好,但是在从具体上升到一般规律的这部分,学生的认识与理解是否能跟得上?是值得再思考的。教师的板书还可以设计得再精巧一些。写作课的内容很充实,从一个片段开始直到完成,这是一个复杂记叙文的构思。我觉得前面写片段这一部分用时稍多了一点,这节课的主题是"复杂",在"简单"这一部分的教学上用什么方式处理?比如是不是能先让学生在课前写写片段,我觉得可以再考虑一下。"复杂"性这一部分的教学还不够突出,如什么叫"复杂"呢?相对来说处理得简单了点。

另外,还有一个问题值得考虑,写作教学这节课的标题是"由声音展开联想",但后来就离开"声音"了,这有点别扭,还需要思考一下。

总的来讲,两位老师今天上的课是两节好课,是非常朴实、扎实、充实的好课,两位老师是真正的语文教师,非常忠实于我们自己的语文学科本质。就这点来讲,我再次对他们表示敬意。

苏轼《石钟山记》课堂实录[*]

本文是第二课时。第一课时做了两件事：通读，弄懂字句，整体把握文章；交流各自找到的关于石钟山的资料。而在课前是有预习要求的：参照注解自读文章，把自己弄不明白的地方记下来准备在课上解决；到互联网上查找关于石钟山的资料，最好找到李渤的文章，准备到课上交流。第一节课后，教师整理关于石钟山命名之由的不同说法和李渤的《辨石钟山记》等材料，第二课时前发给学生。具体文字材料包括：

①《石钟山志》；

②［唐］李渤《辨石钟山记》；

③［明］罗洪先《石钟山记》；

④［清］俞樾《春在堂笔记》（卷七）关于石钟山部分；

⑤鞠继武、潘凤英《湖口石钟山》（《地理知识》1979年第5期）；

---

[*] 本文及下一篇文章均选自《让学生获得语文智慧——王俊鸣语文教学思想及实践》（教育科学出版社2015年版），略有修订。

⑥苏轼夜访石钟山路线图。

师（开场白）：咱们今天这堂课的任务是继续学习苏轼的《石钟山记》。上一节课，大家通读了这篇文章，并且对一些词句做了初步的研读，今天我们要对文章的思路、内容做进一步研究。下面我们先来进一步看这个题目。不知道大家在读书时是否注意到了，它叫《石钟山记》。在这篇文章之前，咱们学了王安石的一篇游记文章，叫什么？

生：《游褒禅山记》。

师：注意到区别了吗？

生：这一篇的题目没有"游"字。

师：差了一个"游"字。那么苏轼这篇文章为什么不叫《游石钟山记》呢？谁来说说看，要结合文章内容说。假如我们给它加一个字，"游石钟山记"，好不好？

生：我觉得如果是"游石钟山记"的话，他注重的应该是写景抒情。苏轼这篇文章注重的是考证石钟山名字的由来，并不是注重写景抒情，所以题为《石钟山记》。

师：分析得可以。王安石是游览褒禅山，有些体会，有些感想；苏东坡就不一样，他最初的动机就不是单纯的游览，而是考察。既然这样，写法就有不同。王安石的文章上来就记游，写他的所见所闻，是从"游"字开始的；苏轼的文章不是以记游为主，而是以考察为主。所以文章入手也不一样。我们来看第一段，文章不是从"游"开始，那么从什么开始？如果用一个字（概括），从什么字开始呢？

生：从一个"疑"开始。

师：（板书"疑"，依课堂进程逐步生成全部板书）这个文章，看出差别了吧。他先对谁的说法表示质疑？

生：郦道元。

师：郦道元是什么说法？他认为石钟山是怎么得名的呢？

生："郦元以为下临深潭，微风鼓浪，水石相搏，声如洪钟。"

师："水石相搏，声如洪钟"，所以这个山叫石钟山，这是郦道元的说法。苏东坡当然是不相信。他为什么不相信，话怎么说的呢？

生："今以钟磬置水中，虽大风浪不能鸣也，而况石乎！"

师：如果把钟磬放在水里，即使大风大浪也不能使它发出声响，何况是石头呢！接下来他又对李渤的说法提出怀疑。李渤认为石钟山是怎样得名的？大家用原话回答。

生："得双石于潭上，扣而聆之，南声函胡，北音清越，桴止响腾，余韵徐歇。"

师：大家注意这个描写，"桴止响腾，余韵徐歇"，这是一种什么样的声音呢？

生：钟的声音。

师：这当然是钟的声音。这是李渤的认识，苏东坡也不信。他不相信的理由是什么？原话是什么？能背的就背。咱们要求背的。

生："石之铿然有声者，所在皆是也，……"

师：说完了？

生："……而此独以钟名，何哉？"

师：得把那个疑问说出来。好了，梳理文章思路，第一段从"疑"字入手，引出下文。可贵的是，苏东坡没有停留在"疑"字，他要利用可能的机会去调查、考察。这个机会来了，他就去了。前边提出两个疑问，得分别考察。他先对谁的说法进行考察？

生：李渤的。

师：怎么考察法？书上怎么说的？

生："寺僧使小童持斧，于乱石间择其一二扣之，硿硿焉。"

师：苏东坡得出一个结论，什么结论？

生：笑，"余固笑而不信也"。

师：他不相信，而且不是简单的不信。他在笑，要看这个人物，他不是单纯的理智，而是有很丰富的情感。接下来要对郦道元的说法做进一步考察。首先，乘舟夜至绝壁之下。这段文字（暮夜月明）写得绘声绘色。大家把这段文字再自读一下。

（生生各自读）

师：他生动地记录他考察的过程。首先是在绝壁之下，听到了什么样的声音？

生："噌吰如钟鼓不绝。"

师：大家注意，听到这样一种声音，并弄清楚这种声音的来源之后，苏轼恐怕会有一种感受。他曾经说李渤得双石于潭上，扣而聆之后，自以为得之矣。听到这"噌吰如钟鼓不绝"的声音后，苏东坡心里会怎样想？

生：自以为得之矣。

师：疑难解决了，他很高兴。但是在他回山的路上，"舟回至两山间",他又意外地有所发现。又听到什么声音?

生:"有窾坎镗鞳之声。"

师:听到这种"窾坎镗鞳之声",而且这个声音与刚才听到的"噌吰"之声有联系。产生什么效果呢?

生:"如乐作焉"。

师:好像音乐演奏。那么,这时候苏东坡就更高兴了。这时,描写他的心情有一个字,哪个字?

生:笑。"笑谓迈曰"。

师:"古之人不余欺也",表现了苏东坡的一种心情。他得出结论。那么,在苏轼看来"噌吰"之声是一种什么声音呢?

生:"周景王之无射也"。

师:那"噌吰"的响声,像周景王无射钟的声音。而"窾坎镗鞳"者呢?

生:"魏庄子之歌钟"也。

师:"窾坎镗鞳"的响声,是魏庄子歌钟的声音。"古之人不余欺",古人在什么地方没有欺骗我们呢?

生:山为什么叫石钟山。

生:石钟山的命名。

师:好。通过考察,他得出了自己的结论。就一般人来讲,弄明白就可以了,文章写到此,可以结束了。但是苏东坡不止于此,他就这一件事又有所发挥,写了一段议论。这段议论的核心是什么?

生:"事不目见耳闻,而臆断其有无,可乎?"

师:这句翻译过来就是"凡事都应该目见耳闻"。有意思的是，他还不止于这个议论，他回顾文章的开头。他之所以把这些记下来，为的是什么呢？

生："叹郦元之简，而笑李渤之陋也。"

师：他要"叹郦元之简，而笑李渤之陋"。那么这篇文章，开始从"疑"字入手，引出下文，进行考察，得出结论。最后又进一步引发议论，深化主题。特别是写考察的这一部分，描绘景物，身临其境。大石侧立千尺，森然欲搏人。他描绘声音，"噌吰如钟鼓不绝""窾坎镗鞳之声"，确实让人如闻其声。写得非常精彩。而发议论，你看这口气，"事不目见耳闻，而臆断其有无，可乎"，真是理直气壮。苏东坡这个人，才华横溢，文章写得非常漂亮。这篇文章可以学习的地方非常多，就是苏东坡夜泊绝壁之下的这种精神也很值得学习。文章很漂亮，可是我们参读了一些文章之后（课前我们发的，让大家去看了），会发现一些问题。比如说，"笑李渤之陋"。该不该笑？为什么？参读的材料看了吗？你们什么意见呢？

生：我觉得他不应该笑李渤之陋，每个人都可以有自己的意见。苏东坡提出自己的看法，和李渤的不同，我觉得他不能由此否定别人的看法。而且他这样嘲笑别人，等于是先肯定自己是对的，再去以自己的观点来笑别人浅陋。这不合适。

师：从人情的角度看，也是一种看法。能不能从咱们所参阅的文字中找到答案？

生：我觉得苏轼不应该笑李渤浅陋。李渤也有自己的想法。李渤不可能像苏轼所想的，随便捡两块石头，相击发出声音，就作为石钟山命名的由来。我觉得，他之所以用两块石头相击，得出石钟山的由来，因为这两块石头发出的声音是和别的不同的。李渤在《辨石钟山记》中说："若非潭滋其山，山涵其英，联气凝质，发为至灵，不然则安能产兹奇石乎！"他还说觉得声音有所不同，故而作为石钟山的由来。

师：有道理。李渤所敲的石头，确实发出了不同声音。你还注意到李渤不是随便捡两块石头敲击，很好。还发现什么？

生：《石钟山志》上说，石钟山又叫双石。李渤写的也是双石。他不可能像苏轼理解的那样是捡了两块石头，他敲的不是一般的石头，而是钟乳石之类吧，我觉得是苏轼理解错误。

师：这里有困难了。可以参看发给大家的那张图，苏轼在石钟山的行迹图。

生：双石是指石钟山的两座山峰！

师：是！石钟山又叫双石。李渤"得双石于潭上"，不是说李渤捡到两块石头，是说他在考察的过程中找到了两座山头的石钟山。石钟山是两座山头，所以叫双石。所以他的敲击不是"寺僧使小童持斧，于乱石间择其一二扣之"，李渤的做法和苏东坡后来的做法不一样。刚才的材料介绍了，那个地方是岩洞，岩洞非常大。岩洞里有钟乳石、石笋、石柱，敲击起来如铜铁一般发出一种美妙的音响。看来，苏东坡似乎没有认真地把李渤的文章读懂，有误解。进一步说，即使李渤是错的，也不应该嘲笑他。李渤的结论不是轻易得出的。材料中写到李渤"忽遇双石，询诸水滨"，询之于水滨，"水滨"代指水滨之人，就像苏东坡文章里说的什么人？

生：渔工水师。李渤曾向当地的渔工水师请教，他的结论应该有可信的地方。

师：是啊。看来苏东坡是有所疏忽。这是一个问题。他肯定了郦道元的说法，仅仅是说郦道元的说法太过简约了，他认为他的说法和郦道元的说法是唯一正确的。那么，我们看了一些参考材料，又重新研究了李渤的说法，苏东坡的说法是绝对正确的吗？是最可靠的吗？石钟山命名的原因有多种说法，可能是这样，也可能是那样。请大家再读读相关资料。

（生读相关文字）

师：还有什么说法？

生："盖全山皆空，如钟覆地。"从样子像扣在地上的钟这个角度起的名字。

师：也是一种说法。有以声论者，有以形论者。甚至我们能不能这样想，当初给石钟山命名的时候，可能既考虑到声音，又考虑到形状。所以这个事情，不能绝对。没有绝对的根据，不能得出绝对的结论。所以，"叹郦元之简"也不是完全靠得住。苏东坡在考察之后发了一段议论，他主张要"目见耳闻"。这话说得理直气壮，相当肯定。根据你们的生活实践，根据这篇文章所反映的情况，他这个说法怎么样？你们对这个说法怎么看？

生：我觉得他的这个说法也不是完全正确的。因为目见耳闻，看到的只是客观的事实，有可能光看到事实，看到表面现象，他没有经过深思，就看不到内在本质。就像材料中所说的，苏东坡当日"犹过其门，而未入其室也"。

师：大家注意听这个同学的意见，是苏东坡的说法不完全正确。他可能见到的是事实的表面，未必通过目见耳闻达到真理，揭示事物的本质。谁还说说？

生：先说"目见耳闻"，意思是说亲眼看到或者亲耳听到，才能发表自己的观点。我觉得这一点是对的。因为没看到没听到，就不能胡说八道。但是，从他的意思上说，并不等于说你目见耳闻就说明是实际情况，从苏东坡的观看就能说明，他观看得并不全面，他只看到水声这一方面，而其他方面，比如说石钟山的形状，比如好多钟乳石，这些情况就没有考察到，他观察得不全面，所以并不能根据个人的目见耳闻就去臆断。

师：他结合文章材料本身。当然苏东坡还有正确的一面。他强调要调查研究，要目见耳闻，不要胡说八道，凭空猜想，主观臆断。从这个意义上说，苏东坡的观点是正确的。但是他比较片面。谁还来分析？刚才咱们还说了，结合苏东坡本人的考察，苏东坡是否目见耳闻了？

生：是。

师：他是通过自己的目见耳闻，他认为把问题解决了，所以得出这样一个结论。刚才我们分析了一下，他自己的结论也未必是正确的。苏东坡反对臆断，主张目见耳闻，可是他自己还是有点臆断，特别是他对李渤的嘲笑。李渤是不是目见耳闻？

生：是。

师：我们可以比较一下，这两个人在调查研究方面，哪个做得更慎重一些？

生：李渤。李渤不但自己考察，而且还做到了"询诸水滨"，向所谓渔工水师去请教，这一点他比苏东坡做得更细致。

师：所以强调目见耳闻有正确的一面，但是也不能片面。因为一个人直接去目见耳闻，会受到种种条件的限制。比如你到街上，你所看到的这点事儿，究竟反映了什么，不能轻易下结论。从现象到本质，从局部到整体，这个调查研究的过程是很复杂的。所以从这篇文章，从苏东坡的说法中，我们应该进一步思考。我们不是故意挑古人的毛病，我们要学会怎样读书。过去，我们曾经引过孟子的话，还记得吗？

生："尽信书不如无书。"

师：好。就是这么一个道理。我们对这篇文章的内容思路做了一个简单的分析，我们通过参读相关的文章，发现了文章本身的一些问题。我们常常说读书质疑，我们怎么读书才能产生疑问？有各种各样的思路，比如参读相关材料可以帮助我们更准确地理解文章，发现文章中的一些问题。这是读书的门路之一。我们通过这篇文章的学习，对这一点应该有所感悟吧！好了，下面的时间，给大家再来读书，能背的就背。

（生读）

师：下面请一位同学给大家朗读一遍。经过分析研究了，朗读要注意语调语气。三段文章，我们请三个同学分别来朗读。第一段谁来朗读？苏东坡的文字，很有气势，很有情感，读的时候要尽量表现出来。

（师请生分别读第一、二、三段）

师：读得怎么样？下面请大家参照板书自读。要利用板书，边读边背，要读出声音来。

（生读）

师：书要多读，要熟读成诵，而且要读出语气来，特别是

"而陋者乃以斧斤考击而求之"这一句,"乃"是什么意思?

生:竟。

师:好。回去后,全文背诵,写好作业。下课。

附1 板书

从"疑"字开始逐渐生成如下板书:

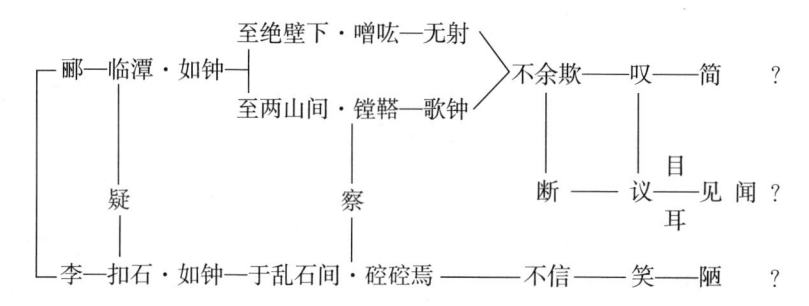

```
         ┌─ 至绝壁下·噌吰—无射 ┐
 郦—临潭·如钟┤                    │
         └─ 至两山间·镗鞳—歌钟 ┘  不余欺 —— 叹 —— 简    ?
                                                 目
     疑              察            断 —— 议 —— 见 闻   ?
                                                 耳
 李—扣石·如钟—于乱石间·硿硿焉 ——— 不信 —— 笑 —— 陋    ?
```

附2 课后说明

《石钟山记》并非一般的游记,它不是以写景为主,而是以议论为主线。写景的部分十分精彩,显示了东坡的大家风采;但他的议论却颇可质疑。根据文章的这一特点,我把这堂课定位为"创造型阅读训练课"。在阅读教学中,所谓创造性,有两个方向:一是顺向发展,即沿着文本的思路方向,进一步思考,想得比文本作者更广阔,更深入;二是逆向思考,即以怀疑的眼光看文本,对其中的事实、观点进行审察式思考,提出质疑,创立新说(这跟从《背影》里"发现""父亲不遵守交通规则",从《孔乙己》中看到短衣帮的"维权意识"的儿戏完全不同)。我的这堂课走的是"质疑"的路线。

常说"读书贵有疑",但真要能"疑"且疑得有价值并不容易。我引导学生生"疑"的方法有:质以事实,事实胜于雄辩,所言与事实不符,即可疑;质以事理,大道理管着小道理,于"理"不合,即可疑;质以他说,张三这样说,李四那样说,分歧既在,即可疑。《石钟山记》既有与事实不符之处,又有与事理不合之处,且有种种"异说"存在,正是训练学生读书有"疑"的好文章。李渤的"得双石于潭上,扣而聆之",并非"于乱石间择其一二扣之",乃是指敲击两座峰头——南钟石和北钟石,东坡先生显然误解了李渤。况且,李渤"访其遗踪"并非走马观花,他在那里时间既长,又虚心地"询诸水滨",所得结论自有他的道理,东坡"笑李渤之陋",笑得没有道理——即使李渤真的错了,也未必应该嘲笑。东坡仅以夜间之一见,就那么自信,也不值得效法。如果仅仅就石钟山命名立论,也许问题不大,而东坡偏又从个别上升到一般,得出普遍性的结论:"事不目见耳闻,而臆断其有无,可乎?"这就很可疑了——人类认识世界的途径多种多样,不必要也不可能事事"目见耳闻"。

教师备课之后,不能把自己的结论倒给学生,那样就变成了知识的传授。我要的是阅读的训练,使学生在阅读的真实实践中学会读书,发展思维。所以,这一堂课,我引导学生一步步理清文章脉络,在清理的过程中既肯定文章的精彩之处,又逐步发现文章的可疑之点,最后落到几个问号上。学生课后写"三新"笔记(我要求学生写的一种学后笔记,包括总结新知识、概括新方法、抒发新感悟三方面的基本要求,故称"三新"),可以进一步思考这些问题,得出自己的结论。

这样的阅读课，不仅引导学生学习"读书质疑"的方法，也在培养学生的自信心，培养学生的独立思考的精神。

板书的设计完全是为这样的教学目的服务的。

附3　参考资料

苏轼从宝钟寺出发登舟，舟人载其去往南钟石，经虹桥港，到南钟石后回转，往北钟石，至武曲港，登陆。由于是在夜间，苏轼大概未能了解到石钟山有"南钟石""北钟石"的地形特点。

"从审题到立意"课堂实录

师：按照咱们的教学进度，作文教学就开始了，先来讲讲作文的过程。咱们中学作文，常常都是从审题开始的。这和作家不一样，人家作家有什么就写什么，写完了，看什么地方合适，就安个题目。咱们中学生不行，常常是先有题后作文。所以，中学生作文有一个特殊的程序，叫作审题。咱们进入作文过程的第一步就是审题。审题到哪就结束了呢？到完成立意，就是通过对题目的审视，最后确定了你这篇文章到底要写什么，为什么写，到这为止，这就是审题的完成。所以我们今天讲——从审题到立意。（板书课题）

作文的问题，根本上是想的问题。就是说，会不会写根儿上是会不会想。所以有一句话叫作会想才会写。要从议论文的角度来讲，写议论文就是回答问题，回答现实生活中提出的种种问题。要回答就得写出来。当然，问题有种种，比如我问这么一个问题：咱们班54名同学，谁是最高的？

（生笑）

师：邓×吗，还是靳×？你两个谁高？

生：靳×。

师：靳×高。我说谁是最高的？这个答案怎么样？只有一个，还是两个、三个？

生：只有一个。

师：要是这个问题换种问法：谁的身高和别人不一样？这个答案怎么样？

（生笑）

师：谁跟谁都不一样。问题要看怎么个问法。所以要看准人家问什么。今年的高考作文题，题目是"答案是丰富多彩的"。这个出题的路子，就跟我刚才问的问题是一样的。这个题目咱们都看过。好，再把这个题目看一眼，重新审视一下。（题目见文末）

这个题目给了四个图形。我要是这么问呢：哪个是只由曲线构成的对称性图形，答案是几个？

生：一个。

师：答案是唯一的。这个题不这么问。问了什么呢？其中哪一个和其他三个是不同的。这样一问，答案怎么样？

生：每一个和其他三个都不一样。

师：题目实际上是这么起的。世界上的问题多种多样，有的问题答案是唯一的，换个问法，可能答案就多种多样。咱们首先要把这个问题说清。

咱们作文，要审题，审题的过程从哪儿开始？同学们学审题大概从小学时就开始了，老师老是得强调别跑题；我也给你们讲过，高考作文要是跑题就不及格了。避免跑题，这是审题的第一项要求，咱们管这个叫作题目的"规定性"。（板书：规定性）规定性就是指这个题目要求你必须得写什么，必须得怎么写，（板书：必须写）不能违背，违背了就叫作偏题或者跑题。咱们看题目——"答案是丰富多彩的"有什么规定性？什么叫答案？答案从哪里来的？

（生思考议论）

师：是啊，所谓"答案"是人对客观事物的理解和解决方案等，所以这个题目的规定性之一是"答案"，它不是说"事物是丰富多彩的"。比较一下，两者一样吗？"事物是丰富多彩的"是客观的本身的状况，"答案"则要求从人的认识、人的理解等主观的角度去写的。如果不是从主观角度落笔，那么就跑题了。

当然，从"丰富多彩"的角度看，答案是多样的，不是唯一的。把这两点看出来，就可以了。题目的规定性是最要紧的。你别唱对台戏——就说答案是唯一的，要是这样写起来可能就困难了。不是不能写。"答案是唯一的"，这本身也是世界的丰富多彩的表现之一，但是，这样写起来就绕弯了。

但是，我们过去学审题经常就到此为止了——哪个词是中心词，哪个词的信息最重要，别跑题，等等。过去我听一些课，经常就讲到这为止了。所以有的学生说没的写，要么就写一些空话、套话。要把文章写好，在审题这一步，绝不能到此为止。第二步干什么呢？就是题目虽有规定，有限制性，要求你必须如何；但是任何题目一定有另一面，就是有灵活性，它给你提供了各种各样的可能性。所以咱们还得研究（板书：灵活性可以写）。这个题目虽然在这限制了，但是在限制的范围之内，还有种种的可能性。就是你可以这么写或那么写,可以写这个也可以写那个。要找出灵活性,首先得想什么呢?想这丰富多彩什么样?什么样的情景丰富多彩?在咱们的语言中,有不少这样的词和成语,用来描绘人们对客观事物的认识、解决问题的方案的多种多样。能说出一两个这样的词吗?人们对问题的看法不一样,多种多样。什么词?

生:智者见智,仁者见仁。

师:还有什么词?非常著名的,毛泽东早就提出来一个发展文艺与科学的方针:"百花齐放,百家争鸣"。还有什么词?

(生议论纷纷)

师:议论纷纷?各抒己见、标新立异……多得很。词很多的,刚才说的这些词,描绘所谓答案的丰富多彩是什么样的景象——论论纷纷,各抒己见,见仁见智,标新立异……这是说答案丰富多彩的景象。如果你在审题时,脑海中没有这些,那你要把它打开,让它具体化。这些词都在描绘景象,百花齐放、百家争鸣、议论纷纷、各抒己见……这种景象的实质是什么?它和大一统,老讲唯一,和思想专制,实质上是不一样的。大家进一步想想:"答案是丰富多彩的"这现象的实质是什么?

(板书:是什么)

生:创新。

师:还有什么词?

(生小声议论)

师:从本质的角度看,大家能够议论纷纷、各抒己见,这是什么?这是一种民主,是对个性的肯定,是对独立思考的一种提倡。要是不允许有个性，还有议论纷纷吗？要是不允许独立思考，那还有百家争鸣吗？承认个性，提倡独立思考，就是一种民主。所以，看问题一定要看到实质。"答案是丰富多彩的"实质是什么？实质是提倡个性，提倡独立思考。审题不能使思路打开，不能从现象到本质认识问题，那么审题就不到位。得认识到这一步，所谓答案是丰富多彩的，实质上是讲民主的精神、民主的氛围，是人人都能够有个性，人人都能够独立思考。认识不到这一步，这审题就差点儿。

写文章要有创见，见解要深刻，审题不到这一步，就不可能深刻。认识上到位。这是一步，答案是丰富多彩的，它的景象是什么？它的实质是什么？还需要进一步想，还需要问一个问题：为什么答案是丰富多彩的？谁来分析？（板书：为什么）

生：我觉得材料里面说了，看问题的角度，对问题的理解，解决问题的方法，站在不同角度，用不同的方式去理解，都会有不同的答案。

师：这是从哪个角度说的？还是从主观的角度看的。其实，客观世界也是丰富多彩的。正是因为客观世界本身是丰富多彩的，才为我们答案的丰富多彩提供了一种客观依据。不然，就是都成了主观的了，成了主观随意性了。咱们讲哲学不是先讲唯物嘛，思考问题就得从这思考。答案为什么是丰富多彩的呢？先从客观世界思考。佛家有个说法，把这个世界叫大千世界。什么叫大千世界？这可大了去了，我们一般人所认为的、所承认的客观世界是一个世界，比这个大一千倍的叫小千世界，小千世界的一千倍的叫作中千世界，中千世界一千倍才是大千世界。佛经对这个世界的认识还是很到位的，实际上就是认识到宇宙的无限大。这是说其大，当然世界本身很是丰富了。从一个角度说，人也是客观存在的，但是人和人很不一样，从客观的角度讲，每个人都是特殊的存在。有很多词就是说这个"不一样"。同学们能说出一些词吗？比如说人和人不一样：男女老幼不一样，中国人和外国人不一样，这当然都是不一样。还有什么词可以说？

生：三教九流、三六九等。

师：还有五行八作、七十二行。都作为客观事物，人和人都不一样，有这么多不一样，回来思考这个问题。客观世界是大千世界，有什么词可以描述它的丰富多彩？

生：五湖四海、千山万水……

师：五湖四海、四面八方、万水千山……多得很啊。这是从空间的角度看的，还有时间的因素。大家知道，这个世界在同一时间内，可以有不同空间的差别；同一空间，也可能有不同时间的差别。其实，古人有很多诗词，同一时间不同空间、同一空间不同时间，造成事物本身的变化、差别。能想到这样的诗词吗？

生："横看成岭侧成峰，远近高低各不同。"

师：你这是从人的看世界的角度。还能想出来吗？咱们上语文课稍微雅一点儿，说点成语、说点诗词。比如，"东边日出西边雨"，下边是什么？

生："道是无晴却有晴"。

师：同一时间，不同空间。白居易去逛庐山，他突然发现，那时候已经是农历四月份，山外的花已经开败了，发现山里的桃花刚开始开。于是他有所感悟,写了一句什么呢?

生:"人间四月芳菲尽,山寺桃花始盛开。"

师:仅仅因为时间的变化,事物也有不同。从长远来看,从历史上来讲,大家学过刘禹锡的《乌衣巷》,感慨历史的沧桑变化,什么样的句子?

生:"旧时王谢堂前燕,飞入寻常百姓家。"

师:这还都是长时间的变化,短时间也可以变化。李白的《将进酒》怎么说的?"高堂明镜悲白发",下一句怎么说的?

生:"朝如青丝暮成雪"。

师:所以世界本身不但是多种多样的,而且还是千变万化的。当然,答案为什么会是丰富多彩的,也有主观的方面,刚才同学已经说到了——角度不同,刚才同学说到苏轼,苏轼看庐山:"横看成岭侧成峰,远近高低各不同"。同一个事物,人站在不同的角度看它就不一样。还有类似这样的句子吗?韩愈写的"天街小雨润如酥",下边呢?

生:"草色遥看近却无"。

师:也是角度啊。这都是因为人的因素。客观事物就那样,因为人站在不同的角度,距离远近一变就变化了。当然,人还是有感情的。比如看一棵树,今儿你一高兴,看树不一样;明儿你考砸了,看树又不一样。类似于这样的诗有吧?比如同样是看花。大家都知道,孟郊考进士考中了,高兴,写诗,"春风得意马蹄疾",下边怎么说?

生:"一日看尽长安花"。

师:杜甫也在长安。他说什么?

生："感时花溅泪，恨别鸟惊心。"

师：感情不一样，看事物就不一样。说这个花美不美，他们两个答案不一样。类似这样的事很多。此外，人看待事物是有标准的，标准不同，答案也不同。（随手拿起一塑料棒）这个有一尺长，长还是不长？

（生笑）

师：答案肯定是不一样的。有一句话怎么说来的？

生：尺有所短，寸有所长。

师：为什么呢？标准不一样。我要拿这个尺子去量喜马拉雅山，这个东西太短了；而用纳米技术来衡量，这个又太长了，所以答案无法一样。为什么答案会是丰富多彩的，它有客观的因素，也有主观的因素。

这个问题还没有想完呢。说到主观因素，还可以想。大家是喜欢答案的丰富多彩，还是不喜欢？大家是喜欢唯一，还是喜欢多彩？

生：唯一。（一生说，其他生笑）

师：我看喜欢"唯一"的同学，脑筋有点不一样了。大家笑，说明咱们一般还是喜欢丰富。那么怎么样才能保证答案是丰富多彩的呢？这可是个大问题。（板书：怎么办）当然，有些问题答案就是唯一的。而本来应该是丰富多彩的地方，得具备什么条件才能保证丰富多彩。你们说怎么办？（叫某生名字）你有什么见解？

生：我觉得，要保证答案的丰富多彩，在大的方面说，要有一种民主的条件；然后从主观上来说，个人应该有创造性。

师：他是从两个角度说的。应该有民主，民主的制度、民主的氛围、民主的条件，才可能保证应该是丰富多彩的就能够丰富多彩。这条重不重要？很重要。首先从客观角度说。其实，咱们语言有很多地方是描绘、形容客观条件的，像民主性、开放性。有这样的词吗？各抒己见。

（生议论）

师：刚才说这个民主的氛围、民主的客观条件。有一句很著名的话，我觉得搁在这儿特别合适，我想到这么一句："海阔凭鱼跃，天高任鸟飞。"为什么这句话合适？用来形容民主的条件，里面有两个字太重要了——

生：凭——任——

师：是啊，"凭"和"任"。"凭"和"任"就是民主。海阔天空，那是客观存在，但是能不能"凭鱼跃""任鸟飞"，这可就得看其他条件了。民主不是自然生成的，需要人去创造，当然，也需要人们去争取。去创造和去争取这样的条件，有什么不同？创造针对什么人？争取又是针对什么人？

生：我觉得很简单。针对您来说，就是创造这种条件；针对我们来说，就是争取。对您来说，你应该给我们创造这种条件，对我们来说，我们要争取这样的条件。

师：他说得对不对？基本精神是对的。处在不同的地位，作为领导者——我不是领导者，咱们不是领导与被领导的关系。作为领导者，要给群众创造民主；作为群众要去争取。咱们研究的是怎么办的问题，当然必须讲主观，主观上要有创造性、创造精神。创造性差，除了客观的因素，也有主观的问题。咱们作为青

441

年人，主观上也应该有一种自信。刚才说了，它的实质是民主、是个性、是独立思考，怎么才能有个性、能够独立思考，首先你得有一种精神的解放。一个精神奴隶永远不可能有创造性，永远不可能做到"答案是丰富多彩的"，甚至答案错了都跟着一起错。有时候可能我也讲错了，只有个别人会说老师你讲错了，那么多人怎么没言语呢。是照顾我面子，还是怎么样呢？我觉得应该都来指出，说老师你讲错了，那就好了。趋同、从众，是因为缺乏自信。这方面其实古人有很多非常精彩的话，比如李白就非常自信，像"天生我材必有用，千金散尽还复来"。还有什么？有时不得志，但决不灰心——

生："仰天大笑出门去，我辈岂是蓬蒿人。"

师：还有呢？"长风破浪会有时，直挂云帆济沧海"，充满了自信。有这种精神状态，才可能有创造性、独立性。要提出新的见解、新的答案、不同于别人的答案，那不是轻而易举的。要刻苦、要努力研究，去追求。古人讲做学问不怕艰苦也有很多有名的句子。王国维曾经摘取过几句古人的诗，专门讲做学问要追求，还记得吗？

生："昨夜西风凋碧树，独上高楼，望尽天涯路。"

师：登高望远。还有什么？

生："衣带渐宽终不悔，为伊消得人憔悴。"

师：得有这种精神。当然除了要有这种精神，还要有一种登高望远的作为。一个人境界、眼界很狭小是不行的。得能站得高，放得开，才可能达到创造的境界。讲主观努力，也有很多诗词，很多句子。站得高一些，看得远一些，如"欲穷千里目……"

生:"更上一层楼"。

师:还有吗?

生:"会当凌绝顶,一览众山小。"

师:还有吗?

生:"脚著谢公屐,身登青云梯。"

师:"孔子登东山而小鲁……"

生:"登泰山而小天下"。

师:有这种不懈的追求,很重要。怎么才能做到答案是丰富多彩的?可以写什么呢?经过这样一番研究再写文章,就有很多可选的内容了,我们的思路开阔了。有"是什么""为什么""怎么样",种种的内容可供我们来选择。那么到底写什么呢?(板书:现实性——我要写)

到了这儿,有这么丰富的内容可以写,有的同学可能反而迷惑了:写什么呀?无从下笔啊!或者干脆什么都说,凑够字数为止。这当然不行。所以审题必须要得有第三步,即现实性。就是一种现实性的选择。这个题目规定必须写什么,这个题目又可以写什么,但是到了我这儿了,我得写什么。我写什么、我怎么写,这就是现实性。我要写什么、我怎么写,根据什么来确定呢?过去白居易曾经说非常著名的话"文章合为时而著……"

生:"歌诗合为事而作"。

师:为时为事的思想,是我们必须遵循的原则,我们中学生写文章也要有这种观点。我们中学生为什么写文章?不能说老师让我写,考试让我写,那不行。虽然确实是要考试,但是既然你要写，就要有一个社会的功利意义。不是为文章而文章，是为现实而文章。所以要讲针对什么人，针对什么问题去写。意思是你现在为什么要讲"答案是丰富多彩的"这个观点呢？你为什么要提倡这样一种东西？为什么要讲这种道理？你既然要讲它，那就是有针对性的。

比如说，有些人经常有一种专制倾向，不允许有不同的意见。针对这种人的这种思想，来讲"答案是丰富多彩的"，那就要从可写的范围内选择针对这种人、这种问题需要的内容去写。当然，还可以有种种其他的针对对象，还有其他的有碍于"答案是丰富多彩的"的问题。同学们可以填写一个表格，分三栏：角度、对象、问题。第一，什么对象？大家回去可以多画几格，可以针对不同的人来讲有专制倾向的问题。还有什么问题？刚才咱们研究了，论述时得写长文，都得回答这些问题；写一篇短文，未必要回答这些，选择一个重点，讲明白怎么办才能保证"答案是丰富多彩的"，或者讲为什么得允许答案是丰富多彩的。角度很多。完成了这个表，就完成了这篇文章的立意。到此为止，就完成了从审题到立意的过程。

下课。

附：作文原题

阅读下面的材料，根据要求作文。（60分）

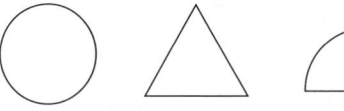

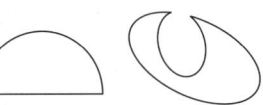

在一次鼓励创新的报告会上，有位学者出了一道题：四个图形符号中，哪一个与其他三个类型不同？有人说圆形，因为圆形是唯一没有角的图形；也有人说三角形，它是唯一由直线构成的；又有人说半圆形也正确，它是唯一由直线和曲线组成的；最后有人说，第四个图形也可以，因为它是唯一非对称性的图形。看来，由于标准和角度的不同，这四个图形都可以作为正确答案。

的确，世界是千变万化的，疑问是层出不穷的，答案是丰富多彩的。在生活中，看问题的角度、对问题的理解、解决问题的方法以及问题的答案不止一个的事例很多。你有这样的经历、体验、见闻和认识吗？

请以"答案是丰富多彩的"为话题写一篇文章。

[注意]

①这个话题的范围是很宽泛的，只要与学者的这道题引发的思想感受有关，都符合要求。

②文体不限。可以记叙经历，编述故事，抒发感情，发表议论，展开想象，等等。

③题目自拟。

④不少于800字。

疏导与激励：李清照《声声慢》课例及点评[*]

在课堂教学上，我主张"五子方针"：选例子、指路子、做样子、给场子、挂牌子。"五子"之中，除选例子一项外，其余四项都与课堂评价有关。

评价的作用主要是疏导与激励。

疏导，是教师的"训"，一方面要指路子，一方面要做样子。指路子就是揭示规律，包括文本的规律和思维的规律。而这种揭示又不能是执教者自说自话，而是在学生阅读思考的过程中，交流互动，因势利导。这种互动、利导主要是通过教师的评价性话语实现。所谓做样子，就是教师做"示范动作"。你告诉学生这样想就能想明白，这样读就能理解准确，那你就展示一下想和读的具体过程。当然，这一项工作也必须是在学生进入学习过程后进行，也必须结合对学习者的评价来进行。

所谓"给场子"，就是给学习者自我练习、探究的机会。这里的探究是以教师指引的道路为方向的，而不是随心所欲、胡

---

[*] 本文原载《中学语文教学》2014年第11期，略有修订。

思乱想的。教师的评价贯穿学习的全过程,而评价的重要任务是"挂牌子"。评价,固然要指出缺点、不足,不能模糊是非,不能迁就谬误;但更重要的是表扬、激励,也就是要多"挂金牌""挂银牌"。这是激发学生学习积极性(兴趣)的重要一环。这里有教育学原理,也有心理学原理。至于有的人为了调动学生的学习兴趣,搞一些庸俗的表演,不仅污染了学生的心眼,也贬损了自己的形象,实实不足为训。

咬文嚼字,达理通情
——研读李清照《声声慢》教学实录

执教:北京二中 何文刚

师:同学们好!今天咱们的学习任务是研读李清照的一首词——《声声慢》。对于李清照,同学们该不会陌生吧?

生:李清照,老相识,老朋友了!

师:这位同学看来很了解李清照。很好!那请你帮助大家一起回忆一下李清照的生平,可以吗?

(生介绍)

师:这位同学自称是李清照的老朋友,还真不是自夸!李清照的前半生虽也有不幸,但她的后半生既遇国家破亡之难,又遭亲人早逝之痛,一个女子,在那样的社会里,无依无靠,风风雨雨,颠沛流离,尝尽人间之苦。这样的遭遇必然反映到她的创作中。正像刚才那位同学所说,她的词风有了很大的变化。是怎样的变化呢?

生：她早期的作品生动活泼。

师：生动活泼，这个概括有点意思。能举个例子吗？

生（众）："尝记溪亭日暮，沉醉不知归路……"

师：这应该是她抒写少女时代生活片段的一首词。除了同学说的"生动活泼"，这首词在语言风格上的特点可以怎么概括？

生：不用典故，有一种自然的情趣，没有阅读障碍，像白话诗。

师：说得真到位！明白如话，自然天成，这正是李清照词的风格特点。李清照的词被称为"易安体"，特点就在于此。好，这是说的她早期的词。不是说词风变化吗？后期呢？晚期呢？谁来给大家说说？

生：后来，语言风格没有变化，是内容、情调发生了变化。经历了国家之难、家庭之难，她晚期的词总有一种凄凉寂寞的味道……

师：凄凉寂寞，悲哀痛苦，能举例吗？

生："寻寻觅觅，冷冷清清……"

（众笑）

师（笑）：这位同学说自己是李清照的老朋友，再一次得到证明！看来不止一个人读过这首《声声慢》。那好，我们就来研读一下这首词。这可是李清照的代表作啊，读过了，不一定都读通了。还是请大家先参考注解，自读一遍。有疑问处一会儿提出来讨论。

（众自读，师指一生朗读）

师：读音有不准确的地方吗？没有。好，读得字字准确。大家又读过了一遍，假如要找这首词中最重要的一句话，是哪一句呢？

生（众）："这次第，怎一个愁字了得！"

师：为什么是这一句？

生（众）：概括句，卒章显志，画龙点睛……

师：好，找得不错，解释得也不错。不是一个"愁"字能概括得了的，就是说还有更复杂、更深沉的情感在，都有哪些情感呢？我们不妨从头读来。先读第一句。

（生齐读）

师：连下14个叠字，这一句历来被人称赞、欣赏。它好在哪里呢？

生：教材后面附了唐圭璋先生的分析，说得很到位。我来念念吧？

师：好啊！自告奋勇。请大家注意听，不要辜负了这位同学的劳动，更不要辜负了唐先生的高明见解。

（生读）

师：读得不错！请问，词人在寻觅什么呀？

生：根据她的生平遭遇，这首词该是她的丈夫去世之后写的，寻觅的该是自己的亲人——丈夫。

生：据我所知，李清照在逃难时带着大量的文物，包括书籍，她丈夫是著名的金石家。在颠沛流离的过程中，有大量的文物被盗、遗失，所以她寻觅的对象应包括心爱的文物。

师：补充得好。知人论世，根据作者的遭遇理解她的作品，思路好。可以这样解读吧？寻人人不在，寻物物已失，心中无定，如有所失；房栊寂静，空床无人；孤独苦况，愈难为怀——总言心情之悲伤！请大家再细细品读一下，要感觉其中的节奏韵律，节奏韵律中的情感。

（生自读，师范读）

师：我问一句，这"寻寻觅觅"的行为，一般发生在一天的什么时候？早晨刚刚起来的时候？还是一天过去了，到晚上的时候？

生：没想过这样的问题。不过，词的后面说是"三杯两盏淡酒，怎敌他晚来风急"，应该是晚上吧。

师：他根据文本本身的信息做出判断，是一种注意上下文联系的思路，这种思路应该说非常正确，值得发扬。不过，我给大家介绍一下不同的版本，比如这本（展示《叶嘉莹主编的《李清照词新释集评》），就是"晓来风急"。

生：这样看，还是"晓来"更合情理。都过了一天了，到晚上了，都找过看过，找不到也该认了，接受了，还寻觅什么呀？

师：又是一种理解。

生：词的后面还说"到黄昏，点点滴滴"，看来还是"晓"字更合理。如果一开始就是"晚"，还怎么能说"到黄昏"呢？

师：这位同学也是联系上下文的方法，好。我也倾向于用"晓"字。梁启超先生曾有过一段批语（屏幕映示）："这首词写从早到晚一天的实感。那种茕独凄惶的景况，非本人不能领略，所以一字一泪，都是咬着牙根咽下。"

生：那教材为什么用"晚"字？

生（众）：本本不同，传抄错误……

师：这位同学的质问不是没有道理，教材就那么写的。教材是很多专家一起编写的，难道还会错吗？不过，专家确实也会犯错误。应该是传抄错误吧。据说是明代一个叫杨慎的人造成的。看来还是不够慎重啊。有兴趣的同学还可以再去探究。我们再往下读这首词。请同学读下面两句，并说说自己的理解。

生："乍暖还寒时候，最难将息。三杯两盏淡酒，怎敌他晓来（犹豫）风急。"

师：就读成"晓"好了。如果说第一句是总写心情的悲苦，接下来就是具体的展开了。第一句我们不妨概括为"寻觅无果，凄惨忧伤"（板书）。这两句可以怎么概括？也用八个字吧！大家研究一下，再起来发表意见。

生：乍暖还寒，淡酒无用。

生（笑）："淡酒无用"不够意思，改为"淡酒风急"。

生：乍暖还寒，风急酒淡。（师板书）

师：把"淡酒风急"改为"风急酒淡"。好！好在哪里？

生（众）：对称了……

生：一是把"淡酒"改为"酒淡"，是主谓结构，正好与"风急"相对；二是先说"风急"，再说"酒淡"，转折的意思强烈。风急，就冷啊，得喝点高度酒才暖和，可是喝的是淡酒，不能抵御风寒。外面冷，也正是心里冷。

师：分析得太到位啦！谁说学习语法没用？主谓结构啊，转折关系啊，不都是语法吗？好，这是经验，值得大家记取。他最后的一句分析也好：外面冷，也正是心里冷！

生：那为什么只喝淡酒，不喝烈性酒？

师（生沉默片刻后）：问得好！这位同学发现了很有价值的问题。这里有一点常识需要介绍一下：古人常常晚上喝酒至于沉醉——李清照大概也如此借酒消愁吧——早晨起来喝一点淡酒，起"解酲"的作用，就是现在说的"解酒"，所以不能再喝烈性酒了。淡酒难以抵御急风，心里冷，连体肤之苦都无法解除。再往下读。

生："雁过也，正伤心，却是旧时相识。"正伤心的时候，又有鸿雁飞过，就更伤心了。

师：就更伤心了，说得不错。为什么呢？

生：鸿雁传书啊！这次没有书信传来，自己有信也无处投送了，所以伤心。

生：过去传过书信吗？我觉得这是说，时节又到秋天了，一年又快过去了，感叹年华流逝。

师：有道理。南宋词人朱敦儒说："年年看塞雁，一十四番回。"

生：词人特别强调是"旧时相识"，有今昔对比的意思：鸿雁的日子和旧时一样，自由地南来北往，自己却失去故国，失去亲人，人不如雁的感慨。

师：精彩！分析得太精彩了！还有什么见解？鸿雁是古诗词中常见的意象，大家完全可以有不同的解读，集思广益，理解得更深入。我们也用八个字概括这句的内容。（板书：窗前闻雁，惊心失落）上片结束，解读下片。请读第一句。

生："满地黄花堆积，憔悴损，如今有谁堪摘？"

师：损，是个副词，表示程度的严重，要注意。那么这"憔悴"的是人还是花？

生：是花吧？花都枯萎了，没什么可摘的了。

师：看来底气不足啊。请好好想想，大胆说出自己的意见。

生：我也认为是说花，满地堆积了，花都枯萎成一堆了。

师：根据"堆积"的说法，判断是花的憔悴。思路有道理。不过，堆积，不一定是枯萎。形容花草树木的茂盛葱茏，也可以说"堆积"。杜牧《过华清宫》诗："长安回望绣成堆，山顶千门次第开。"范仲淹《苏幕遮》词："杨柳堆烟，帘幕无重数。"仲殊《定风波》："南徐好，溪上百花堆。"等等。不要受"堆积"一词的束缚。

生：那就是指人吧。

师：要说出根据。想想这花是什么花？这种花什么时候凋谢枯萎？

生：我知道了。这里说的是黄花，就是菊花。菊花耐寒，这时候还没到凋谢的时候。

生：乍暖还寒，是刚入秋的时节。

生：后面有一个有力的证据，说"梧桐更兼细雨，到黄昏点点滴滴"，梧桐叶子还没凋落呢，菊花是不会枯萎的。

师：很聪明啊！那就是说，这"憔悴"的是人，是词人自己。那这一句用白话表达该怎么说呢？

生：满地的黄花开得正繁盛，可是我已经憔悴不堪，哪有什么心情去摘花呀？

生：女为悦己者容，丈夫不在了，就没心情打扮了。

师：应该是这样。堪，可以，能够，谁还能够去摘花呢？连摘花簪戴的心情都没有了，懒得动弹了，人憔悴了，也自甘憔悴了。形容一下这样的心情？（下略）

板书：

寻觅无果，凄惨忧伤
乍暖还寒，风急酒淡
窗前闻雁，惊心失落　〉怎一个愁字了得？
憔悴不堪，无心簪花
梧桐细雨，独守天黑

在这节课上，执教者很好地运用了评价这一工具，达到了疏导与激励的目的。疏导与激励，在评价的话语中往往是结合在一起的。不过，为了目标集中，我们还是分别加以分析。

疏导的作用，不仅仅是保障课堂顺利进行，更重要的是把学习者引导到科学的思路上去，让他们认识文本的规律，并符合规律地进行阅读思考。我们看两个片段。

第一个片段，是在学生认定"寻寻觅觅"是发生在"晚上"的行为并以词中"晚来风急"为根据后，教师虽然不赞成其结论，但仍然肯定地说："他根据文本本身的信息做出判断，是一种注意上下文联系的思路，这种思路应该说非常正确，值得发扬。"在学生根据"到黄昏"句得出用"晓"字更为合理的结论后，教师又立即肯定："这位同学也是联系上下文的方法，好。"这样的评价，都重在思路的引导，其价值超越了对具体问题的研讨，具有普适的意义。

第二个片段，是教师引导学生概括文意。这是训练规范表达。教师先以上句为例给出"寻觅无果，凄惨忧伤"八个字，这实际是在"做样子"，下面就要学生"仿做"了。在学生最终探究出"乍暖还寒，风急酒淡"八个字并说出其好处之后，教师因势利导，强调语言分析的方法，强调学习语法的作用，说"这是经验，值得大家记取"。

至于激励，在整个教学过程中，教师的评价都在"挂金牌""挂银牌"。在学生发言正确、精彩时，教师自然是不吝表扬："这位同学自称是李清照的老朋友，还真不是自夸！""这位同学说自己是李清照的老朋友，再一次得到证明！""分析得太到位啦！""精彩！分析得太精彩了！"在学生的发言不那么准确、正确时，甚至在有的学生"较劲"时，教师也不完全加以否定，更不以"权威"之势压制，而是肯定其中的合理部分，并启发、引导其继续思考。在讨论"晚"与"晓"的问题时，有一个学生不服气，追问"那教材为什么用'晚'字"。看来教师是有所准备的，他先肯定"这位同学的质问不是没有道理"，还给这位同学把道理讲出来、为他辩护，"教材就那么写的"，然后再一转，进行疏导："不过，专家确实也会犯错误"。这就较好地保护了质疑者的自尊心和积极性。

课堂评价，是教学的科学，也是教学的艺术，是科学与艺术的统一，是每一位忠于职守的教师不可或缺的基本功。对这种基本功的要求有以下五个方面。

树立正确的价值观。我们上一节课，总要想清楚其价值何在；而具体价值的确认受制于一个人的总价值观。语文教学最根本的价值是让学生"自能读书,自能作文",也就是让学生形成理解与运用祖国语言的能力,获得语文智慧。明于此,则在评价中如何疏导,如何激励,就有了正确的方向。当学生在《背影》中"发现""父亲违背交通规则",读《孔乙己》而"嫌弃""主人公不讲卫生"时,也就不会像发现新大陆一样"惊喜"并予以赞叹了。

保持真诚的心态。评价,我们强调以肯定、激励为主;而这种肯定、激励必须是真诚的、由衷的,而不是勉强的、做作的。这跟教师的学生观有关。学生就是学生,是"孩子",他们走进课堂就是来学习的,如果他们都"会了",还到学校干吗?所以,学生提出任何问题都是正当合理的,都是应该肯定的,就是所谓课堂上"没有愚蠢的问题"。另一方面,学生在进入探究、思考的学习过程之后,总会有自己的"发现",哪怕是细微的发现也是极有价值而应该予以肯定的。不能希望学生都绝顶聪明,都一通百通,期望过高必然失望。如果在你的眼里学生太"笨"太"懒",甚至存心"捣蛋",你还肯于表扬他吗?还能由衷地表扬他吗?如果把学生对"教材为什么用'晚'字"的追问看作是有意"捣蛋",教师很可能"火冒三丈",就不会有执教者那样诚意的肯定与耐心的疏导。

把握好"金牌"的分量。肯定,表扬,要有分寸,失去分寸很可能变味儿,变成讽刺。有一次听课,教师问学生:"这是什么修辞手法?"一个学生大声地回答:"比喻!"教师表扬道:"真了不起!一眼就能看出是比喻!"结果引出了一片笑声,答问的学生的脸也涨得通红。表扬过度,太廉价,难免事与愿违。

本课的执教者在分寸的把握上就很有功夫。

在学生说李清照"早期的作品生动活泼"时，教师的评价是"这个概括有点意思"，这是在肯定中有所保留。在学生朗读作品后，教师说的是"好，读得字字准确"，只肯定字音准确，对其他方面不予涉及，也是有所保留的态度。而当学生表现出某种思维的科学性、表达的准确性时，教师的表扬就升级了："太到位了！""太精彩了！"这些话语，都不是随便用的，斤斤两两，是要掂量好的。

评价要及时而具体。在课堂上的评价似乎没有什么"及时""不及时"的问题。如果把时空拓展一下，问题就来了。有的老师不能及时处理学生的作业（特别是作文），收到作业后，拖至几天甚至几周才发还给学生。不管你做怎样的评价，其价值都会大打折扣，因为学生已经失去对评价的期待，甚至都把作业的事忘记了。评价要及时，要趁热打铁，这还只是时效方面的要求；从评价的质量上说，必须讲究具体。单单写"结构完整，语言通顺"，单单批为"好""优"，甚至大笔一挥只写一个"阅"字，都是没有具体性的表现。本课例的评价就有具体化的特点，比如教师对回忆李清照生平的学生的评价，对指出"寻觅"对象也应包括"物"的同学的评价，等等。至于作文的批改评价，古人批注古诗文的方法，大可借鉴。

化语法知识为读书能力：李清照《醉花阴》课例及点评[*]

毫无疑问，语法知识是"知识"。知识是什么？真正的知识，是人类对客观事物的科学认知——对事物本质的把握，对客观规律的揭示。它既是人类智慧的结晶，又是引导人类智慧的明灯。培根的一句名言曾风靡神州大地：知识就是力量！当然，静态的知识本身只是潜在的力量，它作为力量的本色要在"运用"中才能显现出来。正如阿拉伯谚语所说："无论你有多少知识，假如不用便是一无所知。"这话就应在汉语语法知识的头上了。

汉语语法知识，从词类，到词、词组，再到单句、复句，以至句群，是几代学人辛辛苦苦探索才得到的关于汉语的规律性认知，它对学习和运用汉语的人无疑具有指导作用。但不知从几何时，刮起了"淡化语法"之风。此风之起，盖缘于"无用"。既是科学的知识，怎么会无用呢？其实，不是知识本身无用，而是学了这些知识的人没有用之的意识，或者是用而不得其法。藏金

---

[*] 本文原载《中学语文教学》2015年第4期，略有修订。

于室而甘于冻饿，是不能说黄金无用的。

语法知识，不仅有助于写作，在阅读中也常常会显示为一种力量——阅读现代文如此，在古诗文的解读中此种力量尤为重要。要理解古文中所谓词类活用、成分倒装之类的语言现象固然需要语法知识；要正确解读古诗词，语法知识、语法意识更不可少。现在教读古诗词的，虽号称"鉴赏"，实际大多停留在读读背背的阶段，囫囵吞枣，似懂非懂，仅以能应付考试为目标。而这种做法与语文教学的宗旨是相违背的。语文教学，其核心价值是使学习者自能读书、自能作文。教读古诗文，主要是为了让他们自能读古诗文。所谓"鉴赏"，是以"分析"为前提的，其中就包含着语法分析。翻翻各种诗词选本、鉴赏辞典，因为缺乏语法意识、不能对语句做正确的语法分析而误读的现象，比比皆是。这种解读能力的缺陷从反面提醒我们：语法知识有用，运用语法帮助阅读，语法知识就会显示为一种力量；作为读书人，就表现为一种读书能力。

训之以道，举一反三
——研读李清照词《醉花阴》教学实录
执教：首都经贸大学附中　梁群霞

师：同学们好！我们刚刚读过了李清照的《声声慢》。现在我们再来学习一篇她的《醉花阴》，这也是她的代表作之一。阅读文学作品，常常要参照有关的背景，就是"以事解文"。对于李清照生平的总体情况，大家已有所了解。具体到这篇《醉花阴》，她早期的作品。李清照18岁嫁给赵明诚为妻，一度生活很美满。大家知道，她的父亲、公公都在朝为官；而那时朝廷上的"党争"——政治派别之间的斗争——十分激烈。新婚不久，李清照的父亲被指为"奸党"，她受到株连，不得居京而回归原籍，被迫开始了夫妻离居的生活。也可以说是一股政治的寒风吹散了这一对恩爱夫妻。这首词，就是在离居的日子里写给自己的夫君赵明诚的。好，现在请大家参看教材注解，自己读读这首词。（板书：新婚——党争——奸党——离居）

（生各自读书，教师巡视解疑）

师：（范读后，再请一生朗读）读得不错。李清照的作品文字平易，有几处生疏一点的事物，什么"瑞脑"啊"纱橱"啊，都有注解。字面容易看懂，而要理解得真切，还得下一番功夫。我们已经读了几遍，如果用一个字来概括这首词所抒发的情感，或者说这首词的情感基调，是哪一个字？

生："愁"字，这是最重要的情态语，第一句就明确地说出来了。

生：后面还有"销魂"呢——

生（众）：两个字了！

师：这位同学的眼光并不错。我说"字"，大家都理解为一个单音的文字，这没问题。不过，"字"，还可以指"字眼"，就是"词"。从这个意义上说，这位同学举出"销魂"一词，也有道理。不错。我再问一个问题。文学作品叙事抒情总要选取典型，典型的时间，典型的环境，典型的事物，等等。这首词写的是一个什么样的日子呢？

生（众）：重阳节——时空指示语。每逢佳节倍思亲！

师：具体点？

生：写了重阳节一整天的生活和感受。

师：好。一整天的生活和感受。何以见得？

生：第一句就点出"永昼"，是大白天；又说"半夜凉初透"，就到半夜了，所以是一整天。重阳节，是一个团圆的节日，亲朋聚会，登高，饮酒，簪花，尽享亲朋之乐。而李清照却过着亲人离散的日子，孤独，愁苦，所以"倍思亲"啊！

生：还有"黄昏后"呢！东篱把酒，这是诗人这一天生活中重要的一幕。

师：好，大家说得很好。通过几个关键性词语——情态语，时空指示语，我们把握了这首词的情感基调和大体内容。这还只是一个粗略的了解。要想更真切地解读，还得字字句句慢慢品味。我们看第一句，大家读读看。

（生读）

师："薄雾浓云"几个字告诉了我们什么呢？要注意从"物象"中体会情感，就是我们常说的"以情解文"。

生：天气不好，阴沉沉的。

生：在阴沉的天气里，人的心情也往往受到影响，感到压抑。

生：连天气都"愁永昼"啊！人就更愁了！

生：到底是谁"愁"啊？是天气吗？

（众生一时莫名）

师：我们遇到了一个问题，实际是一个语法问题。汉语约定俗成的基本句法结构是什么样的？

生：主谓宾——

师：（板书）这可以说是句子主干，还有什么成分？（众答）对，还有定语、状语、补语。（板书：〔定语〕主语——〔状语〕谓语——〔定语〕〔补语〕宾语）

师：这样，我们再造一个句子，比较一下，看看有什么不同。（板书：深闺少妇愁永昼）这与"薄雾浓云愁永昼"在句法上一样吗？

生：哦，这一句是主谓宾结构，"深闺少妇"是句子的主语，是她在"愁永昼"。词里的这句呢，应该是"诗人"在薄雾浓云的天气里"愁永昼"。

师：那么，"在薄雾浓云的天气里"，这个语言单位在句子里做什么成分？

生：应该叫状语！

师：好！状语！我们再复习一下。（投影：状语是谓语里的一个附加成分，它附加在谓语中心语的前面，从时间、处所、方式、条件、对象、肯定、否定、范围和程度等方面对谓语中心进行修饰或限制。）因为主语、状语都处在谓语之前，有时会发生误读。在古诗词中，这种现象是常见的。我们不妨看几个例子（投影），看看是主语还是状语？

王维《积雨辋川庄作》："漠漠水田飞白鹭，阴阴夏木啭黄鹂。"

秦观《鹊桥仙》："金风玉露一相逢，便胜却、人间无数。"

杜甫《咏怀古迹》五首其三："群山万壑赴荆门，生长明妃尚有村。"

姜夔《暗香》："翠尊易泣，红萼无言耿相忆。"

化语法知识为读书能力：李清照《醉花阴》课例及点评

师：这些句子加着重号的词语，都有是状语还是主语的问题，有的比较好辨析，有的就容易误读。杜甫"群山万壑"一句，一般就讲成"群山万壑奔赴荆门"，其实根本没有这样的地理形势；这应该是说杜甫自己"越过了群山万壑奔赴荆门"，主语是诗人自己。姜夔的两句，就有人把"红萼"讲成主语，还说是拟人。其实，"翠尊"是状语，是说面对"翠尊"；"红萼"也是状语，是面对"红萼"。大家以后读诗词，在这样的地方要留意。

看下一句："瑞脑销金兽"。我们从"薄雾浓云"中读出了诗人的情感。从这一句中能体味到什么？

生：瑞脑香，在香炉里一点点地燃烧，一点点地变成灰烬，陨落，消逝，诗人看着这种情况，不仅是无聊，单调，恐怕还会有所联想，想到自己的青春、生命，不也像这香一样在消逝吗？

生：我有一点不明白，明明是"瑞脑销金兽"，看字面，主谓宾，应该是"瑞脑"把"金兽"给销熔了；可细想想，这样解释又不合情理。

师：又是一个语法问题。我们也造一个句子来比较一下（板书：烈火销金兽）。两句有区别吗？

生：既是"烈火"，肯定是把"金兽"给熔化了。可是"瑞脑"不可能熔化铜香炉啊。

生：就是说，"金兽"不是"瑞脑"的支配对象，它管不着那个"金兽"，不是宾语。

师：快说到点子上了。"烈火销金兽"是主谓宾结构，在这里，"金兽"是动词"销"涉及的对象，做宾语。而在"瑞脑销金兽"这个句子里，"金兽"不是"销"的对象，它只是补充说

463

明"瑞脑销"的所在、处所。大家说,这在句子成分中叫什么?

生:补语。

师:对,叫补语。(也有人站在现代汉语的立场上,说这叫"状语后置")这在古诗词的解读中也是常常发生错误的。看几个例子,是宾语还是补语(状语后置)?(投影):

王湾《次北固山下》:"海日生残夜,江春入旧年。"

祖咏《望蓟门》:"万里寒光生积雪,三边曙色动危旌。"

李白《秋登宣城谢朓北楼》:"人烟寒橘柚,秋色老梧桐。"

王维《过香积寺》:"泉声咽危石,日色冷青松。"

李煜的《相见欢》:"无言独上西楼,月如钩,寂寞梧桐,深院锁清秋。"

师:除第一句外,下面的都有误读。"动危旌"一句,应解为"三边曙色在危旌上闪动",有人却解释为"危旌在曙色中闪动"。"人烟寒橘柚",意思是"从橘柚可以感到人间的寒气",有人却解读为"人烟使橘柚带上了寒色"。"日色冷清松",意思是"阳光照在青松上都显出冷色",有人却解读为"日色使青松显出冷色",等等。

生:老师,有什么办法可以区别是宾语还是补语?

师:问得好!有一种大体可行的办法:首先要从事理上考虑——上面区分主语还是状语,其实也是从事理的角度发现问题的——看作宾语违背事理,就可以考虑是否是状语。再看看能否加一个介词,像"于""对""以"等,能加的就是补语。你们试试看!

生:"生残夜"是"生于残夜","动危旌"是"动于危旌",

"冷青松"是"冷于青松",都是相当于现在的"在"。

师:不错。要有一种意识,句法意识,可以减少误读。再看"佳节又重阳,玉枕纱橱,半夜凉初透"。这里没有语法的困惑,大家来品味一下。

生:诗人的物质条件还是不错的,前面说了"瑞脑""金兽",这里又说"玉枕纱橱",可见是富贵之家。但人生需要的不仅仅是物质享受,还有精神的需求。重阳佳节,人家在那里团圆聚会,她却孤零零一个人。"半夜凉初透",说明她辗转反侧,到半夜还没能入睡,受着相思的折磨。

生:那个"凉"字,不仅说客观的天气凉,凉气逼人,还意味着心里的凉,凄凉。

师:说得太好了!上片大体如此。在解读上片时,我们遇到的最大障碍是两处语法问题:主语还是状语,补语还是宾语。看看下片,有没有同样的句法?

生:有。"东篱把酒黄昏后","东篱"是"在东篱"的意思,不是主语,主语是诗人。

生:"帘卷西风",是"帘卷于西风","西风"不是宾语。

生:不过,这里加的"于"不能解释为"在"吧?

生:"于"还可以表示被动,这里是"被西风卷起"的意思。

师:举一反三,孺子可教也!往下看:"莫道不销魂",这"销魂"一词该怎么讲?从上片看,应该是与"愁"字相一致的。但还要再考察一番。请查词典。谁来读读词典的解释?

生:销魂,灵魂离开肉体,形容极度的悲伤、愁苦或极度的欢乐。

师：谢谢这位同学的介绍。那么，请思考一下，在这里，为什么一定不能讲成"极度欢乐"呢？东篱把酒，暗香盈袖，难道不是一种享受、一种欢乐吗？除了前面已经提到的因素，还有什么制约的因素？

生：后面还说"人比黄花瘦"。

师：这句话怎么讲？

生：人比黄花还要瘦，还要憔悴。人一瘦不就显得憔悴了嘛。

师：要从人变得憔悴这个角度来说，"销魂"确实不能讲成"欢乐"。这一点没有问题。但是，说"人比黄花还要憔悴"得有个前提，什么前提？

生（众）：花憔悴了。

师：这个时候，黄花憔悴了吗？我们常说要"以文解文"，文本中的各个要素之间是互相制约、互相阐发的。

生：（思考后）不能说黄花憔悴，因为是重阳节之际，应该是菊花盛开的季节。

生：刚说完"有暗香盈袖"啊！这也表明菊花没有凋零，没有憔悴。

师：说得太好了。那么这句话该怎么讲呢？注意这个"比"字，有的版本作"似"，说"人似黄花瘦"。其实，"比"字本身也有"似""像"这样的义项。

生：那还是"瘦"啊！

师：不错，是这样。不过，这里有个时空转化。东篱把酒，一般会以为是快乐的事，所以诗人赶紧解释："莫道不销魂"！黄花正盛，诗人也正当青春。但你看那卷帘的阵阵西风，将一日紧似一日，满地黄花终会在西风的摧折下憔悴、凋零。大家回顾一下我们开始时介绍的写作背景（回看板书"新婚——党争——奸党——离居"），有什么发现吗？

生：明白了，是说自己也在受着一股西风的摧折，就是朝廷党争给她带来的伤害。

师：正是如此。她在向自己的丈夫诉说：自己也会像黄花被自然界的西风摧折一样，被政治的西风摧折，一天天地变"瘦"，变憔悴。这是说将然的情况，不是说已然如此。这样说，自然是希望得到丈夫的理解和关爱。请大家在解读的基础上，再好好地读一遍。

（生读）

师：这一节课，我们研读李清照的《醉花阴》，读懂了这首词，还在以事解文、以情解文、以文解文方面有所体悟，特别是解决了两处语法问题，进一步认识到古诗词句法方面的一些特点，希望对以后的阅读有所帮助。下课！

这节课很好地贯彻了"举一反三，训之以道"的教学方针，不仅引导学生读懂"这一首"，而且着眼于使学生"自能读懂"更多的诗词。除了有意识地引导学生"以事解文""以文解文""以情解文"，训之以读书思路，还花相当大的功夫对词句进行语法分析，引导学生把语法知识"用起来"，让他们自觉地以语法知识助阅读，化知识为能力，显示了执教者的职业自觉。

我们之所以特地为此点赞，是因为这是语文教学的正道。学习古诗词，要不要分析，特别是语言分析？时下的风气对此是否定的。除了教学实践中"读读背背"的做法证明了这一点，还有所谓理论，就是"多读感悟论"。笔者前些年曾专门著文对此论进行抨击，提出"训练，是语文教学的良心"。所谓"训"，就是教师的指导；"练"就是学生的实践。教师训之以道，学生举一反三，这才是今日语文教学应遵循的道路。道，就是规律，就是人类已然获得的知识。就像几何定理、物理定律、化学方程式等，既然是已知的真理，在教学中自然不应该再让学生从实践中自己去"悟"，而应该指导学生运用这些知识去解决新的问题，甚至去获得新的知识。语法知识既然是对语言规律的揭示，教学中运用它去解决读写的问题，本是顺理成章的事，可偏偏要学生自己去"感悟"，这是什么道理？一些教材的注解、批注，也彰显着这种让学生自己"感悟"的方针。

就以李清照的这首《醉花阴》为例。这首词，人教版收在高中第四册，而京版收在初中第16册。人教版不给句解，京版有。对"薄雾浓云愁永昼"一句，其批注是："永昼：漫长的白天。此句表现了作者因思念丈夫而感到日长难挨的心境。"对"薄雾浓云"四字不予理会。对"瑞脑销金兽"一句的注解是："瑞脑：熏香名，又叫龙脑香。销：慢慢燃尽。金兽：兽形铜香炉。"每一个词都解释了，唯独不涉及句法结构。对"帘卷西风"的解释是："即西风卷起帘子。"明明是"帘卷西风"，怎么"即"西风卷起帘子呢？解释到此为止，其余的，自己去"感悟"吧！再看对"人比黄花瘦"的解读："黄花：菊花。因思念亲人而憔悴的女主人公比花瓣纤细的菊花还清瘦。瘦：拟人写法。"且不说"拟人"说法这样的低级错误，这个"瘦"字是褒义还是贬义？

在李清照词中，七用"瘦"字，五次言花，像"绿肥红瘦"等等，都是说花的减损、凋零，没有一处是含赞美之意的。说菊花瓣"纤细"，能和人的"憔悴"相比吗？要知道，这是重阳之际，菊花盛开之时，即使是"纤细"的菊花瓣，也应是清秀挺拔、充满生命力的，如果比之于人，该是赞美人的苗条或健美吧？再说，句中"黄花"该是指的花的整体，一朵朵，一丛丛，而不能单提出花瓣作比，这是情理之常。

"多读感悟"方针的弊端不仅危害学生，也早已在提倡者自己身上显露出来。因为缺乏必要的语法知识，或者缺乏语法分析的意识和能力，"误读"的现象比比皆是，教材里有，高考试题里有，各种诗词选本、"鉴赏辞典"也都有。梁老师的课堂实录中展示的一些例句已能说明问题。再比如王勃《送杜少府之任蜀川》"城阙辅三秦，风烟望五津"一联，出句都自觉不自觉地讲成"城阙辅（于）三秦"，是个被动句；而到对句，就变成"在风烟中遥望一下四川"了（北京版初中教材第13册《教学参考书》）。其实，这句与出句对偶，结构相同，应是"风烟望（于）五津"——风烟弥漫于五津。一句理解对了，接着一句就不明白了，这说明编辑者只是在"意会"，在跟着感觉走，而没有清晰的语法分析。这种"意会""感觉"，是一种朦胧状态，"感"对了是幸运，而错误在所难免。朱自清先生当年就强调青年人要养成"分析的态度"。他说："只有能分析的人，才能切实欣赏；欣赏是在透彻的了解里。""没有透彻的了解，就欣赏起来，那欣赏也许会驴唇不对马嘴，至多也只是模糊影响。"这种分析当然包括语法分析。梁老师在"分析"的路上迈开了脚步，给我们提供了一个借鉴。

看了前面的议论，所谓"处方"其实已在其中了。为了满足这个栏目，就再单提出几条来说说。

第一，解决知识问题。既说要以语法知识助阅读，化语法知识为读书能力，读书人具备必要的语法知识就是不可或缺的前提。日前有人问我关于语文教学改革的意见，我提的第一条就是恢复语法知识和逻辑知识的教学。由于"淡化语法教学"的影响，很多青年教师自己对汉语语法都一知半解，何以引导学生？所以，所谓"具备语法知识"，首先是执教者自己要具备，然后才说得到让学生具备。早年曾有过"文学""汉语"比肩而立的尝试，不幸无疾而终。现在想来，那个体制也并不完全合理。阅读教学，不能只讲文学，还应该有其他重要文体的文章；语法体系集中讲授，跟阅读教学、写作教学没有很好地结合，变得好像是没有实用价值的纯知识。吸取过去的经验教训，教材编写者有责任有义务编写出更符合教学需要的汉语语法教材。

第二，解决观念问题。认识"分析"的意义，认识语法知识在提高读书能力上的价值，增强以语法助阅读的自觉性，逐步养成好习惯。当下的语文教坛上，有囫囵混沌者，有照本宣科者，有天马行空者；有的地方，学校就是高考集中营，学生就是高考敢死队，语文教学也就只有"练"，没有"训"。形形色色，而且每一形色都有追捧者、效法者。我们只能呼吁，那些有"话语权"，特别是有"评价权"的人士，正本清源，拨乱反正，真正解决语文教学低效率的问题。

第三，解决操作问题。运用语法知识助阅读，不能一曝十寒，而要贯穿于教学的全过程，并在这个过程中坚持"五子方针"：选例子——在教材中选择最需要运用语法知识解决问题的地方作为训练点，也可以选一些因为不会"分析"而导致误读的反面材料，这可以起警示作用，而学生一旦解决了"专家"没有解决好的问题，就会获得极大的成功感；指路子——结合实例教给学生运用语法知识的具体方法；做样子——在学生仍然不能顺畅地进行思考、操作时，教师要做"示范动作"，具体展示思考问题的过程；给场子——让学生实践，在实践中体会，在实践中提高，逐步养成习惯；挂牌子——表扬，鼓励，这是教育心理学的常识，坚持做就好。

第四辑

汉字　语法　修辞

语文课，应该来点"说文解字"*

好多年前的事了。我跟一位高中生聊天，我问他："走马观花，这个成语是什么意思？"他答道："大略地看一眼，观察事物不认真不仔细吧！"我又问："'走马'是怎样的姿态？"他说："骑在马上，溜溜达达的。"我反问："既是要观花，溜溜达达地走，这花怎么还不能看得仔细一点呢？是心不在焉吗？"他一时无解。

其实，答案很简单，这里的"走"不是今日所谓的"行走"，而是"跑"。"走"字的原始造型就是这样：上面一人甩开双臂，下面再画一只脚，"跑步"之义很明显，这就是所谓"会意"，汉字"六书"之一。骑在奔跑的马上看花，当然不会看得很清楚。那么，既要看花，为什么还骑马奔跑呢？这又涉及典故出处、文化常识。此典出自唐人孟郊之诗。孟郊年轻时隐居嵩山，过着清贫闲淡的生活，在母亲的鼓励下，他多次进京赶考，

---

* 本文以及后面两篇文章是在本书编选过程中新撰写的，曾发于作者微信公众号"王俊鸣老师"。文中所涉及的内容，作者均在不同场合讲过。

然而却屡考不中,直到46岁时才考取进士。按当时的规矩,进士及第,要簪花跨马游街,以示荣耀。孟郊此诗就是表达及第后之喜悦心情的:"昔日龌龊不足夸,今朝放荡思无涯。春风得意马蹄疾,一日看尽长安花。"至于"观察不细"云云,乃是引申之意。

了解这些之后,学生感到很高兴。我却由此想到一个问题:语文教学的宗旨在于教会学生自能读书,自能作文,那么引导学生了解汉字的源流,认识汉字的结构与寓意,不也应成为语文教学的任务吗?其实,我国传统的语文教学就是从教学生认字开始的,那时称之为"小学"。可惜,由于种种原因,这个传统被丢弃了。小学语文虽还在教认字,但基本不讲字的源流,不做结构的分析。其不良后果之一就是,阅读古诗文时以今例古,似懂非懂,陷入误区而不觉。成语的误解误写也与此有关。

初中教材选有柳宗元的《小石潭记》,其文曰:

从小丘西行百二十步,隔篁竹,闻水声,如鸣珮环,心乐之。伐竹取道,下见小潭,水尤清冽。

这里的"百二十步"是多大的距离?教材不注,教师不讲,这里似乎没有问题。其实,恐怕大多都误解了。今之所谓"一步",就是一条腿向前跨出一次的距离;而古之所谓"一步"是两腿各跨出一次的距离:古之距离是今之距离的两倍。"步"的结构是:两只脚,各迈一次,会意清晰。

这里还有一个"冽"字,有的版本作"洌"。有区别吗?哪一个字更合理？这也值得辨析一番。"洌",《说文》:"水清也。从水,列声。""冽",从冰（丫,仌,篆文作仌,冰块的象形）,列声,水寒也。而《说文》中没有"冽"字,可以认为"冽"是后起字。原来,"洌"本义为"水",可是有时被用来表达"水寒"之义。"冽"字之出,正是为了避免这种混淆。到柳宗元时代,"洌""冽"并存,用起来该是界限分明的。那么这里到底该用哪一个呢？这就不仅是关乎一个字本身的问题了,这里要讲"理":"下见小潭,水尤清洌",只是"见"而已,水之寒温,何从判断？况且,"清洌"之结构,实是同义语素构成的双音词,与"温暖""寒冷"之类是同一发展规律。这是对形声字的理解,也是对阅读思维的训练。

《曹刿论战》一文几乎也是语文教材的必选篇目。其中有这样的对话:

（曹刿）问:"何以战？"公曰:"衣食所安,弗敢专也,必以分人。"对曰:"小惠未遍,民弗从也。"

庄公说"必以分人",曹刿说"民弗从也"。这里的"人"与"民"显然所指不同。"人",在那个时代通常是指贵族阶层,统治者（即肉食者）,而"民",则指被统治的奴隶或平民。此中区别,从造字上看得很清楚。"人"是这样:𠂉,似乎是在鞠躬执礼,形象儒雅。"民"是这样:𭃂,一只眼睛,被刺瞎,眼液流下来了,这分明代表的是奴隶。或解读为"目光朝下",不敢仰视,也还是卑贱者的形象。可见,庄公所谓"必以分人",不过是分赠给统治集团的成员，与"老百姓"不相干；所以曹刿说"民弗从也"，完全合乎逻辑。

阅读先秦古籍，常会遇到"人"与"民"的问题，而混淆不清、误读歪解的现象也不罕见。单说《论语》一书，它有时"人""民"并举，其界限是分明的。如：

> 子曰："道千乘之国，敬事而信，节用而爱人，使民以时。"（《学而篇》）

对"人"是"爱"，而对"民"是"使"，界限，态度，都很鲜明。有时单用一个"人"字，则往往被泛化，理解为"人们""别人"等。

> 子曰："学而时习之，不亦说乎？有朋自远方来，不亦乐乎？人不知而不愠，不亦君子乎？"（《学而篇》）
>
> 曾子曰："吾日三省吾身：为人谋而不忠乎？与朋友交而不信乎？传不习乎？"（《学而篇》）
>
> 子曰："贤哉，回也！一箪食，一瓢饮，在陋巷，人不堪其忧；回也不改其乐。贤哉，回也！"（《雍也篇》）

以上各章的"人"都是特指贵族阶层，权势者，而论者大都误读为泛指所有的人或别人。

还有一个"众"字，也常常被误读。先来看看"众"的造型：①𠂢；②𠱩。《说文》只说"众，多也"，并没有讲到位：如果仅仅表达"多"的意思，画三个"人"也就够了，为什么要有上面的"目"旁呢？上面从"目"，下面是三个站立的人，意思仿佛是"目下之人"，就是一眼能看到的人，引申出来，就是部下，就是官僚圈子里的人。古称兵士为众，也是从这里引申出来的。赤壁之战时孙权说"三十万众"，就是指三十万士兵。有一位"名师"，就讲成"三十万老百姓"，这就有问题了。

或把第一形上面的符号解读为"日"，全字是说"一群人在太阳下共同劳作"；或解读为一个"目标"，字义是很多人朝着这个目标前进，等等。不管怎么说，这里的一群人都不是一般的乌合之众，而是有组织的群体。

子曰："弟子入则孝，出则弟；谨而信，泛爱众，而亲仁。行有余力，则以学文。"（《学而篇》）

一般译文都是把"泛爱众"解读为"博爱大众"（或译为"广泛地与众人友爱""广泛爱护众人""和大众相处时要平等博爱"等）。这样解读，好像给孔子蒙上了一层"博爱"的光芒，但完全不符合历史的真实。

在《论语》一书，"爱"字从不与"民"相关。那么此章书所说的"爱众"之"众"，应该也应与"民"无关。这个"众"不能解读为今日之"大众"或"众人"，而只是指特定的"人"之集合，是官吏臣僚的群体。

《论语·子罕篇》载：孔子说，用丝帽代替麻帽，我"从众"；至于拜见君王，别人只到堂上磕头，我"违众"，坚持先在堂下磕头，再到堂上磕头。这里的"众"，显然也不是一般大众，而是统治集团的人。

《左传·襄公十年》载：子孔当政，要搞独裁，"大夫、诸司"等"弗顺"，子产便以"众怒难犯"劝子孔改正。这里的"大夫、诸司"当然属于统治集团，跟老百姓没有关系。

唐代魏征的《谏太宗十思疏》有"人君当神器之重，居域中之大"一句，教材把"域中"解读为"天地间"，说国君"在天地间尊大"。从事理上说，通篇所言都是大唐王朝之事，忽然扯到"天地间"，未免跑题；再说天地间国家众多，一国之君怎么可能"在天地间"独享一尊呢？其实，单从"域"字的构型本身也可以找到正确答案：域，本作或，从囗（wéi）从戈，囗表示城池，上下横线表示范围；从"戈"意为以"戈"守卫。古代的邦国指的就是一座城池及周边的地域。后来"或"另作他用，就在外面又加一"囗"，成了现在的"國（国）"字；另加一"土"，就成了现在的"域"字。"域""国"同源，其本义都指邦国、国家。所谓"居域中之大"，只是说"人君"在一国之内处于最尊贵的地位。又，"國"简化为"国"，事出偶然："囗"中一"王"，原可以标识原"國"字的内涵，但到了"新中国"，再说"国"中有"王"，与时代精神不合，于是"王"字加了一"点"，遂成一"玉"。歌手唱"一玉口中国"，完全是"望文生义"——当然，把"囗"望成"口"，更是于理不通。

我们平时读汉字是一眼而过，写汉字是信手拈来。如果稍作停留，凝神一思，也许会眼前一亮，脑洞大开：对联，一定得用"联"，为什么不能用"连"字呢？而且说"对联"得说"一副"，说绘画得说"一幅",为什么?"突"为什么表示"出乎意外"?"春"的"春意"在哪里?"羞"本义为美食(馐),它怎么又有了"羞耻"之义?等等。

有人读书走马观花,浮光掠影,是"人"是"民"还是"众",并不注意其区别,但在语文教学中,作为教师,就不能不坚持一种严肃认真的态度:丁是丁,卯是卯,咬文嚼字,"斤斤计较"。这种态度不仅关乎把书读明白的学养,还深层次地孕育着一个人的治学科学精神、科学方法。

时下倡导"文化自信",弘扬传统文化。汉字,号称第五大"发明",举世罕见,几千年历久不衰,在现代化、信息化时代更显其强大的生命力。汉字,又是语文之根——不懂汉字,就难以深入理解汉语文。讲传统文化,更离不开对汉字的解读。汉字中所包含的历史、文化、智慧,更能激发热爱祖国语言文字的情感,唤起学习语文的兴趣。

在语文教学中来一点"说文解字",是一举多得的大好事。

语文教学要养成句法分析的意识与能力

诗文之属,无非积词成句,积句成章。这所谓"积",绝不是胡乱堆积,而是有法可依,有序可循。这"法"这"序",在句的范围内就叫语法。语法,是一个语言共同体约定俗成的规矩。大家都循规蹈矩,然后能够交流沟通。这个沟通的过程,实际就隐含着对句法的分析。而规矩是死的,人是活的,交流的情境是复杂的,千变万化的。为了适应特定情境的需要,在交流中死规矩不能不有所变化。而灵活变化仍可理解,是因为这变化是以死规矩为前提的,死规矩作为活变化的大背景,能引导接受者把变化了的语句还原到"死"规矩上去。这个"还原"的过程,不管自觉不自觉,也都是在做句法分析。

句法分析的意识与能力,是把书读明白的重要条件。在没有语法学之前,人们只能跟着感觉走;在语法知识已经普及的今天,则完全可以而且应该用既有知识更自觉地解读诗文。正因为如此,愚以为语文教学应该自觉地培养学生句法分析的意识与能力。

遗憾的是,实际上相当多的语文工作者,包括写诗文鉴赏

语文教学要养成句法分析的意识与能力

文章的专家，编语文教材的学者，还有一线的教师，因为缺乏此种意识或此种能力，仍然在那里跟着感觉走，误读时有所见，谬种四处流传。比如统编本语文教材九年级下册第9课《鱼我所欲也》：

  一箪食，一豆羹，得之则生，弗得则死。呼尔而与之，行道之人弗受；蹴尔而与之，乞人不屑也。万钟则不辩礼义而受之，万钟于我何加焉！为宫室之美、妻妾之奉、所识穷乏者得我与？乡为身死而不受，今为宫室之美为之……

教材注：

  〔乡为身死而不受〕先前为了"礼义"，宁愿死也不接受施舍。乡，同"向"，先前、从前。

这个注就把句法弄错了。"乡为身死而不受，今为宫室之美为之"，"为身"与"为宫室之美"相对，都是介宾结构作状语。而教材编者昧于句法结构，把"乡为身/死而不受"断截为"乡为/身死而不受"。这样，"为"后面失去了宾语，他们就凭空给补一个"礼义"来凑数。身，可解作"品德""气节"，成语"修身养性""洁身自好""立身处世"等，"身"都是取此义项。"为身"就是为了守住自己的"品德""气节"。还有那个"乡"字，说"同'向'"是对的，但解释为"先前、从前"就欠妥。这里对比的双方，一是面对生死困境而不接受嗟来之食的"行道之人"与"乞人",一是"万钟则不辩礼义而受之"的达官贵人。"乡"与"今"对言,"乡"者不是指遥远的"从前",而是"前面刚刚提到"的"行道之人"与"乞人"。

再如九年级下册第20课《曹刿论战》:

> 下视其辙,登轼而望之。

课本注:

> 〔登轼而望之〕登上车前的横木眺望齐国军队。

对此句的解读一直存在争议。一种主张是:"下,视其辙;登,轼而望之。"另一种就是教材所取。教材所取的断句与解读显然是错误的。从事理上说,那所谓"轼"者,不过是一根"横木",即使经过训练的平衡木运动员,要站上去"眺望"恐怕都未必做得到,何况一个曹刿。单从句法看,这里的"登"显然是与"下"相对言的,"下"就是"下车","登"就是"上车"("上车"是"登"的常用义项,一般工具书都可以查到)。而所谓"轼",就是"以手扶轼",在这里是动词。要"眺望",常常需提起脚跟,脚跟提起则站而不稳,所以要"扶轼"以保持稳定。文理事理,所在昭然。

《史记·屈原列传》有这样一个情节:

> 上官大夫与之同列,争宠而心害其能。怀王使屈原造为

竟令，屈平属草稿未定。上官大夫见而欲夺之，屈平不与。因谗之曰："王使屈平为令，众莫不知。每一令出，平伐其功，曰以为'非我莫能为也'。"王怒而疏屈平。

对于上官大夫的谗言，一般的译文是："君王让屈原制定法令，大家没人不知道的，每出一道法令，屈原就炫耀自己的功劳，说：'除了我，没有人能制定法令了。'"这种翻译其实是在打马虎眼："曰以为"三个字没有落实——谁"曰"？谁"以为"？如果是屈原自己"曰"，那"以为"二字就多余。而且，如果仅仅是因为屈原自伐其功，楚王也不至于怒而疏之。从句法的角度分析，这里有所省略："曰"者自是屈原，而"以为"者当是楚王。上官大夫造谣，编造屈原的话：屈原自伐其功，竟然说"楚王以为非我莫能为也"！也正因为如此，楚王才怒而疏之。句法不明，事情的内在因果就说不清楚。

说到传统文化，古诗词肯定是不可忽视的一部分。而因格律的制约，诗词的语句往往突破句法的死规矩，或省略，或颠倒，或拆分，或紧缩，变化无穷，异彩纷呈。但只要有死规矩的大背景，看似面目皆非的语句仍然是可读可解的。当然，如果缺乏句法分析的意识与能力，面对这样的语句，就只能摇头无奈，或者生批硬解了。摇头无奈，损失的还只是个人；生批硬解，就难免谬种流传。

李白《宫中行乐词》：

柳色黄金嫩，梨花白雪香。

清代张宗泰在《诗林广记·跋》中说:

太白《宫词》云:"梨花白雪香。""梨花香"三字,人人解道。惟中间以"白雪"字,才见文人思绪通灵之妙。胡苕溪怪其白雪无香而以香言之,何其说诗之痴也!(转引自张文勋著《诗词审美》)

胡苕溪,即徽州绩溪人胡仔,南宋著名文学家,著有《苕溪渔隐丛话》,他曾说:

白雪本"无香",而太白《宫词》"以香言之,何也"?

其实,胡苕溪没读懂,于是存疑,问一个"何也",倒不失为老实的态度。而张宗泰讥笑胡"痴",反暴露了他的无知。张文勋先生又以"通感"理论为之说,也是昧于句法而强辩。

"梨花白雪香",根本不是说"白雪香"。这是一个紧缩句,句子的主语是"梨花","白雪"与"香"分别作它的谓语。意思是"梨花,其白如雪但有香味"。这从它的对句"柳色黄金嫩(柳色,其黄如金而又鲜嫩)"可以得到证明(此所谓"对义互解")。如果把"白雪香"看作一个义组,那"黄金嫩"也该看作一个义组,而这显然无法成立。可怪的是,一方面赞赏"白雪香"是诗人的"思绪通灵之妙",一方面又置"黄金嫩"而不顾,是无知呢,还是偏执?

再说一个更复杂的例子。杜甫《秋兴八首》之一,有句曰:

丛菊两开他日泪，孤舟一系故园心。

对此褒贬不一，举例如下：

［宋］刘辰翁：（"丛菊"句）"此七字拙。"（《唐诗品汇》引）

［明］胡震亨：" '一系'对'两开'，'一'字甚无着落，为瑕不小。"（《唐音癸签》）

叶嘉莹教授：（这种文法的创新）"即使在五四新文学革命以后的近代，也还有些人对之不能完全承认或接受，如陆侃如与冯沅君合著之《中国诗史》，便曾讥诋《秋兴》及《咏怀古迹》的一些诗句为'直坠魔道'，'简直不通'，胡适之的《白话文学史》，在评述杜甫的七言律诗时，也曾说：'《秋兴八首》，传诵后世，其实都是一些难懂的诗谜，这种诗全无文学的价值，只是一些失败的玩意儿而已。'对于这种评语，我却不敢苟同……"（《叶嘉莹说诗讲稿》）

［清］黄生："杜公七律诗，当以《秋兴》为裘领，乃公一生心神结聚之所在也……三、四喻乾坤扰乱，上下失位之象。花如他日，泪亦如他日，非花开也，开泪而已。身在孤舟，心在故园，非系舟也，系心而已，故云云。"（《杜诗说》）

萧涤非："菊开，泪眼亦随之开，所谓飒飒开啼眼。"（见《唐诗鉴赏辞典》）

张忠纲：（开、系）"都有双关义：开，指花开，也是指

泪下。系,是指身系孤舟,也是指心系故园。"(《杜甫诗选》)

对那些贬抑之词,无须多辩;上引"褒解"之词,其实也没有真的读懂。叶教授看出这是杜甫在"文法"上的创造,可惜没有对这创造做具体的分析。

这是一个紧缩句,而又有所省略。"丛菊两开""孤舟一系",是主谓结构;与之紧缩在句内的"他日泪""故园心"省掉了相关的动词,做成了名词性结构。把省略的部分补出来,句的意思只是说:见"丛菊两开"而再次流泪,苦"孤舟一系"而"故园心焦"。当然,这两句还应该"互解",不能只作"线性"解。

解读古诗文关乎句法层面的问题还有不少。句法不明,何以言"懂",更何以言"赏"?在语文教学中培养句法分析的意识与能力,该是义不容辞的了吧?

关于汉字的读音：规范与自由

近日，关于"远上寒山石径斜"之"斜"是该读为"xié"还是该读为"xiá"之类的问题又引发了讨论。这不是新问题，至少在10年前就有人提出过，但始终没有让所有人都满意的结论。

不能让所有人都满意，不是司其事者无能，而是这个事项太复杂了。我们不妨从纵横两个方面来讨论一下。

所谓纵的方面，就是历史的因素。从原则上讲，汉字的读音跟其他事物一样，总是发展变化的。不要说先秦两汉，就是隋唐五代人的语音，因为没有录音，我们也很难完全无误地复制。但是，事物还有另一面，即接续传承的一面。语音的变化是渐进的，此一时代的语音不可能与前一时代的语音有质的区别。就说唐诗，不管那时候实际怎么发音，有很多今天我们读起来还都觉得是押韵的，这就是传承的一面。但又确有一些诗，人家当时肯定是押韵的，而今天我们读起来却不合韵了，这就是变化的一面。从横的方面讲，且不说地广东西，方言各异，就是确定此一字的读音，也不能不顾及与它同时代的其他字的读音。

根据上面的原则，我们来说说"斜"之类的读音。

第四辑 汉字 语法 修辞

讨论的一方主张保留古音,应读"xiá"。理由是为了押韵,而押韵才能体现诗的韵律美。这有一定道理。但押韵只是诗歌美的因素之一,世界上也还存在根本不押韵的诗。余光中先生在一次接受采访时说:"不押韵能不能写出好诗来,不一定,可是你不押韵,一定要有些别的好处,语言特别有味道,特别耐人咀嚼,或者你的比喻特别鲜明生动,要有别的补偿。可是押韵在这个之外,会帮很大的忙。"(2012年9月29日《新京报》)

再说这个"古"字。这就涉及历史了:你所说的这个"古"古到什么时候?尧舜禹汤?秦皇汉武?显然都不是。因为涉及的是唐诗,这个"古"就定在"唐"吧。你说这个"斜"字要尊古读为"xiá",就有两个问题。

是不是唐诗里所有的"斜"都读为"xiá"?有的"斜"字并不在韵脚,比如:

汉口夕阳斜渡鸟,洞庭秋水远连天。(刘长卿《自夏口至鹦鹉洲望岳阳寄元中丞》)

惊风乱飐芙蓉水,密雨斜侵薜荔墙。(柳宗元《登柳州城楼寄漳、汀、封、连四州刺史》)

荷笠带斜阳,青山独归远。(刘长卿《送灵澈》)

请问上面诗句中的"斜"是读"xiá"还是读"xié"?如果读"xiá",则这里并非韵脚;如果读"xié",则使本来只是单音词的"斜"变成了多音词。语言本身的规律是,多音词之所以多音,是因为义殊而音别;而把"斜"读为"xié"或"xiá"并不具有意义的区别。

再一个问题是：仅仅为了押韵，就保留"斜"字的古音，唐诗里还有不少本来押韵但今天读起来不押韵的诗，怎么办？比如杜甫的这首《羌村》：

> 峥嵘赤云西，日脚下平地。
> 柴门鸟雀噪，归客千里至。
> 妻孥怪我在，惊定还拭泪。
> 世乱遭飘荡，生还偶然遂。
> 邻人满墙头，感叹亦歔欷。
> 夜阑更秉烛，相对如梦寐。

按照当时的音律，这首诗当然是押韵的。根据古音韵学专家王力教授的说法，"地""至""泪""遂""寐"都属于"四寘"，"欷"属于"五未"，与"四寘"是临韵，所以通押。（见王力《诗词格律概要》）

如果按照"为了押韵即读古音"的原则，有几个人能把这首诗读得押了韵？即使读出来了，又有几个人能听懂？

以上还仅就韵字说。按理，既读古音，就不好仅仅着眼于一个韵字。同一句诗，同一首诗，仅仅韵字读古音，其他仍旧读今音，是不是顾此失彼，有些尴尬？

关于"乡音无改鬓毛衰"之"衰"是读"shuāi"还是读"cuī"，"两鬓苍苍十指黑"之"黑"是读"hēi"还是读"hè"，性质与上述"斜"字类似，不再赘述。

朱自清、叶圣陶、吕叔湘在解放前共同编纂了一本《文言读本》，他们在导言里面对这个问题有过明确的回答：

> 除了研究中国音韵学的人，大家不去理会，也不必去理会，一个字的古音怎么样。……我们既不能勉强一般读者用古音去读这两个字（而且通篇不用古音，独独韵脚用古音，也不像话），更不能像有些冬烘先生所主张的那样用今音去凑合。

下面要说的是"骑"字。

"一骑红尘妃子笑"之"骑"应读"qí"还是读"jì"？论者常常把此字的读音与"斜""衰"相提并论，并不妥当。因为"斜""衰"的读音问题仅仅涉及韵律，而"骑"字是读"qí"还是读"jì"，则关乎意义。读"qí"是动词，义为"跨坐"，读"jì"是名词，指所骑的马或骑兵。这种区分，至少在唐代就明确了。在总结唐人诗韵的"平水韵"中，"骑"既在上平四支，又在去声四寘。代表语言规范的工具书《现代汉语词典》（第7版）保留了"jì"的读音，但注为"旧读"，有点不那么理直气壮。而语文教材中干脆取消"jì"的音项，是没有道理的。

其实，义殊而音别是语音系统的通例。《现代汉语词典》（第7版）对"斜"只注为"xié"，对"黑"只注为"hēi"；而对"衣"字既注为"yī"，又注为"yì"；对"雨"字，也是既注为"yǔ"，又注为"yù"；"论"字既注为"lún"，又注为"lùn"；"识"字既注为"shí"，又注为"zhì"，等等，这是完全正确的。

为什么在"骑"字上就"骑墙"了呢？还有"比"字，在"挨着、等到、勾结"等义项上虽然单立一条，但却取"bǐ"音，还是把"bì"视为"旧读"。如此这般，难免造成混乱。

至于有人把"相处"之"处"读成"chù"，把"丧礼"之"丧"读为"sàng"，把"可恶"之"恶"读为"è"，把"臧否人物"之"否"读为"fǒu"，把"千乘之国"的"乘"读为"chéng"，等等，那就不是工具书的问题了。

我的结论是：一国之言，不能没有规范，在应当讲规范的场合，比如电台、电视台、重要会议、语文课堂等，就得讲；当然，给出的规范要考虑约定俗成，但更重要的是合理，合乎规律。

"俊鹘抟水禽"之"抟"字考

陆游《入蜀记》过小孤山大孤山一段有句云:

方立庙门,有俊鹘抟水禽,掠江东南去,甚可壮也。

人教社编1987年版的高中语文教材第五册对句中"抟"字的注释是:"捏成团,这里指俊鹘用利爪抓住水禽。"揆诸文句,讲成"用利爪抓住"是对的,但这和"抟"的"捏成团"的义项如何联系起来呢?每读至此,就不免扞格之感。

抟,是"搏"的简体。王力先生的《同源字典》认为"摶"与"團"同源,其义为"圆"。其中对"摶"字的考证很详细,《说文》:"摶,圜也。"《韵会》引《说文》:"摶,以手圜之也。"《一切经音义》(九卷)引《通俗文》:"手團曰摶。"《礼记·曲礼》(上):"毋摶饭。"《文选》范云《古意赠王中书诗》:"摶飞出南皮。"注引庄子司马注,"摶,圜也。圜飞而上,若扶摇也。"

---

* 本文原载《语文研究》1995年第2期。

显然，圆，捏成团，这是"搏"的本义，"搏飞"之"搏"，即盘旋、回旋之义，是由"圆"的意思引申出来的。而从"搏"的本义是很难引申出"抓住"之类的意思的。

那么，表达"用利爪抓住"的意思该用哪一个词呢？当用一"挶"字。《同源字典》对"挶"的解释是："挶"是"捕"的最初形式，后来音转为"捕"，"挶"则引申为搏斗。又引《说文》："挶，索持也。"《广雅·释诂一》："捕，取也。"《广韵》："捕，捉也。本作挶。"可见，"挶"的本义就是捕、捕捉，"抓住""攫取"乃至"搏斗"等义项，都是由"捕"的本义引申而来的。事实上，古人在说到猛禽猛兽等"抓取"东西时，都用"挶"，而未见有"搏"字的。例如：

①建旐设旄，挶兽于敖。（《诗经·小雅·车攻》）
②鹰犬竞逐，奕奕霏霏，下韝穷绁，挶肉噬肌。（王粲《羽猎赋》）
③蚊䗽不食驹犊，鸷鸟不挶黄口。（《淮南子·天文训》）
④夫华骝绿耳，一日而至千里，然其使之挶兔，不如豺狼，伎能殊也。（《淮南子·主术训》）
⑤公犹强之，至庭，为鹯所挶。（《异苑》）
⑥善草则鹰挶隼击，工正则剑锷刀锋。（《法书要录》）
⑦挶鸠之隼不敢飞扬，逐燕之鹯望而伏窜。（杨弘真《一鹗赋》）
⑧圈虎割肉喂，韝鹰挶禽嚼。（马祖常《都门》）
⑨恶禽猛鸷不敢来兹以挶鱼鸟，其亦不取近山之物以为

食，可义也夫。(梅尧臣《金山寺诗序》)

⑩搏禽俊鹘横空去，卷雨狂风掠野来。(陆游《登台遇雨避于山亭晚霁乃归》)

有时"搏"字和"击"字、"挚"字(又作"鸷")、"攫"字等连用。如：

⑪孟春和气，鹰隼搏鸷，众雀忧溃。(《易林·既济之大壮》)

⑫进无威凤来仪之美，退无鹰鹯搏击之用。(《晋书·孙盛传》)

⑬雀豹代雕鹗，搏击肃秋霜。(梅尧臣《谕乌》)

⑭如画鹰隼，使人见之则有击搏之意，然后为工。(《宣和画谱》)

⑮脱骐骥于盐车，掷秋鹰于天畔，乃腾骋难料，击搏在即。(任华《送苏侍御序》)

⑯秋风下霜，倒生挫伤，鹰雕搏鸷，昆虫蛰藏。(《淮南子·原道训》)

⑰百卉具零，刚虫搏挚(鸷)。(张衡《西京赋》)

⑱鸷虫攫搏，不程勇者。(《礼记·儒行》)

⑲虎有子不能搏攫者，辄杀之，为堕武也。(《淮南子·说林训》)

又有单用"击"字、"攫"字者，不再举例。

根据上述原因，我认为"俊鹘抟水禽"之"抟"当是"搏"字之误。特别是例⑩"搏禽俊鹘横空去"一句，与《入蜀记》之"有俊鹘抟水禽，掠江东南去"几无二致，又出自同一作者之手，尤可为证。按，"抟"的繁体写法是"摶"，与"搏"字相近，这大概是造成舛误的原因之一。又按，在未有简化字方案之前，"抟"实是"摶"的草写体，而"搏"的草写体只比"摶"多右上角一点，这就更容易造成错误。至于后世究竟是误"摶"（右上角加点，bó）为"抟"呢，还是误"搏"为"摶"，笔者就无力考证了。

而把"搏"字误为"摶"字，在古书中不乏其例。例如，例⑯之"鹰雕搏鸷"、例⑰之"刚虫搏挚"，《佩文韵府》都误作"摶鸷"。例⑦之"搏鸠之隼"，杜甫《进雕赋表》"臣以为雕者，鸷鸟之殊特，搏击而不可当"之"搏击"，《文苑英华》也误作"摶击"。《史记·项羽本纪》"夫搏牛之虻不可以破虮虱"，《佩文韵府》误作"摶牛之虻"。孟郊《吊元鲁山》诗"搏鸷有余饱，鲁山常饥空"，《佩文韵府》亦误作"摶鸷"。有意思的是《全唐诗》的排版方式："〔搏〕（摶）鸷有余饱，鲁山常饥空。"先列"搏"，再列"摶"，两说并存。大概误写既久，要否定它也要费些口舌了吧。

又有误"摶"为"搏"者。曹植《玄畅赋》："希鹏举以摶天，蹶青云而奋羽。"《佩文韵府》引此句时作"希鹏举以搏天"。这真是乱成一"团"了。

复句中的解证关系[*]

汉语复句的分句之间有一种解证关系：后面的分句对于前面的分句，或者做出直接的解释说明，或者通过举例、比喻、类比做出解释说明，或者通过总结、推断、补充做出解释说明。这种解证关系在复句中是大量存在的。秦牧的散文《花城》全文八十二句，其中四十六个复句。在这些复句中共有解证关系（包括不同层次）二十一处。鲁迅的杂文《未有天才之前》全文四十七句，其中三十七个复句，有解证关系十二处。

应当建立"解证复句"的名目。它包括下列五个小类。

一、直接解说

这类解证复句常用"即、意思是、这是说"等词语，有的是后一分句重复使用前一分句的某些词语以做联络，有的则是使用代词以相呼应，有的先总提，后分说，还有的在书面上通过冒号、破折号来表示解证。也有一些没有明显的标志。例如：

---

[*] 本文原载《语文研究》1985年第3期。

复句中的解证关系

① a 20世纪有三种世界眼光看汉字，b 这就是：西方文明中心论者的世界眼光，东方文明中心论者的世界眼光，文明多极论者的世界眼光。(何九盈《汉字文化学》)

②"a 房前钻天柳（箭干杨），b 房后鬼拍手"，c 意思是这两种树都适合在房前房后栽植。(杨鉴普《杨树》)

③ a 内江棉纺厂是受灾最重的骨干厂之一，b 全厂淹没，c 机器埋进泥沙，d 原估计两个月也难以恢复。(马识途《我们打了一个大胜仗》)

④ a 在延安，美的观念有更健康的内容，b 那就是整洁，朴素，自然。(吴伯箫《记一辆纺车》)

⑤ a 它的特征是一株树上有几种不同形状的叶，b 有的为披针或线状披针形；c 有的为扁圆形、卵形。(杨鉴普《杨树》)

⑥ a 我的心里一动：b 大概是出了什么事吧？(峻青《黎明的河边》)

⑦ a 府后有太息桥；b 从前一边是监狱，c 一边是法院，d 狱囚提讯须过这里，e 所以得名。(朱自清《威尼斯》)

例①的 b 以下都是对 a 的具体解释。
例②的 c 说明 a、b 的实际意思。
例③的 b、c、d 具体说明 a 的内容，回答受灾重到什么程度的问题。
例④的 b 揭示了第一分句的内涵。

例⑤的a总提"它的特征",b、c再分别说明这特征。

例⑥的b说出了第一分句的具体内容,使人明白"我的心里"到底想到了什么。

例⑦没有明显的解证标志,a交代了太息桥,b—e解释这桥得名的缘由。

二、举例说明

这一类解证复句常用"如、例如、譬如"等词语表示关联。也有不用此类词语而取意合法的。例如:

① a要复仇,要反抗,是这部诗集中许多诗篇的主调,b如《复仇的哲学》《悲愤的人们》都贯穿了这个主调。

② a有时用笔极为简省,b譬如《武松打虎》那一段,作者写景阳冈上的山神庙,着"破落"二字,便点染出大虫出没,人迹罕到的景象。(周先慎《简笔与繁笔》)

③ a这种奇景,古时候的文人墨客看到了,往往忍不住诗兴大发,b且看蓬莱阁上那许多刻石的诗词,多半是题海市蜃楼的,c认为那就是古代神话里的海上仙山。(杨朔《海市》)

④ a因为开方的医生是最有名的,b以此所用的药引也奇特:c冬天的芦根,d经霜三年的甘蔗,e蟋蟀要原对的,f结子的平地木,……g多不是容易办到的东西。(鲁迅《〈呐喊〉自序》)

例①②③分别用了"如、譬如、且看"等引出实例,说明或证实前一分句的内容。

例④没有标示举例的词语,但用冒号,c、d、e、f都是举例对b加以说明。(g句属于总结性说明,见下面第四)

三、通过比喻、类比进行解说

这类解证复句常用"像、如、犹如、正如"等词语,也有用意合法的。如:

①a山野是一片雪白,b真像个粉妆世界。(峻青《党员登记表》)

②a一个战士昂首而立,b犹如雕像一般。

③a她的心里很乱,b像一团乱麻,c怎么也理不出一个头绪来。(峻青《党员登记表》)

④a那灰色的天幕像浸透了水一样,b沉甸甸的,c越坠越低,d颜色也由灰变乌,e更阴暗了。(孙荪《云赋》)

⑤a我以为这都是多事的,b因为民国十四年的"读经",也如民国前四年,四年,或将来的二十四年一样,c主张者的意思,d大抵并不如反对者所想像的那么一回事。(鲁迅《十四年的"读经"》)

例①到例④都是通过比喻对前面的分句进行解释说明,但句法结构不同。

例①和例②的a交代了要说的事物及其特点,b打比方,换了个方式进一步说明该事物的特点。

例③的a也是交代要说的事物及其特点，b打比方，c又对a、b进一步解释。

例④把要说的事物和喻体联系在一起，然后通过四个分句来揭示具体特点。

例⑤是通过类比的方法对前面的分句作结束说明。例⑤的d通过类比b、c同a构成因果关系；b是类比，直接把要说的事物和用来作类比的事物组织在一个分句中，c再专门揭示类比点。

四、总结、按断性的解说

这种复句包括两个类型。一是先叙后结，有总结，有断结。用"总之、总而言之"一类的词语，还有的是在结句中用代词复指叙句的内容，或在书面上用冒号、破折号来表示。二是先叙后按，按句或对叙句进行评论，或从叙句推断出某种结论，除了用代词、冒号、破折号之外，还常用"看来、想来"之类的词语。例如：

①a九斤老太自从庆祝了五十大寿以后，便渐渐的变了不平家，b常说伊年青的时候，天气没有现在这般热，豆子也没有现在这般硬：c总之现在的时世是不对了。（鲁迅《风波》）

②a当落日沉没，周围雪峰的红光逐渐消退，银灰色的暮霭笼罩着草原的时候，你就会看见无数点的红火光，b那是牧民们在烧起铜壶准备晚餐。（碧野《天山景物记》）

③a你是资产阶级文艺家，b你就不歌颂无产阶级而歌

颂资产阶级；c你是无产阶级文艺家，d你就不歌颂资产阶级而歌颂无产阶级和劳动人民：e二者必居其一。（毛泽东《在延安文艺座谈会上的讲话》）

④a宽肩膀，b高身材，c手粗脚大，d力气壮得能抱得起碾滚子，e貌相跟传说中的打豹英雄这样相似，f不是他该是谁呢？（吴伯箫《猎户》）

⑤a音乐节奏繁密，b声情热烈，c想来是最流行的"爵士乐"。（朱自清《威尼斯》）

例①的c是对a、b的总括。
例②的b是对a的指示性断结。
例③的e是对前四个分句的选择性断结。
例④的e、f构成因果关系，而它们合起来与a—d构成按断关系。
例⑤的c是对a、b的推断。无论总结还是按断，都带有解释说明的性质。

五、补足性说明

这一类复句中补足性分句对前面的分句作补充性说明，常用代词复指以表关联。在书面上也用冒号、破折号来表示这种关系。例如：

①a文字为巫术的需要而造，b这样的推断应当接近事实真相；c当然，我们在下面还要进一步论证。（何九盈

《汉字文化学》)

②a听起来似乎的确斩截些,b女人的尤其如此——c意大利的歌女是出名的。(朱自清《威尼斯》)

③a然而中国究竟也不是他们的,b我也要住住,c所以近来已作二文反击,d他们是空壳,e大约不久就要消声匿迹的;f这一流人,先前已经出了不少。(鲁迅《360504② 致王冶秋》)

例①的a、b做出一个判断,而这个判断的可靠性如何,c做一交代,是补充性的说明。

例②的c也是对b的补足,为上一判断提供了一种背景。

例③的f是对d、e的补说,说的是一种经验,这经验正可作为上面判断的依据。

建立解证复句的名目之后,就可取消"总分复句"的名目,先总后分的,归入"直接解说",先分后总的,归入"总结、按断性的解说"。而原来本非"并列"而硬归入并列的解证关系的复句,也就有了名实相符的归宿。

关于比喻的三个问题[*]

比喻是应用得极为广泛的一种修辞手段。关于比喻，已有的研究成果是很丰富、很可贵的。但是，有一些东西还没有引起研究者的注意，在已经发表的见解中，也还有值得商榷的地方。本文拟就如下三个问题提出一些意见：比喻的构成和分类，喻点的确切性和鲜明性，比喻的展开、统一性和系统化。下文举例有时摘引较长，实在是比喻这种修辞手法本身的特点所致，读者是不难理解的。

一、比喻的构成和分类

典型的比喻是怎样构成的？一般认为由三种成分构成，即本体（被比喻的事物）、喻体（做比喻的事物）、比喻词（是、像、似、如等）。我们的看法略有不同。

比喻，就是用同本事物有相似点的另外的事物来描写或说明本事物的一种形象的表达手法。本事物，即要加以描写或说明

---

[*] 本文原载《语文研究》1982年第2期。

的事物，我们叫它"本体"；用来描写或说明本体的另外的事物，我们叫它"喻体"；本体和喻体之间的相似点，我们叫它"喻点"。比喻的格式虽然千变万化，归根结底总是或明或暗地存在着这三个要素。喻点是比喻的灵魂。没有喻点，比喻就不能成立；喻点不确切、不鲜明，也不能算成功的比喻。至于比喻词，它倒不是构成比喻的必要因素。

我们根据本体、喻体、喻点这三个因素在比喻中出现的情况给比喻分类。本体、喻体、喻点全都明确说出的，即为明喻。如：

①一切反动派都是纸老虎。看起来，反动派的样子是可怕的，但是实际上并没有什么了不起的力量。(毛泽东《和美国记者安娜·路易斯·斯特朗的谈话》)

②我对于佛教先有一种偏见，认为坚苦的小乘教倒是佛教，待到饮酒食肉的阔人富翁，只要吃一餐素，便可以称为居士，算作信徒，虽然美其名曰大乘，流播也更广远，然而这教却因为容易信奉，因而变为浮滑，或者竟等于零了。革命也如此的，坚苦的进击者向前进行，遗下广大的已经革命的地方，使我们可以放心歌呼，也显出革命者的色彩，其实是和革命毫不相干。这样的人们一多，革命的精神反而会从浮滑，稀薄，以至于消亡，再下去是复旧。(鲁迅《庆祝沪宁克复的那一边》)

只说出本体和喻体，而不明说喻点的比喻，叫暗喻。如：

③他们一面议论着戏子，或骂，或笑，一面加紧的摇船。这一次船头的激水声更其响亮了，那航船，就像一条大白鱼背着一群孩子在浪花里蹿，连夜渔的几个老渔父，也停了艇子看着喝采起来。（鲁迅《社戏》）

④洞庭啊，洞庭！在你这里，天上、地面、水里，处处都闪耀着珍珠的异彩，你就是嵌在我们伟大祖国土地上的一颗大珍珠！（谢璞《珍珠赋》）

例③以鱼喻船，说明船行之快。例④以珍珠喻洞庭湖，说明洞庭湖之美好、可贵。以上两例都没有明说喻点，把它留给读者去体会，去理解，所以叫作暗喻。

只说出喻体，或只说出喻体、喻点，而不说出本体的比喻叫借喻，即借喻体为本体之意（只说出喻体的是暗借，说出喻体又说出喻点的是明借）。如：

⑤无私无畏光明磊落肝胆比日月大鹏展翅蓬雀心惊；为党为国鞠躬尽瘁丹心照千古金猴奋目魑魅难藏。（《天安门诗文集·挽联》）

⑥庄生以为"在上为乌鸢食，在下为蝼蚁食"，死后的身体，大可随便处置，因为横竖结果都一样。

我却没有这么旷达。假使我的血肉该喂动物，我情愿喂狮虎鹰隼，却一点也不给癞皮狗们吃。

养肥了狮虎鹰隼，它们在天空，岩角，大漠，丛莽里是伟美的壮观，捕来放在动物园里，打死制成标本，也令人看了神旺，消去鄙吝的心。

但养胖一群癞皮狗，只会乱钻，乱叫，可多么讨厌！（鲁迅《半夏小集》）

例⑤是"四五运动"中群众献给周总理的挽联，以"大鹏"喻总理，以"蓬雀"喻"四人帮"，以"金猴"喻革命者，以"魑魅"喻反动派，而"展翅""心惊""骋目""难藏"则是作者指明的喻点。例⑥以"狮虎鹰隼"喻在严酷的斗争中坚强不屈的革命者，以"癞皮狗"喻汉奸、叛徒；指明的喻点是，一方面伟美壮观、令人神往，另一方面则是乱钻乱叫、令人讨厌。

以上是我们给比喻做的分类。修辞学界不但把比喻词看成比喻的必要构成因素，而且一向以比喻词作为比喻分类的依据。我们认为这种观点和做法都是值得商榷的。首先，一个比喻用"是"还是用"像"并不给比喻的意义带来多大影响，比如说，"地球像人类的母亲"和"地球是人类的母亲"，二者的区别有多大呢？其次，我们不但可以说"地球是人类的母亲"，也可以说"人类的母亲就是地球"，本体和喻体的位置颠倒安排了，这归入哪一类呢？再次，在语言实践中，用"是"和"像"（以及同类意义的词语）的句子不一定是比喻句，"是"多用来表示判断，"像"字也可以表示比较、举例或不敢肯定的疑测语气等；另一方面，又有大量的比喻是不用"是、像"之类所谓比喻词的。所以说，"是、像"之类的词语与比喻并没有必然的联系。最后还有，用"是、像"等作为比喻分类的标志，无疑是把比喻局限在一个句子之内。而实际上，一个比喻往往不只用一个句子，它往往要用一个句群，一个段落，甚至更多的篇幅。有时，甚至在一个比喻的中间插入一些别的话。由于把比喻局限在一个句子之内的观念作怪，许多修辞学著作把本来完整的比喻割裂了。比如：

⑦马克思列宁主义和中国革命的关系，就是箭和靶的关系。
⑧党委的同志必须学好"弹钢琴"。
⑨一切反动派都是纸老虎。

这是不少修辞学著作所举的代表性例子。就语法的角度看，句子是完整的；但从修辞的角度看，却都把原来结构完整的比喻给割裂了。割裂的结果是使比喻变得很难理解或根本不可理解。例⑦的原文是：

马克思列宁主义理论和中国革命实际，怎样互相联系呢？拿一句通俗的话来讲，就是"有的放矢"。"矢"就是箭，"的"就是靶，放箭要对准靶。马克思列宁主义和中国革命的关系，就是箭和靶的关系。……马克思列宁主义之箭，必须用了去射中国革命之的。（毛泽东《整顿党的作风》）

这是一个明喻，本体、喻体、喻点都说明了的，而研究者把喻点给割掉了。

例⑧原文是：

弹钢琴要十个指头都动作，不能有的动，有的不动。但是，十个指头同时都按下去，那也不成调子。要产生好的音乐，十个指头的动作要有节奏，要互相配合。党委要抓紧中心工作，又要围绕中心工作而同时开展其他方面的工作。我们现在管的方面很多，各地、各军、各部门的工作，都要照顾到，不能只注意一部分问题而把别的丢掉。凡是有问题的地方都要点一下，这个方法我们一定要学会。钢琴有人弹得好，有人弹得不好，这两种人弹出来的调子差别很大。党委的同志必须学好"弹钢琴"。（毛泽东《党委会的工作方法》）

这本来也是一个明喻，本体就是一种"工作方法"，这在文章题目上就点明了的；喻体就是"弹钢琴"；喻点就是"要有节奏，要互相配合"这些话。而研究者以句为限，不仅把喻点给抹掉了，并且因此而把它列入借喻类。而我们如果不看作者所说明的喻点，也不联系原比喻的本体，恐怕是很难理解这个比喻是什么意思的：党委的同志为什么"必须学好'弹钢琴'"呢？

例⑨的原文已见于例①，研究者也是把喻点给割掉了的。当然，在一个比喻已为大家熟悉之后，再来引用它，是不必"肝胆俱全"的，但这和研究这个比喻的本来结构是两回事。

但是，"像"字对于比喻的研究也还是有用的，那就是，不管哪一种形态的比喻，我们都可以把它变成如下格式：

A像B一样C。

在这个公式中，A代表本体，B代表喻体，C代表喻点。例①可以变成：

一切反动派都像纸老虎一样：样子看起来可怕，而实际上没有什么了不起的力量。

例②可以变成：

革命就像佛教一样，艰苦奋斗者真，饮酒歌呼者假；都靠艰苦奋斗者存，都因饮酒歌呼者亡。

这样我们就可以用这个方法来识别比喻，并把比喻和其他修辞手法区别开来。

二、喻点的确切性和鲜明性

这一节专门讨论喻点，这不仅因为它是使用比喻和理解比喻的关键，而且还因为它常常被研究者所忽视。

有的人甚至根本否认喻点的相对独立性，认为喻点只不过是本体或喻体的不可分割的组成部分。其实喻点是可以分割的，是有其相对独立性的。这理由也很简单：其一，我们可以对喻点单独提出问题，喻点也确能单独回答问题；其二，有相当多的比喻喻点是根本不说明的，这不明明是分割出去了吗？其三，有时可把附着在本体上说出的喻点移到喻体上去说，又可以把附着在喻体上说出的喻点移到本体上去说。例如：

⑩那朵花，像盛满甘露的玉杯，晶莹，洁净，鲜艳。（刘白羽《平明小札·花》）

这个比喻可以变换成如下形式：

那朵花，晶莹，洁净，鲜艳，像盛满甘露的玉杯。

也可以换成这样：

那朵花像晶莹、洁净、鲜艳的盛满甘露的玉杯。

这种"可移性"不也正说明了喻点的相对独立性吗？现在回到我们的本题。

使用比喻，一定要保证喻点的确切和鲜明。确切，是说喻点确实是喻体和本体之间的相似点，而且相似的程度越高越好；鲜明，是说喻点明确，能使读者准确无误地理解和把握。确切是鲜明的基础。鲜明不等于必须采用明喻形式。但是，因为喻体和本体的联系是作者凭自己的理解临时建立起来的，而且这种联系又必须避免俗套，力求新颖，这样，作者所理解和使用的相似点就未必能被读者很快地、准确地理解到。所以，明喻就成了比喻的最基本的形式。例如：

⑪讲到长征，请问有什么意义呢？我们说，长征是历史记录上的第一次，长征是宣言书，长征是宣传队，长征是播种机。(毛泽东《论反对日本帝国主义的策略》)

如果作者说到这里为止，我们怎样去理解这几个比喻呢？我

们只能去"猜"。但作者并没有就此而止,接着他明确地告诉我们:

> 长征又是宣言书。它向全世界宣告,红军是英雄好汉,帝国主义者和他们的走狗蒋介石等辈则是完全无用的。长征宣告了帝国主义和蒋介石围追堵截的破产。长征又是宣传队。它向十一个省内大约两万万人民宣布,只有红军的道路,才是解放他们的道路。不因此一举,那么广大的民众怎么会如此迅速地知道世界上还有红军这样一篇大道理呢?长征又是播种机。它散布了许多种子在十一个省内,发芽、长叶、开花、结果,将来是会有收获的。(同上)

⑫若是我的话
讲得太多,
讲到末尾,
便胡讲一阵了,
请你只当我灶上的烟囱,
口里虽勃勃地吐着黑灰,
心里依旧是红热的。

(闻一多《红豆(四十二首)·二七》)

例⑫的比喻很新颖,一个人的哪一点和"灶上的烟囱"相似呢?恐怕一般人是想象不出来的。如果作者不说明喻点,我们便只好闷在葫芦里。然而诗人想到了,告诉我们了。读者在艺术享受之余,不能不佩服他设喻的奇特和贴切。

有时，为了使读者理解得准确无误，作者在说明喻点之后，还特地加以限制性的说明。例如：

⑬党的委员会有一二十个人，像军队的一个班，书记好比是"班长"。要把这个班带好，的确不容易。……党委要完成自己的领导任务，就必须依靠党委这"一班人"，充分发挥他们的作用。书记要当好"班长"，就应该很好地学习和研究。书记、副书记如果不注意向自己的"一班人"作宣传工作和组织工作，不善于处理自己和委员之间的关系，不去研究怎样把会议开好，就很难把这"一班人"指挥好。如果这"一班人"动作不整齐，就休想带领千百万人去作战，去建设。当然，书记和委员之间的关系是少数服从多数，这同班长和战士之间的关系是不一样的。这里不过是一个比方。（毛泽东《党委会的工作方法》）

⑭至于已经印过的那些，那是被挤出来的。这"挤"字是挤牛乳之"挤"；这"挤牛乳"是专来说明"挤"字的，并非故意将我的作品比作牛乳，希冀装在玻璃瓶里，送进什么"艺术之宫"。（鲁迅《并非闲话（三）》）

例⑬把书记和党委委员之间的关系比作班长和一班人的关系，喻点是书记要像班长依靠自己的一班人那样对委员作好工作，团结一致，动作整齐，这样才能去作战，去建设。但在这个比喻中有一点容易引起误会：在部队中，班长和战士之间是不能少数服从多数的；而在党委会内部，书记和委员之间却必须少数服从多数。因此，作者的补充性说明就成为必要的了。

例⑭的补充说明则是环境使然。当时，有的人千方百计要钻空子、抓辫子攻击鲁迅，这里如不说明一句，就很可能给那些人以可乘之机。

在研究喻点的时候，有一种情况值得提出来说一说，那就是，本体和喻体都不是一个事物，而各为两个事物；喻点不是某一事物所具有的性质特征，而是两个事物之间的关系。前举例⑦例⑬就是这样的比喻。再如：

⑮我们不但要提出任务，而且要解决完成任务的方法问题。我们的任务是过河，但是没有桥或没有船就不能过。不解决桥或船的问题，过河就是一句空话。不解决方法问题，任务也只是瞎说一顿。（毛泽东《关心群众生活，注意工作方法》）

完成任务的方法与工作任务的关系就同桥或船与过河的关系一样；没有桥或船，就不能过河，不解决方法，就无法完成工作任务。使用这种比喻，一定要保证事物之间关系性质的鲜明性，否则，读者就不能理解。

在语言实践中，我们常常会遇到喻点不确切、不鲜明的比喻。例如长篇小说《大刀记》第一部第四章写"战火中的支委会"，有个列席会议的战士说："……只要是敌人，都该杀！先杀哪个都行，反正是杀一个少一个！""敌人还有不该杀的？"梁永生解释道：

⑯我们打死蚊子,并不是因为它是蚊子,而是因为它在咬人!不是吗?我们消灭敌人,也不是把他们一个不剩地从肉体上都消灭。就说伪军吧,在他们放下武器之前,哪一个不是敌人?……那么,我们能不能把所有伪军,一个一个地全杀了呢?……除了少数罪大恶极的以外,对大多数伪军来说,我们还是要教育他们改邪归正,争取他们投诚反正的……(郭澄清《大刀记》)

对待敌人要讲政策,这是对的;对待蚊子有什么政策好讲?我们打死蚊子,就因为它是蚊子,不管它是否在"咬人";而且,只要能消灭的,一律要"肉体消灭",根本不存在什么教育它们"改邪归正""投诚反正"的问题。所以,这个比喻的喻点是不确切的,是不足以说明问题的。

三、比喻的展开、统一性和系统化

为了充分发挥比喻的作用,有时需要对喻体加以充分的描写或说明,把喻点揭示得淋漓尽致,这就是比喻的展开。展开性的比喻在语言实践中是常见的,很值得注意。例如鲁迅《未有天才之前》中的如下几个段落:

⑰所以我想,在要求天才的产生之前,应该先要求可以使天才生长的民众。——譬如想有乔木,想看好花,一定要有好土;没有土,便没有花木了;所以土实在较花木还重要。

其一是"崇拜创作"。从表面上看来，似乎这和要求天才的步调很相合，其实不然。那精神中，很含有排斥外来思想，异域情调的分子，所以也就是可以使中国和世界潮流隔绝的。

这样的风气的民众是灰尘，不是泥土，在他这里长不出好花和乔木来！

就是在座的诸君，料来也十之九愿有天才的产生罢，然而情形是这样，不但产生天才难，单是有培养天才的泥土也难。我想，天才大半是天赋的；独有这培养天才的泥土，似乎大家都可以做。做土的功效，比要求天才还切近；否则，纵有成千成百的天才，也因为没有泥土，不能发达，要像一碟子绿豆芽。

做土要扩大了精神，就是收纳新潮，脱离旧套，能够容纳，了解那将来产生的天才；又要不怕做小事业……

泥土和天才比，当然是不足齿数的，然而不是坚苦卓绝者，也怕不容易做；不过事在人为，比空等天赋的天才有把握。这一点，是泥土的伟大的地方，也是反有大希望的地方。而且也有报酬，譬如好花从泥土里出来，看的人固然欣然的赏鉴，泥土也可以欣然的赏鉴，正不必花卉自身，这才心旷神怡的——假如当作泥土也有灵魂的说。

这是鲁迅先生的一次演讲,其中心论点就是"在要求天才的产生之前,应该先要求可以使天才生长的民众"。为了论证的需要,先生使用了一个比喻:"譬如想有乔木,想看好花,一定要有好土;没有土,便没有花木了;所以土实在较花木还重要。"这个比喻是充分展开的,贯穿了演讲的全文。在批评排外论者时,沿用了这个比喻:"这样的风气的民众是灰尘,不是泥土,在他这里长不出好花和乔木来!"面对"在座的诸君",希望他们能为天才的产生做些实事,仍然用这个比喻:这样的泥土"大家都可以做。做土的功效,比要求天才还切近"。做泥土也不容易——"做土要扩大了精神";做泥土也很伟大,做泥土"也有报酬"——"好花从泥土里出来,看的人固然欣然的赏鉴,泥土也可以欣然的赏鉴"。通过一个比喻,不但阐发了天才的产生需要民众基础这个基本点,还从反面说明了什么样的民众不利于天才的产生;要促使天才的产生,作为民众应该如何作为;最后仍用这个比喻指出促使天才产生的民众是有"报酬"的。一贯到底,层层展开,既深刻又形象,具有强大的逻辑力量。

跟比喻的展开密切相关的,是比喻的统一性问题。所谓比喻的统一性,首先是指在一个比喻的运用过程中,主体、喻体都在概念上保持前后一致,并始终运用适合于这一比喻的词语。例如:

⑱所以我们要运用脑髓,放出眼光,自己来拿!

譬如罢,我们之中的一个穷青年,因为祖上的阴功(姑且让我这么说说罢),得了一所大宅子,且不问他是骗来的,抢来的，或合法继承的，或是做了女婿换来的。那么，怎么办呢？我想，首先是不管三七二十一，"拿来"！但是，如果反对这宅子的旧主人，怕给他的东西染污了，徘徊不敢走进门，是孱头；勃然大怒，放一把火烧光，算是保存自己的清白，则是昏蛋。不过因为原是羡慕这宅子的旧主人的，而这回接受一切，欣欣然的蹩进卧室，大吸剩下的鸦片，那当然更是废物。"拿来主义"者是全不这样的。

他占有，挑选。看见鱼翅，并不就抛在路上以显其"平民化"，只要有养料，也和朋友们像萝卜白菜一样的吃掉，只不用它来宴大宾；看见鸦片，也不当众摔在毛厕里，以见其彻底革命，只送到药房里去，以供治病之用，却不弄"出售存膏，售完即止"的玄虚。只有烟枪和烟灯，虽然形式和印度，波斯，阿剌伯的烟具都不同，确可以算是一种国粹，倘使背着周游世界，一定会有人看，但我想，除了送一点进博物馆之外，其余的是大可以毁掉的了。还有一群姨太太，也大以请她们各自走散为是，要不然，"拿来主义"怕未免有些危机。（鲁迅《拿来主义》）

这篇文章是讲中外文化（文艺）交流的，主旨就是："我们要运用脑髓，放出眼光，自己来拿！"前面回答了"为什么"要"拿来"的问题，这里的一段是回答"怎么拿"的问题。文章把域外文化（文艺）比喻成一所"大宅子"。域外文化（文艺）是复杂多样、良莠不齐的，有的可以借鉴学习，有的可以引为教训，有的可以备案，有的必须摒弃。既然把它比喻为"大宅子"

了，那它所包含的各种复杂内容，也就顺理成章地比喻成"鱼翅""鸦片""烟枪和烟灯"，甚至"一群姨太太"。这些词语、概念是统一在"大宅子"这个概念之下的，从而使比喻保持着统一性。

上面说的是一个比喻内部的统一性；在所谓的叠喻中，连续使用的几个比喻之间也应该保持一定的统一性。例如：

⑲朱大海　圆圆的月亮挂在天，
　　　　　我俩成亲是好姻缘。
　　　　　好像哟桃花一树红，
　　　　　好像哟荷花朵朵艳！
　白兰花　好像哟荷花朵朵艳，
　　　　　好像哟葡萄颗颗鲜！
　朱大海　好像哟葡萄颗颗鲜，
　　　　　好像哟樱桃颗颗圆！
　白兰花　好像哟樱桃颗颗圆，
　　　　　好像哟蜂糖滴滴甜！
　朱大海　好像哟甘草甜到根，
　　　　　好像哟白菜甜到心！
　　　　　　　　（乔林《白兰花》）

这里为了歌颂他们爱情的美好甜蜜，以人们熟悉的花、草、果、菜设喻，突出其红、艳、鲜、圆、甜的特征，在喻体、喻点的选择方面都是和谐、一致的，使读者感到情真词切，具有很强的感染力量。

从比喻的统一性再进一步，就可以谈到比喻的系统化问题了。所谓比喻系统化，就是在一篇作品中，以某一个比喻为中心，再设置与之相适应的其他比喻，或者把几个相关的比喻统一在一个系统中，从而构成一个比喻的体系。高尔基的散文诗《海燕》可算是比喻系统化的典范。它以海燕比喻革命先驱者，同时用与海燕在一起生活的海鸥、海鸭、企鹅等比喻当时形形色色的人物，又用与海燕的生活相关的大海、乌云、雷电比喻当时的种种社会力量。这许多比喻以海燕之喻为中心，和谐地统一在一起，形成了一个特定的比喻系统，生动形象地反映了革命高潮就要到来时候的形势和气氛。

比喻的系统化集中地体现了比喻的统一性的要求，能使比喻具有更丰富的内容，反映更广阔的生活画面。

论象征的本质特征*

——兼谈象征与比喻的区别

在语文教学中，在文学创作和评论中，都常常用到"象征"这一术语，可人们在运用这一术语的时候，所指的事物，所表达的思想，往往是不相同的。这"不同"，一方面固然反映了这一术语本身的意义是很丰富的，另一方面也包含了许多矛盾甚至混乱，特别是常常把它和比喻相混淆。例如，屈原的《橘颂》历来被认为是用了"比"的手法，而近来有人说它是"象征"（秦旭卿《论象征》）。茅盾的《白杨礼赞》差不多众口一词地说是"象征"，可也有人认为是"比喻"（刘亚瑞《试谈象征、借代、借喻的区别》）。同一人对同一作品，有时说它是"象征"，有时又说它是"比喻"，如艾青先生在谈到自己的《礁石》一诗时就是如此（艾青《在汽笛的长鸣声中》、周红兴《就当前诗歌问题访艾青》）。而许杰先生在分析鲁迅的《野草》时，总是把"讽喻或象征""隐喻或象征"作为相对凝固的词组使用（许杰《鲁迅〈野

---

* 本文原载《语文研究》1990 年第 1 期。

草〉精神试论》)。袁司嘉先生则干脆在"象征"和"喻体"之间画了等号(袁可嘉《寻梦者》)。那么象征和比喻究竟是同一种东西呢,还是两种不同质的东西呢?还有,许多人在分析象征时特别强调象征体与被象征体之间的相似性(梁荫众《略谈象征辞格》),甚至认为"相似性"是构成象征的基础,可是在举例时又常常引用鲁迅小说《药》中的"花环"。"花环"和什么东西相似?哪一点相似呢?

为什么会产生这样的矛盾甚至混乱呢?我以为关键在于对象征这种手法的本质特征缺乏深入的研究。闻一多先生曾从写作目的和作者的心理过程两个方面来区别象征和比喻。他说:"隐语(笔者按:闻先生认为隐语即象征)古人只称作隐,它的手段和比喻一样,而目的完全相反,喻训晓,是借另一事物来把本来说不明白的说得明白点;隐训藏,是借另一事物把本来可以说得明白的说得不明白点。"但闻先生接着又指出,"喻有所谓'隐喻',它的目的似乎一壁在喻,一壁在隐";而"隐"呢,在多数情况下又会变成"喻"。于是界限又模糊了。在分析"龙阳君钓鱼"一例时,闻先生又从心理过程着眼,他说:"由于语言的魔术性的暗示,他早已将自己和鱼同体化了,他看到了鱼,便想到了自己,因此忽然有所感,便本能的自悲起来,这和普通的比喻,无疑是不一样的。"(《说鱼》)

据我理解,闻先生的意思是说:如果"由我想到鱼",便是比喻;而现在是"由鱼想到我",就是"隐"——象征,所以不同。我想,这样的区分在实践上是有困难的。比如高尔基的《海燕》,是由革命先驱者("胜利的预言家")而想到海燕呢,还是由海燕而想到革命先驱者呢，恐怕就很难断定。又有人从适用的范围来区别。说"象征往往是带全局性的"，而比喻等"往往是带局部性的"（秦旭卿《论象征》）。这两个"往往"就含糊得很。《诗经》以来的大量的"比体诗"是不是"带全局性"的？是不是都要视为象征？而像《药》中的"花环"，无疑是"局部性"，又怎么来判断它是象征而非比喻呢？要从根本上划清界限，清除混乱，必须从分析事物的本质特征入手。

象征这一手法的本质特征是什么呢？象征就是"标志"，就是"代表"，就是"暗示"和"启发"。刘泽荣主编《俄汉大辞典》、《牛津现代高级英汉双解辞典》，都是这样的主张。闻一多先生曾把象征和我国古代文艺理论中的"兴"相提并论，如果从"兴"的"托物于事""托物兴词""触物起情"的方面看，这无疑是对的。那么，它为什么能有一种"标志""代表""暗示""启发"的功效，为什么能"兴词""起情"呢？这是因为象征体和被象征体之间有一种联系，一种客观上存在的联系。比如我国的国徽造型，以齿轮和麦穗相交象征工农联盟，为什么能如此？因为齿轮与工人的生产相关联，麦穗则正是农民的生产物。有人看不出这一类的实物象征法与语言艺术上的象征手法的联系，其实这二者是相通的，实物象征成立的基础正可以启发我们去认识语言艺术上象征手法成立的基础。新修订出版的《辞海》在阐释作为科学术语的"象征"一词时，以鲁迅小说《药》中的"花环"为例。这一例象征恰恰是以事物间的相关性作为基础的：花环的出现，表明（标志，暗示）革命者是杀不尽也吓不倒的，他们还存在着，并且战斗着。读者看到花环，就自然引起这一类的联想，感到力量和希望。

象征体和被象征体之间是怎样相关的呢？我们愿意借用韦伯斯特《韦氏新国际英语词典》中的说法："象征是用以代表暗示某种事物的，由理性的联系、联想，约定俗成，或者偶然性的而非故意的相似而构成的……"这里讲了象征的三种类型，也就是提出了象征体与被象征体之间相关联的三种情况。

第一种，依赖于理性的联系、联想的，是指象征体与被象征体之间有一种客观的、实然的关系，因而能使人由此及彼，引起联想。如《诗经》中的《邶风·绿衣》，绿衣是妻子所做，如今物在人亡，"触亡妻之物"当然可以"起"一种缠绵的悼念之情，"托眼前之物"当然可以"兴"对亡妻的种种联想回忆之词。李商隐的《金铜仙人辞汉歌》，以"金铜仙人"为象征物，因为这正是汉武帝虚妄求仙的历史见证，所以，由它的"辞汉"，自然能引起人们对国家兴亡的种种"理性的联想"。毛泽东词《沁园春·雪》描写长城、黄河等，黄河流域是中华民族的发源地，长城是中华民族有代表性的伟大创造，所以这里的黄河、长城等就必然能引起人们对中华民族的光辉历史、伟大力量、艰苦斗争、灿烂前程等的"理性的联想"，当然，这也就构成了象征。以上是诗歌的例子。说文，上面提到过鲁迅小说《药》中的"花环"，再如鲁迅小说《风波》中赵七爷的辫子，那正是当时政治上的风云变幻和人物心理上微妙活动的明显标志，所以读完小说之后，我们只要想起那辫子，立即就会联想起那种特别的政治风云和人物心理，这就构成了象征。曹靖华的散文《小米的回忆》中的小米，既是贯穿全文的线索，又是文章主题的象征。小米，与中国劳动人民的生活，与中华民族的生存发展，与艰苦的革命斗争，都有一种实实在在的联系。所以，从小米就可以联想到那许多事实，从而认识中国劳动人民的美德，体会到阶级情、同志爱的温暖。

第二种，"相关"，是依靠于"约定俗成"的，这往往与一个民族、一个国家的文化传统有关。《诗经》中的许多恋歌以鱼为象征物，如《卫风·竹竿》《陈风·衡门》《曹风·侯人》等。"为什么这些诗一说到恋爱、一说到婚姻，就说到钓鱼、食鱼呢？我以为这种带猜谜性质的隐喻法，或带象征性的辞藻（笔者按：这里把隐喻与象征并提，未妥），就是因为，当时男女欢会在河滨、祓禊在河滨，因此把这些带象征性的东西变成打情骂俏的隐语，以后就完全变成一种套词，一说到恋爱、一说到结婚，就把它用上了。"（孙作云《诗经与周代社会研究》）孙作云先生的这个分析极为确当。如果说"当初"写恋歌用鱼作象征物，那还是属于一种偶然性的相关（人在河滨，鱼戏水中，即目所见，遂拾来作为话头），而"以后"变成一种"套词"了，就属于我们所谓的"约定俗成"的相关了。鲁迅杂文《论雷峰塔的倒掉》中的"塔"，小说《长明灯》中的"灯"，作为封建势力、封建宗法统治的象征物，也都依赖于这种"约定俗成"的相关。还有一种情况，如红色象征光明与热烈的情景，白色象征纯洁的事物，狮子象征勇猛者，狐狸象征狡猾者，其基础本来是建立在相似点上的比喻，但久而久之，在许多人中间，甚至在整个民族中间就形成了一种传统的观念，于是"约定俗成"了，这些事物也就取得了象征的资格。当然只有在传统观念的意义上使用时才有此资格。

第三种，所谓"偶然性的而非故意的相似"，是指两种事物相关而又偶然有相似点，于是构成了象征与被象征的关系。这一方面有别于比喻中作者有意地（主观地）将两种事物拉到一起相比附，另一面也有别于上述第一种的相关，因为这二者之间又有相似点；所以这是一种相关而又相似的联系。"相关"，仍是构成象征的首要条件；不相关，只相似，是不能构成象征的。如戈壁舟的《延河照旧流》一诗，"延河"作为延安、"延安精神"的象征物，与被象征物之间就有一种相关而又相似的关系。延河，地处延安，而且在战争年代"多少战马在此饮，多少战士从此过，多少英雄杀敌回，战刀沾着延水磨"。这就是"相关"之处。延河，又"流入黄河流入海，千年万年永不休"，这一点和革命事业的永不休止的前进又恰恰相似。这就构成了"相关而又相似"的关系。这种象征，不仅含义丰富，而且显得格外圆活。鲁迅的散文《雪》也可以作为这方面的例子。王蒙对此有过很精辟的分析：

> 《雪》这篇文字（类似的还有《秋夜》等），比较接近于我国古代所说的"兴"体，兴者起也（《文心雕龙·比兴篇》），用现代的话说，也就是联想。
>
> 南雪与北雪，对于鲁迅，不是"理想"与"现实"，而是"回忆"与"现实"。鲁迅先生的童年是在江南度过的，他写江南的雪，必然会牵动、会引起（也就是兴）他的关于儿时、儿时的生活情趣、儿时的心灵体验的回忆。

江南的雪和"雪之子"的形象,不仅是鲁迅的童年,还使我们联想到那个时代的一般童年,扩而大之,形象的基本方面还可以包括青春……(王蒙《〈雪〉的联想》)

这真是把相关而又相似的特点揭示得淋漓尽致(笔者按:王蒙在文章中特别反对"简单的、刻板的、不科学也不艺术的煞风景的作法:把作品所描写的自然景物的雪,说成只是一种象征、一种比喻、一种符号……",但我们仍然引述了他的分析来做"象征"分析的例子,这是因为,我们以为只有这样的分析才是对象征手法的合理的分析,而一般人仅从"相似点"出发——加以比附的做法则是根本没有抓住象征本质特征的表现)。

小说方面我们可以举出和谷岩的《枫》。小说的主人公中国人民志愿军汽车司机马志秀,特别喜欢朝鲜的枫树叶子,"每次出发之前,他总要折一束鲜红的枫叶插在驾驶室里毛主席相片旁边"。而且,他的家乡"漫山遍野尽是枫树林子",他认为,一到秋天,枫叶"比世界上最美的花还好看",战斗在朝鲜前线还惦记着家乡的枫树,他牺牲以后,他的老师和朋友胡文发,也就有了"一种奇特的爱好,就是常常采来一束鲜红的枫叶插在驾驶室角上的毛主席相片旁边"。因为他"一看到山腰上那一排排的枫树",就想起牺牲的战友来。他觉得小马就像一棵"生长在祖国原野上的枫树"。林默涵先生说:"那鲜红耀眼的枫叶,象征着战斗的友谊,也象征着对于祖国的热爱和眷念。"(中国作家协会编《短篇小说选(1953·9—1955·12)·序言》)侯金镜先生也说:"枫叶在这篇作品里是年轻人的勇敢精神的象征,是志愿军战士之间崇高战斗友谊的象征。"(《侯金镜文艺评论选集》)在这篇小说中,枫叶与马志秀以及他的战友也是相关而又相似,所以构成了象征。同时,我们看到,林先生和侯先生的分析,虽然考虑到了"相似"之处,但显然是着重从"相关"而引起联想的角度立论的——"战斗友谊""对祖国的热爱和眷念",这类事物与枫叶之间单纯从相似点去分析是大不容易的。总之,虽有相似之处,但仍以"相关"为基本点,所以是象征。

归纳起来,象征就是利用事物之间客观存在的或约定俗成的相关性,以某一事物为代表和标志,来启发、引导读者作由此及彼的定向联想的修辞手法。在我们弄清了象征这种手法的本质特征后,象征和比喻的界限也就比较容易划分了:比喻是以相似点为基础的,没有相似点就不能构成比喻,而且,喻体和主体之间的关系是靠了作者的主观性而建立起来的;象征是以相关点为基础的,没有关联之处就不能构成象征,这种相关性是客观存在的,不是靠了作者的主观想象才联系在一起的。当然,这二者之间也有相通之处,那就是在理解时都要依赖于联想。但这是不同性质的联想,理解比喻是"相似联想",而理解象征则是"相关联想"。而只有确实抓住这两种手法的不同性质,才能对具体作品做出正确的解释和恰当的分析。例如,以"相似点"去解释《药》中的花环、《风波》中的辫子,或者去分析艾青的《鸽哨》、郭小川的《青纱帐——甘蔗林》等,就绝对行不通(这些作品几乎都是公认运用了象征手法的);而如果一方面从相似点出发去分析作品,一方面又认定那就是象征,则无论如何也划不清象征与比喻的界限,像许多人对高尔基的《海燕》、陶铸的《松树的风格》等的分析就是如此。

把象征和比喻混淆起来，主要原因固然在于对象征的本质特征缺乏深入的研究，同时也还有其他方面的一些因素，如比喻手法的复杂化，各种修辞手法的融合或重叠使用，等等，限于篇幅，这里就不说了。

由巴金的《灯》说到象征的本质[*]

关于巴金散文《灯》的主题，在理解上有一些分歧。有一种意见认为，"灯光就是共产党和马克思主义的象征"，文章表现的是"对光明前景的信心和对共产党的热爱"（北京教育学院语文教研室编《高三语文教学参考书》）。持这种意见的论者认为："巴金的接受马克思主义，是抗日战争时期在中国共产党的领导下逐步实现的。作为巴金思想上这一'飞跃'的标志，便是《灯》和它的姊妹篇《爱克尔的灯光》这两篇散文的创作。"（同上）关于巴金思想发展的历程，我们这里不能多有论述，但说《灯》里的灯光是共产党和马克思主义的象征是难以令人接受的。

作者在文章中所写的不过是普通人家的灯光，甚至是古代"女教士"的灯光，这怎么会跟"共产党和马克思主义"联系起来？况且，作者在文章中一再说"他们点灯不是为我"，"这些灯光都不是为我燃着的"，如果那灯光真是象征着"共产党和马克思主义"，如果这文章真是巴金思想"飞跃"的标志，这些话又

---

[*] 本文原载《语文学习》1990年第8期。

作何理解？显然，这里有一种误解，而误解的根源很可能在于教材原来对"山那边"所加的一个错误的注释。如果说《灯》的主题是歌颂光明，向往光明，表示了对光明必胜的信心，一般说来分歧就不会太大。但是，如果再深究一步，问一问："灯""灯光"，在这里为什么会成为光明的象征？这时就会产生分歧。通常的解释是：灯发光发热，所以象征了光明。如果这种解释能够成立的话，那么所有灯就都可以成为光明的象征了。而事实上，还存在着"罪恶的灯"，如白公馆、渣滓洞墙上的探照灯；就文学作品而言，一个明显的例子是鲁迅小说《长明灯》，那盏长明灯不正是封建宗法统治的象征吗？所以这种解释是不能令人信服的，我们需要对作品进行实事求是的分析。

文章写于1942年2月。当时，正处于抗日战争的艰难时期，很容易让人觉得天昏地暗，因而对国家、民族的前途失去信心。而文章的作者却从几个所见所闻的有关灯光的场面和故事中看到人间还有爱，还有温暖，因而看到人类的光明和希望，因而对前途充满了信心。1935年12月，巴金在《〈爱情三部曲〉作者的自白》一文的注中说：

> 我写死，也为了从反面来证实信仰的力量。其实我还写了一件很重要的东西，而为你所忽略了的。这是"友情"，或者"同志爱"。我特别喜欢《电》，就为了这个，使《电》发光彩的也是这个。

1937年8月在《生》一文中作者说：

社会的进步，民族的兴盛，人类的繁荣，都是依据这个法则而行的。这个法则是互助，是团结。人类靠了这个才能够不为大自然的力量所摧败，反而把它征服，才建立了今日的文明；一个民族靠了这个才能够抵抗他民族的侵略而维持自己的生存。

1945年4月，在《纪念一个善良的友人》中作者又说：

记得你说过，"唯有爱才是向荣的，正当的，幸福的。"又说："我铭感着人间还有熏风，还有灵雨，还有同情，还有自然的流露，还有爱。"你说了真话。正因为这样，你的充满了爱的心便不是那不治的痼疾所能覆灭的了。

很清楚，"互助""团结""友情""同志爱"，这才是当时作者的希望和信念的基础，贯穿《灯》之全文的主题也不例外。

文章一开头就写从噩梦中惊醒，而在"漆黑的一片"中"给我扫淡了黑暗的颜色"的是"几处平房里射出来的几点灯光"；这灯光散布的光和热，"不仅给我，而且还给那些寒夜里不能睡眠的人，和那些这时候还在黑暗中摸索的行路人"，给他们鼓舞，给他们引路，给他们"带来一点勇气，一点温暖"。作者强调"他们点灯不是为我"，但仍要感谢这些"我"不知道姓名的人家的灯光，因为"我的心仍然得了益处"。所有这些描写和议论，突出的都是"灯光"——"点灯的人"给"我"、给他人带来的"益处"，这不正是"互助""友爱"的主题吗？

如果说前面八个自然段是写"无意"（不是"为我"或为路人）之灯光，下面就进一步写"有意"之灯光了（看到这一点，才能真正理解全文的结构）。姐姐为弟弟点的灯，女教士为自己情人点的灯，友人被救时与被救后所见的灯，无不凝聚深厚的爱：情爱，友爱，同志爱。正是在这个意义上，"灯"和"灯光"才象征了光明，也正是在这个意义上，作者才再一次说："这些光都不是为我燃着的，可是连我也分到了它们的一点点恩泽——一点光，一点热"，"灯光是不会灭的"——人间的友情、互助、爱，是不会消灭的，这正是我们民族能够抵抗侵略而维持自己生存的条件，相信这一点，时时感到这一点，就能"驱散"心灵里的黑暗，使它不至于"永沉海底"。

"灯光"象征了人间的友爱和温暖，进而才可以说它象征了光明和希望，这是我们对这篇散文主题的基本理解，同时也是对象征手法的一种理解。"灯光"为什么能"象征人间的友爱和温暖"？因为这"灯光"和几个足以表现人间友爱和温暖的场面、故事密切相关。相关性，这才是象征手法的本质特征。前面提到的论调之所以不妥当，不足以服人，原因之一就是对象征手法缺乏正确的理解。事实是，许多人在分析象征时都不是着眼于"相关点"，而是着眼于"相似点"，因而把象征与比喻混淆起来，有的人干脆在象征和比喻之间画了等号。这给语文教学造成了不少混乱，使人在教学实践中左右为难。除了这篇《灯》，再比如鲁迅小说《药》中的花环，被公认为是"象征"物，但它和什么"相似"？在哪一点上"相似"？它只是"相关物"：与送花环之人相关。人们看到花环，就会联想到送花环之人，想到革命者还没有被杀绝,也绝不会被杀绝,因而产生希望,增强信心。在作者,正如他自己所说,这一"曲笔"乃是为了使作品有些"亮色"。(鲁迅《〈呐喊〉自序》)

据《俄汉大辞典》《牛津现代高级英汉双解词典》的解释,象征就是"标志",就是"代表",就是"暗示"和"启发"。闻一多先生曾把象征和我国古代文艺理论中的"兴"相提并论(《说鱼》),如果从"兴"的"托物兴词""触物起情"的方面看,这无疑是对的。那么象征物为什么能有一种"标志""代表""暗示""启发"的功效呢?为什么能"兴词""起情"呢?就是因为象征体与被象征体之间有一种联系,一种客观存在的联系。就像我国国徽造型,齿轮和麦穗相交象征工农联盟,因为齿轮与工人的生产相关,而麦穗正是农民的生产物。

象征体和被象征体是怎样相关的呢?我们可以借用韦伯斯特《韦氏新国际英语词典》的说法:"象征是用以代表某事物的,由理性的联系、联想,约定俗成,或者偶然的而非故意的相似而构成的……"这里讲了象征构成的三种类型,也就是提出了象征体与被象征体之间相互关系的三种情况。第一种是依赖于理性的联系、联想的,这是指象征体与被象征体之间有一种客观的、实然的联系,因而能使人由此及彼,产生联想。"灯"与"人间的友爱与温暖"就是这样的一种联系,"花环"与"革命者的存在与斗争"也是这样一种联系。第二种是依赖于"约定俗成"的。这往往和一个民族、一个国家的文化传统有关。鲁迅《论雷峰塔的倒掉》中的"塔",《长明灯》中的"灯",以及红色象征革命、狮子象征勇猛之类,也大抵属于此。第三种所谓"偶然性的而非故意的相似",是指两种事物相关而又偶然有相似性,于是构成了象征关系。在这里,相关性仍是首要因素。这和"比喻"中作者有意地(主观地)将两种事物拉到一起相比附是不同的。戈壁舟的诗《延河照旧流》,鲁迅的散文《雪》,和谷岩的小说《枫》,都可看作这个类型的代表。

归纳起来我们可以说,象征就是利用事物之间客观存在的或约定俗成的相关性,以一种事物为代表和标志,来启发、引导读者作由此及彼的定向联想的修辞手法(有论者以为应归入文学的表现手法,可参考)。

至于说到高尔基的《海燕》、茅盾的《白杨礼赞》,我认为都不能叫作象征,而只是一种比喻,一种由喻体说到本体的比喻:说"海燕是胜利的预言家",说白杨"跟北方的农民相似",与说"胜利的预言家像海燕""北方的农民跟白杨树相似"本质上有什么不同?人们不是既说"共产党像太阳"也说"太阳就是共产党"吗?谁能说前者是比喻而后者就是象征呢?当然,《白杨礼赞》还有点复杂,白杨树生于"北方",长于"高原",与"北方的农民""高原的哨兵"就有了一种地域上的相关性;但又有某种相似性:"力争上游"、"坚强不屈"、"团结",等等。那么整个文章到底是以"相关点"为基础,还是以"相似点"为基础呢?我以为还是"相似点",所以主张把它归入比喻一类。